环境能源资源法律观察丛书

阳光时代律师事务所 编著

第二版

招标投标法律实务

问题解答与实战案例评析

LEGAL PRACTICE IN TENDERING AND BIDDING

法律出版社 | LAW PRESS
北京

图书在版编目(CIP)数据

招标投标法律实务：问题解答与实战案例评析 / 阳光时代律师事务所编著. -- 2 版. -- 北京：法律出版社，2022

(环境能源资源法律观察丛书)

ISBN 978-7-5197-6813-3

Ⅰ. ①招… Ⅱ. ①阳… Ⅲ. ①招标投标法-研究-中国 Ⅳ. ①D922.297.4

中国版本图书馆 CIP 数据核字(2022)第 101108 号

招标投标法律实务：
问题解答与实战案例评析(第二版)
ZHAOBIAO TOUBIAO FALÜ SHIWU:WENTI JIEDA YU SHIZHAN ANLI PINGXI(DI-ER BAN)

阳光时代律师事务所 编著

责任编辑 李争春
装帧设计 鲍龙卉

出版发行 法律出版社
编辑统筹 法规出版分社
责任校对 张红蕊
责任印制 耿润瑜
经　　销 新华书店

开本 710 毫米×1000 毫米 1/16
印张 24.75 **字数** 466 千
版本 2022 年 11 月第 2 版
印次 2022 年 11 月第 1 次印刷
印刷 固安华明印业有限公司

地址：北京市丰台区莲花池西里 7 号(100073)
网址：www.lawpress.com.cn
投稿邮箱：info@lawpress.com.cn
举报盗版邮箱：jbwq@lawpress.com.cn
销售电话：010-83938349
客服电话：010-83938350
咨询电话：010-63939796

书号：ISBN 978-7-5197-6813-3
定价：88.00 元

凡购买本社图书，如有印装错误，我社负责退换。电话：010-83938349

本书编委会

主　编

王慧贞

编委会成员

张建来　王慧贞　邓宗禹　张　锦　倪伟能

序　　言

本书于2012年6月首次出版,2019年根据颁布的《电子招标投标办法》《必须招标的工程项目规定》《必须招标的基础设施和公用事业项目范围规定》等法规进行了修订。书籍发售以来,得到广大读者的厚爱。

在原书售罄准备再版之际,我们考虑到原书修订时,对于部分招标投标工作应当遵守的法规如何正确理解,业内认识不尽相同,出于谨慎起见,对于该部分存有争议的内容,我们未将其纳入书稿。时至今日,国家发展和改革委员会等相关部门逐步对招标投标法律的适用给出了解答意见,统一了招标投标法规在实践中的理解和应用。与此同时,我们也在法律服务过程中进一步积累了相关的经验。基于上述背景,我们再次修订了相关内容。

本次修订在体例上未作大的改动,仍保留了原来的七章主体内容以及法律问题解答和案例评析相结合的形式,主要对原有的部分问题和案例作了修改,同时根据招标投标法律实践的发展增加了一些新的问题和案例。除此之外,本次修订对全书涉及的法律、法规、规章以及规范性文件作了系统更新,避免用已经失效的规定作为相关法律问题的处理依据,保证所引用的法律规范的时效性。

阳光时代律师事务所的律师长期担任国有大型企业集团采购、重大工程建设项目的法律顾问,处理了大量招标投标过程中出现的疑难复杂问题,积累了丰富的招标投标法律服务经验。本书中的问题和案例素材主要来源于真实发生的日常工作实践,而非作者“闭门造车”臆想出来的。我们相信这本凝结着作者心血和实务经验智慧的书籍一定能够对从事招标投标管理和实务工作的人员提供有益的借鉴和帮助,也希望本书能够促进招标投标法律的顺利实施,规范政府和企业的招标投标行为,推动我国招标采购制度的健康发展。

阳光时代律师事务所创始合伙人

2022 年 1 月

Contents | 目 录

第二章 招　标

法律问题解答

案例评析

第三章 投 标

法律问题解答

案例评析

案例评析

第六章

中标与签约

法律问题解答

第一章　综　　合

法律问题解答

1. 什么是招标投标？

招标投标，通俗地说，就是指招标人对拟订招标的项目事先公布指标和要求，多个投标人参加竞争，招标人按照规定程序选择中标人的行为。

随着我国市场经济的发展，国家不但在工程建设的勘察、设计、施工、监理、重要设备和材料采购等领域实行强制招标制度，而且在政府采购、机电设备进口、医疗器械及药品采购、国有土地使用权出让等程序中也广泛推行招标方式。此外，在城市基础设施项目、政府投资公益性项目等建设领域，以招标方式选择项目法人、特许经营者、项目代建单位、评估咨询机构及贷款银行等的做法也越来越常见。

招标通常作为一种采购方式，招标人是花钱采购的买方，投标人是有意向买方提供货物、工程或服务，并取得相应对价的卖方。但是，在实践中也有以招标方式出卖的，即所谓的"标卖"。在标卖交易方式下，由卖方作为招标人提出出卖的标的物及相关的条件，由买方作为投标人投标竞买，卖方从中选择在出价等方面最符合自己要求的投标人中标，并按照招标文件的要求与中标人签订合同。以标卖方式出售的通常是资源紧缺、供不应求的商品或财产权利等标的物。例如，根据《城市房地产管理法》[①]第十三条的规定，土地使用权出让，可以采取招标方式进行。

《招标投标法》及其配套规定所规范的招标仅指在中华人民共和国境内开展的采购活动。因此，本书所指的招标投标活动，除非有特殊说明，否则均指由采购方作为招标人的采购活动。

---

① 为方便阅读，本书（法律依据版块中除外）中的法律法规均使用简称。

【法律依据】

《中华人民共和国招标投标法》(2017 年修正)(主席令第 86 号)

第三条 在中华人民共和国境内进行下列工程建设项目包括项目的勘察、设计、施工、监理以及与工程建设有关的重要设备、材料等的采购,必须进行招标:

(一)大型基础设施、公用事业等关系社会公共利益、公众安全的项目;

(二)全部或者部分使用国有资金投资或者国家融资的项目;

(三)使用国际组织或者外国政府贷款、援助资金的项目。

前款所列项目的具体范围和规模标准,由国务院发展计划部门会同国务院有关部门制订,报国务院批准。

法律或者国务院对必须进行招标的其他项目的范围有规定的,依照其规定。

2. 招标投标交易方式有哪些特点和优越性?

市场经济的基本特点,是要充分发挥竞争机制作用,使市场主体在平等条件下公平竞争,优胜劣汰,从而实现资源的优化配置。招标投标是市场竞争的一种重要方式,其最大的优点就是能够充分地体现“公开、公平、公正、诚实信用”的市场竞争原则,通过招标采购让众多的投标人进行公平竞争,以较低的价格获得较优的工程、货物或服务,从而达到增加经济效益、提高资金使用效率的目的。由于招标投标的特点是公开、公平和公正,将采购活动置于透明的环境之中,可以有效防止腐败行为的发生,也更能保证工程、货物或服务的质量。概言之,招标投标交易方式对于推行投融资和流通体制改革、创造公平竞争的市场环境、提高资金使用效益、保证工程质量、防止采购腐败都具有重要意义。

招标投标交易方式的优点概括起来主要有以下几点:

(1)较好地实现物有所值的目标。招标投标活动通过最大限度地吸引和扩大投标人参与竞争,使招标人能够以较低的价格采购到所需的工程、货物和服务,更充分地获得市场利益,最终实现其采购的经济效益目标。

(2)提升竞争的公开度和透明度。招标投标活动多是公开进行的,使所有符合条件的潜在投标人都有机会参加同等竞争,可以防止不正当交易。

(3)促使投标人引进先进技术和管理经验。投标人为了中标,将努力进行技术改造、提高管理水平,降低成本、提高质量,从而提高企业竞争力。

(4)减少和遏制采购中的腐败现象。招标投标通过公开办理各种采购手续,可有效防止徇私舞弊问题的产生,有利于公众监督,减少腐败现象。

但是，招标采购也有其缺点和不足，如程序和手续较为复杂，耗费时间较长；法律对招标文件和投标文件的要求非常严格，如考虑不周容易发生投标被否决，甚至招标失败等情况，造成人力、物力的浪费和时间的延误。由于市场主体的广泛性和复杂性，加上招标投标规则的严格性，招标程序容易被有关单位和个人利用，从而出现采取串标、围标等违法活动谋取中标的结果。因此，对于某些采购标的物价值较低或采购时间紧迫的非依法必须招标的项目，不适宜采用招标投标方式。

【法律依据】

《中华人民共和国招标投标法》(2017 年修正)(主席令第 86 号)

第一条 为了规范招标投标活动，保护国家利益、社会公共利益和招标投标活动当事人的合法权益，提高经济效益，保证项目质量，制定本法。

第五条 招标投标活动应当遵循公开、公平、公正和诚实信用的原则。

第六条 依法必须进行招标的项目，其招标投标活动不受地区或者部门的限制。任何单位和个人不得违法限制或者排斥本地区、本系统以外的法人或者其他组织参加投标，不得以任何方式非法干涉招标投标活动。

3. 国家关于工程建设项目招标投标有哪些主要的法律规定？

2000 年 1 月 1 日，《招标投标法》正式施行。

2011 年 11 月 30 日，《招标投标法实施条例》经国务院第 183 次常务会议通过，自 2012 年 2 月 1 日起施行。《招标投标法实施条例》在总结实践经验的基础上，对上位法的规定作了进一步补充和细化，并针对新情况、新问题作了相应制度安排，不断增强招标投标制度的可操作性和前瞻性，切实维护招标投标市场秩序，进一步筑牢预防惩治腐败的制度屏障，促进招标投标市场健康发展。

2013 年 3 月 11 日，根据《招标投标法实施条例》的规定，国家发展和改革委员会同有关部门，对在此之前颁发的相关规章进行了修改，其中国务院各有关部门制定的适用于全行业的部门规章主要有《工程建设项目施工招标投标办法》《工程建设项目勘察设计招标投标办法》《工程建设项目货物招标投标办法》《评标委员会和评标方法暂行规定》《工程建设项目招标投标活动投诉处理办法》等。住房和城乡建设部、原铁道部、交通运输部、工业和信息化部、水利部、商务部等国家部委也单独颁布实施了大量适用于本行业的部门规章和规范性文件，如《房屋建筑和市政基础设施工程施工招标投标管理办法》等；各省(自治区、直辖市)和有立法权的设区的市也都陆续出台了许多适用于本地区的地方性法规、政府规章和规范性文件，如

《北京市招标投标条例》等。

2017 年 3 月 1 日,根据《国务院关于修改和废止部分行政法规的决定》对《招标投标法实施条例》进行了修订。2017 年 12 月 27 日,全国人大常委会对《招标投标法》进行了修正。本次修法主要是取消了招标师和招标代理机构的资格认定要求,降低了招标代理机构的设立门槛。2017 年 11 月 23 日,国家发展改革委颁布《招标公告和公示信息发布管理办法》,并于 2018 年 1 月 1 日起开始实施。2018 年 6 月 1 日《必须招标的工程项目规定》生效,自此,原国家发展计划委员会发布的《工程建设项目招标范围和规模标准规定》同时废止。国家发展改革委于 2018 年 6 月 6 日发布《必须招标的基础设施和公用事业项目范围规定》。

2020 年 10 月 19 日,国家发展改革委办公厅发布《关于进一步做好〈必须招标的工程项目规定〉和〈必须招标的基础设施和公用事业项目范围规定〉实施工作的通知》,再次明确依法必须招标的工程建设项目范围,持续深化招标投标领域"放、管、服"改革,努力营造良好市场环境。

招标投标法律、法规体系的变化,体现了招标投标活动在逐步走向成熟规范。这些法律、法规、部门规章、规范性文件的密集出台和不断修改,对规范招标投标活动、约束招标投标参与主体的行为起到了重要作用。

本书附录选编了招标投标领域常用的法律、法规和部分适用于全行业的部门规章,供大家参考。本书中有关问题解答引用的法律依据主要以法律、行政法规、规章和地方性法规为主,个别问题解答引用了规范性文件,特此说明。

4. 招标人自愿选择招标的非依法必须招标项目,是否须遵守《招标投标法》?

《招标投标法》第二条规定,在中华人民共和国境内进行招标投标活动,适用该法。从该条的规定来看,《招标投标法》适用于在中国境内进行的所有招标投标活动。无论是属于该法第三条规定的依法必须招标的项目,还是属于当事人自愿选择采用招标的采购活动,只要招标人选择采用招标方式,即须受《招标投标法》的约束。但需要注意的是,《招标投标法》针对依法必须招标的项目和非依法必须招标的项目在部分程序和法律责任上作了区别规定,如《招标投标法》第六条、第十二条、第十六条、第二十四条、第三十七条、第四十二条、第四十七条、第五十二条、第五十四条、第五十五条、第五十七条、第六十四条等要求都是仅适用于依法必须招标的项目的。

【法律依据】

《中华人民共和国招标投标法》(2017 年修正)(主席令第 86 号)

第二条 在中华人民共和国境内进行招标投标活动,适用本法。

5. 招标投标活动应遵循的基本原则是什么?

《招标投标法》第五条规定了招标投标活动必须遵循的基本原则是:公开、公平、公正和诚实信用。公开、公平、公正和诚实信用,是招标投标活动必须遵循的基本原则,违反这一基本原则,招标投标活动就失去了其实质意义。《招标投标法》有关招标投标的各项规定都是为了保证这一基本原则的实现。

【法律依据】

《中华人民共和国招标投标法》(2017 年修正)(主席令第 86 号)

第五条 招标投标活动应当遵循公开、公平、公正和诚实信用的原则。

《工程建设项目施工招标投标办法》(2013 年修订)(国家发展和改革委员会等九部委令第 23 号)

第四条 工程施工招标投标活动应当遵循公开、公平、公正和诚实信用的原则。

《工程建设项目货物招标投标办法》(2013 年修订)(国家发展和改革委员会等九部委令第 23 号)

第四条 工程建设项目货物招标投标活动应当遵循公开、公平、公正和诚实信用的原则。货物招标投标活动不受地区或者部门的限制。

6. 哪些工程建设项目属于依法必须进行招标的项目?

《招标投标法》第三条规定了依法必须招标的项目范围。如果采购事项属于依法必须招标的项目,且采购金额达到了规定的规模标准,则必须通过招标方式采购,否则采购人应当承担相应的法律责任。按照《招标投标法》的规定,依法必须招标的项目主要有两类:一类是《招标投标法》明确规定必须进行招标的项目;另一类是依照其他法律或者国务院的规定必须进行招标的项目。

依法必须招标的范围着重于工程建设项目,但并非所有的工程建设项目的采购都必须进行招标。根据《招标投标法》第三条的规定,只有下列工程建设项目,才必须进行招标:(1)大型基础设施、公用事业等关系社会公共利益、公众安全的项目;(2)全部或者部分使用国有资金投资或者国家融资的项目;(3)使用国际组织或者外国政府贷款、援助资金的项目。

《招标投标法实施条例》强调,依法必须进行招标的工程建设项目的具体范围和规模标准,由国务院发展改革部门会同国务院有关部门制订,报国务院批准后公布施行。

2018年6月1日,国家发展和改革委员会实施的《必须招标的工程项目规定》,对"全部或者部分使用国有资金投资或者国家融资的项目""使用国际组织或者外国政府贷款、援助资金的项目"范围进行了限定。同年6月6日,国家发展和改革委员会出台《必须招标的基础设施和公用事业项目范围规定》,对"必须招标的基础设施和公用事业项目范围"作了进一步的限定和明确。2020年10月19日实施的《国家发展改革委办公厅关于进一步做好〈必须招标的工程项目规定〉和〈必须招标的基础设施和公用事业项目范围规定〉实施工作的通知》对上述规定进行了进一步明确。

【法律依据】

《中华人民共和国招标投标法》(2017年修正)(主席令第86号)

第三条 在中华人民共和国境内进行下列工程建设项目包括项目的勘察、设计、施工、监理以及与工程建设有关的重要设备、材料等的采购,必须进行招标:

(一)大型基础设施、公用事业等关系社会公共利益、公众安全的项目;

(二)全部或者部分使用国有资金投资或者国家融资的项目;

(三)使用国际组织或者外国政府贷款、援助资金的项目。

前款所列项目的具体范围和规模标准,由国务院发展计划部门会同国务院有关部门制订,报国务院批准。

法律或者国务院对必须进行招标的其他项目的范围有规定的,依照其规定。

《中华人民共和国招标投标法实施条例》(2019年修订)(国务院令第709号)

第三条 依法必须进行招标的工程建设项目的具体范围和规模标准,由国务院发展改革部门会同国务院有关部门制订,报国务院批准后公布施行。

《必须招标的工程项目规定》(国家发展和改革委员会令第16号)

第二条 全部或者部分使用国有资金投资或者国家融资的项目包括:

(一)使用预算资金200万元人民币以上,并且该资金占投资额10%以上的项目;

(二)使用国有企业事业单位资金,并且该资金占控股或者主导地位的项目。

第三条 使用国际组织或者外国政府贷款、援助资金的项目包括:

（一）使用世界银行、亚洲开发银行等国际组织贷款、援助资金的项目；

（二）使用外国政府及其机构贷款、援助资金的项目。

第四条 不属于本规定第二条、第三条规定情形的大型基础设施、公用事业等关系社会公共利益、公众安全的项目，必须招标的具体范围由国务院发展改革部门会同国务院有关部门按照确有必要、严格限定的原则制订，报国务院批准。

《必须招标的基础设施和公用事业项目范围规定》（发改法规规〔2018〕843 号）

第二条 不属于《必须招标的工程项目规定》第二条、第三条规定情形的大型基础设施、公用事业等关系社会公共利益、公众安全的项目，必须招标的具体范围包括：

（一）煤炭、石油、天然气、电力、新能源等能源基础设施项目；

（二）铁路、公路、管道、水运，以及公共航空和 A1 级通用机场等交通运输基础设施项目；

（三）电信枢纽、通信信息网络等通信基础设施项目；

（四）防洪、灌溉、排涝、引（供）水等水利基础设施项目；

（五）城市轨道交通等城建项目。

《国家发展改革委办公厅关于进一步做好〈必须招标的工程项目规定〉和〈必须招标的基础设施和公用事业项目范围规定〉实施工作的通知》（发改办法规〔2020〕770 号）

（三）关于招标范围列举事项。依法必须招标的工程建设项目范围和规模标准，应当严格执行《招标投标法》第三条和 16 号令、843 号文规定；法律、行政法规或者国务院对必须进行招标的其他项目范围有规定的，依照其规定。没有法律、行政法规或者国务院规定依据的，对 16 号令第五条第一款第（三）项中没有明确列举规定的服务事项、843 号文第二条中没有明确列举规定的项目，不得强制要求招标。

7. 除了新建工程以外，工程改建、扩建或者装修、拆除是否要招标？

根据《招标投标法实施条例》第二条的规定，《招标投标法》第三条所称工程建设项目，是指工程以及与工程建设有关的货物、服务。前款所称工程，是指建设工程，包括建筑物和构筑物的新建、改建、扩建及其相关的装修、拆除、修缮等。

如果与建筑物和构筑物新建、改建、扩建无关的单独的装修、拆除或修缮，是可以不招标的。

【法律依据】

《中华人民共和国招标投标法实施条例》(2019年修订)(国务院令第709号)

第二条 招标投标法第三条所称工程建设项目,是指工程以及与工程建设有关的货物、服务。

前款所称工程,是指建设工程,包括建筑物和构筑物的新建、改建、扩建及其相关的装修、拆除、修缮等;所称与工程建设有关的货物,是指构成工程不可分割的组成部分,且为实现工程基本功能所必需的设备、材料等;所称与工程建设有关的服务,是指为完成工程所需的勘察、设计、监理等服务。

《财政部关于政府采购工程项目有关法律适用问题的复函》(财库便函〔2020〕385号)

根据《中华人民共和国政府采购法》及其实施条例有关规定,工程招标限额标准以上,与建筑物和构筑物新建、改建、扩建项目无关的单独的装修、拆除、修缮项目,以及政府集中采购目录以内或者政府采购工程限额标准以上、工程招标限额标准以下的政府采购工程项目,不属于依法必须进行招标的项目,政府采购此类项目时,应当按照政府采购法实施条例第二十五条的规定,采用竞争性谈判、竞争性磋商或者单一来源方式进行采购。

8. 国有投资项目的业主单位购买公务用车是否必须招标?

《招标投标法》规定,使用国有资金等依法必须招标的工程建设项目,采购与工程建设有关的设备和材料,达到一定的规模标准需要通过招标方式进行。

《招标投标法实施条例》明确了工程建设有关的货物是指构成工程不可分割的组成部分,且为实现工程基本功能所必需的设备材料等。

建设单位采购的小汽车、计算机等显然并不构成工程不可分割的组成部分,也不是实现工程基本功能所必需的,因此不属于依法必须招标的范畴,建设单位可自行确定采购方式。

【法律依据】

《中华人民共和国招标投标法实施条例》(2019年修订)(国务院令第709号)

第二条 招标投标法第三条所称工程建设项目,是指工程以及与工程建设有关的货物、服务。

前款所称工程,是指建设工程,包括建筑物和构筑物的新建、改建、扩建及其相关的装修、拆除、修缮等;所称与工程建设有关的货物,是指构成工程不可分割的组成部分,且为实现工程基本功能所必需的设备、材料等;所称与工程建设有关的服务,是指为完成工程所需的勘察、设计、监理等服务。

9. 依法必须招标的项目中,可行性研究、项目管理等服务是否必须招标?

《招标投标法》规定的必须招标的采购范围包括项目的勘察、设计、施工、监理以及与工程建设有关的重要设备、材料等的采购,其中服务类的招标范围仅局限于勘察、设计和监理。《招标投标法实施条例》在制定过程中,曾试图扩展服务类的招标采购范围,将有关项目管理、可行性研究、科学研究等都纳入强制招标范围。但鉴于《招标投标法实施条例》作为下位法不能突破上位法的规定等原因,正式颁布实施的《招标投标法实施条例》仍然将服务类的招标范围限于勘察、设计和监理。2018 年 6 月 1 日实施的《必须招标的工程项目规定》对于必须招标的范围的表述仍为“勘察、设计、施工、监理以及与工程建设有关的重要设备、材料等的采购”。

2020 年 10 月 19 日实施的《国家发展改革委办公厅关于进一步做好〈必须招标的工程项目规定〉和〈必须招标的基础设施和公用事业项目范围规定〉实施工作的通知》已明确,依法必须招标的工程建设项目范围和规模标准,对《必须招标的工程项目规定》第五条第一款第(三)项中没有明确列举规定的服务事项,不得强制要求招标。

因此,依法必须招标的项目中,有关可行性研究、项目管理、造价咨询等服务不属于必须招标的范围。实践中,部分省市的地方规定扩大了服务类招标的范围,上述规定施行后,这些地方规定需要作相应的修订。

【法律依据】

《中华人民共和国招标投标法实施条例》(2019 年修订)(国务院令第 709 号)

第二条 招标投标法第三条所称工程建设项目,是指工程以及与工程建设有关的货物、服务。

前款所称工程,是指建设工程,包括建筑物和构筑物的新建、改建、扩建及其相关的装修、拆除、修缮等;所称与工程建设有关的货物,是指构成工程不可分割的组成部分,且为实现工程基本功能所必需的设备、材料等;所称与工程建设有关的服务,是指为完成工程所需的勘察、设计、监理等服务。

《必须招标的工程项目规定》(国家发展和改革委员会令第 16 号)

第五条 本规定第二条至第四条规定范围内的项目,其勘察、设计、施工、监理以及与工程建设有关的重要设备、材料等的采购达到下列标准之一的,必须招标:

（一）施工单项合同估算价在400万元人民币以上；

（二）重要设备、材料等货物的采购，单项合同估算价在200万元人民币以上；

（三）勘察、设计、监理等服务的采购，单项合同估算价在100万元人民币以上。

同一项目中可以合并进行的勘察、设计、施工、监理以及与工程建设有关的重要设备、材料等的采购，合同估算价合计达到前款规定标准的，必须招标。

《国家发展改革委办公厅关于进一步做好〈必须招标的工程项目规定〉和〈必须招标的基础设施和公用事业项目范围规定〉实施工作的通知》（发改办法规〔2020〕770号）

（三）关于招标范围列举事项。依法必须招标的工程建设项目范围和规模标准，应当严格执行《招标投标法》第三条和16号令、843号文规定；法律、行政法规或者国务院对必须进行招标的其他项目范围有规定的，依照其规定。没有法律、行政法规或者国务院规定依据的，对16号令第五条第一款第（三）项中没有明确列举规定的服务事项、843号文第二条中没有明确列举规定的项目，不得强制要求招标。

10. 关系社会公共利益、公众安全的大型基础设施和公用事业项目主要有哪些？

《招标投标法》第三条第一款第（一）项规定，大型基础设施、公用事业等关系社会公共利益、公众安全的项目属于依法必须招标的项目。《必须招标的工程项目规定》第四条规定，不属于该规定第二条、第三条规定情形的大型基础设施、公用事业等关系社会公共利益、公众安全的项目，必须招标的具体范围由国务院发展改革部门会同国务院有关部门按照确有必要、严格限定的原则制订，报国务院批准。大型基础设施、公用事业等关系社会公共利益、公众安全的项目具体包括哪些呢？根据《必须招标的基础设施和公用事业项目范围规定》第二条的规定：不属于《必须招标的工程项目规定》第二条、第三条规定情形的大型基础设施、公用事业等关系社会公共利益、公众安全的项目，必须招标的具体范围包括：（1）煤炭、石油、天然气、电力、新能源等能源基础设施项目；（2）铁路、公路、管道、水运，以及公共航空和A1级通用机场等交通运输基础设施项目；（3）电信枢纽、通信信息网络等通信基础设施项目；（4）防洪、灌溉、排涝、引（供）水等水利基础设施项目；（5）城市轨道交通等城建项目。

【法律依据】

《必须招标的基础设施和公用事业项目范围规定》（发改法规规〔2018〕843号）

第二条 不属于《必须招标的工程项目规定》第二条、第三条规定情形的大型

基础设施、公用事业等关系社会公共利益、公众安全的项目,必须招标的具体范围包括:

(一)煤炭、石油、天然气、电力、新能源等能源基础设施项目;

(二)铁路、公路、管道、水运,以及公共航空和A1级通用机场等交通运输基础设施项目;

(三)电信枢纽、通信信息网络等通信基础设施项目;

(四)防洪、灌溉、排涝、引(供)水等水利基础设施项目;

(五)城市轨道交通等城建项目。

11. 使用国有资金投资的项目和国家融资的项目主要有哪些?

《招标投标法》第三条规定,全部或者部分使用国有资金投资或者国家融资的项目,属于依法必须进行招标的项目。全部或者部分使用国有资金投资或者国家融资的项目具体包括哪些呢?根据《必须招标的工程项目规定》第二条的规定,全部或者部分使用国有资金投资或者国家融资的项目包括:(1)使用预算资金200万元人民币以上,并且该资金占投资额10%以上的项目;(2)使用国有企业事业单位资金,并且该资金占控股或者主导地位的项目。

需要指出的是,上文中"国有企业"包括国有控股企业;"占控股或者主导地位"参照《公司法》第二百一十六条关于控股股东和实际控制人的理解执行,即"其出资额占有限责任公司资本总额百分之五十以上或者其持有的股份占股份有限公司股本总额百分之五十以上的股东;出资额或者持有股份的比例虽然不足百分之五十,但依其出资额或者持有的股份所享有的表决权已足以对股东会、股东大会的决议产生重大影响的股东"。国有企业事业单位通过投资关系、协议或者其他安排,能够实际支配项目建设的,也属于占控股或者主导地位。项目中国有资金的比例,应当按照项目资金来源中所有国有资金之和计算。

那么,什么是使用预算资金?根据《国家发展改革委办公厅关于进一步做好〈必须招标的工程项目规定〉和〈必须招标的基础设施和公用事业项目范围规定〉实施工作的通知》的规定,预算资金是指《预算法》规定的预算资金,包括一般公共预算资金、政府性基金预算资金、国有资本经营预算资金、社会保险基金预算资金。

【法律依据】

《必须招标的工程项目规定》(国家发展和改革委员会令第16号)

第二条 全部或者部分使用国有资金投资或者国家融资的项目包括:

（一）使用预算资金200万元人民币以上，并且该资金占投资额10%以上的项目；

（二）使用国有企业事业单位资金，并且该资金占控股或者主导地位的项目。

《中华人民共和国公司法》（2018年修正）（主席令第15号）

第二百一十六条 本法下列用语的含义：

……

（二）控股股东，是指其出资额占有限责任公司资本总额百分之五十以上或者其持有的股份占股份有限公司股本总额百分之五十以上的股东；出资额或者持有股份的比例虽然不足百分之五十，但依其出资额或者持有的股份所享有的表决权已足以对股东会、股东大会的决议产生重大影响的股东。

（三）实际控制人，是指虽不是公司的股东，但通过投资关系、协议或者其他安排，能够实际支配公司行为的人。

……

12. 使用国际组织或者外国政府贷款、援助资金的项目主要有哪些？

《招标投标法》第三条规定，使用国际组织或者外国政府贷款、援助资金的项目，属于依法必须进行招标的项目。根据《必须招标的工程项目规定》第三条的规定，使用国际组织或者外国政府贷款、援助资金的项目包括：（1）使用世界银行、亚洲开发银行等国际组织贷款、援助资金的项目；（2）使用外国政府及其机构贷款、援助资金的项目。

【法律依据】

《必须招标的工程项目规定》（国家发展和改革委员会令第16号）

第三条 使用国际组织或者外国政府贷款、援助资金的项目包括：

（一）使用世界银行、亚洲开发银行等国际组织贷款、援助资金的项目；

（二）使用外国政府及其机构贷款、援助资金的项目。

13. 对于依法必须招标的项目，施工单项合同金额达到什么标准必须招标？

《招标投标法》和《招标投标法实施条例》均规定，依法必须招标的工程建设项目的具体范围和规模标准，由国务院发展改革部门会同国务院有关部门制订，报国务院批准后公布施行。2018 年 6 月 1 日起施行的《必须招标的工程项目规定》，从两个维度规定了必须招标的施工单项合同金额标准。针对依法必须招标的工程建设项目而言：(1)施工单项合同估算价在 400 万元人民币以上的必须依法进行招标；(2)同一项目中可以合并进行的施工采购，合同估算价合计达到《必须招标的工程项目规定》第五条第一款规定标准的，即使施工单项合同估算价未达到 400 万元人民币，也必须进行招标。

【法律依据】

《中华人民共和国招标投标法实施条例》(2019 年修订)(国务院令第 709 号)

第三条　依法必须进行招标的工程建设项目的具体范围和规模标准，由国务院发展改革部门会同国务院有关部门制订，报国务院批准后公布施行。

《必须招标的工程项目规定》(国家发展和改革委员会令第 16 号)

第五条　本规定第二条至第四条规定范围内的项目，其勘察、设计、施工、监理以及与工程建设有关的重要设备、材料等的采购达到下列标准之一的，必须招标：

(一)施工单项合同估算价在 400 万元人民币以上；

……

同一项目中可以合并进行的勘察、设计、施工、监理以及与工程建设有关的重要设备、材料等的采购，合同估算价合计达到前款规定标准的，必须招标。

14. 对于依法必须招标的项目，货物单项合同金额达到什么标准必须招标？

《招标投标法》和《招标投标法实施条例》均规定，依法必须招标的工程建设项目的具体范围和规模标准，由国务院发展改革部门会同国务院有关部门制订，报国务院批准后公布施行。2018 年 6 月 1 日起施行的《必须招标的工程项目规定》，从两个维度规定了必须招标的货物单项合同金额标准。针对依法必须招标的工程建设项目而言：(1)重要设备、材料等货物的采购，单项合同估算价在 200 万元人民币以上的必须招标；(2)同一项目中可以合并进行的与工程建设有关的重要设备、材料等的采购，合同估算价合计达到《必须招标的工程项目规定》第五条第一款规定标准的，即使货物单项合同估算价未达到 200 万元人民币，也必须进行招标。

【法律依据】

《中华人民共和国招标投标法实施条例》(2019 年修订)(国务院令第 709 号)

第三条　依法必须进行招标的工程建设项目的具体范围和规模标准，由国务院发展改革部门会同国务院有关部门制订，报国务院批准后公布施行。

《必须招标的工程项目规定》（国家发展和改革委员会令第16号）

第五条 本规定第二条至第四条规定范围内的项目，其勘察、设计、施工、监理以及与工程建设有关的重要设备、材料等的采购达到下列标准之一的，必须招标：

……

（二）重要设备、材料等货物的采购，单项合同估算价在200万元人民币以上；

……

同一项目中可以合并进行的勘察、设计、施工、监理以及与工程建设有关的重要设备、材料等的采购，合同估算价合计达到前款规定标准的，必须招标。

15. 对于依法必须招标的项目，勘察、设计、监理等服务单项合同金额达到什么标准必须招标？

《招标投标法》和《招标投标法实施条例》均规定，依法必须招标的工程建设项目的具体范围和规模标准，由国务院发展改革部门会同国务院有关部门制订，报国务院批准后公布施行。2018年6月1日起施行的《必须招标的工程项目规定》，从两个维度规定了必须招标的服务类单项合同金额标准。针对依法必须招标的工程建设项目而言：（1）勘察、设计、监理等服务的采购，单项合同估算价在100万元人民币以上的必须进行招标；（2）为了防止发包方通过化整为零方式规避招标，对于同一项目中根据项目实际情况以及行业标准或行业惯例，在符合科学性、经济性、可操作性要求的前提下，适宜放在一起进行采购的勘察、设计、监理的采购，合同估算价合计达到《必须招标的工程项目规定》第五条第一款规定标准的，即使勘察、设计、监理等服务单项合同估算价未达到100万元人民币，也必须进行招标。

【法律依据】

《中华人民共和国招标投标法实施条例》（2019年修订）（国务院令第709号）

第三条 依法必须进行招标的工程建设项目的具体范围和规模标准，由国务院发展改革部门会同国务院有关部门制订，报国务院批准后公布施行。

《必须招标的工程项目规定》（国家发展和改革委员会令第16号）

第五条 本规定第二条至第四条规定范围内的项目，其勘察、设计、施工、监理以及与工程建设有关的重要设备、材料等的采购达到下列标准之一的，必须招标：

……

（三）勘察、设计、监理等服务的采购，单项合同估算价在100万元人民币以上。

同一项目中可以合并进行的勘察、设计、施工、监理以及与工程建设有关的重要设备、材料等的采购，合同估算价合计达到前款规定标准的，必须招标。

16. EPC工程总承包模式下，合同金额达到什么标准必须招标？

工程总承包模式在我国起步较晚，法律、法规中对该种模式的规定不多。《必须招标的工程项目规定》分别规定了施工、货物、设计和监理等的法定招标规模标准。按照法律适用一致性原则，根据《国家发展改革委办公厅关于进一步做好〈必须招标的工程项目规定〉和〈必须招标的基础设施和公用事业项目范围规定〉实施工作的通知》，对于法定招标项目，项目业主实行工程总承包模式发包的，工程总承包合同中施工、货物等部分的估算价中，只要有一项达到相应的规模标准，即施工部分估算价达到400万元以上，或者货物部分达到200万元以上，或者勘察设计部分达到100万元以上，则整个工程总承包发包应当招标。

【法律依据】

《必须招标的工程项目规定》（国家发展和改革委员会令第16号）

第五条 本规定第二条至第四条规定范围内的项目，其勘察、设计、施工、监理以及与工程建设有关的重要设备、材料等的采购达到下列标准之一的，必须招标：

（一）施工单项合同估算价在400万元人民币以上；

（二）重要设备、材料等货物的采购，单项合同估算价在200万元人民币以上；

（三）勘察、设计、监理等服务的采购，单项合同估算价在100万元人民币以上。

同一项目中可以合并进行的勘察、设计、施工、监理以及与工程建设有关的重要设备、材料等的采购，合同估算价合计达到前款规定标准的，必须招标。

《国家发展改革委办公厅关于进一步做好〈必须招标的工程项目规定〉和〈必须招标的基础设施和公用事业项目范围规定〉实施工作的通知》（发改办法规〔2020〕770号）

（五）关于总承包招标的规模标准。对于16号令第二条至第四条规定范围内的项目，发包人依法对工程以及与工程建设有关的货物、服务全部或者部分实行总承包发包的，总承包中施工、货物、服务等各部分的估算价中，只要有一项达到16号令第五条规定相应标准，即施工部分估算价达到400万元以上，或者货物部分达到200万元以上，或者服务部分达到100万元以上，则整个总承包发包应当招标。

17. 工程总承包或施工总承包企业对外分包达到限额的,必须招标吗?

《招标投标法》及相关规定中所规定的法定招标项目和规模标准是针对项目建设单位的要求,目的是从源头控制建设项目中的廉政风险,并不包括工程企业。对于工程企业对外采购中的风险控制,由工程企业自行制定相应的管理办法。

如果总承包企业对外采购的结果影响建设项目投资控制(在项目业主与总承包企业之间的合同中以暂估价形式存在,采购结果由项目业主实际承担),达到法定招标限额的,应当进行招标;除此之外,法律对总承包企业的对外分包采购形式没有要求。

【法律依据】

《中华人民共和国招标投标法实施条例》(2019 年修订)(国务院令第 709 号)

第二十九条第一款 招标人可以依法对工程以及与工程建设有关的货物、服务全部或者部分实行总承包招标。以暂估价形式包括在总承包范围内的工程、货物、服务属于依法必须进行招标的项目范围且达到国家规定规模标准的,应当依法进行招标。

《国务院办公厅关于促进建筑业持续健康发展的意见》(国办发〔2017〕19 号)

第三条第(三)项 加快推行工程总承包。装配式建筑原则上应采用工程总承包模式。政府投资工程应完善建设管理模式,带头推行工程总承包。加快完善工程总承包相关的招标投标、施工许可、竣工验收等制度规定。按照总承包负总责的原则,落实工程总承包单位在工程质量安全、进度控制、成本管理等方面的责任。除以暂估价形式包括在工程总承包范围内且依法必须进行招标的项目外,工程总承包单位可以直接发包总承包合同中涵盖的其他专业业务。

18. 集团公司投资的项目,能否直接委托其下属全资子公司承接?

不可以。《招标投标法实施条例》第九条规定,采购人依法能够自行建设、生产或者提供的,可以不进行招标。通常根据项目法人责任制,采购人应该是项目建设单位,而不是项目建设单位的股东(本问题中的集团公司),即使项目建设单位委托集团公司担任采购人,真正的"买方"仍然是项目建设单位。另外,即使是项目建设单位下属的全资子公司,其和项目建设单位仍然属于两个不同的法人主体,不符合直接委托的法定条件。

我们注意到，在某些特定地区有一些特殊的规定。例如，《深圳市人民政府印发关于建设工程招标投标改革若干规定的通知》规定，招标人有控股的施工、货物或者服务企业，或者招标人被该施工、货物或者服务企业控股，且该企业的资质符合工程要求的，可以不经招标直接委托。或许，随着将来《招标投标法》的修改，可以不招标的范围会有所变动。但在现阶段，特定地区的规定无法推广至普遍适用。

【法律依据】

《中华人民共和国招标投标法实施条例》(2019 年修订)(国务院令第 709 号)

第九条 除招标投标法第六十六条规定的可以不进行招标的特殊情况外，有下列情形之一的，可以不进行招标：

(一)需要采用不可替代的专利或者专有技术；

(二)采购人依法能够自行建设、生产或者提供；

(三)已通过招标方式选定的特许经营项目投资人依法能够自行建设、生产或者提供；

(四)需要向原中标人采购工程、货物或者服务，否则将影响施工或者功能配套要求；

(五)国家规定的其他特殊情形。

招标人为适用前款规定弄虚作假的，属于招标投标法第四条规定的规避招标。

《深圳市人民政府印发关于建设工程招标投标改革若干规定的通知》(深府〔2015〕73 号)

第九条 按照规定应当招标的建设工程有下列情形之一的，可以不进行招标：

(一)停建或者缓建后恢复建设的建设工程，且承包人未发生变更的。

(二)需要采用不可替代的专利或者专有技术的。

(三)招标人依法能够自行建设、生产或者提供的。

(四)招标人有控股的施工、货物或者服务企业，或者招标人被该施工、货物或者服务企业控股，且该企业的资质符合工程要求的。

(五)在建工程追加的与主体工程不可分割的附属工程(工程造价不超过原合同造价的 30%，且不超过 5000 万元)或者主体加层工程，可以由原承包人继续实施的。

(六)为满足工程建设项目的一致性或者功能配套要求需要向原中标人采购货物或者服务的，或者与在建工程密不可分需要由原中标人同步施工的。

(七)依法确定的建设—运营—移交(BOT)、建设—移交(BT)主办方为非国有资金控股或者占主导地位的企业，其所承接的项目需要另行确定工程实施企业的。

(八)法律、法规和规章规定可以不招标的其他情形。

招标人为适用上述规定,肢解工程发包或者以其他方式弄虚作假的,视为规避招标。

19. 企业集团规定的招标投标范围和国家规定不同的,企业的规定有效吗?

我国现行法律、法规对必须招标项目的范围和规模标准有明确的规定,实践中有的企业集团为了自身的管理需要在集团内部实行了更为严格的标准,规定了部分非依法必须招标的项目仍应采取招标投标方式进行。从法律角度分析,企业集团该种规定在其内部是有效的;但是,如果某些企业自行规定了法定必须招标项目可以采取其他的采购方式,此时该企业的规定因违反法律而无效。比如,国家规定依法必须招标的工程建设项目,施工单项合同金额达到400万元必须进行招标。如果企业集团规定在其集团公司范围内,施工单项合同金额达到100万元就必须进行招标,则该项规定在其集团内部是有效的;如果企业集团规定,施工单项合同金额达到500万元才需要招标,则该规定因违反国家法律而无效。

【法律依据】

《中华人民共和国招标投标法实施条例》(2019年修订)(国务院令第709号)

第三条 依法必须进行招标的工程建设项目的具体范围和规模标准,由国务院发展改革部门会同国务院有关部门制订,报国务院批准后公布施行。

20. 国家有关部门对招标投标工作的管理与监督是如何分工的?

《招标投标法》第七条第三款规定:"对招标投标活动的行政监督及有关部门的具体职权划分,由国务院规定。"根据这一法律授权,国务院办公厅制定了《国务院有关部门实施招标投标活动行政监督的职责分工意见的通知》,具体规定了国务院各部门的职责分工,同时,又授权"各省、自治区、直辖市人民政府可根据《招标投标法》的规定,从本地实际出发,制定招投标管理办法"。据此,各省级政府相继出台了一些相关规定,逐级确定有关职责分工。目前,各省级地方政府的有关职责分工基本都是参照国务院规定确定的,只是在机构设置和具体分工方面各有特色。招标投标行政监督职责分工与行政管理层级相对应,中央和地方各级政府有关部门按照各自权限分级负责有关招标投标活动的监督工作。

《招标投标法实施条例》对于招标投标的行政监督作了进一步明确的规定，明确国家发展改革部门负责指导和协调全国招标投标工作，对国家重大建设项目建设过程中的工程招标投标活动进行监督检查；工业和信息化部、住房和城乡建设部等行政主管部门按照规定的职责分工，分别负责有关行业和产业招标投标活动的监督执法。同时，条例还对县级以上地方政府各有关部门和监察部门的行政监督职责作出了规定。

【法律依据】

《中华人民共和国招标投标法》(2017 年修正)(主席令第 86 号)

第七条 招标投标活动及其当事人应当接受依法实施的监督。

有关行政监督部门依法对招标投标活动实施监督，依法查处招标投标活动中的违法行为。

对招标投标活动的行政监督及有关部门的具体职权划分，由国务院规定。

《中华人民共和国招标投标法实施条例》(2019 年修订)(国务院令第 709 号)

第四条 国务院发展改革部门指导和协调全国招标投标工作，对国家重大建设项目的工程招标投标活动实施监督检查。国务院工业和信息化、住房城乡建设、交通运输、铁道、水利、商务等部门，按照规定的职责分工对有关招标投标活动实施监督。

县级以上地方人民政府发展改革部门指导和协调本行政区域的招标投标工作。县级以上地方人民政府有关部门按照规定的职责分工，对招标投标活动实施监督，依法查处招标投标活动中的违法行为。县级以上地方人民政府对其所属部门有关招标投标活动的监督职责分工另有规定的，从其规定。

财政部门依法对实行招标投标的政府采购工程建设项目的政府采购政策执行情况实施监督。

监察机关依法对与招标投标活动有关的监察对象实施监察。

21. 发现工程建设项目招标投标违法违规行为，可以向哪些部门投诉、举报？

对于招标投标过程中存在串标、歧视排斥投标等违法行为的监督执法，按职责分工，分别由有关行政监督部门负责并受理投诉。按照这一原则，工业和信息化、水利、交通运输、铁道、民航等行业和产业项目的招标投标活动的监督执法，分别由相应行政主管部门负责；各类房屋建筑及其附属设施的建造和与其配套的线路、管道、设备的安装项目和市政工程项目的招标投标活动的监督执法，由住房和城乡建设行政主管部门负责；进口机电设备采购项目的招标投标活动的监督执法，由商务行政主管部门负责。对国家重大建设项目（含工业项目）招标投标活动的投诉，由国家发展和改革委员会受理并依法作出处理决定。对国家重大建设项目招标投标活动的投诉，有关行业行政监督部门已经受理的，应当通报国家发展和改革委员会，国家发展和改革委员会不再受理。

投标人和其他利害关系人认为招标投标活动不符合法律、法规和规章规定的，有权依法向有关行政监督部门投诉。

【法律依据】

《中华人民共和国招标投标法实施条例》（2019 年修订）（国务院令第 709 号）

第四条 国务院发展改革部门指导和协调全国招标投标工作，对国家重大建设项目的工程招标投标活动实施监督检查。国务院工业和信息化、住房城乡建设、交通运输、铁道、水利、商务等部门，按照规定的职责分工对有关招标投标活动实施监督。

县级以上地方人民政府发展改革部门指导和协调本行政区域的招标投标工作。县级以上地方人民政府有关部门按照规定的职责分工，对招标投标活动实施监督，依法查处招标投标活动中的违法行为。县级以上地方人民政府对其所属部门有关招标投标活动的监督职责分工另有规定的，从其规定。

财政部门依法对实行招标投标的政府采购工程建设项目的政府采购政策执行情况实施监督。

监察机关依法对与招标投标活动有关的监察对象实施监察。

《工程建设项目招标投标活动投诉处理办法》（2013 年修订）（国家发展和改革委员会等九部委令第 23 号）

第三条 投标人或者其他利害关系人认为招标投标活动不符合法律、法规和规章规定的，有权依法向有关行政监督部门投诉。

前款所称其他利害关系人是指投标人以外的，与招标项目或者招标活动有直接和间接利益关系的法人、其他组织和自然人。

第四条 各级发展改革、工业和信息化、住房城乡建设、水利、交通运输、铁道、商务、民航等招标投标活动行政监督部门，依照《国务院办公厅印发国务院有关部门实施招标投标活动行政监督的职责分工的意见的通知》（国办发［2000］34 号）和地方各级人民政府规定的职责分工，受理投诉并依法做出处理决定。

对国家重大建设项目（含工业项目）招标投标活动的投诉，由国家发展改革委受理并依法做出处理决定。对国家重大建设项目招标投标活动的投诉,有关行业行政监督部门已经收到的,应当通报国家发展改革委,国家发展改革委不再受理。

22. 有关行政监督管理部门应对招标投标活动的哪些事项实施监督管理?

政府部门针对招标投标活动实施行政监督主要分为程序监督和实体监督两个方面。程序监督,是指政府针对招标投标活动是否严格执行法定程序实施监督;实体监督,是指政府针对招标投标活动是否符合《招标投标法》及有关配套规定的实体性要求实施的监督。主要内容包括:

(1)依法必须招标项目的招标方案(含招标范围、招标组织形式和招标方式)是否经过项目审批部门核准。

(2)依法必须招标项目是否存在以化整为零或其他任何方式规避招标等违法行为。

(3)公开招标项目的招标公告是否在国家指定媒体上发布。

(4)招标人是否存在以不合理的条件限制或者排斥潜在投标人,或者对潜在投标人实行歧视待遇,强制要求投标人组成联合体共同投标等违法行为。

(5)招标代理机构是否存在泄露应当保密的与招标投标活动有关的情况和资料,或者与招标人、投标人串通损害国家利益、社会公共利益或者他人合法权益等违法行为。

(6)招标人是否存在向他人透露已获取招标文件的潜在投标人的名称、数量或可能影响公平竞争的有关招标投标的其他情况的行为,或泄露标底,或违法与投标人就投标价格、投标方案等实质性内容进行谈判等违法行为。

(7)投标人是否存在相互串通投标或与招标人串通投标,或以向招标人或评标委员会成员行贿的手段谋取中标,或者以他人名义投标或以其他方式弄虚作假骗取中标等违法行为。

(8)评标委员会的组成、产生程序是否符合法律规定。

(9)评标活动是否按照招标文件预先确定的评标方法和标准在保密的条件下进行。

(10)招标人是否有在评标委员会依法推荐的中标候选人以外确定中标人的违法行为。

(11)招标投标的程序、时限是否符合法律规定。

(12)中标合同签订是否及时、规范,合同内容是否与招标文件和投标文件相符,是否存在违法分包、转包。

(13)实际执行的合同是否与中标合同内容一致,等等。

23. 属于政府采购的工程建设项目的招标投标应适用《政府采购法》还是《招标投标法》?

依照《招标投标法》第二条的规定,“在中华人民共和国境内进行招标投标活动,适用本法”。因此,凡是在我国境内进行的招标投标活动,包括政府机关、国有企事业单位、集体企业、私人企业、外商投资企业以及其他组织等所有单位组织的招标投标活动,无论其资金性质,都应该受《招标投标法》的规范。此外,《政府采购法》第四条也明确规定,属于政府采购的工程项目的招标投标应适用《招标投标法》。

【法律依据】

《中华人民共和国招标投标法》(2017 年修正)(主席令第 86 号)

第二条 在中华人民共和国境内进行招标投标活动,适用本法。

《中华人民共和国政府采购法》(2014 年修正)(主席令第 14 号)

第四条 政府采购工程进行招标投标的,适用招标投标法。

24. 什么是电子招标投标?

所谓电子招标投标活动,是指以数据电文形式,依托电子招标投标系统完成的全部或者部分招标投标交易、公共服务和行政监督活动。其有三个构成要件:一是招标投标文本、程序采用数据电文形式;二是依托电子招标投标网络系统;三是完成具有交易、信息服务和在线监督三项职能的活动。

电子招标投标是在互联网信息技术的基础上将电子商务平台和招标采购的流程相结合的产物,它的特点是便捷、高效、透明。通过电子招标平台,招标投标过程中的很多文件都可以在网络上实现发布、流转和审批,节省了项目操作时间,降低了运作成本;通过电子招标平台的流程管理,主管机关可以严格管理招标投标程序,避免招标投标过程中的随意性操作、违规操作等不规范行为;电子招标投标操作的透明性和公开性可以有效地避免投标过程中的“暗箱操作”等行为。

自 1999 年我国在外经贸纺织品配额招标工作中采用“电子招标”方式以来，电子招标投标已在越来越广泛的行业和领域得到应用，并取得了积极的效果。《招标投标法实施条例》从行政法规层面肯定了电子招标投标的法律地位。《电子招标投标办法》这一部门规章是中国推行电子招标投标的纲领性文件，进一步规范了电子招标投标活动，促进了电子招标投标的发展。

【法律依据】

《中华人民共和国招标投标法实施条例》（2019 年修订）（国务院令第 709 号）

第五条　设区的市级以上地方人民政府可以根据实际需要，建立统一规范的招标投标交易场所，为招标投标活动提供服务。招标投标交易场所不得与行政监督部门存在隶属关系，不得以营利为目的。

国家鼓励利用信息网络进行电子招标投标。

《电子招标投标办法》（国家发展和改革委员会、工业和信息化部、监察部、住房和城乡建设部、交通运输部、铁道部、水利部、商务部令第 20 号）

第二条　在中华人民共和国境内进行电子招标投标活动，适用本办法。

本办法所称电子招标投标活动是指以数据电文形式，依托电子招标投标系统完成的全部或者部分招标投标交易、公共服务和行政监督活动。

数据电文形式与纸质形式的招标投标活动具有同等法律效力。

25. 国有投资项目是否必须进交易中心招标，招标人可以在场外自行招标吗？

有形建筑市场（建设工程交易中心）是经政府主管部门批准，为建设工程交易活动提供服务的场所。有形建筑市场自 20 世纪 90 年代初开始在我国工程建设领域出现。《国务院办公厅转发建设部、国家计委、监察部〈关于健全和规范有形建筑市场若干意见〉的通知》（国办发〔2002〕21 号，本篇法规被 2015 年 11 月 27 日发布的《国务院关于宣布失效一批国务院文件的决定》废止）发布后，有形建筑市场得到了较快的发展。

有形建筑市场的设立对于增进建设工程交易透明度，加强对建设工程交易活动的监督管理，从源头上预防工程建设领域腐败行为，发挥着越来越重要的作用。

《招标投标法实施条例》从行政法规层面对包括有形建筑市场等招标投标场所的设立作出了规定，明确设区的市级以上地方人民政府可以根据实际需要，建立统一规范的招标投标交易场所，为招标投标活动提供服务；并要求招标投标交易场所不得与行政监督部门存在隶属关系，不得以营利为目的。

从《招标投标法实施条例》的规定来看，对于招标投标交易中心，国家采取的政策是鼓励而非强制，目前也没有任何法律、法规层面的关于必须在招标投标交易中心进行招标的规定。因此，有关招标投标活动只要依法开展，无论是在交易中心还是在场外进行，均是合法的。但需要注意的是，一些地方政府发布了一些政策性文件，规定地方重点项目等工程建设项目的招标投标活动必须在交易中心进行，招标人须注意满足地方政府的要求。

【法律依据】

《中华人民共和国招标投标法实施条例》（2019 年修订）（国务院令第 709 号）

第五条 设区的市级以上地方人民政府可以根据实际需要，建立统一规范的招标投标交易场所，为招标投标活动提供服务。招标投标交易场所不得与行政监督部门存在隶属关系，不得以营利为目的。

国家鼓励利用信息网络进行电子招标投标。

26. 招标人在招标投标过程中如何做好非公开信息的保密工作？

在招标投标过程中，除招标文件内容等公开信息以外，标底、潜在投标人资料、评标委员会成员名单、评标过程资料等信息，均属于招标人需严格保密的非公开信息。以上非公开信息一旦泄露将使不正当竞争等违法行为有机可乘，不但可能因此损害正当投标人的合法权益，而且会使招标投标活动难以达到预期的目的，最终损害招标人利益。为防止非公开信息的泄露，招标人应当加强对涉密人员及涉密事项的管理，重点关注以下几点：

（1）标底的保密。虽然《招标投标法实施条例》规定，标底只能作为评标的参考，不得以投标报价是否接近标底作为中标条件，但标底仍然作为评标时的重要依据需要严格保密。招标人完成标底制作的时间可以适当推迟，减少泄密的可能，但最迟不得晚于开标时间。接触标底的人员数量应当严格控制，并对接触标底的招标人员在上岗前、在岗时和离岗前做好保密教育工作。

（2）潜在投标人资料的保密。在出售标书、资格预审、组织踏勘、招标文件澄清、接受投标文件时，招标人均可能不慎泄露潜在投标人的数量、名称等信息，使潜在投标人互相了解甚至联络、串通，因此招标人应注意避免潜在投标人的互相接触。具体措施包括：招标人在出售招标文件时，要注意每一个单位单独的登记购买，并对出售汇总表严格保密；招标人根据投标人对招标文件的提问作出的澄清解答，应当以书面方式提供给所有招标文件的收受人，澄清内容不得含有潜在投标人的数量、名称等信息；招标人可规定投标人在投标文件截止时间前较短的时间内递交投标文件，以此减少潜在投标人资料泄露后其他投标人撤回、修改投标文件的现象发生。

(3)评标过程的保密。评标过程是泄密的高发阶段之一，招标单位人员、招标代理机构人员和评标专家都可能成为泄密的主体，因此应重视和加强评标过程的保密工作。具体措施包括：选取具备保密条件的评标场所，尽量在远离市区，环境相对独立僻静的地点进行评标；加强对纸质文件的管理，对于评标过程中评标人员的笔记，草稿及产生的废纸，评标结束时应及时回收，统一销毁；加强对多媒体设备的管理，严禁评标人员携带照相机、录音设备等多媒体设备进入评标现场；限制评标人员与外界的通信联络；对评标专家应按组划分活动区域，限制不同组别评标专家间的信息流通等。

【法律依据】

《中华人民共和国招标投标法》(2017 年修正)(主席令第 86 号)

第二十二条　招标人不得向他人透露已获取招标文件的潜在投标人的名称、数量以及可能影响公平竞争的有关招标投标的其他情况。

招标人设有标底的，标底必须保密。

第三十八条　招标人应当采取必要的措施，保证评标在严格保密的情况下进行。

任何单位和个人不得非法干预、影响评标的过程和结果。

《评标委员会和评标方法暂行规定》(2013 年修订)(国家发展和改革委员会等九部委令第 23 号)

第八条　评标委员会由招标人负责组建。

评标委员会成员名单一般应于开标前确定。评标委员会成员名单在中标结果确定前应当保密。

27. 招标人在招标投标过程中应注意哪些知识产权保护问题？

在招标投标活动中，招标人应遵守知识产权保护的法律规定，注意对自身及投标人知识产权的保护。招标人未经同意，不得对投标人的资料、文件及图纸擅自修改或向第三人披露、转让或用于招标投标活动外的项目。在勘察设计招标活动中，工程勘察、设计文件以及工程勘察设计单位持有的工程勘察、设计文件，专利，专有技术，计算机软件等知识产权受法律保护，其他任何单位和个人不得剽窃、抄袭或者擅自出售、转让、重复使用；招标人应逐一返还未中标人的投标文件。招标人或者中标人采用其他未中标人投标文件中技术方案的，应当征得未中标人的书面同意，并支付合理的使用费。

招标人也应注意对招标文件中图纸等自身技术成果的知识产权保护。招标人可以充分利用合同约定优先的原则，在招标文件中明确约定有关文件、资料、图纸等知识产权归属和收到文件的投标人的保密义务，还可采取要求投标人交付相应图纸押金等措施保证图纸等资料的回收。

招标人应当注意要求中标人保证提供的合同项下设计、设备、文件、服务及培训等没有侵犯任何第三方的知识产权；保证为本招标项目而使用合同设备、服务和文件，不受第三方关于专利、商标或工业设计权等知识产权的侵权指控；注意明确因侵害第三方知识产权造成的不利后果需要由中标人承担赔偿责任。

【法律依据】

《工程建设项目施工招标投标办法》（2013 年修订）（国家发展和改革委员会等九部委令第 23 号）

第六十一条 招标人全部或者部分使用非中标单位投标文件中的技术成果或技术方案时，需征得其书面同意，并给予一定的经济补偿。

《工程建设项目勘察设计招标投标办法》（2013 年修订）（国家发展和改革委员会等九部委令第 23 号）

第四十五条 招标人或者中标人采用其他未中标人投标文件中技术方案的，应当征得未中标人的书面同意，并支付合理的使用费。

案 例 评 析

案例 1

这个海堤工程属于可以不招标的抢险救灾工程吗？

——热带风暴来袭，通过验收仅 3 天的海堤大面积崩塌

【基本案情】

曲寮围海堤在 2008 年 9 月 14 日被“黑格比”台风摧毁。2008 年 12 月 10 日，县

水务局以抢险工程为由向市三防指挥部请示分一、二、三期修复海堤。然而，该局在上报请示的同一天，便与某建筑工程公司第七公司陈某的工程队签订了海堤修复工程一、二期施工合同，与某工程监理公司签订了监理合同。上级主管部门尚未批复，工程在签订合同的当天就已动工。该海堤修复第三期工程就更简化了，不经局班子研究，40 多万元的工程又包给了陈某的施工队。2009 年 7 月 6 日，也就是工程竣工验收前一个月，镇政府向县水务局书面报告了该工程存在的质量问题，县水务局既没有派人核查，也没有责成施工单位整改，8 月 3 日顺利通过工程验收。2009 年 8 月 6 日，受热带低压“天鹅”的影响，通过验收仅 3 天的海堤就已部分损毁，9 月 15 日，受热带风暴“巨爵”的袭击，该海堤南段大面积崩塌。

【法律分析】

《招标投标法》第六十六条规定：“涉及国家安全、国家秘密、抢险救灾或者属于利用扶贫资金实行以工代赈、需要使用农民工等特殊情况，不适宜进行招标的项目，按照国家有关规定可以不进行招标。”《工程建设项目施工招标投标办法》第十二条规定：“依法必须进行施工招标的工程建设项目有下列情形之一的，可以不进行施工招标：（一）涉及国家安全、国家秘密、抢险救灾或者属于利用扶贫资金实行以工代赈需要使用农民工等特殊情况，不适宜进行招标……”该案中，时值冬天，并不具有风灾抢险的紧急性。因此，县水务局以抢险工程为由向市三防指挥部请示修复海堤的同时，未经过招投标程序确定了施工单位，明显违反了法律相关规定。

【特别提示】

法律、法规不仅规定了必须进行招标的项目范围，还规定了例外的情形，包括涉及国家安全、国家秘密、抢险救灾或者属于利用扶贫资金实行以工代赈、需要使用农民工等特殊情况。但无论上述哪种情形，都要做到实事求是，不能以此作为规避招标投标程序的手段。《招标投标法实施条例》第九条明确规定，除《招标投标法》第六十六条规定的可以不进行招标的特殊情况外，有下列情形之一的，可以不进行招标：(1)需要采用不可替代的专利或者专有技术；(2)采购人依法能够自行建设、生产或者提供；(3)已通过招标方式选定的特许经营项目投资人依法能够自行建设、生产或者提供；(4)需要向原中标人采购工程、货物或者服务，否则将影响施工或者功能配套要求；(5)国家规定的其他特殊情形。招标人为适用该条第一款规定弄虚作假的，属于《招标投标法》第四条规定的规避招标，而招标人规避招标是要受到行政处罚的。

案例2

没有经过备案的招标程序是否合法？
——T集团总部大楼工程招投标纠纷案

【基本案情】

2000年10月16日，T公司在某商报上登出招标公告，宣布自己受集团公司委托，拟修建一栋"T集团总部办公大楼"。10月30日，十二公司收到T公司发来的该工程的资格预审邀请书，11月4日，十二公司提交资格预审文件，11月18日，十二公司收到该工程的招标文件，11月24日，十二公司提交工程投标文件。此后，T公司经组织评标组对参加竞标的建筑企业进行了公开、公平、公正的评标，十二公司被确定为中标人。12月10日，双方签订《建设工程施工合同》及《补充协议》，确定由十二公司承建T公司的总部大楼工程，定于12月22日开工。整个招标过程中，T公司未将招标事宜报政府备案。

2001年3月22日，T公司致函十二公司，以招标程序不合法为由要求终止合同。十二公司两次致函T公司，明确表示自己投标程序合法，合同合法有效，应由T公司赔偿损失后退场。十二公司称，5月22日，T公司未取得十二公司的同意，砸开工地大门，将十二公司已入场的设备用吊车吊走。十二公司立即向所在地派出所报案，并向市中级人民法院提起诉讼，要求判令T公司向十二公司赔偿临时设施费、人工费、预期利润及其他损失共计335万元。

2001年7月11日，市中级人民法院开庭公开审理了此案。T公司认为：由于本案所涉工程相关备案手续尚未办理，招标程序不合法，故合同无效，理应终止履行。T集团总部大楼工程招标程序未经备案是否合法，所签订的合同是否有效，成为双方纠纷的争议焦点。

【法律分析】

从招标投标程序备案的范围来看，T集团总部大楼工程不属于依法必须招标的项目，其招标程序无须备案。《招标投标法》第十二条第三款规定："依法必须进行招标的项目，招标人自行办理招标事宜的，应当向有关行政监督部门备案。"对于依法必须进行招标的项目范围，《招标投标法》第三条第一款规定："在中华人民共和国境内进行下列工程建设项目包括项目的勘察、设计、施工、监理以及与工程建设有关的重要设备、材料等的采购，必须进行招标：（一）大型基础设施、公用事业等关系社会公共利益、公众安全的项目；（二）全部或者部分使用国有资金投资或者国家融资的项目;(三)使用国际组织或者外国政府贷款、援助资金的项目。”可见,T 公司作为一家民营企业,其总部大楼工程不属于依法必须招标的项目。作为一个非依法必须招标的项目,T 公司自行办理的招标事宜,并没有向有关行政监督部门备案的法定要求。

从招标投标程序备案的法律责任来看,未向行政监督部门备案并不影响合同的效力。《民法典》明确规定,只有违反法律和行政法规的强制性规定,合同才无效,而且“强制性规定”是指效力性强制性规定。《招标投标法》仅规定了依法必须进行招标的项目应报备案,但并未规定未报备案将导致合同无效,因此,该规定系管理性强制性规定,而非效力性强制性规定。所以,即使是依法必须招标的项目未进行备案,也不会必然导致合同无效。

【特别提示】

对依法必须招标的项目,招标投标备案程序是招标投标活动行政监督的重要内容,如果缺失该程序使招标投标活动存在明显的瑕疵,可能导致相关的行政责任,而对其他项目却没有这样的强制性要求。因此,在实际招标投标工作中,需要区分法律对依法必须招标的项目和非依法必须招标的项目的不同程序要求,明确不同的招标投标程序要求所产生的法律责任。通过对法律规定适用范围的掌握,才能使相关工作符合招标投标程序的法定要求,最大限度地规避行政处罚风险和经济风险。

案例 3

依法必须招标的项目未经招标,签署的合同效力如何?

——浙江某建筑公司诉广西某能源公司施工合同纠纷案

【基本案情】

2006 年 5 月 12 日,浙江某建筑工程有限公司(以下简称建筑公司)与广西某能源有限公司(以下简称能源公司)订立了《电站引水隧洞工程施工合同》,约定由建筑公司承建能源公司某水电站引水隧洞土建工程。合同总金额约为人民币 1640 万元,合同工期 10 个月。合同订立后,建筑公司立即组织人员、机械、设备进场施工,但在施工过程中发现能源公司提供的工程地质勘察报告所反映的地质资料与实际情况严重不符,设计方案不能满足现场施工要求,按原设计方案施工导致现场多次发生透水、垮塌事故,造成建筑公司实际工作量大增。此后,建筑公司多次向能源公司提出要求增加工程价款,但是能源公司均不同意,建筑公司遂向人民法院提起诉讼,请求人民法院判决:(1)确认双方订立的《电站引水隧洞工程施工合同》无效;(2)判令被告向原告支付欠付的工程价款人民币529万元。

该案经人民法院审理后,于2008年9月作出判决。法院认为:"双方当事人订立的《电站引水隧洞工程施工合同》所涉及的工程关系社会公共安全,依法必须进行招标,本案双方当事人未按照规定进行招投标,故该合同无效。本案原告请求确认该合同无效有法律依据,应予支持。"

【法律分析】

该案某水电站引水隧洞土建工程属于依法必须招标的工程。

《招标投标法》第三条规定:"在中华人民共和国境内进行下列工程建设项目包括项目的勘察、设计、施工、监理以及与工程建设有关的重要设备、材料等的采购,必须进行招标:(一)大型基础设施、公用事业等关系社会公共利益、公众安全的项目……前款所列项目的具体范围和规模标准,由国务院发展计划部门会同国务院有关部门制订,报国务院批准……"该案工程是小型水电站工程,其项目性质属于关系社会公共利益、公共安全的工程项目。

当时有效的《工程建设项目招标范围和规模标准规定》(2018年3月8日根据《国务院关于〈必须招标的工程项目规定〉的批复》废止)第二条规定:"关系社会公共利益、公众安全的基础设施项目的范围包括:(一)煤炭、石油、天然气、电力、新能源等能源项目……(四)防洪、灌溉、排涝、引(供)水、滩涂治理、水土保持、水利枢纽等水利项目……"第七条规定:"本规定第二条至第六条规定范围内的各类工程建设项目,包括项目的勘察、设计、施工、监理以及与工程建设有关的重要设备、材料等的采购,达到下列标准之一的,必须进行招标:(一)施工单项合同估算价在200万元人民币以上的……"该案引水隧洞土建工程施工单项合同金额在国家规定必须招标的范围和规模内。

因此,该案工程属于依法必须招标的工程,但双方当事人实际上并没有通过招标投标程序订立合同,违反了招标投标法律的强制性规定,根据《最高人民法院关于审理建设工程施工合同纠纷案件适用法律问题的解释(一)》第一条第一款的规定:"建设工程施工合同具有下列情形之一的,应当依据民法典第一百五十三条第一款的规定,认定无效……(三)建设工程必须进行招标而未招标或者中标无效的。"该合同为无效合同。

【特别提示】

工程建设项目招标投标涉及的法律主体较为广泛,法律关系较为复杂,国家特别制定了《招标投标法》等法律、法规进行规范。凡是属于招标投标法律规定的依法必须招标的工程建设项目，包括项目的勘察、设计、施工、监理以及与工程建设有关的重要设备、材料等的采购，都必须进行招标。但是实践中，很多建设单位基于各种原因往往忽视合同订立的程序问题，采用直接发包、议标或竞争性谈判等其他方式订立合同，而承包单位因急于承揽工程对建设单位提出的种种不合理要求进行响应，最终为合同的履行埋下隐患。一旦合同被确认无效，将导致双方的权利落空，并可能造成巨大的经济损失。对此，建设工程承发包双方都应当总结经验，吸取教训，对于依法必须招标的项目应当按照有关规定进行招标投标。

案例 4

工程设备采购没有进行招标，可以在事后补招标程序吗？

——某重点工程项目业主虚假招标受到查处

【基本案情】

某市级重点建设项目因急需采购一批工程设备，项目业主未经招标直接与之前合作过的 A 厂家签订了设备采购合同。后考虑到该批设备金额较大，属于法定必须招标的范围，于是决定补办招标投标手续。项目业主在招标代理公司的配合下，由 A 厂家自行邀请了另外两家企业配合“投标”，经过评标委员会的“评审”，最终 A 厂家以综合评分最高的成绩，获得“中标”。

后工程审计时，审计人员发现设备实际交货日期早于招投标和签约日期，项目业主虚假招标的行为受到了有关部门的查处。

【法律分析】

在该案中，招标投标工作尚未进行，“中标人”已经开始供货，属于典型的“明招暗定”或者说是虚假招标。实践中，部分招标人以工期紧张等为借口，未通过招标投标手续即选定熟悉的实施单位先期开展工作。由于担心规避招标受到查处，往往又自作聪明地补办虚假的招标投标手续，认为只要完成了招标程序就符合法律的规定。

《招标投标法》规定，任何单位和个人不得将依法必须进行招标的项目化整为零或者以其他任何方式规避招标。该案中的项目业主虽然事后补办了招标投标手续，但该次招标属于明显的虚假招标，是不具有法律效力的。根据《招标投标法》的规定,必须进行招标的项目不招标或规避招标的,责令限期改正,可以处项目合同金额千分之五以上千分之十以下的罚款,对于国有投资项目的主管人员还将给予处分。

【特别提示】

对于建设工期比较紧张的项目,业主单位应该提早着手准备有关招标投标工作,避免出现依法必须招标的项目因时间原因来不及组织招标的情况,更不能通过事后补办招标手续的方式搞虚假招标。

案例5

施工合同价格不到400万元一定不需要招标吗?

【基本案情】

A国有独资公司将其厂房建设施工工程划分为两个标段,单项合同估算价分别为150万元和350万元,并通过协商方式直接与两家施工单位分别签订了施工合同。后某第三方企业投诉A公司未经招标程序,要求认定所签订施工合同无效。

有关行政监管部门查证后认为,虽然上述标段的施工合同价格均未达到国家规定依法必须进行招标的施工合同的金额标准,但仍需进行招标,并对A公司进行了处罚,这是为什么?根据《必须招标的工程项目规定》,施工单项合同估算价达到400万元才需要招标,监管部门是否有枉法裁判之嫌?

【法律分析】

《招标投标法实施条例》第三条规定,依法必须进行招标的工程建设项目的具体范围和规模标准,由国务院发展改革部门会同国务院有关部门制订,报国务院批准后公布施行。

经国务院批准,国家发展和改革委员会于2018年3月27日公布《必须招标的工程项目规定》,施行之日,原国家发展计划委员会发布的《工程建设项目招标范围和规模标准规定》同时废止,即原来关于施工单项合同估算价达到200万元即须招标的规定不再执行。根据《必须招标的工程项目规定》,使用国有企业资金,且国有企业资金占控股或主导地位的项目,施工单项合同估算价在400万元人民币以上的,才须招标。

虽然该案中的项目属于使用国有资金的依法必须招标的项目,但是施工合同价格并未达到法定必须招标的金额标准。这是否就能判定 A 公司签订的上述施工合同一定不需要招标呢？并非如此。因为，除了上述金额标准以外，《必须招标的工程项目规定》同时指出，同一项目中可以合并进行的勘察、设计、施工、监理以及与工程建设有关的重要设备、材料等的采购，合同估算价合计达到第五条第一款规定标准的，必须招标。即如果在某一项目中存在多个施工合同，但这些施工合同可以合并成一个合同加以实施的，那么即使这些施工合同的价格远未达到 400 万元，也应当进行招标。

因此，行政监管部门对 A 公司进行处罚是有法律依据的，如果案件中的两份施工合同确实可以合并的话，则应当进行招标。

【特别提示】

实践中，招标人常常通过划分多个标段的方式对项目进行分解，使部分标段的合同估算价处在法定招标项目的规模标准限额以下，从而达到规避招标的目的。笔者认为，《必须招标的工程项目规定》主要是为了防止招标人规避招标不合理进行标段划分而设计的。招标人应谨慎划分标段，如确有必要将招标项目进行拆分的，建议取得有关专业机构和人员的书面意见，以佐证标段划分的合理性；无充分理由不得随意对项目进行标段划分，已划分标段但不确定标段划分是否合理的，即使某标段的施工合同金额不足 400 万元，也应尽量依法通过招标方式进行采购，以规避合同被认定无效或被处罚的风险。

第二章　招　　标

法律问题解答

28. 依法需要履行审批、核准手续的项目，招标内容是否需要批准？

《招标投标法实施条例》出台前，《工程建设项目货物招标投标办法》和《工程建设项目施工招标投标办法》等部门规章对于需要履行审批、核准手续项目的招标内容是否应当经过审批、核准已有相关规定。《招标投标法实施条例》进一步明确规定，按照国家有关规定需要履行项目审批、核准手续的依法必须进行招标的项目，其招标范围、招标方式、招标组织形式应当报项目审批、核准部门审批、核准。项目审批、核准部门应当及时将审批、核准确定的招标范围、招标方式、招标组织形式通报有关行政监督部门。

之所以从行政法规层面对前述问题予以强调，是因为需审批、核准的项目基本上是重大建设项目或涉及国有资金的项目，关系社会公共利益、公众安全。招标是工程建设过程中最重要的环节之一，其实施情况直接关系项目的质量、安全和投资控制。为了防止招标人在招标过程中不按法律规范操作，《招标投标法实施条例》作出了上述规定。

【法律依据】

《中华人民共和国招标投标法实施条例》(2019 年修订)(国务院令第 709 号)

第七条　按照国家有关规定需要履行项目审批、核准手续的依法必须进行招标的项目，其招标范围、招标方式、招标组织形式应当报项目审批、核准部门审批、核准。项目审批、核准部门应当及时将审批、核准确定的招标范围、招标方式、招标组织形式通报有关行政监督部门。

《工程建设项目货物招标投标办法》(2013 年修订)(国家发展和改革委员会等九部委令第 23 号)

第九条　依法必须进行招标的工程建设项目，按国家有关规定需要履行审批、核准手续的,招标人应当在报送的可行性研究报告、资金申请报告或者项目申请报告中将货物招标范围、招标方式(公开招标或邀请招标)、招标组织形式(自行招标或委托招标)等有关招标内容报项目审批、核准部门审批、核准。项目审批、核准部门应当将审批、核准的招标内容通报有关行政监督部门。

《工程建设项目施工招标投标办法》(2013年修订)(国家发展和改革委员会等九部委令第23号)

第十条 按照国家有关规定需要履行项目审批、核准手续的依法必须进行施工招标的工程建设项目,其招标范围、招标方式、招标组织形式应当报项目审批部门审批、核准。项目审批、核准部门应当及时将审批、核准确定的招标内容通报有关行政监督部门。

29.《招标投标法》规定了几种招标方式?

《招标投标法》规定,招标分为公开招标和邀请招标两种方式。

公开招标,是指招标人以招标公告的方式邀请不特定的法人或者其他组织投标。采用公开招标方式的,招标人应当发布招标公告,具备相应资格条件的法人或者其他组织都可以参加投标。邀请招标,是指招标人以投标邀请书的方式邀请特定的法人或者其他组织投标。采用邀请招标方式的,招标人应当向3家以上具备承担实施招标项目的能力、资信良好的特定的法人或者其他组织发出投标邀请书。

【法律依据】

《中华人民共和国招标投标法》(2017年修正)(主席令第86号)

第十条 招标分为公开招标和邀请招标。

公开招标,是指招标人以招标公告的方式邀请不特定的法人或者其他组织投标。

邀请招标,是指招标人以投标邀请书的方式邀请特定的法人或者其他组织投标。

30. 工程建设中常用的议标、续标等是招标吗?

在建筑领域经常使用一种称为“议标”的采购方法,这种采购方法实质上是谈判式采购,是采购人和被采购人之间通过一对一谈判最终达到采购目的的采购方式。所谓"续标"，其实质是采用招投标方式开展的项目，在项目发生变更或者招标项目结束后的新项目中，原招标人不再采取招标投标方式而是直接选择与原中标人签订合同的行为。"议标"和"续标"不属于《招标投标法》所规定的招标采购方式。采购人采用"议标"和"续标"方式进行采购的，将被视为未进行招标。

【法律依据】

《中华人民共和国招标投标法》（2017 年修正）（主席令第 86 号）

第十条 招标分为公开招标和邀请招标。

公开招标，是指招标人以招标公告的方式邀请不特定的法人或者其他组织投标。

邀请招标，是指招标人以投标邀请书的方式邀请特定的法人或者其他组织投标。

31. 招标人在什么情况下可以采取邀请招标方式？

《招标投标法》中规定了两种招标方式：公开招标和邀请招标。根据《招标投标法》及其配套法规规定，采取邀请招标方式的项目及所需具备的条件如下：

（1）国有资金占控股或者主导地位的依法必须进行招标的项目，采取邀请招标的方式需要符合下列条件：①技术复杂、有特殊要求或者受自然环境限制，只有少量潜在投标人可供选择；②采用公开招标方式的费用占项目合同金额的比例过大。有前述第二项所列情形，属于需要履行项目审批、核准手续的项目，由项目审批、核准部门在审批、核准项目时作出认定；其他项目由招标人申请，由有关行政监督部门作出认定。

（2）国家重点项目和省、自治区、直辖市重点项目，符合下列条件：①技术复杂、有特殊要求或者受自然环境限制，只有少量潜在投标人可供选择；②采用公开招标方式的费用占项目合同金额的比例过大。经相关部门审批或核准后可以进行邀请招标。

（3）其他项目。招标人可以根据项目的实际情况决定是否采用邀请招标的方式。

【法律依据】

《中华人民共和国招标投标法》（2017 年修正）（主席令第 86 号）

第十一条 国务院发展计划部门确定的国家重点项目和省、自治区、直辖市人民政府确定的地方重点项目不适宜公开招标的，经国务院发展计划部门或者省、自治区、直辖市人民政府批准，可以进行邀请招标。

《中华人民共和国招标投标法实施条例》(2019 年修订)(国务院令第 709 号)

第八条 国有资金占控股或者主导地位的依法必须进行招标的项目,应当公开招标;但有下列情形之一的,可以邀请招标:

(一)技术复杂、有特殊要求或者受自然环境限制,只有少量潜在投标人可供选择;

(二)采用公开招标方式的费用占项目合同金额的比例过大。

有前款第二项所列情形,属于本条例第七条规定的项目,由项目审批、核准部门在审批、核准项目时作出认定;其他项目由招标人申请有关行政监督部门作出认定。

32. 招标人开展招标投标活动需要具备哪些条件?

一般来说,招标人开展招标投标活动需要具备以下条件:

第一,招标人为法人或者其他组织,且依法成立。鉴于招标采购的项目通常标的大、耗资多、影响范围广、招标人责任较大,为了切实保障招投标各方的权益,招标人必须是依法进入市场进行活动的经济实体,自然人通常不能成为招标人(但依法招标的科研项目允许个人参加投标的除外)。

第二,拟招标的项目如果需要履行项目审批、核准或者备案手续,应当先履行相应手续。审批、核准或者备案手续通常应当在招标前完成。

第三,招标人具有与项目相适应的资金或者可靠的资金来源。招标项目所需的资金是否落实,不仅关系到招标项目能否顺利实施,而且会对投标人的利益产生直接影响。投标人为获得招标项目,通常要进行大量的准备工作,投入较多资金,中标后如果项目资金没有保证,势必造成不能开工或开工后中途停工等后果,并由此损害投标人的利益。

对于依法必须进行招标的工程建设项目,招标人在开展勘察设计、施工和货物采购招标时需要具备的条件,有关部门规章也作了具体的规定。如开展施工招标时,初步设计及概算应当履行审批手续的,已经批准,并且有招标所需的设计图纸及技术资料等。

【法律依据】

《中华人民共和国招标投标法》(2017 年修正)(主席令第 86 号)

第八条 招标人是依照本法规定提出招标项目、进行招标的法人或者其他组织。

第九条 招标项目按照国家有关规定需要履行项目审批手续的,应当先履行审批手续,取得批准。

招标人应当有进行招标项目的相应资金或者资金来源已经落实,并应当在招标文件中如实载明。

《工程建设项目勘察设计招标投标办法》(2013 年修订)(国家发展和改革委员会等九部委令第 23 号)

第九条 依法必须进行勘察设计招标的工程建设项目,在招标时应当具备下列条件:

(一)招标人已经依法成立;

(二)按照国家有关规定需要履行项目审批、核准或者备案手续的,已经审批、核准或者备案;

(三)勘察设计有相应资金或者资金来源已经落实;

(四)所必需的勘察设计基础资料已经收集完成;

(五)法律法规规定的其他条件。

《工程建设项目货物招标投标办法》(2013 年修订)(国家发展和改革委员会等九部委令第 23 号)

第八条 依法必须招标的工程建设项目,应当具备下列条件才能进行货物招标:

(一)招标人已经依法成立;

(二)按照国家有关规定应当履行项目审批、核准或者备案手续的,已经审批、核准或者备案;

(三)有相应资金或者资金来源已经落实;

(四)能够提出货物的使用与技术要求。

《工程建设项目施工招标投标办法》(2013 年修订)(国家发展和改革委员会等九部委令第 23 号)

第八条 依法必须招标的工程建设项目,应当具备下列条件才能进行施工招标:

(一)招标人已经依法成立;

(二)初步设计及概算应当履行审批手续的,已经批准;

(三)有相应资金或资金来源已经落实;

(四)有招标所需的设计图纸及技术资料。

33. 依法必须招标的项目，具有哪些情形可以不进行招标？

根据《招标投标法》和《招标投标法实施条例》的有关规定，依法必须招标的项目，具有以下情形可以不进行招标：

(1)涉及国家安全、国家秘密的项目。招标投标活动要求公开进行，而涉及国家安全、国家秘密的项目，如某些国防工程建设项目，由于项目本身的保密性要求，不允许将项目的有关情况予以公开，因此，这类项目显然不适宜采用招标方式进行采购。

(2)抢险救灾项目。采用招标方式进行采购，须严格按照法定的程序进行招标投标和评标，所需的时间往往较长。抢险救灾项目时限性强，因此不适宜采用招标采购的方式。

(3)利用政府投资资金实行以工代赈，需要使用农民工的项目。所谓"以工代赈"，是指国家通过安排贫困地区的农民群众参加有关项目的建设，由国家出资向参加建设的农民支付劳动报酬，以代替向贫困地区农民群众发放赈灾救济款物的扶贫赈灾措施。利用政府投资资金中的以工代赈资金有特定的用途，只能用于向参加有关项目建设的贫困地区的农民群众支付劳动报酬。使用以工代赈资金建设的项目，由于不具备竞争性特征，所以不宜通过招标投标方式选择其他人中标承包。

(4)需要采用不可替代的专利或者专有技术的项目。由于此类项目只有少数投标人能满足要求，无法符合《招标投标法》作出的投标人不应少于3个的规定，如仍采用招标方式不仅不能实现招标的目的，也会导致资源浪费。

(5)因其他特殊情况不适宜进行招标的项目。其他不适宜进行招标的特殊情况包括：投标人数量不足3家；采购人依法能够自行建设、生产或者提供；已通过招标方式选定的特许经营项目投资人依法能够自行建设、生产或者提供；需要向原中标人采购工程、货物或者服务，否则将影响施工或者功能配套要求等。

【法律依据】

《中华人民共和国招标投标法》(2017年修正)(主席令第86号)

第六十六条 涉及国家安全、国家秘密、抢险救灾或者属于利用扶贫资金实行以工代赈、需要使用农民工等特殊情况，不适宜进行招标的项目，按照国家有关规定可以不进行招标。

《中华人民共和国招标投标法实施条例》(2019年修订)(国务院令第709号)

第九条 除招标投标法第六十六条规定的可以不进行招标的特殊情况外，有下列情形之一的，可以不进行招标：

(一)需要采用不可替代的专利或者专有技术;

(二)采购人依法能够自行建设、生产或者提供;

(三)已通过招标方式选定的特许经营项目投资人依法能够自行建设、生产或者提供;

(四)需要向原中标人采购工程、货物或者服务,否则将影响施工或者功能配套要求;

(五)国家规定的其他特殊情形。

招标人为适用前款规定弄虚作假的,属于招标投标法第四条规定的规避招标。

34.编制资格预审文件和招标文件必须使用标准文本吗?

为了帮助部分缺乏编制资格预审文件和招标文件能力的企业使用合法、规范和完整的文本,同时为了防止部分招标人利用优势地位,制定权利义务不平衡的文本,损害投标人的权益,相关部门制定了一些标准文本供有关单位使用,如《标准施工招标资格预审文件》《标准施工招标文件》《简明标准施工招标文件》《标准设计施工总承包招标文件》《标准材料采购招标文件》《标准监理招标文件》《标准勘察招标文件》《标准设备采购招标文件》《标准设计招标文件》等。前述标准文本的推行进一步规范了招标文件和合同文本的使用行为,起到了良好的示范效果。为进一步推行标准文本,《招标投标法实施条例》第十五条第四款规定,编制依法必须进行招标的项目的资格预审文件和招标文件,应当使用国务院发展改革部门会同有关行政监督部门制定的标准文本。

因此,对于依法必须进行招标的项目,编制资格预审文件和招标文件必须使用标准文本,其他项目则没有这方面的要求。

【法律依据】

《中华人民共和国招标投标法实施条例》(2019年修订)(国务院令第709号)

第十五条第四款 编制依法必须进行招标的项目的资格预审文件和招标文件,应当使用国务院发展改革部门会同有关行政监督部门制定的标准文本。

35.开展招标投标活动,是否必须聘请招标代理机构?

招标人既可以委托招标代理机构办理招标事宜,也可以自行招标。委托招标代理机构由招标人自行决定,任何单位和个人不得非法强制招标人委托招标代理机构办理招标事宜,也不得以其他任何方式非法干预招标人的自行招标活动。

招标人拟自行办理招标事宜的,必须具有编制招标文件和组织评标能力,即具有与招标项目规模和复杂程度相适应的技术、经济等方面的专业人员。为了保证自行招标的质量,切实保障投标人的合法权益,法律规定对于依法必须进行招标的项目,招标人自行办理招标事宜的,应当向有关行政监督部门备案。

【法律依据】

《中华人民共和国招标投标法》(2017 年修正)(主席令第 86 号)

第十二条 招标人有权自行选择招标代理机构,委托其办理招标事宜。任何单位和个人不得以任何方式为招标人指定招标代理机构。

招标人具有编制招标文件和组织评标能力的,可以自行办理招标事宜。任何单位和个人不得强制其委托招标代理机构办理招标事宜。

依法必须进行招标的项目,招标人自行办理招标事宜的,应当向有关行政监督部门备案。

《中华人民共和国招标投标法实施条例》(2019 年修订)(国务院令第 709 号)

第十条 招标投标法第十二条第二款规定的招标人具有编制招标文件和组织评标能力,是指招标人具有与招标项目规模和复杂程度相适应的技术、经济等方面的专业人员。

36. 国家对于招标代理机构是否有资质要求?

2017 年 12 月 27 日,第十二届全国人民代表大会常务委员会第三十一次会议《关于修改〈中华人民共和国招标投标法〉、〈中华人民共和国计量法〉的决定》删除了原《招标投标法》第十四条第一款的规定,即“从事工程建设项目招标代理业务的招标代理机构,其资格由国务院或者省、自治区、直辖市人民政府的建设行政主管部门认定。具体办法由国务院建设行政主管部门会同国务院有关部门制定。从事其他招标代理业务的招标代理机构,其资格认定的主管部门由国务院规定”。自此,包括工程建设项目招标代理机构资质、中央投资项目招标代理机构资质、机电产品国际招标代理机构资质、政府采购代理机构资质、通信建设项目招标代理机构资质在内的所有招标代理机构资质在法律层面均被取消。

招标代理机构虽然不再需要具备行政许可资质,但是应当具有从事招标代理业务的营业场所和相应资金、有能够编制招标文件和组织评标的相应专业力量。

【法律依据】

《中华人民共和国招标投标法》(2017年修正)(主席令第86号)

第十三条 招标代理机构是依法设立、从事招标代理业务并提供相关服务的社会中介组织。

招标代理机构应当具备下列条件:

(一)有从事招标代理业务的营业场所和相应资金;

(二)有能够编制招标文件和组织评标的相应专业力量。

《中华人民共和国招标投标法实施条例》(2019年修订)(国务院令第709号)

第十二条 招标代理机构应当拥有一定数量的具备编制招标文件、组织评标等相应能力的专业人员。

37. 招标代理机构接受招标人的委托通常可提供哪些代理服务事项?

工程建设项目招标代理机构接受招标人的委托,可以从事工程的勘察、设计、施工、监理以及与工程建设有关的重要设备(进口机电设备除外)、材料采购招标的代理业务。具体业务活动包括帮助招标人或受其委托拟定招标文件,依据招标文件的规定,审查投标人的资质,组织评标、定标等;提供与招标代理业务相关的服务,即指提供与招标活动有关的咨询、代书及其他服务性工作。

招标代理机构应当在招标人委托的范围内办理招标事宜,并遵守《招标投标法》关于招标人的规定,不得明知委托事项违法而进行代理,不得在所代理的招标项目中投标或者代理投标,也不得向该项目投标人提供咨询服务。

【法律依据】

《中华人民共和国招标投标法》(2017年修正)(主席令第86号)

第十五条 招标代理机构应当在招标人委托的范围内办理招标事宜,并遵守本法关于招标人的规定。

《中华人民共和国招标投标法实施条例》(2019年修订)(国务院令第709号)

第十三条 招标代理机构在招标人委托的范围内开展招标代理业务,任何单位和个人不得非法干涉。

招标代理机构代理招标业务,应当遵守招标投标法和本条例关于招标人的规定。招标代理机构不得在所代理的招标项目中投标或者代理投标,也不得为所代理的招标项目的投标人提供咨询。

38. 招标代理服务的收费标准是怎样的?

招标代理服务收费按照招标代理业务性质,分为工程招标代理服务收费、货物招标代理服务收费以及服务招标代理服务收费。招标代理服务收费一度实行政府指导价管理方式,采用差额定率累进计费方式,上下浮动幅度不超过20%。具体收费额由招标代理机构和招标人在规定的收费标准和浮动幅度内协商确定。2016年1月1日,《国家发展和改革委员会关于废止部分规章和规范性文件的决定》将《招标代理服务收费管理暂行办法》予以废止,招标代理服务收费由政府指导价改为市场调节价,具体收费标准由招标人与被委托的招标代理机构签订书面委托合同进行约定。

【法律依据】

《中华人民共和国招标投标法实施条例》(2019年修订)(国务院令第709号)

第十四条　招标人应当与被委托的招标代理机构签订书面委托合同,合同约定的收费标准应当符合国家有关规定。

39. 招标代理机构可以向中标人收取招标代理服务费吗?

国家层面对招标代理服务费的支付主体未作强制性规定。招标代理服务费应由招标人、招标代理机构与投标人按照约定方式执行。如果招标人、招标代理机构与投标人另有约定由中标人承担的(招标文件有明确规定由中标人承担且投标人未提偏差的,可视为三方另有约定),可以按照约定执行,法律、法规对此并无禁止性规定。招标人可以在招标文件中规定招标代理服务费由中标人支付,以便于中标人事先将该费用考虑到其报价中;如果招标文件中没有约定,由于中标人事先没有在其报价中考虑招标代理服务费,其有权拒绝承担该费用。对于招标人自行招标的项目,因未发生招标代理行为,故招标人不得收取招标代理服务费。

【法律依据】

《中华人民共和国民法典》(主席令第45号)

第四百六十五条　依法成立的合同,受法律保护。

依法成立的合同,仅对当事人具有法律约束力,但是法律另有规定的除外。

40. 招标代理机构可以直接在投标保证金中扣收招标代理服务费吗?

《招标投标法》《招标投标法实施条例》及其配套规定未对招标代理服务费的收取环节进行明确规定。在实践中,招标代理服务费一般是在招标人与中标人签署合同后收取。招标文件中可明确招标代理服务费由招标代理机构直接在中标人的投标保证金中扣收,中标人未在投标文件中提出异议的,视为认可,招标代理机构可按招标文件规定收取招标代理服务费。

41. 若干个法定招标项目,能否合并在一起只进行一次招标?

通常情况下,若干个项目打捆一并招标是为了提高招标效率和降低交易成本,招标人可以根据实际需要,对一定期限内的重复性招标项目或者不同实施主体的同类招标项目进行集中招标。

但是,上述打捆招标的行为不应当提高投标人的资格条件,不得有限制、排斥潜在投标人或者投标人等违法违规行为。

42. 以暂估价形式包括在总承包范围内的货物或专业工程,应当由谁组织招标?

暂估价是发包人在工程量清单中给定的用于支付必然发生但暂时不能确定价格的材料、工程设备以及专业工程的金额。关于以暂估价形式存在的货物或专业工程应当由谁组织招标,《招标投标法》及《招标投标法实施条例》未作出具体规定。但部分地方规范性文件对此有明确规定,如武汉市城乡建设委员会印发的《市城建委关于进一步规范房屋建筑和市政基础设施工程项目招标投标活动的若干规定》第十六条规定:"以暂估价方式包括在工程总承包或者施工总承包范围内,且达到法定规模标准的,应当采用招标方式发包。建设单位、总承包单位或者建设单位与总承包单位的联合均可作为暂估价工程的招标人。建设单位在总承包招标文件中,应当明确暂估价工程的招标主体以及双方的权利义务。"实践中,前述所列的三种情形均比较常见,考虑到招标组织方有可能发生额外费用(如招标代理服务费等),为避免分歧,建议招标人和总承包单位在订立合同时将该责任予以明确。

【法律依据】

《中华人民共和国招标投标法实施条例》(2019年修订)(国务院令第709号)

第二十九条 招标人可以依法对工程以及与工程建设有关的货物、服务全部或者部分实行总承包招标。以暂估价形式包括在总承包范围内的工程、货物、服务属于依法必须进行招标的项目范围且达到国家规定规模标准的,应当依法进行招标。

前款所称暂估价,是指总承包招标时不能确定价格而由招标人在招标文件中暂时估定的工程、货物、服务的金额。

《工程建设项目货物招标投标办法》(2013年修正)(国家发展和改革委员会等九部委令第23号)

第五条第二、三款 工程建设项目招标人对项目实行总承包招标时,未包括在总承包范围内的货物属于依法必须进行招标的项目范围且达到国家规定规模标准的,应当由工程建设项目招标人依法组织招标。

工程建设项目实行总承包招标时,以暂估价形式包括在总承包范围内的货物属于依法必须进行招标的项目范围且达到国家规定规模标准的,应当依法组织招标。

《市城建委关于进一步规范房屋建筑和市政基础设施工程项目招标投标活动的若干规定》(武城建规〔2018〕4号)

第十六条 以暂估价方式包括在工程总承包或者施工总承包范围内,且达到法定规模标准的,应当采用招标方式发包。建设单位、总承包单位或者建设单位与总承包单位的联合均可作为暂估价工程的招标人。建设单位在总承包招标文件中,应当明确暂估价工程的招标主体以及双方的权利义务。

43. 对投标人的资格审查通常有哪几种方式?

招标人可以根据招标项目本身的要求,在招标公告或者投标邀请书中,要求潜在投标人提供有关资质证明文件和业绩情况,并对潜在投标人进行资格审查。招标人对投标人的资格审查可以分为资格预审和资格后审两种方式。资格预审是指招标人在发出招标公告或投标邀请书以前,先发出资格预审的公告或邀请,要求潜在投标人提交资格预审的申请及有关证明资料,经资格预审合格的,方可参加正式的投标竞争。资格后审是指开标后再对投标人进行资格审查,一般在评标过程中的初步评审开始时进行。进行资格预审的一般不再进行资格后审,除非招标文件另有规定或评标委员会在评标阶段发现已经通过资格预审的投标人确实存在资格不符的情形。

【法律依据】

《中华人民共和国招标投标法》(2017年修正)(主席令第86号)

第十八条第一款 招标人可以根据招标项目本身的要求,在招标公告或者投标邀请书中,要求潜在投标人提供有关资质证明文件和业绩情况,并对潜在投标人进行资格审查;国家对投标人的资格条件有规定的,依照其规定。

《中华人民共和国招标投标法实施条例》(2019年修订)(国务院令第709号)

第十八条 资格预审应当按照资格预审文件载明的标准和方法进行。

国有资金占控股或者主导地位的依法必须进行招标的项目,招标人应当组建资格审查委员会审查资格预审申请文件。资格审查委员会及其成员应当遵守招标投标法和本条例有关评标委员会及其成员的规定。

第二十条 招标人采用资格后审办法对投标人进行资格审查的,应当在开标后由评标委员会按照招标文件规定的标准和方法对投标人的资格进行审查。

《工程建设项目施工招标投标办法》(2013年修订)(国家发展和改革委员会等九部委令第23号)

第十七条 资格审查分为资格预审和资格后审。

资格预审,是指在投标前对潜在投标人进行的资格审查。

资格后审,是指在开标后对投标人进行的资格审查。

进行资格预审的,一般不再进行资格后审,但招标文件另有规定的除外。

《工程建设项目货物招标投标办法》(2013年修订)(国家发展和改革委员会等九部委令第23号)

第十六条 资格审查分为资格预审和资格后审。

资格预审,是指招标人出售招标文件或者发出投标邀请书前对潜在投标人进行的资格审查。资格预审一般适用于潜在投标人较多或者大型、技术复杂货物的招标。

资格后审,是指在开标后对投标人进行的资格审查。资格后审一般在评标过程中的初步评审开始时进行。

44. 一般在什么情况下采用资格预审的方式?

资格预审,是指招标人出售招标文件或者发出投标邀请书前对潜在投标人进行的资格审查。资格预审一般适用于潜在投标人较多或者大型、技术复杂项目的招标。资格预审方式通过招标人在招标前对潜在投标人进行筛选，预选出有资格参加投标的人，从而大大减少了招标的工作量，有利于提高招标投标的工作效率，降低招标成本。资格预审还可以帮助招标人了解潜在投标人对招标项目的兴趣，以便于及时修正招标要求，扩大竞争。资格预审是招标人对投标人进行资格审查的主要方式。

【法律依据】

《工程建设项目货物招标投标办法》（2013年修订）（国家发展和改革委员会等九部委令第23号）

第十六条 资格审查分为资格预审和资格后审。

资格预审，是指招标人出售招标文件或者发出投标邀请书前对潜在投标人进行的资格审查。资格预审一般适用于潜在投标人较多或者大型、技术复杂货物的招标。

资格后审，是指在开标后对投标人进行的资格审查。资格后审一般在评标过程中的初步评审开始时进行。

《工程建设项目施工招标投标办法》（2013年修订）（国家发展和改革委员会等九部委令第23号）

第十七条 资格审查分为资格预审和资格后审。

资格预审，是指在投标前对潜在投标人进行的资格审查。

资格后审，是指在开标后对投标人进行的资格审查。

进行资格预审的，一般不再进行资格后审，但招标文件另有规定的除外。

45. 什么是有限数量制的资格审查方法？在什么情况下适用？

国家发展和改革委员会等九部委发布的《标准施工招标资格预审文件》（2013年修订）第三章“资格审查办法”分别规定了合格制和有限数量制两种资格审查方法，供招标人根据招标项目具体特点和实际需要选择适用。

其中，合格制是指设计一些资格条件，每一个条件都是对投标人资格的一种限定，在这些条件里，如果投标人其中一项不能满足，则不能通过资格预审，无法参与此后进行的招标投标活动。该种方法往往不能事先预计通过预审的投标人的具体数量，可能导致通过资格预审的潜在投标人数量过多，增加工作量和成本。

有限数量制属于合格制与打分法相结合的方式。采用有限数量制时，审查委员会将依据资格预审文件规定的审查标准和程序,对通过初步审查和详细审查的资格预审申请文件进行量化打分,按得分由高到低的顺序确定通过资格预审的申请人。最终通过资格预审的申请人不超过资格预审文件规定的数量。有限数量制的资格审查方法主要适用于潜在投标人较多的情形。通过设置投标人的数量,减少招标的工作量,有利于提高招标的工作效率,降低招标成本。使用有限数量制进行资格预审时,需要注意将通过资格预审的投标人的数量限制在合理的范围,不宜过多或过少,如7个左右比较适宜。

【法律依据】

《中华人民共和国招标投标法实施条例》(2019年修订)(国务院令第709号)

第十八条 资格预审应当按照资格预审文件载明的标准和方法进行。

国有资金占控股或者主导地位的依法必须进行招标的项目,招标人应当组建资格审查委员会审查资格预审申请文件。资格审查委员会及其成员应当遵守招标投标法和本条例有关评标委员会及其成员的规定。

46. 资格预审申请文件必须由资格审查委员会负责审查吗?

《招标投标法实施条例》对国有资金占控股或者主导地位的依法必须进行招标的项目,要求招标人应当组建资格审查委员会审查资格预审申请文件,同时要求资格审查委员会及其成员应当遵守《招标投标法》和《招标投标法实施条例》有关评标委员会及其成员的规定。对于其他招标项目,《招标投标法实施条例》未强制要求招标人组建资格审查委员会。

【法律依据】

《中华人民共和国招标投标法实施条例》(2019年修订)(国务院令第709号)

第十八条 资格预审应当按照资格预审文件载明的标准和方法进行。

国有资金占控股或者主导地位的依法必须进行招标的项目,招标人应当组建资格审查委员会审查资格预审申请文件。资格审查委员会及其成员应当遵守招标投标法和本条例有关评标委员会及其成员的规定。

47. 资格预审文件的发售期不得少于多长时间?

《招标投标法实施条例》规定,从资格预审文件开始出售到停止出售不得少于5

日(请关注此处为“日历日”,而非“工作日”),不区分招标项目是否为依法必须招标的项目以及是否为国有资金投资的项目。

【法律依据】

《中华人民共和国招标投标法实施条例》(2019 年修订)(国务院令第 709 号)

第十六条 招标人应当按照资格预审公告、招标公告或者投标邀请书规定的时间、地点发售资格预审文件或者招标文件。资格预审文件或者招标文件的发售期不得少于5 日。

招标人发售资格预审文件、招标文件收取的费用应当限于补偿印刷、邮寄的成本支出,不得以营利为目的。

《工程建设项目货物招标投标办法》(2013 年修订)(国家发展和改革委员会等九部委令第 23 号)

第十四条第一款 招标人应当按照资格预审公告、招标公告或者投标邀请书规定的时间、地点发售招标文件或者资格预审文件。自招标文件或者资格预审文件发售之日起至停止发售之日止,最短不得少于五日。

《工程建设项目勘察设计招标投标办法》(2013 年修订)(国家发展和改革委员会等九部委令第 23 号)

第十二条 招标人应当按照资格预审公告、招标公告或者投标邀请书规定的时间、地点出售招标文件或者资格预审文件。自招标文件或者资格预审文件出售之日起至停止出售之日止,最短不得少于五日。

《工程建设项目施工招标投标办法》(2013 年修订)(国家发展和改革委员会等九部委令第 23 号)

第十五条第一款 招标人应当按招标公告或者投标邀请书规定的时间、地点出售招标文件或资格预审文件。自招标文件或者资格预审文件出售之日起至停止出售之日止,最短不得少于五日。

48. 资格预审文件发出到递交申请文件是否不得少于 20 日?

《招标投标法》规定,依法必须进行招标的项目,自招标文件开始发出之日起至投标人提交投标文件截止之日止,最短不得少于 20 日。《招标投标法》规定 20 日的期限,主要是针对投标人编制投标文件的期限。《招标投标法》之所以作如此规定,是考虑到投标人编制投标文件需要一定的时间。如果从招标文件开始发出到截标的时间过短,可能有一些投标人因为来不及编制投标文件而不得不放弃参加投标竞争，这对保证投标竞争的公平性和广泛性是不利的。

那么，资格预审文件自发出到递交申请文件的期限是否也必须为20日呢？在资格预审中，潜在投标人的主要工作是按照要求提交资格预审的申请及有关证明资料。这些证明资料一般是已经存在的，不需要花费较多时间编辑、准备。因此，对于资格预审文件停止发出之日至递交资格预审申请文件截止之日的期限不必要求20日。《招标投标法实施条例》规定，招标人应当合理确定提交资格预审申请文件的时间。依法必须进行招标的项目提交资格预审申请文件的时间，自资格预审文件停止发售之日起不得少于5日。

【法律依据】

《中华人民共和国招标投标法》（2017年修正）（主席令第86号）

第二十四条 招标人应当确定投标人编制投标文件所需要的合理时间；但是，依法必须进行招标的项目，自招标文件开始发出之日起至投标人提交投标文件截止之日止，最短不得少于二十日。

《中华人民共和国招标投标法实施条例》（2019年修订）（国务院令第709号）

第十七条 招标人应当合理确定提交资格预审申请文件的时间。依法必须进行招标的项目提交资格预审申请文件的时间，自资格预审文件停止发售之日起不得少于5日。

49. 招标人修改资格预审文件需提前多长时间？

《招标投标法实施条例》规定，招标人可以对已发出的资格预审文件进行必要的澄清或者修改。澄清或者修改的内容可能影响资格预审申请文件编制的，招标人应当在提交资格预审申请文件截止时间至少3日前，以书面形式通知所有获取资格预审文件的潜在投标人；不足3日的，招标人应当顺延提交资格预审申请文件的截止时间。

【法律依据】

《中华人民共和国招标投标法实施条例》（2019年修订）（国务院令第709号）

第二十一条 招标人可以对已发出的资格预审文件或者招标文件进行必要的澄清或者修改。澄清或者修改的内容可能影响资格预审申请文件或者投标文件编制的，招标人应当在提交资格预审申请文件截止时间至少3日前，或者投标截止时间至少15日前，以书面形式通知所有获取资格预审文件或者招标文件的潜在投标人；不足3日或者15日的，招标人应当顺延提交资格预审申请文件或者投标文件的截止时间。

50. 通过资格预审的申请人不足 3 个,应如何处理?

资格预审结束后,通过资格预审的申请人不足 3 个,或者虽然通过资格预审的申请人数满足 3 个及以上的条件,但潜在投标人在收到投标邀请书后,在规定的时间内以书面形式明确表示不参加投标,造成潜在投标人数量不足 3 个的,对于依法必须招标的项目,招标人应当重新进行资格预审或者不经资格预审直接招标;对于非必须招标的项目,招标人既可以重新进行资格预审或者不经资格预审直接招标,也可以不再招标。

【法律依据】

《中华人民共和国招标投标法实施条例》(2019 年修订)(国务院令第 709 号)

第十九条 资格预审结束后,招标人应当及时向资格预审申请人发出资格预审结果通知书。未通过资格预审的申请人不具有投标资格。

通过资格预审的申请人少于 3 个的,应当重新招标。

51. 招标人是否可以邀请未通过资格预审的投标人参加投标?

资格预审是招标人在发出招标公告或投标邀请书之前,先发出资格预审的公告或邀请,要求潜在投标人提交资格预审的申请及有关证明资料,经资格预审合格的,邀请该潜在投标人参加投标。资格预审中设置的资格条件是对投标人资格的一种限定,所有投标人均必须满足前述条件。如果潜在投标人未通过资格预审,则说明其不满足招标人要求的资格条件。因此,招标人不能邀请未通过资格预审的投标人参加投标。如果招标人接受未通过资格预审的单位或个人参加投标,可能受到相应的行政处罚。

【法律依据】

《中华人民共和国招标投标法实施条例》(2019 年修订)(国务院令第 709 号)

第十九条 资格预审结束后,招标人应当及时向资格预审申请人发出资格预审结果通知书。未通过资格预审的申请人不具有投标资格。

通过资格预审的申请人少于 3 个的,应当重新招标。

第三十六条 未通过资格预审的申请人提交的投标文件,以及逾期送达或者不按照招标文件要求密封的投标文件,招标人应当拒收。

招标人应当如实记载投标文件的送达时间和密封情况,并存档备查。

第六十四条 招标人有下列情形之一的,由有关行政监督部门责令改正,可以

处10万元以下的罚款:

(一)依法应当公开招标而采用邀请招标;

(二)招标文件、资格预审文件的发售、澄清、修改的时限,或者确定的提交资格预审申请文件、投标文件的时限不符合招标投标法和本条例规定;

(三)接受未通过资格预审的单位或者个人参加投标;

(四)接受应当拒收的投标文件。

招标人有前款第一项、第三项、第四项所列行为之一的,对单位直接负责的主管人员和其他直接责任人员依法给予处分。

52. 重新招标时,前一次招标中被否决的投标人是否可以参加投标?

投标人被否决的情形可能有很多种,如投标文件未经投标单位盖章和单位负责人签署,投标人不符合国家或者招标文件规定的合格资格条件要求,投标人存在(视为)串通投标、弄虚作假、行贿等违法行为等。重新招标时,前一次招标活动中被否决的投标人仍有权参加新的招标活动,当然,如该投标人此时仍不符合国家法律、法规的强制性要求或者不满足招标文件的实质性要求的,其投标同样将被否决。

【法律依据】

《中华人民共和国招标投标法》(2017年修正)(主席令第86号)

第三十二条 投标人不得相互串通投标报价,不得排挤其他投标人的公平竞争,损害招标人或者其他投标人的合法权益。

投标人不得与招标人串通投标,损害国家利益、社会公共利益或者他人的合法权益。

禁止投标人以向招标人或者评标委员会成员行贿的手段谋取中标。

第三十三条 投标人不得以低于成本的报价竞标,也不得以他人名义投标或者以其他方式弄虚作假,骗取中标。

53. 国家指定的发布招标公告的媒介有哪些?

招标人采用公开招标方式的,应当发布招标公告。依法必须进行招标的项目的招标公告,应当通过国家指定的报刊、信息网络或者其他媒介发布。自2018年1

月1日起,国家指定的发布招标公告的媒介修改为“中国招标投标公共服务平台”或者项目所在地省级电子招标投标公共服务平台。如果依法应当公开招标的项目不按照规定在指定媒介发布资格预审公告或者招标公告,或者在不同媒介发布的同一招标项目的资格预审公告或者招标公告的内容不一致,影响潜在投标人申请资格预审或者投标的,招标人将承担相应的法律责任。

【法律依据】

《中华人民共和国招标投标法》(2017年修正)(主席令第86号)

第十六条第一款 招标人采用公开招标方式的,应当发布招标公告。依法必须进行招标的项目的招标公告,应当通过国家指定的报刊、信息网络或者其他媒介发布。

《中华人民共和国招标投标法实施条例》(2019年修订)(国务院令第709号)

第十五条 公开招标的项目,应当依照招标投标法和本条例的规定发布招标公告、编制招标文件。

招标人采用资格预审办法对潜在投标人进行资格审查的,应当发布资格预审公告、编制资格预审文件。

依法必须进行招标的项目的资格预审公告和招标公告,应当在国务院发展改革部门依法指定的媒介发布。在不同媒介发布的同一招标项目的资格预审公告或者招标公告的内容应当一致。指定媒介发布依法必须进行招标的项目的境内资格预审公告、招标公告,不得收取费用。

编制依法必须进行招标的项目的资格预审文件和招标文件,应当使用国务院发展改革部门会同有关行政监督部门制定的标准文本。

第六十三条 招标人有下列限制或者排斥潜在投标人行为之一的,由有关行政监督部门依照招标投标法第五十一条的规定处罚:

(一)依法应当公开招标的项目不按照规定在指定媒介发布资格预审公告或者招标公告;

(二)在不同媒介发布的同一招标项目的资格预审公告或者招标公告的内容不一致,影响潜在投标人申请资格预审或者投标。

依法必须进行招标的项目的招标人不按照规定发布资格预审公告或者招标公告,构成规避招标的,依照招标投标法第四十九条的规定处罚。

《招标公告和公示信息发布管理办法》(国家发展和改革委员会令第10号)

第八条 依法必须招标项目的招标公告和公示信息应当在“中国招标投标公共服务平台”或者项目所在地省级电子招标投标公共服务平台(以下统一简称“发布媒介”)发布。

54. 国家指定媒介发布招标公告是否要收取费用?

为了避免招标人随意发布招标公告,相关法律、法规规定,依法必须进行招标的项目的招标公告,应当通过国家指定的报刊、信息网络或者其他媒介发布。国家相关部门指定了部分媒体作为发布依法必须招标项目招标公告的媒介。为了减轻招标人及招标代理机构的负担,同时避免指定媒介利用垄断地位哄抬价格,损害招标人及招标代理机构的利益,影响招标投标活动的正常开展,《招标投标法实施条例》明确规定,指定媒介发布依法必须进行招标的项目的境内资格预审公告、招标公告,不得收取费用。

【法律依据】

《中华人民共和国招标投标法实施条例》(2019 年修订)(国务院令第 709 号)

第十五条第三款 依法必须进行招标的项目的资格预审公告和招标公告,应当在国务院发展改革部门依法指定的媒介发布。在不同媒介发布的同一招标项目的资格预审公告或者招标公告的内容应当一致。指定媒介发布依法必须进行招标的项目的境内资格预审公告、招标公告,不得收取费用。

55. 是否所有的招标项目都必须在国家指定媒介上发布招标公告?

《招标投标法》及《招标投标法实施条例》规定,依法必须进行招标的项目的招标公告,应当通过国家指定的报刊、信息网络或者其他媒介发布。如果招标人不在指定媒介上发布招标公告和资格预审公告,将被视为以不合理的条件限制或者排斥潜在投标人或者规避招标,可能受到相应的行政处罚;对于非依法必须招标的项目,法律、法规并无明确要求,招标人可以自愿选择是否在国家指定媒介上发布招标公告和资格预审公告。

【法律依据】

《中华人民共和国招标投标法》(2017 年修正)(主席令第 86 号)

第十六条第一款 招标人采用公开招标方式的,应当发布招标公告。依法必须进行招标的项目的招标公告,应当通过国家指定的报刊、信息网络或者其他媒介发布。

《中华人民共和国招标投标法实施条例》(2019 年修订)(国务院令第 709 号)

第十五条 公开招标的项目,应当依照招标投标法和本条例的规定发布招标公告、编制招标文件。

招标人采用资格预审办法对潜在投标人进行资格审查的,应当发布资格预审公告、编制资格预审文件。

依法必须进行招标的项目的资格预审公告和招标公告，应当在国务院发展改革部门依法指定的媒介发布。在不同媒介发布的同一招标项目的资格预审公告或者招标公告的内容应当一致。指定媒介发布依法必须进行招标的项目的境内资格预审公告、招标公告，不得收取费用。

编制依法必须进行招标的项目的资格预审文件和招标文件，应当使用国务院发展改革部门会同有关行政监督部门制定的标准文本。

56. 摇不上号就不允许参加投标，这样做合法吗？

符合招标文件要求的或者资格预审合格的投标人均有权参加投标，招标人不得要求投标人通过抽签或者摇号的方式确定参加投标的投标人范围。以抽签或者摇号的方式确定哪些人可以参加投标，意味着同样具备投标人资格条件的潜在投标人，有些可以投标，有些则不能投标。这种选择确定投标人的方式看似公平，但实质上构成以不合理的条件限制或者排斥潜在投标人，违反了《招标投标法》规定的公平、公正原则。

如果招标人考虑到潜在投标人数量较多，可采用有限数量制资格预审方式，筛选合格的投标人，但招标人必须在资格预审文件中予以明确。如果资格预审文件规定采用合格制预审方式，则所有通过预审的投标人均可以参加投标，招标人不得再通过抽签或者摇号的方式限制或者排斥投标人参加投标。

【法律依据】

《中华人民共和国招标投标法》(2017 年修正)(主席令第 86 号)

第十八条第二款 招标人不得以不合理的条件限制或者排斥潜在投标人，不得对潜在投标人实行歧视待遇。

《中华人民共和国招标投标法实施条例》(2019 年修订)(国务院令第 709 号)

第十八条 资格预审应当按照资格预审文件载明的标准和方法进行。

国有资金占控股或者主导地位的依法必须进行招标的项目，招标人应当组建资格审查委员会审查资格预审申请文件。资格审查委员会及其成员应当遵守招标投标法和本条例有关评标委员会及其成员的规定。

《工程建设项目勘察设计招标投标办法》(2013 年修正)(国家发展和改革委员会等九部委令第 23 号)

第十四条第二款 招标人不得以抽签、摇号等不合理条件限制或者排斥资格预审合格的潜在投标人参加投标。

57. 招标文件在法律性质上属于要约还是要约邀请?

根据《民法典》的规定,要约邀请是希望他人向自己发出要约的意思表示。寄送的价目表、拍卖公告、招标公告、招股说明书、商业广告等为要约邀请。要约是希望和他人订立合同的意思表示,该意思表示内容具体,且表明经受要约人承诺,要约人即受该意思表示的约束。

依据前述规定以及合同订立的一般原理,招标人发布招标公告或投标邀请书以及招标文件的直接目的在于邀请投标人参加投标竞争。同时,招标文件对于价款或者报酬等主要内容均未具体确定,需要投标人根据招标文件确定的范围在投标文件中予以明确。因此,招标人的招标文件在法律性质上是要约邀请,投标人的投标文件则属于要约。

【法律依据】

《中华人民共和国民法典》(主席令第45号)

第四百七十一条 当事人订立合同,可以采取要约、承诺方式或者其他方式。

第四百七十二条 要约是希望与他人订立合同的意思表示,该意思表示应当符合下列条件:

(一)内容具体确定;

(二)表明经受要约人承诺,要约人即受该意思表示约束。

第四百七十三条 要约邀请是希望他人向自己发出要约的表示。拍卖公告、招标公告、招股说明书、债券募集办法、基金招募说明书、商业广告和宣传、寄送的价目表等为要约邀请。

商业广告和宣传的内容符合要约条件的,构成要约。

58. 招标人修改招标文件是否必须在投标截止时间至少15日前进行?

《招标投标法》规定,招标人对已发出的招标文件进行必要的澄清或者修改的,应当在招标文件要求提交投标文件截止时间至少15日前进行。实践中,招标文件的部分修改(如细微错误的订正)根本不会影响到潜在投标人编制投标文件。如果“一刀切”地要求招标人必须在截标时间15日前进行澄清或者修改,可能不合理延迟投标截止时间,影响招标工作的效率。

《招标投标法实施条例》规定,招标人可以对已发出的招标文件进行必要的修改。对于澄清或者修改的内容可能影响投标文件编制的，招标人应当在提交投标文件截止时间至少 15 日前，以书面形式通知所有获取招标文件的潜在投标人，不足 15 日的，招标人应当顺延提交投标文件的截止时间。对于澄清或者修改的内容不会影响到投标文件编制的，未作强制要求。

【法律依据】

《中华人民共和国招标投标法》(2017 年修正)(主席令第 86 号)

第二十三条 招标人对已发出的招标文件进行必要的澄清或者修改的，应当在招标文件要求提交投标文件截止时间至少十五日前，以书面形式通知所有招标文件收受人。该澄清或者修改的内容为招标文件的组成部分。

《中华人民共和国招标投标法实施条例》(2019 年修订)(国务院令第 709 号)

第二十一条 招标人可以对已发出的资格预审文件或者招标文件进行必要的澄清或者修改。澄清或者修改的内容可能影响资格预审申请文件或者投标文件编制的，招标人应当在提交资格预审申请文件截止时间至少 3 日前，或者投标截止时间至少 15 日前，以书面形式通知所有获取资格预审文件或者招标文件的潜在投标人；不足 3 日或者 15 日的，招标人应当顺延提交资格预审申请文件或者投标文件的截止时间。

59. 从招标文件开始发售到停止发售最短不得少于多少日？

和资格预审文件的出售时间一样，《招标投标法实施条例》第十六条规定招标文件发售期不得少于 5 日，是为了保证潜在投标人有足够的时间获取招标文件，以保证招标投标的竞争效果。因此，为了更多地吸引潜在投标人参与投标，招标人在确定具体招标项目的资格预审文件或者招标文件发售期时，应当综合考虑节假日、文件发售地点、交通条件和潜在投标人的地域范围等情况，在招标公告中规定一个不少于 5 日的合理期限。在《招标投标法实施条例》出台前，《工程建设项目施工招标投标办法》和《工程建设项目货物招标投标办法》等部门规章曾规定招标文件发售期的最短期限为 5 个工作日。《招标投标法实施条例》施行后，前述有关“工作日”的表述已经统一调整为“日”(一般指日历日而非工作日)。

【法律依据】

《中华人民共和国招标投标法实施条例》(2019 年修订)(国务院令第 709 号)

第十六条 招标人应当按照资格预审公告、招标公告或者投标邀请书规定的时间、地点发售资格预审文件或者招标文件。资格预审文件或者招标文件的发售期不得少于5日。

招标人发售资格预审文件、招标文件收取的费用应当限于补偿印刷、邮寄的成本支出,不得以营利为目的。

60. 招标项目分多个标段的,是否每个标段都必须邀请3个以上投标人参加?

招标人在招标前,如果认为存在招标项目工程量大,一个单位很难完成,或者招标项目需要的产品很多,不属于一个类型,一个单位难以承担,或者招标项目要求的供货时间跨度大等情形,可以将招标项目划分为多个标段或标包。由于每个标段均有自己的特点和要求,所有标段均应视为独立的招标项目。因此,每个标段的招标活动都应当符合《招标投标法》的相关规定,必须邀请3个以上投标人参加投标。

【法律依据】

《中华人民共和国招标投标法》(2017年修正)(主席令第86号)

第十七条第一款 招标人采用邀请招标方式的,应当向三个以上具备承担招标项目的能力、资信良好的特定的法人或者其他组织发出投标邀请书。

《中华人民共和国招标投标法实施条例》(2019年修订)(国务院令第709号)

第二十四条 招标人对招标项目划分标段的,应当遵守招标投标法的有关规定,不得利用划分标段限制或者排斥潜在投标人。依法必须进行招标的项目的招标人不得利用划分标段规避招标。

61. 招标公告发出后,招标人可以随意终止招标吗?

现行法律规定,除不可抗力原因等特殊情况外,招标人在发布招标公告、发出投标邀请书后或者发出招标文件或者资格预审文件后不得擅自终止招标。确须终止招标的,招标人应及时发布终止招标公告或通知,退还已购买招标文件者的相应费用;如已经收取(潜在)投标人投标保证金的,招标人还应退还所收取的投标保证金及银行同期存款利息。造成投标人损失的,还应当承担赔偿责任。

【法律依据】

《中华人民共和国招标投标法实施条例》(2019年修订)(国务院令第709号)

第三十一条 招标人终止招标的,应当及时发布公告,或者以书面形式通知被邀请的或者已经获取资格预审文件、招标文件的潜在投标人。已经发售资格预审文件、招标文件或者已经收取投标保证金的，招标人应当及时退还所收取的资格预审文件、招标文件的费用，以及所收取的投标保证金及银行同期存款利息。

《工程建设项目勘察设计招标投标办法》(2013 年修订)(国家发展和改革委员会等九部委令第 23 号)

第二十条 除不可抗力原因外，招标人在发布招标公告或者发出投标邀请书后不得终止招标，也不得在出售招标文件后终止招标。

《工程建设项目货物招标投标办法》(2013 年修订)(国家发展和改革委员会等九部委令第 23 号)

第十四条第四款 除不可抗力原因外，招标文件或者资格预审文件发出后，不予退还；招标人在发布招标公告、发出投标邀请书后或者发出招标文件或资格预审文件后不得终止招标。招标人终止招标的，应当及时发布公告，或者以书面形式通知被邀请的或者已经获取资格预审文件、招标文件的潜在投标人。已经发售资格预审文件、招标文件或者已经收取投标保证金的，招标人应当及时退还所收取的资格预审文件、招标文件的费用，以及所收取的投标保证金及银行同期存款利息。

《工程建设项目施工招标投标办法》(2013 年修订)(国家发展和改革委员会等九部委令第 23 号)

第十五条第四款 招标文件或者资格预审文件售出后，不予退还。除不可抗力原因外，招标人在发布招标公告、发出投标邀请书后或者售出招标文件或资格预审文件后不得终止招标。

第七十二条 招标人在发布招标公告、发出投标邀请书或者售出招标文件或资格预审文件后终止招标的，应当及时退还所收取的资格预审文件、招标文件的费用，以及所收取的投标保证金及银行同期存款利息。给潜在投标人或者投标人造成损失的，应当赔偿损失。

62. 在划分多个标包的招标项目中，招标人是否可以限定投标人所中标包数量？

法律、法规对此没有明确规定。在某些项目中，如果所有标包均授予一个中标人，限于中标人的生产能力和生产周期，很可能无法满足招标人采购周期的需求；对于某些技术要求较高的工程项目，如仅由单一厂家中标，一旦设备存在潜在质量瑕疵或其他批量问题，往往会给工程造成灾难性后果。因此，一般来说，招标人可以根据技术、安全、投标人履约能力等客观需要,合理限制投标人所中标包的数量。需要注意的是,由于招标人对于投标人中标数量的限制属于评标标准的要求,招标人应当在招标文件中,且应该在招标公告中事先明示,但不得含有倾向或者排斥潜在投标人的内容。

【法律依据】

《中华人民共和国招标投标法》(2017 年修正)(主席令第 86 号)

第十九条 招标人应当根据招标项目的特点和需要编制招标文件。招标文件应当包括招标项目的技术要求、对投标人资格审查的标准、投标报价要求和评标标准等所有实质性要求和条件以及拟签订合同的主要条款。

国家对招标项目的技术、标准有规定的,招标人应当按照其规定在招标文件中提出相应要求。

招标项目需要划分标段、确定工期的,招标人应当合理划分标段、确定工期,并在招标文件中载明。

63. 施工招标中,招标人是否可以分别组织投标人进行现场踏勘?

在施工招标中,招标人可以组织潜在投标人踏勘项目现场,向其介绍有关情况,并回答潜在投标人提出的疑问。但招标人不得单独或者分别组织个别潜在投标人踏勘现场。这主要是考虑到,招标人单独组织投标人进行现场踏勘,可能导致招标人向潜在投标人发布的项目信息不完全相同;同时也给投标人向招标人打听、刺探信息,甚至进行串标、贿赂等违法行为提供了机会。为防止投标人出现不正当竞争行为和获取招标信息不对称,招标人不得单独或者分别组织投标人进行现场踏勘。在现场踏勘时,招标人应注意不当众介绍各投标单位的到场情况或其他有关信息。

【法律依据】

《中华人民共和国招标投标法实施条例》(2019 年修订)(国务院令第 709 号)

第二十八条 招标人不得组织单个或者部分潜在投标人踏勘项目现场。

《工程建设项目施工招标投标办法》(2013 年修订)(国家发展和改革委员会等九部委令第 23 号)

第三十二条第二款 招标人不得单独或者分别组织任何一个投标人进行现场踏勘。

64. 招标人发售招标文件可以收费吗？收多少比较合适？

实践中，一些招标尤其是施工招标的招标文件内容复杂，数量比较多，招标人或者招标代理机构为了回收招标文件编制的成本，会向购买招标文件的投标人收取较大金额的招标文件费。大型的招标项目，招标文件甚至会卖到几千元甚至上万元一套，给潜在投标人造成了一定的负担。

根据《招标投标法实施条例》等法规和规章的规定，招标人在发售招标文件时，可以向潜在投标人收取一定的费用，但招标人收取招标文件费用时，不能以营利为目的，金额以能够补偿印刷、邮寄成本的必要开支为限。对于图纸押金，招标代理机构也应以合理的金额为准，而且在投标人退还图纸等设计文件后，应当将押金及时退还给投标人。

【法律依据】

《中华人民共和国招标投标法实施条例》（2019 年修订）（国务院令第 709 号）

第十六条第二款 招标人发售资格预审文件、招标文件收取的费用应当限于补偿印刷、邮寄的成本支出，不得以营利为目的。

《工程建设项目施工招标投标办法》（2013 年修订）（国家发展和改革委员会等九部委令第 23 号）

第十五条第三款 对招标文件或者资格预审文件的收费应当限于补偿印刷、邮寄的成本支出，不得以营利为目的。对于所附的设计文件，招标人可以向投标人酌收押金；对于开标后投标人退还设计文件的，招标人应当向投标人退还押金。

65. 因工期紧张，招标人希望缩短招标文件发售至投标截止时 20 日的期限要求，是否可行？

由于投标人编制投标文件需要一定的时间，尤其对于工程施工招标项目或者技术复杂的货物采购项目等，潜在投标人编制投标文件所需的时间较长，为此招标人应当为投标人编制投标文件预留充足、合理的时间。为规避招标人滥用权利，《招标投标法》规定，依法必须进行招标的项目，自招标文件开始发出之日起至投标人提交投标文件截止之日止，最短不得少于 20 日。

要解决招标人是否可以缩短招标文件发售至投标截止时间的 20 日期限，首先应确认招标项目是否为“依法必须进行招标的项目”。在依法必须招标的项目中，即使经全体投标人同意，招标人也无权缩短招标文件开始发售之日起至投标截止时间之日止 20 日的法定期限要求，否则招标人可能因此面临行政处罚的法律风险。

如果招标项目不属于法定必须招标的范围，招标人不受前述法律限制，可自行确定投标人编制投标文件所需要的合理时间。

【法律依据】

《中华人民共和国招标投标法》（2017年修正）（主席令第86号）

第二十四条 招标人应当确定投标人编制投标文件所需要的合理时间；但是，依法必须进行招标的项目，自招标文件开始发出之日起至投标人提交投标文件截止之日止，最短不得少于二十日。

《中华人民共和国招标投标法实施条例》（2019年修订）（国务院令第709号）

第六十四条 招标人有下列情形之一的，由有关行政监督部门责令改正，可以处10万元以下的罚款：

……

（二）招标文件、资格预审文件的发售、澄清、修改的时限，或者确定的提交资格预审申请文件、投标文件的时限不符合招标投标法和本条例规定；

……

66. 投标人的经营范围能否作为资格条件？

《国家发展改革委办公厅、市场监管总局办公厅关于进一步规范招标投标过程中企业经营资质资格审查工作的通知》规定："招标人在招标项目资格预审公告、资格预审文件、招标公告、招标文件中不得以营业执照记载的经营范围作为确定投标人经营资质资格的依据，不得将投标人营业执照记载的经营范围采用某种特定表述或者明确记载某个特定经营范围细项作为投标、加分或者中标条件，不得以招标项目超出投标人营业执照记载的经营范围为由认定其投标无效。"因此，不能以营业执照上的经营范围作为投标人的资格条件。

但是，对于依法须取得行政许可或备案方能从事的特定行业，应当先取得相关许可或完成备案。对于不实行资质管理的行业，招标人可根据招标项目实际需要，从业绩等方面对投标人提出要求。

【法律依据】

《国家发展改革委办公厅、市场监管总局办公厅关于进一步规范招标投标过程中企业经营资质资格审查工作的通知》（发改办法规〔2020〕727号）

一、进一步明确招标投标过程中对企业经营资质资格的审查标准

企业依法享有经营自主权，其经营范围由其章程确定，并依法按照相关标准办

理经营范围登记，以向社会公示其主要经营活动内容。招标人在招标项目资格预审公告、资格预审文件、招标公告、招标文件中不得以营业执照记载的经营范围作为确定投标人经营资质资格的依据，不得将投标人营业执照记载的经营范围采用某种特定表述或者明确记载某个特定经营范围细项作为投标、加分或者中标条件，不得以招标项目超出投标人营业执照记载的经营范围为由认定其投标无效。招标项目对投标人经营资质资格有明确要求的，应当对其是否被准予行政许可、取得相关资质资格情况进行审查，不应以对营业执照经营范围的审查代替，或以营业执照经营范围明确记载行政许可批准证件上的具体内容作为审查标准。

67. 在机电产品国际招标中，自标书发售到截标，需要多长时间？

根据《机电产品国际招标投标实施办法（试行）》第二十六条第一、二款的规定，在机电产品国际招标中，依法必须进行招标的项目，自招标文件开始发售之日起至投标截止之日止，不得少于20日。招标文件的发售期不得少于5个工作日。

【法律依据】

《机电产品国际招标投标实施办法（试行）》（商务部令2014年第1号）

第二十六条第一、二款 招标人应当确定投标人编制投标文件所需的合理时间。依法必须进行招标的项目，自招标文件开始发售之日起至投标截止之日止，不得少于20日。

招标文件的发售期不得少于5个工作日。

68. 机电产品国际招标，投标截止时，投标人不足3家的是否必须重新招标？

不一定。《机电产品国际招标投标实施办法（试行）》第四十六条第四款规定，对于国外贷款、援助资金项目，资金提供方规定当投标截止时间到达时，投标人少于3个可直接进入开标程序的，可以适用其规定。

【法律依据】

《机电产品国际招标投标实施办法（试行）》（商务部令2014年第1号）

第四十六条 开标应当在招标文件确定的提交投标文件截止时间的同一时间公开进行；开标地点应当为招标文件中预先确定的地点。开标由招标人或招标机构主持,邀请所有投标人参加。

投标人少于3个的,不得开标,招标人应当依照本办法重新招标;开标后认定投标人少于3个的应当停止评标,招标人应当依照本办法重新招标。重新招标后投标人仍少于3个的,可以进入两家或一家开标评标;按国家有关规定需要履行审批、核准手续的依法必须进行招标的项目,报项目审批、核准部门审批、核准后可以不再进行招标。

认定投标人数量时,两家以上投标人的投标产品为同一家制造商或集成商生产的,按一家投标人认定。对两家以上集成商或代理商使用相同制造商产品作为其项目包的一部分,且相同产品的价格总和均超过该项目包各自投标总价60%的,按一家投标人认定。

对于国外贷款、援助资金项目,资金提供方规定当投标截止时间到达时,投标人少于3个可直接进入开标程序的,可以适用其规定。

69. 招标文件中是否可以设定最高投标限价?

《招标投标法实施条例》出台前,关于最高投标限价的称谓并不统一,北京、云南称为拦标价,厦门称为预算控制价,黑龙江称为招标控制价。尽管各地关于最高投标限价的提法并不统一,具体要求也不完全一致,但其基本含义和设定目的大致相同,即如果投标报价超过招标人设定的投标价格上限,则相应投标将被否决,其目的主要是防止投标人通过围、串标而哄抬报价,保护招标人利益。

《招标投标法实施条例》明确规定,招标人设有最高投标限价的,应当在招标文件中明确最高投标限价或者最高投标限价的计算方法,投标报价高于最高投标限价的,其投标应被否决。

【法律依据】

《中华人民共和国招标投标法实施条例》(2019年修订)(国务院令第709号)

第二十七条第三款 招标人设有最高投标限价的,应当在招标文件中明确最高投标限价或者最高投标限价的计算方法。招标人不得规定最低投标限价。

第五十一条 有下列情形之一的,评标委员会应当否决其投标:

……

(五)投标报价低于成本或者高于招标文件设定的最高投标限价;

(六)投标文件没有对招标文件的实质性要求和条件作出响应;

(七)投标人有串通投标、弄虚作假、行贿等违法行为。

70. 招标文件中可以设定最低投标限价吗？

工程建设领域的招标投标市场，由于“僧多粥少”，一些投标人为了获取中标，或采用“低价中标、高价索赔”等不正当竞争手段，在投标阶段不计成本地报出低价，甚至不惜低于成本。但中标后，其往往又通过不正当的方式要求招标人增加费用，从而导致纠纷不断。为了防止此类现象的发生，在实践中，有招标人在招标文件中设定投标最低限价，但也有个别人员滥用该设置，导致中标价格过高，损害招标人利益。为此，《招标投标法实施条例》明确规定，招标人不得规定最低投标限价。

其实，只要投标人的报价不低于成本，就应允许其参与投标。如果设置最低限价，则限制了投标人的竞争报价，导致招标人无法获得合理低价。《招标投标法》及配套法规规定，投标人不得低于成本报价竞标。评标委员会在评审时，发现某投标人可能低于成本报价，则可要求该投标人作出书面说明并提供相关证明材料。投标人不能合理说明或者不能提供相关证明材料的，评标委员会可以认定该投标人以低于成本报价竞标，其投标应作否决处理。

【法律依据】

《中华人民共和国招标投标法》(2017 年修正)(主席令第 86 号)

第三十三条 投标人不得以低于成本的报价竞标，也不得以他人名义投标或者以其他方式弄虚作假，骗取中标。

《中华人民共和国招标投标法实施条例》(2019 年修订)(国务院令第 709 号)

第二十七条第三款 招标人设有最高投标限价的，应当在招标文件中明确最高投标限价或者最高投标限价的计算方法。招标人不得规定最低投标限价。

《评标委员会和评标方法暂行规定》(2013 年修订)(国家发展和改革委员会等九部委令第 23 号)

第二十一条 在评标过程中，评标委员会发现投标人的报价明显低于其他投标报价或者在设有标底时明显低于标底，使得其投标报价可能低于其个别成本的，应当要求该投标人作出书面说明并提供相关证明材料。投标人不能合理说明或者不能提供相关证明材料的，由评标委员会认定该投标人以低于成本报价竞标，应当否决其投标。

71. 对于投标人对招标文件提出的疑问,可以只答复给提问的投标人吗?

《招标投标法》及《招标投标法实施条例》均规定,招标人对已发出的招标文件进行必要的澄清或者修改的,应当以书面形式通知所有招标文件收受人。为了避免出现各(潜在)投标人获得的信息不对等,确保招标活动满足"公开、公平、公正和诚实信用"的基本原则,《招标投标法》及其配套法规明确规定,对于投标人就招标文件提出的疑问,招标人的答复可能构成对招标文件澄清或者修改的,招标人应当将有关答复通知所有购买招标文件的投标人,不得对(潜在)投标人作出任何差异化解答。同时,前述澄清或者修改只能以书面形式进行,并且该澄清或者修改的内容为招标文件的组成部分。

【法律依据】

《中华人民共和国招标投标法》(2017 年修正)(主席令第 86 号)

第二十三条 招标人对已发出的招标文件进行必要的澄清或者修改的,应当在招标文件要求提交投标文件截止时间至少十五日前,以书面形式通知所有招标文件收受人。该澄清或者修改的内容为招标文件的组成部分。

《中华人民共和国招标投标法实施条例》(2019 年修订)(国务院令第 709 号)

第二十一条 招标人可以对已发出的资格预审文件或者招标文件进行必要的澄清或者修改。澄清或者修改的内容可能影响资格预审申请文件或者投标文件编制的,招标人应当在提交资格预审申请文件截止时间至少 3 日前,或者投标截止时间至少 15 日前,以书面形式通知所有获取资格预审文件或者招标文件的潜在投标人;不足 3 日或者 15 日的,招标人应当顺延提交资格预审申请文件或者投标文件的截止时间。

72. 招标人与中标人解约后,是否必须再次采用招标方式进行采购?

对于依法必须招标的项目,招标人与中标人解约后,如果此前的招标活动尚在投标有效期内,招标人可以选择按照评标委员会提出的中标候选人名单排序依次确定其他中标候选人为中标人,也可以重新招标。如果解约时已经过了投标有效期,则应依法重新招标。

对于非依法必须招标的项目,招标人与中标人解约后,如果仍处于投标有效期内,招标人可以在其他中标候选人中确定中标人,也可以重新招标或通过其他方式进行采购。如果解约时已经过了投标有效期,招标人在征得其他中标候选人同意的情况下,可以直接与其签订合同,也可以采用招标或其他方式进行采购。

【法律依据】

《中华人民共和国招标投标法实施条例》(2019 年修订)(国务院令第 709 号)

第五十五条 国有资金占控股或者主导地位的依法必须进行招标的项目,招标人应当确定排名第一的中标候选人为中标人。排名第一的中标候选人放弃中标、因不可抗力不能履行合同、不按照招标文件要求提交履约保证金,或者被查实存在影响中标结果的违法行为等情形,不符合中标条件的,招标人可以按照评标委员会提出的中标候选人名单排序依次确定其他中标候选人为中标人,也可以重新招标。

73. 招标公告和投标邀请书一般应载明哪些内容?

招标公告和投标邀请书一般应载明如下内容:(1)招标人的名称、地址,委托代理机构进行招标的,还应注明该机构的名称和地址;(2)招标项目的性质,是属于工程项目的采购还是货物或服务的采购;(3)招标项目的数量;(4)招标项目的实施地点,通常是指货物的交货地点、服务提供地点或建设项目施工地点;(5)招标项目的实施时间即交货或完工时限;(6)招标文件的获取办法,包括发售招标文件的地点,文件的售价及开始和截止出售的时间。发售招标文件的时限应规定得合理、充分,以使潜在投标者有足够的时间获取招标文件。

招标公告还可以载明招标的资金来源、对投标人的资格要求,报送投标书的时间、地点及投标截止日期等其他有关招标信息,但不得在招标公告中指定投标人或有其他影响招标的公开性、平等竞争性的内容。投标邀请书中还应当载明被邀请的投标人名称。

【法律依据】

《中华人民共和国招标投标法》(2017 年修正)(主席令第 86 号)

第十六条 招标人采用公开招标方式的,应当发布招标公告。依法必须进行招标的项目的招标公告,应当通过国家指定的报刊、信息网络或者其他媒介发布。

招标公告应当载明招标人的名称和地址、招标项目的性质、数量、实施地点和时间以及获取招标文件的办法等事项。

74. 施工招标的招标文件通常应包括哪些内容?

施工招标的招标文件通常由招标项目的技术要求、对投标人资格审查的标准、投标报价要求和评标标准等所有实质性要求和条件以及拟签订合同的主要条款等部分组成。一般包括下列内容:(1)招标公告或投标邀请书,载明招标项目背景信息及对投标人的基本要求;(2)投标人须知,详细载明招标项目背景信息及对投标人的基本要求;(3)合同主要条款;(4)投标文件格式;(5)采用工程量清单招标的,应当提供工程量清单;(6)技术条款;(7)设计图纸;(8)评标标准和方法;(9)投标辅助材料。招标人应当在招标文件中规定实质性要求和条件,并用醒目的方式标明。

【法律依据】

《中华人民共和国招标投标法》(2017年修正)(主席令第86号)

第十九条 招标人应当根据招标项目的特点和需要编制招标文件。招标文件应当包括招标项目的技术要求、对投标人资格审查的标准、投标报价要求和评标标准等所有实质性要求和条件以及拟签订合同的主要条款。

国家对招标项目的技术、标准有规定的,招标人应当按照其规定在招标文件中提出相应要求。

招标项目需要划分标段、确定工期的,招标人应当合理划分标段、确定工期,并在招标文件中载明。

《工程建设项目施工招标投标办法》(2013年修订)(国家发展和改革委员会等九部委令第23号)

第二十四条 招标人根据施工招标项目的特点和需要编制招标文件。招标文件一般包括下列内容:

(一)招标公告或投标邀请书;

(二)投标人须知;

(三)合同主要条款;

(四)投标文件格式;

(五)采用工程量清单招标的,应当提供工程量清单;

(六)技术条款;

(七)设计图纸;

(八)评标标准和方法;

(九)投标辅助材料。

招标人应当在招标文件中规定实质性要求和条件,并用醒目的方式标明。

75. 货物招标的招标文件通常应包括哪些内容?

货物招标的招标文件通常由招标项目的技术要求、对投标人资格审查的标准、投标报价要求和评标标准等所有实质性要求和条件以及拟签订合同的主要条款等部分组成。一般包括下列内容:(1)招标公告或者投标邀请书,载明招标项目背景信息及对投标人的基本要求;(2)投标人须知,载明招标项目背景信息及对投标人的基本要求;(3)投标文件格式;(4)技术规格、参数及其他要求;(5)评标标准和方法;(6)合同主要条款。招标人在招标文件中规定实质性要求和条件的,应当用醒目的方式标明。

【法律依据】

《中华人民共和国招标投标法》(2017年修正)(主席令第86号)

第十九条 招标人应当根据招标项目的特点和需要编制招标文件。招标文件应当包括招标项目的技术要求、对投标人资格审查的标准、投标报价要求和评标标准等所有实质性要求和条件以及拟签订合同的主要条款。

国家对招标项目的技术、标准有规定的,招标人应当按照其规定在招标文件中提出相应要求。

招标项目需要划分标段、确定工期的,招标人应当合理划分标段、确定工期,并在招标文件中载明。

《工程建设项目货物招标投标办法》(2013年修订)(国家发展和改革委员会等九部委令第23号)

第二十一条 招标文件一般包括下列内容:

(一)招标公告或者投标邀请书;

(二)投标人须知;

(三)投标文件格式;

(四)技术规格、参数及其他要求;

(五)评标标准和方法;

(六)合同主要条款。

招标人应当在招标文件中规定实质性要求和条件,说明不满足其中任何一项实质性要求和条件的投标将被拒绝,并用醒目的方式标明;没有标明的要求和条件在评标时不得作为实质性要求和条件。对于非实质性要求和条件,应规定允许偏差的最大范围、最高项数,以及对这些偏差进行调整的方法。

国家对招标货物的技术、标准、质量等有规定的,招标人应当按照其规定在招标文件中提出相应要求。

76. 勘察设计招标的招标文件通常应包括哪些内容?

勘察设计的招标文件通常由招标项目的技术要求、对投标人资格审查的标准、投标报价要求和评标标准等所有实质性要求和条件以及拟签订合同的主要条款等部分组成。一般包括下列内容:(1)投标须知,载明招标项目背景信息及对投标人的基本要求;(2)投标文件格式及主要合同条款;(3)项目说明书,包括资金来源情况;(4)勘察设计范围,对勘察设计进度、阶段和深度要求;(5)勘察设计基础资料;(6)勘察设计费用支付方式,对未中标人是否给予补偿及补偿标准;(7)投标报价要求;(8)对投标人资格审查的标准;(9)评标标准和方法;(10)投标有效期。投标有效期,从提交投标文件截止日起计算。

【法律依据】

《中华人民共和国招标投标法》(2017年修正)(主席令第86号)

第十九条 招标人应当根据招标项目的特点和需要编制招标文件。招标文件应当包括招标项目的技术要求、对投标人资格审查的标准、投标报价要求和评标标准等所有实质性要求和条件以及拟签订合同的主要条款。

国家对招标项目的技术、标准有规定的,招标人应当按照其规定在招标文件中提出相应要求。

招标项目需要划分标段、确定工期的,招标人应当合理划分标段、确定工期,并在招标文件中载明。

《工程建设项目勘察设计招标投标办法》(2013年修订)(国家发展和改革委员会等九部委令第23号)

第十五条 招标人应当根据招标项目的特点和需要编制招标文件。

勘察设计招标文件应当包括下列内容:

(一)投标须知;

(二)投标文件格式及主要合同条款;

(三)项目说明书,包括资金来源情况;

(四)勘察设计范围,对勘察设计进度、阶段和深度要求;

(五)勘察设计基础资料;

(六)勘察设计费用支付方式,对未中标人是否给予补偿及补偿标准;

(七)投标报价要求;

(八)对投标人资格审查的标准;

(九)评标标准和方法;

(十)投标有效期。

投标有效期，从提交投标文件截止日起计算。

对招标文件的收费应仅限于补偿印刷、邮寄的成本支出，招标人不得通过出售招标文件谋取利益。

77. 招标文件中是否可以要求投标人采用某一特定的专利技术？

招标的目的是通过广泛地发布招标信息，争取多家潜在投标人参与竞争，以择优确定中标人。招标文件中的任何内容都不应存在倾向某一特定潜在投标人、排斥其他潜在投标人的内容。否则，不仅违反《招标投标法》最基本的公平原则，还会降低招标项目的竞争程度，影响招标结果和质量。

为此，《招标投标法》及其配套法规明确规定，招标文件不得限定或者指定特定的专利、商标、品牌、原产地或者供应商，不得要求或者标明特定的生产供应者以及含有倾向或者排斥潜在投标人的其他内容。根据《招标投标法实施条例》有关规定，如果招标项目确需采用不可替代的专利或者专有技术，招标人可以采取非招标的方式进行采购。

【法律依据】

《中华人民共和国招标投标法》（2017 年修正）（主席令第 86 号）

第二十条　招标文件不得要求或者标明特定的生产供应者以及含有倾向或者排斥潜在投标人的其他内容。

《中华人民共和国招标投标法实施条例》（2019 年修订）（国务院令第 709 号）

第三十二条　招标人不得以不合理的条件限制、排斥潜在投标人或者投标人。

招标人有下列行为之一的，属于以不合理条件限制、排斥潜在投标人或者投标人：

（一）就同一招标项目向潜在投标人或者投标人提供有差别的项目信息；

（二）设定的资格、技术、商务条件与招标项目的具体特点和实际需要不相适应或者与合同履行无关；

（三）依法必须进行招标的项目以特定行政区域或者特定行业的业绩、奖项作为加分条件或者中标条件；

（四）对潜在投标人或者投标人采取不同的资格审查或者评标标准；

（五）限定或者指定特定的专利、商标、品牌、原产地或者供应商；

（六）依法必须进行招标的项目非法限定潜在投标人或者投标人的所有制形式或者组织形式；

（七）以其他不合理条件限制、排斥潜在投标人或者投标人。

第九条 除招标投标法第六十六条规定的可以不进行招标的特殊情况外，有下列情形之一的，可以不进行招标：

（一）需要采用不可替代的专利或者专有技术；

……

78. 招标人是否可以在施工招标文件中直接指定分包人？

在招标投标的语境下，"分包"是指投标人拟在中标后将自己所中项目的部分工作交由他人完成的行为。如招标项目规模大、技术要求复杂，包括不同专业的工作业务较多等，中标人可根据招标文件（含合同约定）规定或经招标人同意将非主体、非关键专业工作依法分包。但对于工程建设项目，招标人不得代替承包单位直接指定分包人。

如果因招标人在招标文件中指定分包人分包专业工程，造成建设工程质量缺陷的，招标人应当承担相应的责任。

【法律依据】

《中华人民共和国招标投标法》（2017 年修正）（主席令第 86 号）

第四十八条第二款 中标人按照合同约定或者经招标人同意，可以将中标项目的部分非主体、非关键性工作分包给他人完成。接受分包的人应当具备相应的资格条件，并不得再次分包。

《中华人民共和国招标投标法实施条例》（2019 年修订）（国务院令第 709 号）

第五十九条 中标人应当按照合同约定履行义务，完成中标项目。中标人不得向他人转让中标项目，也不得将中标项目肢解后分别向他人转让。

中标人按照合同约定或者经招标人同意，可以将中标项目的部分非主体、非关键性工作分包给他人完成。接受分包的人应当具备相应的资格条件，并不得再次分包。

中标人应当就分包项目向招标人负责，接受分包的人就分包项目承担连带责任。

《工程建设项目施工招标投标办法》（2013 年修订）（国家发展和改革委员会等九部委令第 23 号）

第三十六条第三款 投标人根据招标文件载明的项目实际情况，拟在中标后将中标项目的部分非主体、非关键性工作进行分包的，应当在投标文件中载明。

第六十六条 招标人不得直接指定分包人。

《最高人民法院关于审理建设工程施工合同纠纷案件适用法律问题的解释（一）》（法释〔2020〕25号）

第十三条 发包人具有下列情形之一，造成建设工程质量缺陷，应当承担过错责任：

（一）提供的设计有缺陷；

（二）提供或者指定购买的建筑材料、建筑构配件、设备不符合强制性标准；

（三）直接指定分包人分包专业工程。

承包人有过错的，也应当承担相应的过错责任。

79. 招标人以不合理的条件限制或者排斥潜在投标人，主要有哪些情形？

招标投标相关法律、法规规定，招标人不得以不合理的条件限制或者排斥潜在投标人，不得对潜在投标人实行歧视待遇。常见的违法情形包括：（1）就同一招标项目向潜在投标人或者投标人提供有差别的项目信息；（2）设定的资格、技术、商务条件与招标项目的具体特点和实际需要不相适应或者与合同履行无关；（3）依法必须进行招标的项目以特定行政区域或者特定行业的业绩、奖项作为加分条件或者中标条件；（4）对潜在投标人或者投标人采取不同的资格审查或者评标标准；（5）限定或者指定特定的专利、商标、品牌、原产地或者供应商；（6）依法必须进行招标的项目非法限定潜在投标人或者投标人的所有制形式或者组织形式；（7）以其他不合理条件限制、排斥潜在投标人或者投标人。

《招标投标法》规定，招标人以不合理的条件限制或者排斥潜在投标人的，对潜在投标人实行歧视待遇的，将受到相应的行政处罚。

【法律依据】

《中华人民共和国招标投标法》（2017年修正）（主席令第86号）

第二十条 招标文件不得要求或者标明特定的生产供应者以及含有倾向或者排斥潜在投标人的其他内容。

第五十一条 招标人以不合理的条件限制或者排斥潜在投标人的，对潜在投标人实行歧视待遇的，强制要求投标人组成联合体共同投标的，或者限制投标人之间竞争的，责令改正，可以处一万元以上五万元以下的罚款。

《中华人民共和国招标投标法实施条例》（2019年修订）（国务院令第709号）

第三十二条 招标人不得以不合理的条件限制、排斥潜在投标人或者投标人。

招标人有下列行为之一的,属于以不合理条件限制、排斥潜在投标人或者投标人:

(一)就同一招标项目向潜在投标人或者投标人提供有差别的项目信息;

(二)设定的资格、技术、商务条件与招标项目的具体特点和实际需要不相适应或者与合同履行无关;

(三)依法必须进行招标的项目以特定行政区域或者特定行业的业绩、奖项作为加分条件或者中标条件;

(四)对潜在投标人或者投标人采取不同的资格审查或者评标标准;

(五)限定或者指定特定的专利、商标、品牌、原产地或者供应商;

(六)依法必须进行招标的项目非法限定潜在投标人或者投标人的所有制形式或者组织形式;

(七)以其他不合理条件限制、排斥潜在投标人或者投标人。

80. 招标是否必须编制标底? 可以无标底招标吗?

标底,是指招标人根据招标项目的具体情况所编制的完成招标项目所需的参考价格。标底价格由成本、利润、税金等组成,一般应控制在批准的总概算及投资包干的限额内。根据《招标投标法》的规定,招标人可以编制标底,也可以无标底招标。《招标投标法》同时规定,招标人设有标底的,标底在开标前必须保密。

《招标投标法实施条例》规定:"标底只能作为评标的参考,不得以投标报价是否接近标底作为中标条件,也不得以投标报价超过标底上下浮动范围作为否决投标的条件。"标底的作用已被"大打折扣",甚至其意义已不大(招标人反而需要承担额外的保密义务)。实际上,招标人完全可以通过最高投标限价要求,实现最终中标价格不超过项目概算的目标。

【法律依据】

《中华人民共和国招标投标法》(2017 年修正)(主席令第 86 号)

第二十二条 招标人不得向他人透露已获取招标文件的潜在投标人的名称、数量以及可能影响公平竞争的有关招标投标的其他情况。

招标人设有标底的,标底必须保密。

第四十条第一款 评标委员会应当按照招标文件确定的评标标准和方法,对投标文件进行评审和比较;设有标底的,应当参考标底。评标委员会完成评标后,应当向招标人提出书面评标报告,并推荐合格的中标候选人。

《中华人民共和国招标投标法实施条例》(2019年修订)(国务院令第709号)

第二十七条　招标人可以自行决定是否编制标底。一个招标项目只能有一个标底。标底必须保密。

接受委托编制标底的中介机构不得参加受托编制标底项目的投标,也不得为该项目的投标人编制投标文件或者提供咨询。

招标人设有最高投标限价的,应当在招标文件中明确最高投标限价或者最高投标限价的计算方法。招标人不得规定最低投标限价。

81. 什么是两阶段招标?一般适用于什么项目?

两阶段招标,是指招标人先让潜在投标人按照招标人要求提交不带报价的技术建议。招标人根据潜在投标人提交的技术建议编制招标文件。然后,招标人向在第一阶段提交技术建议的潜在投标人提供招标文件,投标人按照招标文件的要求提交包括最终技术建议和报价的投标文件。

两阶段招标主要适用于技术复杂或者无法精确拟定技术规格的招标项目。

【法律依据】

《中华人民共和国招标投标法实施条例》(2019年修订)(国务院令第709号)

第三十条　对技术复杂或者无法精确拟定技术规格的项目,招标人可以分两阶段进行招标。

第一阶段,投标人按照招标公告或者投标邀请书的要求提交不带报价的技术建议,招标人根据投标人提交的技术建议确定技术标准和要求,编制招标文件。

第二阶段,招标人向在第一阶段提交技术建议的投标人提供招标文件,投标人按照招标文件的要求提交包括最终技术方案和投标报价的投标文件。

招标人要求投标人提交投标保证金的,应当在第二阶段提出。

82. 两阶段招标中,未在第一阶段提交技术建议的投标人是否可以直接参加第二阶段的投标?

两阶段招标作为一种特殊的招标程序,由于技术复杂等原因被分为两个阶段。操作过程中可能出现在第一阶段招标中有3家以上的投标人提交技术建议,但在第二阶段招标人发出正式招标文件后,有投标人认为自己的技术方案缺乏竞争优势而退出投标的现象。此时,招标人为了能够使招标程序得以继续,会考虑让没有参加第一阶段招标的投标人直接参与第二阶段的投标。

《招标投标法实施条例》在两阶段招标的规定中要求,“第二阶段,招标人向在第一阶段提交技术建议的投标人提供招标文件,投标人按照招标文件的要求提交包括最终技术方案和投标报价的投标文件”。从条例规定来看,没有参加第一阶段招标的投标人将无法获得招标文件,不能参与第二阶段的投标。

因此,两阶段招标中,未参与第一阶段招标的投标人不应直接参与第二阶段的投标。如果第二阶段投标人数不足,招标人可以重新招标。重新招标时,可不再采用两阶段招标的方式。

【法律依据】

《中华人民共和国招标投标法实施条例》(2019年修订)(国务院令第709号)

第三十条 对技术复杂或者无法精确拟定技术规格的项目,招标人可以分两阶段进行招标。

第一阶段,投标人按照招标公告或者投标邀请书的要求提交不带报价的技术建议,招标人根据投标人提交的技术建议确定技术标准和要求,编制招标文件。

第二阶段,招标人向在第一阶段提交技术建议的投标人提供招标文件,投标人按照招标文件的要求提交包括最终技术方案和投标报价的投标文件。

招标人要求投标人提交投标保证金的,应当在第二阶段提出。

83. 招标人如何合理设置投标有效期?

所谓投标有效期,是指招标人对投标人发出的要约作出承诺的期限,也可以理解为投标人为自己发出的投标文件承担法律责任的期限,该期限的起始日期为投标截止日。按照《民法典》的有关规定,投标人递交的投标文件属于要约。要约在成功开标后生效,投标人不能再行撤回。在投标有效期截止时间前,投标人所递交的投标文件(要约)均处于有效状态(期间)。

投标有效期的设置应以能保证招标人有足够的时间完成评标和与中标人签订合同为宜。在设置投标有效期时要综合考虑评标、中标候选人公示、投标人异议处理、定标和签约等程序以及前述过程中可能遇到的突发问题,进行合理规定。目前实践中通常设置的投标有效期限为60~120日。

【法律依据】

《中华人民共和国招标投标法实施条例》(2019 年修订)(国务院令第 709 号)

第二十五条　招标人应当在招标文件中载明投标有效期。投标有效期从提交投标文件的截止之日起算。

《工程建设项目施工招标投标办法》(2013 年修订)(国家发展和改革委员会等九部委令第 23 号)

第二十九条第一款　招标文件应当规定一个适当的投标有效期,以保证招标人有足够的时间完成评标和与中标人签订合同。投标有效期从投标人提交投标文件截止之日起计算。

《工程建设项目货物招标投标办法》(2013 年修订)(国家发展和改革委员会等九部委令第 23 号)

第二十八条第一款　招标文件应当规定一个适当的投标有效期,以保证招标人有足够的时间完成评标和与中标人签订合同。投标有效期从招标文件规定的提交投标文件截止之日起计算。

84. 招标文件中应当如何规定实质性要求和条件?

所谓实质性要求和条件,一般是指招标文件中对投标人资格条件、投标报价、重要技术指标、合同的主要权利义务、投标有效期等的规定。如果投标文件没有响应招标文件规定的实质性要求和条件,将导致投标文件因存在重大响应偏差而被否决。

鉴于实质性要求和条件对招标人和投标人影响较大,招标人在编制招标文件时,应当慎重并且明确提出实质性要求,尤其应全面、合理地设定各项主要技术参数。如果实质性要求考虑不全面,可能造成不符合招标人要求的投标文件被认定为合格,甚至中标;如果实质性要求设定不合理,尤其是存在限制竞争内容时,可能被认定为以不合理条件排斥潜在投标人,并受到相应的行政处罚。除此之外,招标人还需要注意,对于招标文件中设定的实质性要求和条件,应以涂黑、加下画线或用其他字体等醒目的方式标明,以提醒潜在投标人关注和响应。

【法律依据】

《中华人民共和国招标投标法》(2017 年修正)(主席令第 86 号)

第十八条　招标人可以根据招标项目本身的要求,在招标公告或者投标邀请书中,要求潜在投标人提供有关资质证明文件和业绩情况,并对潜在投标人进行资格审查；国家对投标人的资格条件有规定的，依照其规定。

招标人不得以不合理的条件限制或者排斥潜在投标人，不得对潜在投标人实行歧视待遇。

《工程建设项目施工招标投标办法》（2013年修订）（国家发展和改革委员会等九部委令第23号）

第二十四条 招标人根据施工招标项目的特点和需要编制招标文件。招标文件一般包括下列内容：

……

招标人应当在招标文件中规定实质性要求和条件，并用醒目的方式标明。

《工程建设项目货物招标投标办法》（2013年修订）（国家发展和改革委员会等九部委令第23号）

第二十一条 招标文件一般包括下列内容：

……

招标人应当在招标文件中规定实质性要求和条件，说明不满足其中任何一项实质性要求和条件的投标将被拒绝，并用醒目的方式标明；没有标明的要求和条件在评标时不得作为实质性要求和条件。对于非实质性要求和条件，应规定允许偏差的最大范围、最高项数，以及对这些偏差进行调整的方法。

国家对招标货物的技术、标准、质量等有规定的，招标人应当按照其规定在招标文件中提出相应要求。

85. 潜在投标人对资格预审文件或招标文件有异议，应在何时提出？

《招标投标法实施条例》规定，潜在投标人或者其他利害关系人对资格预审文件有异议的，应当在提交资格预审申请文件截止时间2日前提出；对招标文件有异议的，应当在投标截止时间10日前提出。同时，该条例也对招标人作了要求，即招标人应当自收到异议之日起3日内作出答复；作出答复前，应当暂停招标投标活动。需要关注的是，法律并未对招标人作出“答复”的方式进行规范和限定，因此招标人可以（有权）选择书面、约谈以及其他适当的方式向提出异议者作出答复。

【法律依据】

《中华人民共和国招标投标法实施条例》（2019年修订）（国务院令第709号）

第二十二条 潜在投标人或者其他利害关系人对资格预审文件有异议的，应当在提交资格预审申请文件截止时间2日前提出；对招标文件有异议的，应当在投标截止时间10日前提出。招标人应当自收到异议之日起3日内作出答复;作出答复前,应当暂停招标投标活动。

86. 招标文件被潜在投标人指出存在歧视性规定的,招标人应如何处理?

招标人编制的招标文件应当遵守法律、行政法规的强制性规定,不得违反公开、公平、公正和诚实信用原则。如果潜在投标人质疑招标文件存在歧视性规定的内容,并可能因此影响到潜在投标人投标的,一经查实,根据《招标投标法实施条例》的规定,对于依法必须进行招标的项目,招标人应在修改招标文件后重新招标。

【法律依据】

《中华人民共和国招标投标法实施条例》(2019年修订)(国务院令第709号)

第二十三条 招标人编制的资格预审文件、招标文件的内容违反法律、行政法规的强制性规定,违反公开、公平、公正和诚实信用原则,影响资格预审结果或者潜在投标人投标的,依法必须进行招标的项目的招标人应当在修改资格预审文件或者招标文件后重新招标。

87. 资格预审通过后还可以进行资格后审吗?

资格审查分为资格预审和资格后审。资格审查是招标人的一项权利,贯穿招标投标活动的全过程,现行法律并没有限制对通过资格预审的投标人再进行资格后审。已经进行资格预审的,开标后一般不再组织资格后审,但由于从资格预审到投标、评标往往要经过一段时间,通过资格预审的潜在投标人的资格能力有可能发生变化,如相关证书、试验报告过期,被列入失信被执行人等,导致其不再是合格投标人。因此,即使潜在投标人通过资格预审,特定情况下在确定中标人之前,招标人仍有必要也有权利按照招标文件规定的评审标准对其资格进行重新审查。

【法律依据】

《中华人民共和国招标投标法实施条例》(2019年修订)(国务院令第709号)

第三十八条 投标人发生合并、分立、破产等重大变化的,应当及时书面告知招标人。投标人不再具备资格预审文件、招标文件规定的资格条件或者其投标影响招标公正性的,其投标无效。

《工程建设项目施工招标投标办法》(2013年修订)(国家发展和改革委员会等九部委令第23号)

第十七条 资格审查分为资格预审和资格后审。

资格预审,是指在投标前对潜在投标人进行的资格审查。

资格后审,是指在开标后对投标人进行的资格审查。

进行资格预审的,一般不再进行资格后审,但招标文件另有规定的除外。

《工程建设项目货物招标投标办法》(2013年修订)(国家发展和改革委员会等九部委令第23号)

第十六条 资格审查分为资格预审和资格后审。

资格预审,是指招标人出售招标文件或者发出投标邀请书前对潜在投标人进行的资格审查。资格预审一般适用于潜在投标人较多或者大型、技术复杂货物的招标。

资格后审,是指在开标后对投标人进行的资格审查。资格后审一般在评标过程中的初步评审开始时进行。

案 例 评 析

案例6

招标文件发售后招标人可以终止招标吗?

——招标人擅自终止招标所引发的纠纷

【基本案情】

在某依法必须招标的设备招标项目中,招标文件发售后递交投标文件的截止时间前,招标人发现招标文件中存在严重技术错误,决定终止招标,后受到已购买招标文件的投标人的投诉。

【法律分析】

招标人在招标文件发售后擅自终止招标的行为不恰当。

《工程建设项目货物招标投标办法》第十四条第四款规定,除不可抗力原因外,招标文件或者资格预审文件发出后,不予退还;招标人在发布招标公告、发出投标邀请书后或者发出招标文件或资格预审文件后不得终止招标。招标人终止招标的，应当及时发布公告，或者以书面形式通知被邀请的或者已经获取资格预审文件、招标文件的潜在投标人。已经发售资格预审文件、招标文件或者已经收取投标保证金的，招标人应当及时退还所收取的资格预审文件、招标文件的费用，以及所收取的投标保证金及银行同期存款利息。

《招标投标法实施条例》第三十一条规定，招标人终止招标的，应当及时发布公告，或者以书面形式通知被邀请的或者已经获取资格预审文件、招标文件的潜在投标人。已经发售资格预审文件、招标文件或者已经收取投标保证金的，招标人应当及时退还所收取的资格预审文件、招标文件的费用，以及所收取的投标保证金及银行同期存款利息。

如果招标文件中存在技术错误，招标人可以通过向所有购买招标文件的潜在投标人发出澄清或补正说明的方式，对招标文件进行修改。但需要注意的是，进行此类修改时，如果发出时间至投标截止时间不足15日，招标人应推迟投标截止时间，以使招标文件的修改满足在提交投标文件截止日15日前进行的要求。

【特别提示】

在招标文件发售后递交投标文件的截止时间前，招标人如果发现招标文件需要补充或者修改，可以通过向所有购买招标文件的投标人发出澄清或者补正说明的方式进行，而不应擅自终止招标，否则需要承担相应法律责任。

案例7

招标人在招标时可以设定价格下限吗？

——湖南省某部门为花完预算买贵不买对遭媒体曝光

【基本案情】

2010年9月，湖南省某部门在某采购网上发布采购公告，在采购内容的下注中标出：投标人投标报价必须在项目采购内容的预算单价范围内，凡超出预算单价上下限的投标报价视为投标附有采购人不能接受的条件，在符合性检查时作为不合格不能进入下轮评标程序。

招标结束后，某投标人投诉称该部门规定投标产品单价下限的行为，属于“不买对的，只买贵的”，不仅无法反映产品的真实价格，而且违反了市场竞争的公平性原则，侵害了社会公共利益。该部门相关负责人解释称，其之所以设置投标产品价格下限;一是因为法律、法规没有禁止性的规定;二是为了确保采购的质量,毕竟贵一点的东西相对更有质量保证;三是预算执行的需要,因为如今不仅有预算编制,还有预算执行,如果预算没有执行完,财政就要收回,必然会影响第二年的预算编制;四是以前有类似的做法可供借鉴。因此,他们认为投诉人投诉采购不应该设价格下限是没有道理的。

【法律分析】

《招标投标法实施条例》第二十七条第三款规定,招标人不得规定最低投标限价。根据前述规定,国家法律、法规明确禁止设置最低限价。虽然在此条例出台前,有关法律、法规对设置最低限价没有明确规定,但根据招标投标原理,采用招标投标程序的目的不仅在于保证采购程序的公正,而且在于通过多个投标人参与竞争,促使投标人合理报价,从而降低采购成本。从这一点来分析,招标人设置最低限价也不符合招标投标的原理。况且,为了禁止投标人恶性竞争,《招标投标法》第三十三条规定,投标人不得以低于成本的报价竞标,也不得以他人名义投标或者以其他方式弄虚作假,骗取中标。

【特别提示】

在《招标投标法实施条例》出台前,国家法律、法规对招标人是否可以设置价格下限没有明确规定,部分招标人打法律的"擦边球",从而引起争议。为了明确禁止前述现象,《招标投标法实施条例》明确规定,招标人不得规定最低投标限价。因此,招标人在制定招标文件时,不应设置价格下限。但是,在招标投标过程中,针对个别投标人恶意报低价的行为,招标人和评标委员会仍然可以根据《招标投标法》第三十三条的规定,判定其是否构成低于成本报价,如果投标人低于成本报价,则可以作否决投标处理。

案例8

招标人是否应接受D公司的投标?

——邀请招标中的不速之客

【基本案情】

2008年5月,某环保科技公司准备投资2800万元建设一栋办公楼,并就工程的土建主体施工进行招标。招标采用邀请招标的方式,招标人邀请了A、B、C 3家施工企业前来投标,D施工企业通过某种途径知道后找到该环保科技公司的负责人,表示D施工企业具备承接该工程土建主体施工的资质和能力,也要求参加投标。该招标人是否应该接受其投标?

【法律分析】

与公开招标不同,邀请招标是指招标人以投标邀请书的方式邀请特定的法人或者其他组织投标的一种招标形式。在邀请招标中,招标人有权自行确定投标人的范围。因此,招标人可自行决定是否接受D公司的投标,即使其具备投标人资格;如果D公司的资格符合招标文件的规定,且招标人希望D公司参与投标,招标人可以通过补发投标邀请书的方式,确认该投标人为受到邀请的投标人。

【特别提示】

在邀请招标中,招标人有权自行确定投标人的范围,对于没有受到邀请的投标人的投标,招标人可自行确定是否接受。

案例9

招标文件将已被取消的资质许可作为投标人资格条件时如何处理?

【基本案情】

某国有公司组织公路项目可行性研究报告编制服务招标,最高限价300万元,于2018年9月发布招标公告。招标文件明确投标人必须具有公路工程咨询乙级以上资质。但事实上国务院于2017年9月22日印发的《关于取消一批行政许可事项的决定》(国发〔2017〕46号)已经取消了工程咨询资质审批。评标委员会在评标时发现,投标人A公司无公路工程咨询资质,但考虑到该资质已被取消,因此未在初评阶段对其投标作否决处理。A公司正常进入详评阶段,经综合评审A公司被确定为第一中标候选人。中标候选人公示期间有公司质疑,认为A公司不具有工程咨询资质,不满足招标文件要求,应当否决其投标,且招标人应重新进行招标。上述质疑是否合理?A公司的投标是否应予以否决呢?

【法律分析】

1. 招标文件涉嫌对潜在投标人实行歧视待遇

《招标投标法》第十八条第二款规定,招标人不得以不合理的条件限制或者排斥潜在投标人,不得对潜在投标人实行歧视待遇。根据国务院2017年《关于取消一批行政许可事项的决定》的规定,工程咨询资质审批虽然已被取消,但是之前已经发放的工程咨询资质在到期之前仍然有效(并未被废止)。但是,无论已经发放的工程咨询资质是否有效,国家取消工程咨询资质审批的意图非常明显,即开展工程咨询服务不再需要特定的资质,《工程咨询单位资格认定办法》也已随之废止。

该案中,招标人规定投标人必须具有公路工程咨询乙级以上资质,显然是违反国发〔2017〕46号文件精神的,导致的后果就是一些之前曾经取得工程咨询资质的单位有资格参加投标,而另一些国家同样允许其开展工程咨询服务但是未(或者无法)取得资质或者资质已过期的单位则不具备参加投标的资格。这显然构成了对未(或者无法)取得资质或者资质已过期的单位的歧视,违反了《招标投标法》的强制性规定。

2. A公司的投标不应当被否决

《招标投标法实施条例》第五十一条中规定,投标人不符合国家或者招标文件规定的资格条件的,评标委员会应当否决其投标。A公司不具备招标文件规定的公路工程咨询乙级以上资质这一资格条件,正常情况下其投标应当被否决。但是,如上文分析,该案招标文件要求投标人具有国家已不再批准的工程咨询资质,对部分潜在投标人构成了歧视,违反了《招标投标法》的规定。

《民法典》第一百五十三条第一款规定:“违反法律、行政法规的强制性规定的民事法律行为无效。但是,该强制性规定不导致该民事法律行为无效的除外。”根据此规定,该案招标人要求投标人必须具有公路工程咨询乙级以上资质的做法,违反了《招标投标法》的规定,是无效的。即招标文件关于该项资格条件的设定是无效的,因此,A公司不存在不符合招标文件规定的资格条件的情况,不能因为A公司不具有招标文件规定的公路工程咨询乙级以上资质而否决其投标。该案中评标委员会的做法是正确的。

3. 本项目无须重新进行招标

《招标投标法实施条例》第二十三条规定,招标人编制的招标文件的内容违反法律、行政法规的强制性规定,违反公开、公平、公正和诚实信用原则,影响潜在投标人投标的,依法必须进行招标的项目的招标人应当在修改招标文件后重新招标。该案招标文件关于投标人资格条件的规定,违反了《招标投标法》关于不得对潜在投标人实行歧视待遇的规定,对不具备工程咨询资质的单位参加投标造成不利影响,不合理限制了投标人之间的公平竞争,但是由于该案中的工程咨询服务不属于依法必须招标的项目,因此并不会导致重新进行招标的法律后果。需要注意的是,对于依法必须进行招标的项目,如果出现上述情况,根据《招标投标法》的规定,监管部门有权要求招标人删除招标文件中针对潜在投标人的歧视性规定，并重新进行招标。

【特别提示】

招标人在编制招标文件时，应当对投标人资格条件要求进行严格审查，国家已取消的资质一律不得设定为投标人的资格要求，无论已获得的许可是否仍然在有效期内；如果在招标文件发出后发现某些资格条件设置没有合法依据，或者国家出台了最新的政策规定影响到资格条件要求合法性的，招标人应当根据《招标投标法实施条例》第二十一条的规定对已发出的资格预审文件或者招标文件进行必要的澄清或者修改，使之合法合规。

案例 10

EPC 工程总承包商对外分包工程是否需进行招标?

【基本案情】

某地方国有能源企业通过控股设立的项目公司在安徽省投资开发建设一座大型能源电站项目，通过公开招标方式确定由某国有能源建设企业（以下简称总承包商）以 EPC 总承包方式承揽该项目的建设工程，总承包合同采用固定总价模式，合同总价 45 亿元，包含设计、采购、施工、调试等全部工作所需费用，由总承包商包干使用。

总承包合同签订后，由于工期较为紧张，为了节省时间，总承包商通过协议方式直接与所选定的某施工企业签订了项目 A 标段施工分包合同，施工分包合同签约价 2000 万元，最终价格根据实际完成的工程量据实结算。

项目执行完毕后，总承包商上级单位对该项目进行审计，审计部门指出，总承包商是国有企业，且施工分包合同价格已超过 200 万元，按照法律规定应当通过招标方式选择确定分包单位。总承包商直接与分包商签订施工分包合同属于严重违规，应当在年终绩效评估时对总承包商进行考核。总承包商回应称，在签订施工分包合同前已与公司法务部沟通，法务部认为可以不进行招标。

本案总承包商对外分包工程是否必须采用招标方式呢?

【法律分析】

《招标投标法实施条例》第二十九条第一款规定："招标人可以依法对工程以及

与工程建设有关的货物、服务全部或者部分实行总承包招标。以暂估价形式包括在总承包范围内的工程、货物、服务属于依法必须进行招标的项目范围且达到国家规定规模标准的,应当依法进行招标。"《国务院办公厅关于促进建筑业持续健康发展的意见》第三部分中规定:"除以暂估价形式包括在工程总承包范围内且依法必须进行招标的项目外,工程总承包单位可以直接发包总承包合同中涵盖的其他专业业务。"

从上述规定可以看出,工程总承包商对外分包工程,或采购货物、服务,原则上均无须进行招标;只有总承包范围内的暂估价项目,属于依法必须招标的项目且达到规定规模标准的,才需通过招标方式采购。而且我们认为,暂估价项目的招标主体针对的仍然是项目法人,而非总承包商。因为暂估价项目的费用是由项目法人单位据实承担的,并未包含在总承包合同价格内。从《招标投标法实施条例》第二十九条上下文的内部逻辑看也是如此。

关于分包采购无须招标最为直接的规定是《建筑工程设计招标投标管理办法》,该办法第九条规定,"鼓励建筑工程实行设计总包。实行设计总包的,按照合同约定或者经招标人同意,设计单位可以不通过招标方式将建筑工程非主体部分的设计进行分包"。虽然以上规定并非直接针对工程总承包下的分包采购,但是性质相同,可以类比。

【特别提示】

《招标投标法》及其实施条例和配套的规章、规范性文件中的强制招标对象是项目投资人或项目法人,并不包括总承包商。总承包商进行施工分包和货物、服务采购等活动,法律原则上不强制要求招标。但需提醒注意的是,以下情况下 EPC 总承包商仍应通过招标方式进行采购:

(1)以暂估价形式包括在总承包范围内的工程、货物、服务属于依法必须进行招标的项目范围且达到国家规定规模标准的。

(2)EPC 总承包合同约定,EPC 总承包商在进行分包采购时应采用招标方式的。需要说明的是,在此这种情况下,业主(项目法人)不得干预招标过程,否则将违反《招标投标法》第三十八条第二款关于任何单位和个人不得非法干预、影响评标的过程和结果的规定。

(3)EPC 总承包商内部或上级单位规章制度要求在进行分包采购时应采用招标方式。此时 EPC 总承包商应遵守相关规章制度的要求,否则可能引发审计风险,国有企业和上市公司尤其应引起重视。

第三章　投　　标

法律问题解答

88. 合格的投标人必须是独立法人吗？分公司是否可以参加投标？

合格的投标人并非必须是法人，从缔约履约能力的角度考虑，具有民事主体资格和行为能力的法人、其他组织或自然人均可以参加投标。《招标投标法》规定，除法人外，其他组织也可以参加投标；如果科研项目招标，投标人甚至可以是自然人。依法设立并领取营业执照的分公司虽然不具有法人资格，但属于《招标投标法》第二十五条规定的其他组织，除非法律另有规定，否则分公司可以作为投标人参加投标，其最终的民事责任由其公司承担。

《招标投标法实施条例》进一步规定，对于依法必须招标的项目，招标人不得限定潜在投标人或者投标人的组织形式。

【法律依据】

《中华人民共和国招标投标法》(2017 年修正)(主席令第 86 号)

第二十五条　投标人是响应招标、参加投标竞争的法人或者其他组织。

依法招标的科研项目允许个人参加投标的，投标的个人适用本法有关投标人的规定。

《中华人民共和国公司法》(2018 年修正)(主席令第 15 号)

第十四条第一款　公司可以设立分公司。设立分公司，应当向公司登记机关申请登记，领取营业执照。分公司不具有法人资格，其民事责任由公司承担。

《最高人民法院关于适用〈中华人民共和国民事诉讼法〉的解释》(2022 年修正)(法释〔2022〕11 号)

第五十二条　民事诉讼法第五十一条规定的其他组织是指合法成立、有一定的组织机构和财产，但又不具备法人资格的组织，包括：

(一)依法登记领取营业执照的个人独资企业;

(二)依法登记领取营业执照的合伙企业;

(三)依法登记领取我国营业执照的中外合作经营企业、外资企业;

(四)依法成立的社会团体的分支机构、代表机构;

(五)依法设立并领取营业执照的法人的分支机构;

(六)依法设立并领取营业执照的商业银行、政策性银行和非银行金融机构的分支机构;

(七)经依法登记领取营业执照的乡镇企业、街道企业;

(八)其他符合本条规定条件的组织。

《中华人民共和国招标投标法实施条例》(2019 年修订)(国务院令第 709 号)

第三十二条 招标人不得以不合理的条件限制、排斥潜在投标人或者投标人。

招标人有下列行为之一的,属于以不合理条件限制、排斥潜在投标人或者投标人:

……

(六)依法必须进行招标的项目非法限定潜在投标人或者投标人的所有制形式或者组织形式;

(七)以其他不合理条件限制、排斥潜在投标人或者投标人。

89. 同一企业的两家分公司可以参加同一标段的投标吗?

同一企业的两家分公司不得参加同一标段的投标。分公司虽然可以参加投标,但因分公司不具有独立的法人资格,分公司投标、签订合同等相应的民事责任均由公司承担。所以,同一企业的两家分公司投标同一标段,实质上属于同一企业在该标段中获得了两次投标机会,显然违背了《招标投标法》的公平原则,即每个投标人有均等的投标机会。同一企业的两家分公司参加同一标段的投标,相当于同一投标人提交了两份不同的投标文件,评标委员会应对这两家分公司同时作否决投标处理。

【法律依据】

《中华人民共和国公司法》(2018 年修正)(主席令第 15 号)

第十四条 公司可以设立分公司。设立分公司,应当向公司登记机关申请登记,领取营业执照。分公司不具有法人资格,其民事责任由公司承担。

公司可以设立子公司,子公司具有法人资格,依法独立承担民事责任。

《中华人民共和国招标投标法实施条例》(2019 年修订)(国务院令第 709 号)

第五十一条 有下列情形之一的,评标委员会应当否决其投标:

……

(四)同一投标人提交两个以上不同的投标文件或者投标报价,但招标文件要求提交备选投标的除外;

……

90. 法定代表人为同一人的两家单位可以参加同一标段的投标吗?

所谓"法定代表人",是指依照法律或者法人章程的规定,代表法人从事民事活动的负责人。法定代表人为同一人的两家企业,其利益往往(或有较大理由怀疑)存在高度一致,双方就投标事宜进行事先沟通、协商的可能性较大,进而影响招标的公平性。

为了保证招标投标活动的公平性,防范投标人之间的串通投标行为,《招标投标法实施条例》规定,法定代表人为同一个人的不同单位不得参加同一标段的投标,否则相关投标均被否决。

【法律依据】

《中华人民共和国民法典》(主席令第 45 号)

第六十一条第一款 依照法律或者法人章程的规定,代表法人从事民事活动的负责人,为法人的法定代表人。

《中华人民共和国招标投标法实施条例》(2019 年修订)(国务院令第 709 号)

第三十四条 与招标人存在利害关系可能影响招标公正性的法人、其他组织或者个人,不得参加投标。

单位负责人为同一人或者存在控股、管理关系的不同单位,不得参加同一标段投标或者未划分标段的同一招标项目投标。

违反前两款规定的,相关投标均无效。

《工程建设项目货物招标投标办法》(2013 年修订)(国家发展和改革委员会等九部委令第 23 号)

第三十二条 投标人是响应招标、参加投标竞争的法人或者其他组织。

法定代表人为同一个人的两个及两个以上法人,母公司、全资子公司及其控股公司,都不得在同一货物招标中同时投标。

一个制造商对同一品牌同一型号的货物,仅能委托一个代理商参加投标。

违反前两款规定的,相关投标均无效。

91. 母公司可以与其控股子公司参加同一标段的投标吗？

根据《公司法》的规定，控股股东是指出资额或者持有股份的比例超过50%的股东，或者出资额、股份比例虽不足50%，但其享有的表决权足以对股东会或股东大会产生重大影响的股东。控股股东与子公司的利益具有统一性，如允许其参加同一标段的投标，二者很容易针对投标活动做出对整体最有利的安排、部署，势必对其他投标人构成不公平竞争。为了保证招标活动的公平性，《招标投标法实施条例》禁止母公司与其控股子公司参加同一标段的投标。

《招标投标法实施条例》规定，存在控股、管理关系的不同单位，不得参加同一标段投标或者未划分标段的同一招标项目的投标。公司与其参股（非控股）公司参加同一标段投标或者未划分标段的同一招标项目的投标不受此限。

【法律依据】

《中华人民共和国招标投标法实施条例》（2019年修订）（国务院令第709号）

第三十四条 与招标人存在利害关系可能影响招标公正性的法人、其他组织或者个人，不得参加投标。

单位负责人为同一人或者存在控股、管理关系的不同单位，不得参加同一标段投标或者未划分标段的同一招标项目投标。

违反前两款规定的，相关投标均无效。

《工程建设项目货物招标投标办法》（2013年修订）（国家发展和改革委员会等九部委令第23号）

第三十二条第一、二款 投标人是响应招标、参加投标竞争的法人或者其他组织。

法定代表人为同一个人的两个及两个以上法人，母公司、全资子公司及其控股公司，都不得在同一货物招标中同时投标。

《中华人民共和国公司法》（2018年修正）（主席令第15号）

第二百一十六条 本法下列用语的含义：

……

（二）控股股东，是指其出资额占有限责任公司资本总额百分之五十以上或者其持有的股份占股份有限公司股本总额百分之五十以上的股东；出资额或者持有股份的比例虽然不足百分之五十，但依其出资额或者持有的股份所享有的表决权已足以对股东会、股东大会的决议产生重大影响的股东。

……

92. 依法不得同时投标的两家企业同时投标，是否可以只对其中一家作否决投标处理？

根据《招标投标法实施条例》的相关规定，存在法定关联关系的企业被禁止参加同一标段的投标。相关违法情形主要包括：单位负责人为同一人的不同单位，存在控股、管理关系的不同单位，已参加联合体投标的投标人另以自己的名义参加同一标包投标等情况。

对于上述情况该如何处理，《招标投标法实施条例》有明确规定，即相关投标均无效。因此，依法被限制参与同一招标采购活动的两家（或以上）投标人，其所参与的相关投标均应被否决，换言之，评标委员会不得只对其中的一家作否决投标处理。

【法律依据】

《中华人民共和国招标投标法实施条例》（2019 年修订）（国务院令第 709 号）

第三十四条 与招标人存在利害关系可能影响招标公正性的法人、其他组织或者个人，不得参加投标。

单位负责人为同一人或者存在控股、管理关系的不同单位，不得参加同一标段投标或者未划分标段的同一招标项目投标。

违反前两款规定的，相关投标均无效。

第三十七条 招标人应当在资格预审公告、招标公告或者投标邀请书中载明是否接受联合体投标。

招标人接受联合体投标并进行资格预审的，联合体应当在提交资格预审申请文件前组成。资格预审后联合体增减、更换成员的，其投标无效。

联合体各方在同一招标项目中以自己名义单独投标或者参加其他联合体投标的，相关投标均无效。

93. 投标人可以参加其母公司招标项目的投标吗？

为了保证招投标活动的公平、公正，《招标投标法实施条例》第三十四条规定，与招标人有利害关系可能影响到招标公正性的单位或个人不能参加投标。母子公司之间有十分紧密的关联关系，如允许子公司参与其母公司的投标活动，有较大可能“影响招标公正性”。根据《中华人民共和国招标投标法实施条例释义》[①]一书中的

① 国家发展和改革委员会法规司、国务院法制办公室财金司、监察部执法监察司编著：《中华人民共和国招标投标法实施条例释义》，中国计划出版社 2012 年版，第 92 页。

解读,“考虑到我国经济体制改革还需要进一步深化,各行业、各地区经济社会发展水平不一,以及产业政策与竞争政策的协调,本条没有一概禁止与招标人存在利害关系法人、其他组织或者个人参与投标,构成本条第1款规定情形需要同时满足‘存在利害关系’和‘可能影响招标公正性’两个条件。”换言之,即使投标人与招标人存在某种“利害关系”,但如果招标投标活动依法规范进行,且该“利害关系”并未影响招标公正性的,亦允许投标人参加投标。

根据上述解读可见,即使子公司与母公司二者存在利害关系,只要未影响招标的公平性,子公司是可以参加其母公司组织的招标活动(或母公司参加子公司的招标)的。

【法律依据】

《中华人民共和国招标投标法实施条例》(2019年修订)(国务院令第709号)

第三十四条 与招标人存在利害关系可能影响招标公正性的法人、其他组织或者个人,不得参加投标。

单位负责人为同一人或者存在控股、管理关系的不同单位,不得参加同一标段投标或者未划分标段的同一招标项目投标。

违反前两款规定的,相关投标均无效。

94. 同一集团公司下属的两家企业可以参加同一标段的投标吗?

同一集团公司下属的两家企业,即通常所说的“兄弟单位”可以参加同一标段的投标。首先,相关法律、法规并未禁止“兄弟单位”参加同一标段的投标;其次,实践中许多大型集团下属的子公司从事类似的业务,在市场上存在竞争关系,如中建集团、中铁集团等。如果不允许同一集团下属的两家或两家以上企业在同一标段中竞争,不仅会减弱投标竞争,还有违《招标投标法》最基础的公平原则。

【法律依据】

《中华人民共和国招标投标法实施条例》(2019年修订)(国务院令第709号)

第三十四条 与招标人存在利害关系可能影响招标公正性的法人、其他组织或者个人,不得参加投标。

单位负责人为同一人或者存在控股、管理关系的不同单位,不得参加同一标段投标或者未划分标段的同一招标项目投标。

违反前两款规定的,相关投标均无效。

95. 国外设计企业参加设计投标，需要满足什么条件？

我国对企业从事工程的施工、设计、监理等业务设立了比较严格的市场准入门槛，实行资质行政许可制度。国外设计企业没有我国相关部门颁发的资质许可证书，无法承揽国内的设计业务。为了解决该问题，原建设部颁发了《关于外国企业在中华人民共和国境内从事建设工程设计活动的管理暂行规定》，要求外国企业承担国内建设工程设计，必须选择至少一家有工程设计资质的中方设计企业进行中外合作设计，且在所选择的中方设计企业资质许可的范围内承接设计业务。

所以，国外设计企业参加设计投标，应与国内具备相应资质条件的设计企业建立合作关系，共同参与投标。

【法律依据】

《工程建设项目勘察设计招标投标办法》（2013 年修订）（国家发展和改革委员会等九部委令第 23 号）

第二十一条 投标人是响应招标、参加投标竞争的法人或者其他组织。

在其本国注册登记，从事建筑、工程服务的国外设计企业参加投标的，必须符合中华人民共和国缔结或者参加的国际条约、协定中所作的市场准入承诺以及有关勘察设计市场准入的管理规定。

投标人应当符合国家规定的资质条件。

《关于外国企业在中华人民共和国境内从事建设工程设计活动的管理暂行规定》（建市〔2004〕78 号）

第四条 外国企业承担中华人民共和国境内建设工程设计，必须选择至少一家持有建设行政主管部门颁发的建设工程设计资质的中方设计企业（以下简称中方设计企业）进行中外合作设计（以下简称合作设计），且在所选择的中方设计企业资质许可的范围内承接设计业务。

第五条 合作设计项目的工程设计合同，应当由合作设计的中方设计企业或者中外双方设计企业共同与建设单位签订，合同应明确各方的权利、义务。工程设计合同应为中文文本。

96. 一个制造商可以同时授权多家代理商参加同一标包的投标吗？

一般来说，投标人之间的竞争主要是不同品牌投标产品之间的竞争。如果某品牌的生产商同时授权多家代理商参加同一项目的投标，则该品牌的货物相当于获取了多次投标机会，有违《招标投标法》的公平原则。在此情况下，评标委员会应当对同一制造商授权下的代理商作否决投标处理，对此《工程建设项目货物招标投标办法》也作出了明确的规定。

如果多家代理商中仅一家持有生产商出具的针对该项目投标的授权委托书，其他代理商具有代理商证书但并未获得制造商针对该项目的授权委托书，能否直接作出否决投标处理？对前述情况不能一概而论。评标委员会应首先核实招标文件对于授权委托书的具体规定，包括招标文件是要求投标人必须获得制造商针对本次招标项目的授权，还是说招标文件只要求投标人提供授权委托书即可，并未对具体的内容或格式作出明确要求。评标委员会完成上述核实和对投标文件的仔细审阅后，应先评价投标人的授权委托书是否满足招标文件要求，并对不满足招标文件实质性要求者作出否决，此后再对取得合格制造商授权的代理商投标人进行评价，如确属同一制造商授权的代理商，则评标委员会应对相关代理商同时作否决投标处理。

【法律依据】

《工程建设项目货物招标投标办法》（2013 年修订）（国家发展和改革委员会等九部委令第 23 号）

第三十二条第三、四款 一个制造商对同一品牌同一型号的货物，仅能委托一个代理商参加投标。

违反前两款规定的，相关投标均无效。

97. 邀请招标中，被邀请的投标人是否可以将投标权转给其他单位？

根据《招标投标法》第十条和第十七条第一款的规定，在邀请招标的情形下，被邀请的投标人系招标人经过初步调查，认为具备承担招标项目的能力、资信良好的特定单位。被邀请的单位必须自己参加投标，除非招标人同意，否则被邀请人无权将投标资格转给其他单位。对于任何未被邀请的投标人，招标人均可拒绝接受该单位的投标。

【法律依据】

《中华人民共和国招标投标法》（2017 年修正）（主席令第 86 号）

第十条 招标分为公开招标和邀请招标。

公开招标，是指招标人以招标公告的方式邀请不特定的法人或者其他组织投标。

邀请招标，是指招标人以投标邀请书的方式邀请特定的法人或者其他组织投标。

第十七条第一款 招标人采用邀请招标方式的，应当向三个以上具备承担招标项目的能力、资信良好的特定的法人或者其他组织发出投标邀请书。

98. 投标人是否可以代理多个不同品牌产品投标同一项目?

根据《招标投标法》规定的公平原则，对于同一标包或者不分标包的同一招标项目，每个投标人均只有一次投标机会。根据《招标投标法实施条例》的规定，如果作为代理商的投标人在一个标包中递交了多份内容不同的投标文件或投标报价，应对其提交的所有投标文件作否决投标处理。

【法律依据】

《中华人民共和国招标投标法实施条例》(2019 年修订)(国务院令第 709 号)

第五十一条 有下列情形之一的，评标委员会应当否决其投标：

……

(四)同一投标人提交两个以上不同的投标文件或者投标报价，但招标文件要求提交备选投标的除外；

……

《工程建设项目货物招标投标办法》(2013 年修订)(国家发展和改革委员会等九部委令第 23 号)

第四十一条第二款 有下列情形之一的，评标委员会应当否决其投标：

……

(四)同一投标人提交两个以上不同的投标文件或者投标报价，但招标文件要求提交备选投标的除外；

……

99. 公开招标中，未购买招标文件的单位参加投标，应当如何处理?

《招标投标法》及其配套规定对于未购买招标文件的单位能否参加投标没有明确规定，因此，应根据招标文件的具体规定加以判断。如果招标文件明确规定不接受未购买招标文件的投标人的投标文件，则招标人有权拒绝其投标；如果招标文件没有明确规定拒绝接受，则招标人不得因此拒绝接受该单位的投标。

招标人可以通过招标文件发售情况掌握开、评标工作的整体工作量，并对开、评标会场安排和评标专家抽取数量等工作进行合理的准备和安排，如果招标人接受未购买招标文件的单位投标，很可能导致准备工作不足或浪费。为此，我们建议招标人在招标文件中明确投标"资格"的取得应以按招标公告要求获取（购买或报名）招标文件为前提，未成功获取招标文件者，招标人将拒绝其投标。

100. 工程施工图的设计单位，是否可以参与该工程施工监理服务的投标？

《招标投标法》及相关法规没有禁止项目的设计单位参加监理服务的投标竞争，如果该设计单位具有国家和招标文件中规定的工程监理相应资质等级，并且与被监理的施工承包单位没有隶属关系或者其他利害关系，则该设计单位可以参与该工程监理招标项目的投标。

【法律依据】

《建设工程质量管理条例》（2019 年修订）（国务院令第 714 号）

第十二条第一款 实行监理的建设工程，建设单位应当委托具有相应资质等级的工程监理单位进行监理，也可以委托具有工程监理相应资质等级并与被监理工程的施工承包单位没有隶属关系或者其他利害关系的该工程的设计单位进行监理。

《建设部关于工程设计与工程监理有关问题的通知》（建设〔1999〕254 号）

一、允许取得监理资质的设计单位对自己设计的工程进行施工监理

设计单位监督其设计工程的施工过程，有利于工程设计意图的实现，有利于工程质量的提高，也是国际通行的做法。《中华人民共和国注册建筑师条例》第二条（四）项也明确；注册建筑师可以"对本人主持设计的项目进行施工指导和监督"。设计单位监理自己设计的工程施工不属于"同体监理"的范畴。各地区、各有关部门应允许取得监理资质的设计单位受建设单位委托对自己设计的工程进行施工监理。

101. 工程施工图的设计单位，是否可以参与该工程施工招标项目的投标？

与其他投标人相比，为招标项目提供设计等前期咨询服务的单位掌握了本项

目更多的资料,更为熟悉项目的情况。如果工程施工图设计单位参与施工投标,将对其他投标人构成不公平竞争。为保证投标人之间的公平竞争,《工程建设项目施工招标投标办法》规定不允许为项目提供前期服务的设计等单位参加施工招标项目的投标。

如果招标人从利于工程管理的角度,希望施工图设计和工程施工由同一家单位完成,可以进行设计—施工总承包招标。

【法律依据】

《工程建设项目施工招标投标办法》(2013 年修订)(国家发展和改革委员会等九部委令第 23 号)

第三十五条 投标人是响应招标、参加投标竞争的法人或者其他组织。招标人的任何不具独立法人资格的附属机构(单位),或者为招标项目的前期准备或者监理工作提供设计、咨询服务的任何法人及其任何附属机构(单位),都无资格参加该招标项目的投标。

102. 投标人对招标文件内容有异议的,如何处理?

《招标投标法实施条例》规定,潜在投标人对招标文件有异议的,应当在投标截止时间 10 日前提出。招标人应当自收到异议之日起 3 日内作出答复;作出答复前,应当暂停招标投标活动。关于答复内容和形式,法律目前并无具体要求。

如果投标人提出异议的事项涉及澄清或者修改招标文件的,招标人可以进行必要的澄清或者修改。澄清或者修改的内容可能影响投标文件编制的,招标人应当在投标截止时间至少 15 日前,以书面形式通知所有获取招标文件的潜在投标人;不足 15 日的,招标人应当顺延提交投标文件的截止时间。

需要注意的是,对于何为"异议"法律上并无明确的界定,一般认为投标人认为招标文件有违法违规内容的视为"异议"。

【法律依据】

《中华人民共和国招标投标法实施条例》(2019 年修订)(国务院令第 709 号)

第二十一条 招标人可以对已发出的资格预审文件或者招标文件进行必要的澄清或者修改。澄清或者修改的内容可能影响资格预审申请文件或者投标文件编制的,招标人应当在提交资格预审申请文件截止时间至少 3 日前,或者投标截止时间至少 15 日前,以书面形式通知所有获取资格预审文件或者招标文件的潜在投标人;不足 3 日或者 15 日的,招标人应当顺延提交资格预审申请文件或者投标文件的截止时间。

第二十二条 潜在投标人或者其他利害关系人对资格预审文件有异议的，应当在提交资格预审申请文件截止时间2日前提出；对招标文件有异议的，应当在投标截止时间10日前提出。招标人应当自收到异议之日起3日内作出答复；作出答复前，应当暂停招标投标活动。

103. 什么是联合体投标？联合体成员之间是什么关系？

实践中，对于大型复杂的工程建设项目，仅凭一家投标人的力量在项目质量、进度控制等方面可能存在一定的困难，尤其是业主拟采取EPC总承包方式或者设计施工一体化（DB）方式组织开展时，需要一家单位同时满足不同专业的法定资质要求是比较困难的，如允许具有专业或管理优势的不同单位组成联合体，会更利于项目的实施。《招标投标法》规定，两个以上法人或者其他组织组成一个联合体投标时，联合体成员共同组成的整体将被视为一个"单独"的投标人。

联合体投标的各成员方应签订共同投标协议，明确约定各方的工作和责任。联合体各方可确定一名牵头方，委托其代表全部联合体成员参加投标以及组织与招标人签订中标合同等具体事务，但牵头方与其他联合体成员的法律地位是平等的，牵头方并不享有更大的权利。联合体各方在中标后应共同与招标人签订合同，并就中标项目向招标人承担连带责任。

【法律依据】

《中华人民共和国招标投标法》（2017年修正）（主席令第86号）

第三十一条 两个以上法人或者其他组织可以组成一个联合体，以一个投标人的身份共同投标。

联合体各方均应当具备承担招标项目的相应能力；国家有关规定或者招标文件对投标人资格条件有规定的，联合体各方均应当具备规定的相应资格条件。由同一专业的单位组成的联合体，按照资质等级较低的单位确定资质等级。

联合体各方应当签订共同投标协议，明确约定各方拟承担的工作和责任，并将共同投标协议连同投标文件一并提交招标人。联合体中标的，联合体各方应当共同与招标人签订合同，就中标项目向招标人承担连带责任。

招标人不得强制投标人组成联合体共同投标，不得限制投标人之间的竞争。

104. 招标人是否可以在招标文件中明确，不接受联合体投标？

《招标投标法实施条例》规定，招标人有权利选择是否接受联合体投标，招标人应将是否接受联合体投标在资格预审公告、招标公告或投标邀请书中作出明确规定。在国家发展和改革委员会等九部委联合制定的《标准施工招标文件》中，也明确约定了招标人可以选择是否接受联合体投标的相应条款。

综上所述，招标人可以在招标文件中明确规定不接受联合体投标。如果招标文件规定不接受联合体投标的，投标人组成联合体投标时，招标人有权拒绝其投标；相反，如果招标文件没有事先明确规定“不接受联合体投标”的，则招标人不能拒绝接受联合体的投标。

【法律依据】

《中华人民共和国招标投标法实施条例》(2019年修订)(国务院令第709号)

第三十七条第一款 招标人应当在资格预审公告、招标公告或者投标邀请书中载明是否接受联合体投标。

105. 参加联合体投标后，投标人还能以自己的名义参加本次投标吗？

投标人参加联合体投标后，不得再以自己名义参加同一招标项目的投标。

如果允许投标人在参加联合体投标后还能继续以自己的名义投标，其实质相当于给了投标人两次投标机会，违背了《招标投标法》的公平原则。因此，《招标投标法实施条例》和有关规定均明确规定，联合体各方签订共同投标协议后，不得再以自己名义单独投标，也不得组成新的联合体或参加其他联合体在同一项目中投标，否则相关投标均无效。

【法律依据】

《中华人民共和国招标投标法实施条例》(2019年修订)(国务院令第709号)

第三十七条 招标人应当在资格预审公告、招标公告或者投标邀请书中载明是否接受联合体投标。

招标人接受联合体投标并进行资格预审的，联合体应当在提交资格预审申请文件前组成。资格预审后联合体增减、更换成员的，其投标无效。

联合体各方在同一招标项目中以自己名义单独投标或者参加其他联合体投标的，相关投标均无效。

106. 联合体通过资格预审后,正式投标时可以调整联合体的成员吗?

联合体通过资格预审后,不可以调整联合体成员。

根据《招标投标法实施条例》的规定,招标人接受联合体投标并进行资格预审的,联合体应当在提交资格预审申请文件前组成。资格预审后联合体增减、更换成员的,其投标无效。

联合体投标的,联合体各方均应当具备招标文件规定的资格条件和承担招标项目的相应能力,联合体被视为一个"单独"的投标人。联合体成员在资格预审后的任何调整,都会导致原联合体实际上已成为另一(新)主体。在资格预审方式下,如果招标人允许新联合体投标,则属于接受"未通过资格预审的单位或者个人参加投标",为招标投标相关法律、法规所禁止。此外,《中华人民共和国招标投标法实施条例释义》[①]一书中也提出,之所以设此限制也是考虑到"允许联合体更换成员将为不正当竞争行为提供方便,使公平竞争失去保障"。

【法律依据】

《中华人民共和国招标投标法实施条例》(2019年修订)(国务院令第709号)

第三十七条 招标人应当在资格预审公告、招标公告或者投标邀请书中载明是否接受联合体投标。

招标人接受联合体投标并进行资格预审的,联合体应当在提交资格预审申请文件前组成。资格预审后联合体增减、更换成员的,其投标无效。

联合体各方在同一招标项目中以自己名义单独投标或者参加其他联合体投标的,相关投标均无效。

第六十四条 招标人有下列情形之一的,由有关行政监督部门责令改正,可以处10万元以下的罚款:

……

(三)接受未通过资格预审的单位或者个人参加投标;

……

① 国家发展和改革委员会法规司、国务院法制办公室财金司、监察部执法监察司编著:《中华人民共和国招标投标法实施条例释义》,中国计划出版社2012年版,第99页。

107. 招标人可以要求外地企业必须和当地的企业组成联合体进行投标吗?

招标人强制要求投标人组成联合体才能取得投标资格的限制违反了招标投标相关法律规定,其实质是一种限制投标竞争的行为。实践中,出于地方保护主义的动机,个别招标人明示或者暗示外地企业只有在和当地企业组成联合体后才能获得投标资格或获取更大的中标机会,该行为被我国法律所禁止。根据《招标投标法实施条例》的规定,招标人强制投标人组成联合体的,属于"以不合理的条件限制或者排斥潜在投标人"及对"潜在投标人实行歧视待遇"的行为,将受到行政监督部门责令改正、罚款等行政处罚。

【法律依据】

《中华人民共和国招标投标法》(2017 年修正)(主席令第 86 号)

第三十一条第四款　招标人不得强制投标人组成联合体共同投标,不得限制投标人之间的竞争。

第五十一条　招标人以不合理的条件限制或者排斥潜在投标人的,对潜在投标人实行歧视待遇的,强制要求投标人组成联合体共同投标的,或者限制投标人之间竞争的,责令改正,可以处一万元以上五万元以下的罚款。

《工程建设项目货物招标投标办法》(2013 年修订)(国家发展和改革委员会等九部委令第 23 号)

第三十九条　招标人接受联合体投标并进行资格预审的,联合体应当在提交资格预审申请文件前组成。资格预审后联合体增减、更换成员的,其投标无效。

招标人不得强制资格预审合格的投标人组成联合体。

《工程建设项目施工招标投标办法》(2013 年修订)(国家发展和改革委员会等九部委令第 23 号)

第七十条　招标人以不合理的条件限制或者排斥潜在投标人的,对潜在投标人实行歧视待遇的,强制要求投标人组成联合体共同投标的,或者限制投标人之间竞争的,有关行政监督部门责令改正,可处一万元以上五万元以下罚款。

108. 联合体投标时,由同一专业的单位组成的联合体,资质应如何确定?

联合体投标时,由同一专业的单位组成的联合体,应按照资质等级较低的单位确定联合体的资质等级,也就是我们常说的"就低不就高"。如果同专业的两个单位组成的联合体中,一家是该专业最高资质,另一家资质较低不符合招标文件要求,则这两家组成的联合体投标人将被认定为不具备投标人资格。《招标投标法》之所以这样规定,主要是防止资质等级较低的企业通过"搭"高资质企业"便车"的方式,以获取更多的项目机会,避免以优等资质获取招标项目,而由资质等级较差的承包商来完成等情形,以确保工程质量。

【法律依据】

《中华人民共和国招标投标法》(2017年修正)(主席令第86号)

第三十一条第二款 联合体各方均应当具备承担招标项目的相应能力;国家有关规定或者招标文件对投标人资格条件有规定的,联合体各方均应当具备规定的相应资格条件。由同一专业的单位组成的联合体,按照资质等级较低的单位确定资质等级。

109. EPC总承包招标中,组成联合体的单位是否都应既有设计资质又有施工资质?

我国对企业从事工程的施工、设计、监理等业务设立了比较严格的市场准入门槛,实行资质行政许可制度,根据《建设部关于培育发展工程总承包和工程项目管理企业的指导意见》的规定,具备勘察、设计或施工总承包资质的企业均可在其资质等级许可的工程项目范围内开展工程总承包业务;《住房和城乡建设部关于进一步推进工程总承包发展的若干意见》规定,工程总承包企业应当具有与工程规模相适应的工程设计资质或者施工资质,相应的财务、风险承担能力,同时具有相应的组织机构、项目管理体系、项目管理专业人员和工程业绩。但需注意,2020年3月1日起实施的《房屋建筑和市政基础设施项目工程总承包管理办法》明确规定,工程总承包单位应当同时具有与工程规模相适应的工程设计资质和施工资质,或者由具有相应资质的设计单位和施工单位组成联合体,故在房屋建筑和市政基础设施项目工程总承包活动中应要求投标人或联合体应具备设计和施工资质。也就是说,除房屋建筑和市政基础设施项目工程总承包外,在EPC总承包招标中,除非招标文件有明确要求,投标人无须同时具备设计和施工资质。

如果是联合体投标的,根据联合体之间的分工协议,承担设计工作的联合体成员具有设计资质,承担施工工作的联合体成员具有施工资质即可,组成联合体的各单位无须同时具备总承包商需具有的所有资质条件。

【法律依据】

《中华人民共和国招标投标法》(2017年修正)(主席令第86号)

第三十一条第一、二款　两个以上法人或者其他组织可以组成一个联合体,以一个投标人的身份共同投标。

联合体各方均应当具备承担招标项目的相应能力;国家有关规定或者招标文件对投标人资格条件有规定的,联合体各方均应当具备规定的相应资格条件。由同一专业的单位组成的联合体,按照资质等级较低的单位确定资质等级。

《建设工程勘察设计资质管理规定》(建设部令第160号)

第三十九条　取得工程勘察、工程设计资质证书的企业,可以从事资质证书许可范围内相应的建设工程总承包业务,可以从事工程项目管理和相关的技术与管理服务。

《建筑业企业资质标准》(建市〔2014〕159号)

三、业务范围

……

(四)取得施工总承包资质的企业,可以从事资质证书许可范围内的相应工程总承包、工程项目管理等业务。

《建设部关于培育发展工程总承包和工程项目管理企业的指导意见》(建市〔2003〕30号)

四、进一步推行工程总承包和工程项目管理的措施

(一)鼓励具有工程勘察、设计或施工总承包资质的勘察、设计和施工企业,通过改造和重组,建立与工程总承包业务相适应的组织机构、项目管理体系,充实项目管理专业人员,提高融资能力,发展成为具有设计、采购、施工(施工管理)综合功能的工程公司,在其勘察、设计或施工总承包资质等级许可的工程项目范围内开展工程总承包业务。

工程勘察、设计、施工企业也可以组成联合体对工程项目进行联合总承包。

《住房和城乡建设部关于进一步推进工程总承包发展的若干意见》(建市〔2016〕93号)

二、完善工程总承包管理制度

……

(七)工程总承包企业的基本条件。工程总承包企业应当具有与工程规模相适应的工程设计资质或者施工资质,相应的财务、风险承担能力,同时具有相应的组织机构、项目管理体系、项目管理专业人员和工程业绩。

《房屋建筑和市政基础设施项目工程总承包管理办法》（建市规〔2019〕12号）

第十条 工程总承包单位应当同时具有与工程规模相适应的工程设计资质和施工资质，或者由具有相应资质的设计单位和施工单位组成联合体。工程总承包单位应当具有相应的项目管理体系和项目管理能力、财务和风险承担能力，以及与发包工程相类似的设计、施工或者工程总承包业绩。

设计单位和施工单位组成联合体的，应当根据项目的特点和复杂程度，合理确定牵头单位，并在联合体协议中明确联合体成员单位的责任和权利。联合体各方应当共同与建设单位签订工程总承包合同，就工程总承包项目承担连带责任。

110. 联合体中标后，联合体的牵头方一方是否可以与招标人签署合同？

联合体投标时，联合体各方是作为一个共同的主体参与投标的，联合体中标后，联合体各方应当共同与招标人签订合同。但是，如果联合体协议中明确联合体牵头方代表各方与招标人签订合同，或者联合体成员单位明确授权牵头方代表联合体签订合同的，则牵头方与招标人签订合同的行为应被视为联合体各方共同与招标人签订合同。

【法律依据】

《中华人民共和国招标投标法》（2017年修正）（主席令第86号）

第三十一条第三款 联合体各方应当签订共同投标协议，明确约定各方拟承担的工作和责任，并将共同投标协议连同投标文件一并提交招标人。联合体中标的，联合体各方应当共同与招标人签订合同，就中标项目向招标人承担连带责任。

《工程建设项目勘察设计招标投标办法》（2013年修订）（国家发展和改革委员会等九部委令第23号）

第二十八条 联合体中标的，应指定牵头人或代表，授权其代表所有联合体成员与招标人签订合同，负责整个合同实施阶段的协调工作。但是，需要向招标人提交由所有联合体成员法定代表人签署的授权委托书。

《工程建设项目货物招标投标办法》（2013年修订）（国家发展和改革委员会等九部委令第23号）

第三十八条第三款 联合体中标的，应当指定牵头人或代表，授权其代表所有联合体成员与招标人签订合同，负责整个合同实施阶段的协调工作。但是，需要向招标人提交由所有联合体成员法定代表人签署的授权委托书。

111. 施工投标文件通常由哪几部分组成？

一般来说，施工投标文件是投标文件中比较复杂的。根据国家发展和改革委员会等九部委发布的《标准施工招标文件》，施工投标文件应包括下列内容：

(1)投标函及投标函附录；

(2)法定代表人身份证明或附有法定代表人身份证明的授权委托书；

(3)联合体协议书(如果是联合体投标)；

(4)投标保证金；

(5)已标价工程量清单；

(6)施工组织设计；

(7)项目管理机构；

(8)拟分包项目情况表；

(9)资格审查资料；

(10)投标人须知前附表规定的其他材料。

【法律依据】

《工程建设项目施工招标投标办法》(2013 年修订)(国家发展和改革委员会等九部委令第 23 号)

第三十六条 投标人应当按照招标文件的要求编制投标文件。投标文件应当对招标文件提出的实质性要求和条件作出响应。

投标文件一般包括下列内容：

(一)投标函；

(二)投标报价；

(三)施工组织设计；

(四)商务和技术偏差表。

投标人根据招标文件载明的项目实际情况，拟在中标后将中标项目的部分非主体、非关键性工作进行分包的，应当在投标文件中载明。

112. 投标人在编制投标文件时，需要特别注意哪些问题？

投标文件是评标委员会评价投标人的基础资料，一份装帧精美、内容翔实的投标文件是获得中标的重要前提。投标人在编制投标文件时，需要特别注意以下问题：

(1)投标文件应按招标文件规定的“投标文件格式”进行编写，内容应该全面具体,如有必要,可以增加附页,作为投标文件的组成部分。

(2)投标文件应当对招标文件合格投标人资格条件的全部内容,以及有关工期、投标有效期、质量要求、技术标准和要求、招标范围等实质性内容作出响应。

(3)投标文件应用不褪色的材料书写或打印,并由投标人的法定代表人或其委托代理人签字和加盖单位公章。委托代理人签字的,投标文件应附法定代表人签署的授权委托书。

(4)投标文件应尽量避免涂改、行间插字或删除。如果出现上述情况,改动之处应加盖单位章或由投标人的法定代表人或其授权的代理人签字确认。

(5)投标人拟在中标后将部分工作分包给其他单位完成的(前提是招标人允许分包),应在投标文件中写明。

(6)如果是联合体投标的,应附有效签署的联合体协议。

(7)投标人应按招标人要求提交足额的投标保证金。

(8)如果对招标文件提出的商务或技术部分有偏差的,应按照招标文件的要求在偏差表中列明。

(9)投标报价应按招标文件的要求进行填报和封装(通常要求单独密封提交)。

(10)投标文件的正本与副本应分别装订成册,并编制目录,份数应满足招标文件的要求。

(11)严格遵守招标文件的其他要求(比如,招标文件有可能要求安全许可证必须放在技术投标文件中,放在商务投标文件中将导致投标被否决),无论该要求是否合理(招标文件要求违反法律规定或投标人难以承受的除外)。

【法律依据】

《工程建设项目货物招标投标办法》(2013年修订)(国家发展和改革委员会等九部委令第23号)

第三十三条 投标人应当按照招标文件的要求编制投标文件。投标文件应当对招标文件提出的实质性要求和条件作出响应。

投标文件一般包括下列内容:

(一)投标函;

(二)投标一览表;

(三)技术性能参数的详细描述;

(四)商务和技术偏差表;

(五)投标保证金;

(六)有关资格证明文件;

(七)招标文件要求的其他内容。

投标人根据招标文件载明的货物实际情况,拟在中标后将供货合同中的非主要部分进行分包的,应当在投标文件中载明。

《工程建设项目施工招标投标办法》(2013 年修订)(国家发展和改革委员会等九部委令第 23 号)

第三十六条 投标人应当按照招标文件的要求编制投标文件。投标文件应当对招标文件提出的实质性要求和条件作出响应。

投标文件一般包括下列内容:

(一)投标函;

(二)投标报价;

(三)施工组织设计;

(四)商务和技术偏差表。

投标人根据招标文件载明的项目实际情况,拟在中标后将中标项目的部分非主体、非关键性工作进行分包的,应当在投标文件中载明。

113. 新成立的公司没有近 3 年的财务报表,可以拿母公司的报表代替吗?

实践中,招标人往往会在招标文件中要求投标人提交近 3 年的财务报表,而一些成立不满 3 年的公司无法提供。此时,投标人仅需提供已有年度的财务报表即可,而不应编造或者拿母公司或其他单位的报表代替,否则可能会被认定为弄虚作假,从而失去中标机会。

【法律依据】

《中华人民共和国招标投标法实施条例》(2019 年修订)(国务院令第 709 号)

第四十二条 使用通过受让或者租借等方式获取的资格、资质证书投标的,属于招标投标法第三十三条规定的以他人名义投标。

投标人有下列情形之一的,属于招标投标法第三十三条规定的以其他方式弄虚作假的行为:

(一)使用伪造、变造的许可证件;

(二)提供虚假的财务状况或者业绩;

(三)提供虚假的项目负责人或者主要技术人员简历、劳动关系证明;

(四)提供虚假的信用状况;

(五)其他弄虚作假的行为。

114. 无诉讼证明应该由什么机构开具？有涉及诉讼的，该怎么办？

在招标过程中，招标人为了了解投标人近年来发生的诉讼、仲裁情况，通常会要求投标人提供“无诉讼证明”，该要求更准确地表述应为“涉诉情况说明”。“涉诉情况说明”一般应由第三方出具，实践中通常由负责(潜在)投标人的常年法律顾问事务的律师事务所出具。

如果投标人在规定的期限(通常招标文件要求是近3年)内有涉及诉讼或仲裁的，应要求出具证明的机构在“涉诉情况说明”中须如实进行说明，否则可能被认定为弄虚作假，从而失去中标机会。

【法律依据】

《中华人民共和国招标投标法》(2017年修正)(主席令第86号)

第五条 招标投标活动应当遵循公开、公平、公正和诚实信用的原则。

115. 公司分立的，分立后的公司是否可以用原公司的业绩参加投标？

分立是指一个法人或者其他组织依照法律的规定，分成两个以上的法人或者其他组织的行为，属于投标人的重大变化。对此，《招标投标法实施条例》规定，投标人发生合并、分立、破产等重大变化的，应当及时书面告知招标人。投标人不再具备资格预审文件、招标文件规定的资格条件或者其投标影响招标公正性的，其投标无效。

投标人的业绩条件属于需由招标人自行在招标文件中确定的投标人参加投标所需具备的条件，即约定资格。现行法律对于如何设定投标人的业绩条件并无具体的规定，理论上完全取决于招标人的意愿。招标文件之所以提出对投标人的业绩要求，其目的就是希望了解投标人的实际经营、履约能力。尽管公司分立后与原公司存在一定的承继(或延续)关系，但对于招标人而言，分立后的主体是否仍具备分立前的生产、经营能力具有不确定性。换言之，分立后的企业也难以凭借分立前的业绩证明自己具有同等的能力。因此，除非投标人能够证明其在可能影响其资格条件的各个方面与分立前并无实质性变化，否则招标人有权拒绝认可其分立前业绩。当然，为使投标人更准确地响应，也为了使评标委员会的评审标准更加明确、统一，招标人应事先在招标文件中明确，针对投标人曾发生分立的情形，投标人应提供何种证明材料，以证明其与分立前具有同等的能力。

【法律依据】

《中华人民共和国公司法》(2018年修正)(主席令第15号)

第一百七十六条 公司分立前的债务由分立后的公司承担连带责任。但是,公司在分立前与债权人就债务清偿达成的书面协议另有约定的除外。

《中华人民共和国招标投标法实施条例》(2019年修订)(国务院令第709号)

第三十八条 投标人发生合并、分立、破产等重大变化的,应当及时书面告知招标人。投标人不再具备资格预审文件、招标文件规定的资格条件或者其投标影响招标公正性的,其投标无效。

116. 全资子公司可以用其母公司的资质和业绩进行投标吗?

根据《公司法》的规定,母公司与子公司为两个独立法人主体,两者之间具有独立的财产,并且各自独立承担相应的民事权利和义务。

通常而言,资质和业绩与投标人的资产规模、生产设备及人员情况相联系,母公司和子公司在资产规模、生产设备及人员情况各不相同,所以两者的资质和业绩也有所不同。母公司的资质业绩无法转让,也无权授权子公司采用其资质业绩参加投标。所以,即使是全资子公司,也不能以母公司的资质和业绩参加投标。

【法律依据】

《中华人民共和国民法典》(主席令第45号)

第五十七条 法人是具有民事权利能力和民事行为能力,依法独立享有民事权利和承担民事义务的组织。

《中华人民共和国公司法》(2018年修正)(主席令第15号)

第三条 公司是企业法人,有独立的法人财产,享有法人财产权。公司以其全部财产对公司的债务承担责任。

有限责任公司的股东以其认缴的出资额为限对公司承担责任;股份有限公司的股东以其认购的股份为限对公司承担责任。

《中华人民共和国招标投标法》(2017年修正)(主席令第86号)

第二十六条 投标人应当具备承担招标项目的能力;国家有关规定对投标人资格条件或者招标文件对投标人资格条件有规定的,投标人应当具备规定的资格条件。

117. 投标人中标后将中标项目进行分包，需要满足哪些要求？

中标人可以按照合同的约定或者在经招标人同意的情况下将中标项目的非主体、非关键性工作分包给具备相应资格条件的人完成，但不得整体转让该中标项目，也不得将中标项目肢解后分别向他人转让。接受分包的人不得再次分包。中标人将部分中标项目进行分包的，该中标人与接受分包的承包人就分包项目承担连带责任。

【法律依据】

《中华人民共和国招标投标法》（2017 年修正）（主席令第 86 号）

第三十条 投标人根据招标文件载明的项目实际情况，拟在中标后将中标项目的部分非主体、非关键性工作进行分包的，应当在投标文件中载明。

第四十八条 中标人应当按照合同约定履行义务，完成中标项目。中标人不得向他人转让中标项目，也不得将中标项目肢解后分别向他人转让。

中标人按照合同约定或者经招标人同意，可以将中标项目的部分非主体、非关键性工作分包给他人完成。接受分包的人应当具备相应的资格条件，并不得再次分包。

中标人应当就分包项目向招标人负责，接受分包的人就分包项目承担连带责任。

《中华人民共和国招标投标法实施条例》（2019 年修订）（国务院令第 709 号）

第五十九条 中标人应当按照合同约定履行义务，完成中标项目。中标人不得向他人转让中标项目，也不得将中标项目肢解后分别向他人转让。

中标人按照合同约定或者经招标人同意，可以将中标项目的部分非主体、非关键性工作分包给他人完成。接受分包的人应当具备相应的资格条件，并不得再次分包。

中标人应当就分包项目向招标人负责，接受分包的人就分包项目承担连带责任。

118. 招标人在招标时必须要求投标人提交投标保证金吗？

投标保证金，是指投标人按照招标文件的要求向招标人出具的，以一定金额表示的投标担保；投标人保证在投标有效期内不得撤销其投标文件，否则招标人将对投标保证金予以没收。

是否要求投标人提交投标保证金属于招标人的权利，招标人可以根据招标项目以及市场的实际情况，决定是否要求投标人提交投标保证金。

【法律依据】

《中华人民共和国招标投标法实施条例》（2019 年修订）（国务院令第 709 号）

第二十六条　招标人在招标文件中要求投标人提交投标保证金的，投标保证金不得超过招标项目估算价的 2%。投标保证金有效期应当与投标有效期一致。

依法必须进行招标的项目的境内投标单位，以现金或者支票形式提交的投标保证金应当从其基本账户转出。

招标人不得挪用投标保证金。

第三十五条　投标人撤回已提交的投标文件，应当在投标截止时间前书面通知招标人。招标人已收取投标保证金的，应当自收到投标人书面撤回通知之日起 5 日内退还。

投标截止后投标人撤销投标文件的，招标人可以不退还投标保证金。

第七十四条　中标人无正当理由不与招标人订立合同，在签订合同时向招标人提出附加条件，或者不按照招标文件要求提交履约保证金的，取消其中标资格，投标保证金不予退还。对依法必须进行招标的项目的中标人，由有关行政监督部门责令改正，可以处中标项目金额 10‰以下的罚款。

119. 投标保证金的形式主要有哪些？

根据相关法律规定，投标保证金的形式既可以采用银行保函、转账支票、银行汇票、保兑支票、现金支票等形式，也可以采用经招标人认可的其他形式。鉴于现金方式的保证金存在清点和保管上的不便，同时也因为现金无法确定来源，会给以他人名义投标、违规挂靠等行为提供可乘之机，因此招标人应谨慎接受现金形式的投标保证金。

近年来，国家加大清理规范工程建设领域保证金力度，以减轻企业负担、激发市场活力，2016 年国务院办公厅发布《关于清理规范工程建设领域保证金的通知》，对保留的投标保证金、履约保证金、工程质量保证金、农民工工资保证金，推行银行保函制度，建筑业企业可以银行保函方式缴纳。银行保函方式属于国家鼓励的投标保证金缴纳方式，亦是未来趋势所在。

【法律依据】

《中华人民共和国招标投标法实施条例》（2019 年修订）（国务院令第 709 号）

第二十六条　招标人在招标文件中要求投标人提交投标保证金的，投标保证金不得超过招标项目估算价的2%。投标保证金有效期应当与投标有效期一致。

依法必须进行招标的项目的境内投标单位,以现金或者支票形式提交的投标保证金应当从其基本账户转出。

招标人不得挪用投标保证金。

《工程建设项目施工招标投标办法》(2013年修订)(国家发展和改革委员会等九部委令第23号)

第三十七条第一款 招标人可以在招标文件中要求投标人提交投标保证金。投标保证金除现金外,可以是银行出具的银行保函、保兑支票、银行汇票或现金支票。

《工程建设项目货物招标投标办法》(2013年修订)(国家发展和改革委员会等九部委令第23号)

第二十七条第一款 招标人可以在招标文件中要求投标人以自己的名义提交投标保证金。投标保证金除现金外,可以是银行出具的银行保函、保兑支票、银行汇票或现金支票,也可以是招标人认可的其他合法担保形式……

《关于清理规范工程建设领域保证金的通知》(国办发〔2016〕49号)

一、全面清理各类保证金。对建筑业企业在工程建设中需缴纳的保证金,除依法依规设立的投标保证金、履约保证金、工程质量保证金、农民工工资保证金外,其他保证金一律取消。对取消的保证金,自本通知印发之日起,一律停止收取。

二、转变保证金缴纳方式。对保留的投标保证金、履约保证金、工程质量保证金、农民工工资保证金,推行银行保函制度,建筑业企业可以银行保函方式缴纳。

三、按时返还保证金。对取消的保证金,各地要抓紧制定具体可行的办法,于2016年底前退还相关企业;对保留的保证金,要严格执行相关规定,确保按时返还。未按规定或合同约定返还保证金的,保证金收取方应向建筑业企业支付逾期返还违约金。

120. 招标人是否可以在招标文件中限制投标保证金的形式?

招标人可以在招标文件中限制投标保证金的形式。不同形式的投标保证金,对招标人的保证程度可能有所不同,如银行保函需要向银行提供一定的材料和证明文件,而转账支票的支取不需要任何理由。是否要求投标人提交投标保证金、要求投标人以何种形式提交投标保证金属于招标人的权利,但应在招标文件中明示。

【法律依据】

《工程建设项目施工招标投标办法》(2013年修订)(国家发展和改革委员会等九部委令第23号)

第三十七条第一款 招标人可以在招标文件中要求投标人提交投标保证金。投标保证金除现金外,可以是银行出具的银行保函、保兑支票、银行汇票或现金支票。

《工程建设项目货物招标投标办法》(2013年修订)(国家发展和改革委员会等九部委令第23号)

第二十七条第一款 招标人可以在招标文件中要求投标人以自己的名义提交投标保证金。投标保证金除现金外,可以是银行出具的银行保函、保兑支票、银行汇票或现金支票,也可以是招标人认可的其他合法担保形式。依法必须进行招标的项目的境内投标单位,以现金或者支票形式提交的投标保证金应当从其基本账户转出。

121. 投标保证金的金额如何设置?是否有上限规定?

根据《招标投标法实施条例》的规定,投标保证金的金额不得超过招标项目估算价的2%。

招标人应在招标前,根据招标项目估算价,在其2%的范围内合理确定投标保证金的额度。当然,从对招标项目估算价保密的角度,招标人不应直接将招标估算价的2%作为投标保证金的额度。另外,根据有关规章规定,对于货物和施工招标,投标保证金最高限额为80万元人民币;对于工程勘察设计招标,投标保证金最高限额为10万元人民币;对于房屋建筑和市政基础设施工程,投标保证金最高限额为50万元人民币。

【法律依据】

《中华人民共和国招标投标法实施条例》(2019年修订)(国务院令第709号)

第二十六条 招标人在招标文件中要求投标人提交投标保证金的,投标保证金不得超过招标项目估算价的2%。投标保证金有效期应当与投标有效期一致。

依法必须进行招标的项目的境内投标单位,以现金或者支票形式提交的投标保证金应当从其基本账户转出。

招标人不得挪用投标保证金。

《工程建设项目施工招标投标办法》(2013年修订)(国家发展和改革委员会等九部委令第23号)

第三十七条第一、二款 招标人可以在招标文件中要求投标人提交投标保证金。投标保证金除现金外,可以是银行出具的银行保函、保兑支票、银行汇票或现金支票。

投标保证金不得超过项目估算价的百分之二,但最高不得超过八十万元人民币。投标保证金有效期应当与投标有效期一致。

《工程建设项目货物招标投标办法》(2013 年修订)(国家发展和改革委员会等九部委令第 23 号)

第二十七条第一、二款 招标人可以在招标文件中要求投标人以自己的名义提交投标保证金。投标保证金除现金外,可以是银行出具的银行保函、保兑支票、银行汇票或现金支票,也可以是招标人认可的其他合法担保形式。依法必须进行招标的项目的境内投标单位,以现金或者支票形式提交的投标保证金应当从其基本账户转出。

投标保证金不得超过项目估算价的百分之二,但最高不得超过八十万元人民币。投标保证金有效期应当与投标有效期一致。

《工程建设项目勘察设计招标投标办法》(2013 年修订)(国家发展和改革委员会等九部委令第 23 号)

第二十四条第一款 招标文件要求投标人提交投标保证金的,保证金数额不得超过勘察设计估算费用的百分之二,最多不超过十万元人民币。

《房屋建筑和市政基础设施工程施工招标投标管理办法》(住房和城乡建设部令第 47 号)

第二十六条第一款 招标人可以在招标文件中要求投标人提交投标担保。投标担保可以采用投标保函或者投标保证金的方式。投标保证金可以使用支票、银行汇票等,一般不得超过投标总价的 2%,最高不得超过 50 万元。

122. 投标保证金的有效期必须超出投标有效期 30 日吗?

《招标投标法实施条例》明确规定,"投标保证金有效期应当与投标有效期一致"。2013 年《工程建设项目施工招标投标办法》和《工程建设项目货物招标投标办法》已依据《招标投标法实施条例》作了相应修改。投标保证金的有效期必须超出投标有效期 30 日无相关法律依据。

【法律依据】

《中华人民共和国招标投标法实施条例》(2019 年修订)(国务院令第 709 号)

第二十六条 招标人在招标文件中要求投标人提交投标保证金的,投标保证金不得超过招标项目估算价的2%。投标保证金有效期应当与投标有效期一致。

依法必须进行招标的项目的境内投标单位,以现金或者支票形式提交的投标保证金应当从其基本账户转出。

招标人不得挪用投标保证金。

123. 投标保函必须由开户银行开具吗?

投标保函是招标投标常用的一种投标担保方式,投标保函一般由银行按照招标文件规定的格式或银行通用的格式开具。《工程建设项目货物招标投标办法》规定,投标保证金除现金外,可以是银行出具的银行保函、保兑支票、银行汇票或现金支票,也可以是招标人认可的其他合法担保形式。《招标投标法实施条例》只要求境内的投标单位以现金或者支票形式提交的投标保证金应当从基本账户转出,并未要求投标保函必须由开户银行开具;其他法律法规也未规定投标保函必须由开户银行开具。

综上所述,投标保函可以由投标人的开户银行出具,但并非强制要求;如果招标人对投标保证金提交有特别要求的,应事先在招标文件中予以明确,以便于投标人的准确响应。

【法律依据】

《中华人民共和国招标投标法实施条例》(2019 年修订)(国务院令第 709 号)

第二十六条 招标人在招标文件中要求投标人提交投标保证金的,投标保证金不得超过招标项目估算价的2%。投标保证金有效期应当与投标有效期一致。

依法必须进行招标的项目的境内投标单位,以现金或者支票形式提交的投标保证金应当从其基本账户转出。

招标人不得挪用投标保证金。

《工程建设项目施工招标投标办法》(2013 年修订)(国家发展和改革委员会等九部委令第 23 号)

第三十七条第一款 招标人可以在招标文件中要求投标人提交投标保证金。投标保证金除现金外,可以是银行出具的银行保函、保兑支票、银行汇票或现金支票。

《工程建设项目货物招标投标办法》(2013 年修订)(国家发展和改革委员会等九部委令第 23 号)

第二十七条第一款 招标人可以在招标文件中要求投标人以自己的名义提交

投标保证金。投标保证金除现金外，可以是银行出具的银行保函、保兑支票、银行汇票或现金支票，也可以是招标人认可的其他合法担保形式。依法必须进行招标的项目的境内投标单位，以现金或者支票形式提交的投标保证金应当从其基本账户转出。

124. 什么情形下投标人的投标保证金可能被“没收”？

根据有关规定，如果投标人发生以下情况，招标人有权不退还投标保证金：

（1）在投标截止后撤销、撤回投标文件；

（2）中标后不按照要求提交履约保证金；

（3）中标后拒绝在规定的时间内与招标人签订合同或在签订合同时向招标人提出附加条件的。

需要注意的是，招标文件也可以在上述情形之外规定招标人不退还投标保证金的其他情形。

【法律依据】

《中华人民共和国招标投标法实施条例》（2019 年修订）（国务院令第 709 号）

第三十五条 投标人撤回已提交的投标文件，应当在投标截止时间前书面通知招标人。招标人已收取投标保证金的，应当自收到投标人书面撤回通知之日起5日内退还。

投标截止后投标人撤销投标文件的，招标人可以不退还投标保证金。

第七十四条 中标人无正当理由不与招标人订立合同，在签订合同时向招标人提出附加条件，或者不按照招标文件要求提交履约保证金的，取消其中标资格，投标保证金不予退还。对依法必须进行招标的项目的中标人，由有关行政监督部门责令改正，可以处中标项目金额10‰以下的罚款。

125. 投标人在投标截止时间前 3 日提交投标文件，招标人应该接收吗？

招标人是否接收提前递交的投标文件，应结合招标文件的具体规定判断。如果招标文件明确规定了投标文件的具体递交时间，则投标人提前递交的，招标人有权拒绝接收。

需要注意的是，由于招标人接收投标文件后应当予以妥善保管，提前接收投标文件将加重招标人或招标代理机构的保管义务，因此，如果招标人允许投标人提前递交投标文件的，可以在招标文件中规定投标人提前（自递交投标文件的截止时间起算）递交投标文件的天数，早于该时间递交投标文件，招标人有权拒绝接收，以减轻招标人或招标代理机构的保管义务。

【法律依据】

《中华人民共和国招标投标法》（2017 年修正）（主席令第 86 号）

第二十八条　投标人应当在招标文件要求提交投标文件的截止时间前，将投标文件送达投标地点。招标人收到投标文件后，应当签收保存，不得开启。投标人少于三个的，招标人应当依照本法重新招标。

在招标文件要求提交投标文件的截止时间后送达的投标文件，招标人应当拒收。

《中华人民共和国招标投标法实施条例》（2019 年修订）（国务院令第 709 号）

第三十六条　未通过资格预审的申请人提交的投标文件，以及逾期送达或者不按照招标文件要求密封的投标文件，招标人应当拒收。

招标人应当如实记载投标文件的送达时间和密封情况，并存档备查。

126. 投标人是否可以采用传真的方式递交投标文件？

《招标投标法》《招标投标法实施条例》及其他相关规定并未禁止投标人采用传真方式递交投标文件。是否可以采用传真方式递交投标文件主要取决于招标文件的要求，如果招标文件要求密封递交投标文件的，投标人不应以传真方式提交。否则，招标人有权拒绝接收。

【法律依据】

《中华人民共和国招标投标法实施条例》（2019 年修订）（国务院令第 709 号）

第三十六条　未通过资格预审的申请人提交的投标文件，以及逾期送达或者不按照招标文件要求密封的投标文件，招标人应当拒收。

招标人应当如实记载投标文件的送达时间和密封情况，并存档备查。

127. 投标人提交投标文件后,在截标前可以要求撤回投标吗?

如果投标人在投标截止时间前提交了投标文件,可以修改或撤回其已经提交的投标文件(包括报价),但前述行为均应在递交投标文件截止时间前以书面形式通知招标人;投标截止时间之后投标人不能“撤回”(此时已为“撤销”)或者修改其投标文件。投标人撤回投标文件的,有权要求招标人及时退还已收取的投标保证金。

【法律依据】

《中华人民共和国招标投标法》(2017 年修正)(主席令第 86 号)

第二十九条 投标人在招标文件要求提交投标文件的截止时间前,可以补充、修改或者撤回已提交的投标文件,并书面通知招标人。补充、修改的内容为投标文件的组成部分。

《中华人民共和国招标投标法实施条例》(2019 年修订)(国务院令第 709 号)

第三十五条 投标人撤回已提交的投标文件,应当在投标截止时间前书面通知招标人。招标人已收取投标保证金的,应当自收到投标人书面撤回通知之日起 5 日内退还。

投标截止后投标人撤销投标文件的,招标人可以不退还投标保证金。

128. 投标人在投标截止时间之后是否可以改变投标报价?

投标报价作为投标文件的重要组成部分,在投标有效期内对投标人具有法律约束力。投标有效期自投标截止时间开始起算,在此期间投标人不得修改投标报价。投标截止时间后,投标人补充、修改、替代投标报价的,招标人不予接受,投标人撤销投标报价的,招标人有权拒绝退还其投标保证金。

【法律依据】

《中华人民共和国招标投标法实施条例》(2019 年修订)(国务院令第 709 号)

第五十二条 投标文件中有含义不明确的内容、明显文字或者计算错误,评标委员会认为需要投标人作出必要澄清、说明的,应当书面通知该投标人。投标人的澄清、说明应当采用书面形式,并不得超出投标文件的范围或者改变投标文件的实质性内容。

评标委员会不得暗示或者诱导投标人作出澄清、说明,不得接受投标人主动提出的澄清、说明。

《工程建设项目货物招标投标办法》(2013年修订)(国家发展和改革委员会等九部委令第23号)

第三十五条 投标人在招标文件要求提交投标文件的截止时间前,可以补充、修改、替代或者撤回已提交的投标文件,并书面通知招标人。补充、修改的内容为投标文件的组成部分。

第三十六条 在提交投标文件截止时间后,投标人不得撤销其投标文件,否则招标人可以不退还其投标保证金。

《工程建设项目施工招标投标办法》(2013年修订)(国家发展和改革委员会等九部委令第23号)

第三十九条 投标人在招标文件要求提交投标文件的截止时间前,可以补充、修改、替代或者撤回已提交的投标文件,并书面通知招标人。补充、修改的内容为投标文件的组成部分。

第四十条 在提交投标文件截止时间后到招标文件规定的投标有效期终止之前,投标人不得撤销其投标文件,否则招标人可以不退还其投标保证金。

《工程建设项目勘察设计招标投标办法》(2013年修订)(国家发展和改革委员会等九部委令第23号)

第二十五条 在提交投标文件截止时间后到招标文件规定的投标有效期终止之前,投标人不得撤销其投标文件,否则招标人可以不退还投标保证金。

129. 投标人在开标时发现投标文件已经被拆封,该如何维护自身的合法权益?

招标人在接收投标人递交的密封完好的投标文件后,应当签收保存,在投标截止时间届满前不得开启。招标人对已经接收的投标文件负有保管义务,应当保证投标文件的密封性。如果因招标人或招标代理机构保管不当造成投标文件在开标时已被拆封,并因此成为无效投标文件,致使投标人投标失败的,投标人有权要求招标人赔偿相应的经济损失,包括投标文件编制费用、差旅费及其他损失。

【法律依据】

《中华人民共和国招标投标法》(2017年修正)(主席令第86号)

第二十八条第一款 投标人应当在招标文件要求提交投标文件的截止时间前,将投标文件送达投标地点。招标人收到投标文件后,应当签收保存,不得开启。投标人少于三个的,招标人应当依照本法重新招标。

第三十六条 开标时,由投标人或者其推选的代表检查投标文件的密封情况,也可以由招标人委托的公证机构检查并公证;经确认无误后,由工作人员当众拆封,宣读投标人名称、投标价格和投标文件的其他主要内容。

招标人在招标文件要求提交投标文件的截止时间前收到的所有投标文件,开标时都应当当众予以拆封、宣读。

开标过程应当记录,并存档备查。

130. 只有两家投标人递交了投标文件,投标人是否有权要求取回投标文件和投标保证金?

根据招标投标相关法律、法规的规定,投标截止时间前递交投标文件的投标人只有两家的,招标人不应进行开标,本次招标失败,招标程序也随之结束。投标人可以取回其投标文件并要求招标人或招标代理机构退还已经提交的投标保证金。

需要注意的是,如果同一招标项目第一次招标、第二次招标均只有两家甚至一家投标人递交了投标文件,招标人可依法不再进行招标,直接与相关投标人或其他单位签订合同。

【法律依据】

《中华人民共和国招标投标法》(2017 年修正)(主席令第 86 号)

第二十八条第一款 投标人应当在招标文件要求提交投标文件的截止时间前,将投标文件送达投标地点。招标人收到投标文件后,应当签收保存,不得开启。投标人少于三个的,招标人应当依照本法重新招标。

《中华人民共和国招标投标法实施条例》(2019 年修订)(国务院令第 709 号)

第四十四条 招标人应当按照招标文件规定的时间、地点开标。

投标人少于 3 个的,不得开标;招标人应当重新招标。

投标人对开标有异议的,应当在开标现场提出,招标人应当当场作出答复,并制作记录。

131. 如果招标人不能按时完成评标工作,可以要求延长投标有效期吗?

投标有效期是投标人发出的要约有效期,也可以理解为投标人对在投标文件中的各项响应和承诺承担法律责任的期限。按照《民法典》的有关规定,作为承诺的中标通知书必须在投标有效期内发出,否则投标人可以不予接受。

为了保障招标评标工作的顺利进行,如果招标人不能按时完成评标工作,可以书面要求投标人延长投标有效期。

【法律依据】

《中华人民共和国民法典》(主席令第 45 号)

第四百八十一条 承诺应当在要约确定的期限内到达要约人。

要约没有确定承诺期限的,承诺应当依照下列规定到达:

(一)要约以对话方式作出的,应当即时作出承诺;

(二)要约以非对话方式作出的,承诺应当在合理期限内到达。

《中华人民共和国招标投标法实施条例》(2019 年修订)(国务院令第 709 号)

第四十八条第一、二款 招标人应当向评标委员会提供评标所必需的信息,但不得明示或者暗示其倾向或者排斥特定投标人。

招标人应当根据项目规模和技术复杂程度等因素合理确定评标时间。超过三分之一的评标委员会成员认为评标时间不够的,招标人应当适当延长。

《工程建设项目施工招标投标办法》(2013 年修订)(国家发展和改革委员会等九部委令第 23 号)

第二十九条 招标文件应当规定一个适当的投标有效期,以保证招标人有足够的时间完成评标和与中标人签订合同。投标有效期从投标人提交投标文件截止之日起计算。

在原投标有效期结束前,出现特殊情况的,招标人可以书面形式要求所有投标人延长投标有效期。投标人同意延长的,不得要求或被允许修改其投标文件的实质性内容,但应当相应延长其投标保证金的有效期;投标人拒绝延长的,其投标失效,但投标人有权收回其投标保证金。因延长投标有效期造成投标人损失的,招标人应当给予补偿,但因不可抗力需要延长投标有效期的除外。

《工程建设项目勘察设计招标投标办法》(2013 年修订)(国家发展和改革委员会等九部委令第 23 号)

第四十六条 评标定标工作应当在投标有效期内完成,不能如期完成的,招标人应当通知所有投标人延长投标有效期。

同意延长投标有效期的投标人应当相应延长其投标担保的有效期,但不得修改投标文件的实质性内容。

拒绝延长投标有效期的投标人有权收回投标保证金。招标文件中规定给予未中标人补偿的,拒绝延长的投标人有权获得补偿。

《工程建设项目货物招标投标办法》（2013年修订）（国家发展和改革委员会等九部委令第23号）

第二十八条第一、二款 招标文件应当规定一个适当的投标有效期，以保证招标人有足够的时间完成评标和与中标人签订合同。投标有效期从招标文件规定的提交投标文件截止之日起计算。

在原投标有效期结束前，出现特殊情况的，招标人可以书面形式要求所有投标人延长投标有效期。投标人同意延长的，不得要求或被允许修改其投标文件的实质性内容，但应当相应延长其投标保证金的有效期；投标人拒绝延长的，其投标失效，但投标人有权收回其投标保证金及银行同期存款利息。

132. 投标人不接受延长投标有效期的要求，会有什么后果？

根据相关规定，评标时间不够的，招标人可以适当延长评标时间。投标人同意延长投标有效期的，应当相应延长投标担保的有效期，但不得修改投标文件的实质性内容。投标人不接受延长投标有效期的要求的，投标文件失效，丧失中标资格，但投标人有权收回其投标保证金。

【法律依据】

《评标委员会和评标方法暂行规定》（2013年修订）（国家发展和改革委员会等九部委令第23号）

第四十条 评标和定标应当在投标有效期内完成。不能在投标有效期内完成评标和定标的，招标人应当通知所有投标人延长投标有效期。拒绝延长投标有效期的投标人有权收回投标保证金。同意延长投标有效期的投标人应当相应延长其投标担保的有效期，但不得修改投标文件的实质性内容。因延长投标有效期造成投标人损失的，招标人应当给予补偿，但因不可抗力需延长投标有效期的除外。

招标文件应当载明投标有效期。投标有效期从提交投标文件截止日起计算。

133. 什么是串通投标？串通投标有什么危害？

串通投标是指在招标投标过程中，投标人之间私下串通，抬高标价、压低标价或者投标人与招标人之间相互勾结，搞虚假招标等违反法定程序所发生的限制竞争行为的统称。串通投标违反了法律的规定，破坏了公平竞争的秩序，损害了招标人或者其他投标人的利益。

串通投标的问题是近年来国家重点关注和查处的招标投标违法行为之一,《招标投标法实施条例》从行政法规的层面进一步明确了串通投标的认定,并依据《招标投标法》,进一步充实细化了相关的法律责任。

【法律依据】

《中华人民共和国招标投标法》(2017 年修正)(主席令第 86 号)

第三十二条 投标人不得相互串通投标报价,不得排挤其他投标人的公平竞争,损害招标人或者其他投标人的合法权益。

投标人不得与招标人串通投标,损害国家利益、社会公共利益或者他人的合法权益。

禁止投标人以向招标人或者评标委员会成员行贿的手段谋取中标。

第五十三条 投标人相互串通投标或者与招标人串通投标的,投标人以向招标人或者评标委员会成员行贿的手段谋取中标的,中标无效,处中标项目金额千分之五以上千分之十以下的罚款,对单位直接负责的主管人员和其他直接责任人员处单位罚款数额百分之五以上百分之十以下的罚款;有违法所得的,并处没收违法所得;情节严重的,取消其一年至二年内参加依法必须进行招标的项目的投标资格并予以公告,直至由工商行政管理机关吊销营业执照;构成犯罪的,依法追究刑事责任。给他人造成损失的,依法承担赔偿责任。

《中华人民共和国招标投标法实施条例》(2019 年修订)(国务院令第 709 号)

第五十一条 有下列情形之一的,评标委员会应当否决其投标:

……

(七)投标人有串通投标、弄虚作假、行贿等违法行为。

第六十七条第一、二款 投标人相互串通投标或者与招标人串通投标的,投标人向招标人或者评标委员会成员行贿谋取中标的,中标无效;构成犯罪的,依法追究刑事责任;尚不构成犯罪的,依照招标投标法第五十三条的规定处罚。投标人未中标的,对单位的罚款金额按照招标项目合同金额依照招标投标法规定的比例计算。

投标人有下列行为之一的,属于招标投标法第五十三条规定的情节严重行为,由有关行政监督部门取消其 1 年至 2 年内参加依法必须进行招标的项目的投标资格:

(一)以行贿谋取中标;

(二)3 年内 2 次以上串通投标;

(三)串通投标行为损害招标人、其他投标人或者国家、集体、公民的合法利益,

造成直接经济损失30万元以上;

(四)其他串通投标情节严重的行为。

134. 投标人之间串通投标主要有哪些情形?

《招标投标法实施条例》规定了五种投标人之间串通投标的情形,包括:(1)投标人之间协商投标报价等投标文件的实质性内容;(2)投标人之间约定中标人;(3)投标人之间约定部分投标人放弃投标或者中标;(4)属于同一集团、协会、商会等组织成员的投标人按照该组织要求协同投标;(5)投标人之间为谋取中标或者排斥特定投标人而采取的其他联合行动。另外,还规定了视为投标人相互串通投标的六种情形,包括:(1)不同投标人的投标文件由同一单位或者个人编制;(2)不同投标人委托同一单位或者个人办理投标事宜;(3)不同投标人的投标文件载明的项目管理成员为同一人;(4)不同投标人的投标文件异常一致或者投标报价呈规律性差异;(5)不同投标人的投标文件相互混装;(6)不同投标人的投标保证金从同一单位或者个人的账户转出。

【法律依据】

《中华人民共和国招标投标法实施条例》(2019年修订)(国务院令第709号)

第三十九条 禁止投标人相互串通投标。

有下列情形之一的,属于投标人相互串通投标:

(一)投标人之间协商投标报价等投标文件的实质性内容;

(二)投标人之间约定中标人;

(三)投标人之间约定部分投标人放弃投标或者中标;

(四)属于同一集团、协会、商会等组织成员的投标人按照该组织要求协同投标;

(五)投标人之间为谋取中标或者排斥特定投标人而采取的其他联合行动。

第四十条 有下列情形之一的,视为投标人相互串通投标:

(一)不同投标人的投标文件由同一单位或者个人编制;

(二)不同投标人委托同一单位或者个人办理投标事宜;

(三)不同投标人的投标文件载明的项目管理成员为同一人;

(四)不同投标人的投标文件异常一致或者投标报价呈规律性差异;

(五)不同投标人的投标文件相互混装;

(六)不同投标人的投标保证金从同一单位或者个人的账户转出。

135. 如果投标文件存在非正常一致等情形，可以认定是串通投标吗？

针对实践中投标人之间通过各种方式串通投标的手段日益隐蔽，查处难度较大的实际情况，《招标投标法实施条例》在对属于投标人相互串通投标情形进行明确的基础上，将可以视为串通投标的情形作了细化，为依法认定和严厉惩治这类违法行为提供了明确的执法依据。

《招标投标法实施条例》规定的可以视为投标人互相串通投标的情形主要包括：(1)不同投标人的投标文件由同一单位或者个人编制；(2)不同投标人委托同一单位或者个人办理投标事宜；(3)不同投标人的投标文件载明的项目管理成员为同一人；(4)不同投标人的投标文件异常一致或者投标报价呈规律性差异；(5)不同投标人的投标文件相互混装；(6)不同投标人的投标保证金从同一单位或者个人的账户转出。

因此，如果不同投标人的投标文件存在非正常一致等情形的，将被视为串通投标。

【法律依据】

《中华人民共和国招标投标法实施条例》(2019 年修订)(国务院令第 709 号)

第四十条　有下列情形之一的，视为投标人相互串通投标：

(一)不同投标人的投标文件由同一单位或者个人编制；

(二)不同投标人委托同一单位或者个人办理投标事宜；

(三)不同投标人的投标文件载明的项目管理成员为同一人；

(四)不同投标人的投标文件异常一致或者投标报价呈规律性差异；

(五)不同投标人的投标文件相互混装；

(六)不同投标人的投标保证金从同一单位或者个人的账户转出。

136. 投标人与招标人之间的串通投标情形主要有哪些？

投标人与招标人串通投标是指招标人与特定投标人在招标投标活动中，以不正当手段从事私下交易，使招标投标流于形式，共同损害招标人和其他投标人乃至国家利益的行为。其表现形式主要有：(1)招标人在开标前开启投标文件并将有关信息泄露给其他投标人；(2)招标人直接或者间接向投标人泄露标底、评标委员会成员等信息；(3)招标人明示或者暗示投标人压低或者抬高投标报价；(4)招标人授意投标人撤换、修改投标文件；(5)招标人明示或者暗示投标人为特定投标人中标提供方便；(6)招标人与投标人为谋求特定投标人中标而采取的其他串通行为。

【法律依据】

《中华人民共和国招标投标法实施条例》(2019 年修订)(国务院令第 709 号)

第四十一条 禁止招标人与投标人串通投标。

有下列情形之一的，属于招标人与投标人串通投标：

(一)招标人在开标前开启投标文件并将有关信息泄露给其他投标人；

(二)招标人直接或者间接向投标人泄露标底、评标委员会成员等信息；

(三)招标人明示或者暗示投标人压低或者抬高投标报价；

(四)招标人授意投标人撤换、修改投标文件；

(五)招标人明示或者暗示投标人为特定投标人中标提供方便；

(六)招标人与投标人为谋求特定投标人中标而采取的其他串通行为。

137. 哪些行为属于以他人名义投标的行为？

在招标活动中，以他人名义投标，是指投标人挂靠其他单位，或从其他单位通过受让或租借的方式获取资格或资质证书，或者由其他单位及其法定代表人在自己编制的投标文件上加盖印章和签字等行为。这种做法严重扰乱了招标投标的正常秩序，如果让这类“以他人名义”投标的投标人中标，就会严重影响中标项目质量，不但损害了招标人的利益，而且会给国家利益和社会公共利益造成危害。因此，对于以他人名义投标的行为必须严格禁止。

【法律依据】

《中华人民共和国招标投标法》(2017 年修正)(主席令第 86 号)

第三十三条 投标人不得以低于成本的报价竞标，也不得以他人名义投标或者以其他方式弄虚作假，骗取中标。

《中华人民共和国招标投标法实施条例》(2019 年修订)(国务院令第 709 号)

第四十二条第一款 使用通过受让或者租借等方式获取的资格、资质证书投标的，属于招标投标法第三十三条规定的以他人名义投标。

《工程建设项目施工招标投标办法》(2013 年修订)(国家发展和改革委员会等九部委令第 23 号)

第四十八条 投标人不得以他人名义投标。

前款所称以他人名义投标，指投标人挂靠其他施工单位，或从其他单位通过受让或租借的方式获取资格或资质证书,或者由其他单位及其法定代表人在自己编制的投标文件上加盖印章和签字等行为。

《工程建设项目勘察设计招标投标办法》(2013 年修订)(国家发展和改革委员会等九部委令第 23 号)

第二十九条 投标人不得以他人名义投标,也不得利用伪造、转让、无效或者租借的资质证书参加投标,或者以任何方式请其他单位在自己编制的投标文件代为签字盖章,损害国家利益、社会公共利益和招标人的合法权益。

138. 投标中的"弄虚作假"主要有哪些表现形式?

诚实信用原则是《招标投标法》规定的招标投标活动应遵循的基本原则,投标活动中任何弄虚作假的行为都是严重违背诚实信用原则的行为;同时,弄虚作假的行为也破坏了招标投标的正常秩序,必须严格禁止。《招标投标法实施条例》规定投标中的"弄虚作假"的主要表现形式有:(1)使用伪造、变造的许可证件;(2)提供虚假的财务状况或者业绩;(3)提供虚假的项目负责人或者主要技术人员简历、劳动关系证明;(4)提供虚假的信用状况;(5)其他弄虚作假的行为。

【法律依据】

《中华人民共和国招标投标法》(2017 年修正)(主席令第 86 号)

第三十三条 投标人不得以低于成本的报价竞标,也不得以他人名义投标或者以其他方式弄虚作假,骗取中标。

《中华人民共和国招标投标法实施条例》(2019 年修订)(国务院令第 709 号)

第四十二条 使用通过受让或者租借等方式获取的资格、资质证书投标的,属于招标投标法第三十三条规定的以他人名义投标。

投标人有下列情形之一的,属于招标投标法第三十三条规定的以其他方式弄虚作假的行为:

(一)使用伪造、变造的许可证件;

(二)提供虚假的财务状况或者业绩;

(三)提供虚假的项目负责人或者主要技术人员简历、劳动关系证明;

(四)提供虚假的信用状况;

(五)其他弄虚作假的行为。

139. 制造商与其授权的代理商同时投标的,如何处理?

法律对发生此种情况应当如何处理并无明确规定。《工程建设项目货物招标投标办法》第三十二条第四款规定,一个制造商对同一品牌同一型号的货物,仅能委托一个代理商参加投标。违反上述规定的,相关投标均无效。前述规定是为了防止制造商通过授权多家代理商投标,从而获得多个报价以及中标机会,违反了《招标投标法》的公平原则。制造商和代理商同时参加同一标包或者未划分标包的同一招标项目的投标,将使制造商投标人获得多次报价机会,同样违反了《招标投标法》的公平原则,性质与制造商委托多个代理商参加投标完全相同。因此,应当根据《工程建设项目货物招标投标办法》的规定否决制造商及其代理商的投标。为避免制造商存在侥幸心理,如果招标人允许代理商投标,建议在招标文件中明确规定制造商和代理商不得同时投标,违反规定的,相关投标均无效。需要注意的是,禁止同一制造商委托多家代理商同时参加投标,或禁止代理商和制造商同时参加投标,均仅限于在工程建设项目中开展的采购活动。

【法律依据】

《工程建设项目货物招标投标办法》(2013年修订)(国家发展和改革委员会等九部委令第23号)

第三十二条 投标人是响应招标、参加投标竞争的法人或者其他组织。

法定代表人为同一个人的两个及两个以上法人,母公司、全资子公司及其控股公司,都不得在同一货物招标中同时投标。

一个制造商对同一品牌同一型号的货物,仅能委托一个代理商参加投标。

违反前两款规定的,相关投标均无效。

案例评析

案例11

个人独资企业是否为合格的投标人?
——排名第一的个人独资企业被投诉不具有法人资格

【基本案情】

2009年5月,某电力企业进行大批量水泥杆招标,招标文件中规定了投标人的资格条件,条件之一为:投标人应为能够独立承担民事责任的法人。随后,经过法定的开标、评标程序,招标人准备在评标委员会推荐的中标候选人中确定中标人。在此期间,有投标人向招标人投诉,称排名第一的中标候选人——某水泥制品厂为私营的个人独资企业,不符合招标文件规定的投标人资格条件,应取消其中标资格。招标人经核实,被投诉的某水泥制品厂确实不具有独立法人资格,而是根据《个人独资企业法》设立的个人独资企业。虽然该中标候选人具有良好的业绩和信誉,但招标人不得不重新进行招标。

【法律分析】

该案中,招标文件规定投标人应为能够独立承担民事责任的法人,而被投诉的排名第一的中标候选人属于个人独资企业,不具备独立法人资格,所以,不符合招标文件规定的投标人资格条件。

该案发生在《招标投标法实施条例》施行以前,因为中标候选人的组织形式不符合招标文件的要求被否决投标,导致招标人重新招标。如果该案发生在《招标投标法实施条例》施行后,则情况会有不同。该条例明确规定,依法必须招标的项目,招标人不得非法限定投标人的所有制形式或者组织形式。如果该项目属于依法必须招标的项目,则招标人关于限定投标人组织形式的规定将因为违反行政法规的规定而无效,该案中的中标候选人符合中标条件。

【特别提示】

《招标投标法》第二十五条第一款规定:"投标人是响应招标、参加投标竞争的法人或者其他组织。"由此可见,根据法律规定,除法人外,"其他组织"也可以参加投标。其他组织是指合法成立、有一定的组织机构和财产,但又不具备法人资格的组织。从缔约履约能力的角度考虑,具有民事主体资格和行为能力的法人、其他组织或自然人(仅适用于科研项目)均可以参加投标。

投标人的组织形式(投标人是法人还是非法人组织等)与投标人履约能力没有必然的关联,如果法律没有特别要求,招标文件不应以投标人的组织形式作为合格投标人的资格条件。

案例12

报价越低中标概率越大吗?

——某公司低于成本报价竞标被确认无效

【基本案情】

某年5月,某制衣公司准备投资800万元兴建一幢办公兼生产大楼。该公司按规定公开招标,并授权由有关技术、经济等方面的专家组成的评标委员会直接确定中标人。招标公告发布后,共有6家施工单位参加投标。其中一家建筑工程总公司报价为480万元(包工包料),在公开开标、评标和确定中标人的程序中,其他5家建筑单位对该建筑工程总公司480万元的报价提出异议,一致认为该报价低于成本价,属于以亏本的报价排挤其他竞争对手的不正当竞争行为。评标委员会经过认真评审,确认该建筑工程总公司的投标价格低于成本,违反了《招标投标法》有关规定,否决其投标,另外确定中标人。

【法律分析】

这是一起因投标人以低于成本的报价竞标而被确认无效的实例。为维护正常的投标竞争秩序,《招标投标法》第三十三条规定:"投标人不得以低于成本的报价竞标……"第四十一条规定:"中标人的投标应当符合下列条件之一:(一)能够最大限度地满足招标文件中规定的各项综合评价标准;(二)能够满足招标文件的实质性要求,并且经评审的投标价格最低;但是投标价格低于成本的除外。"《招标投标法》禁止投标人以低于其自身完成投标项目所需成本的报价进行投标竞争。

法律作出这一规定的主要目的有二:一是为避免出现投标人在以低于成本的报价中标后,再以粗制滥造、偷工减料等违法手段不正当降低成本,挽回其低价中标的损失,最终给工程质量造成危害;二是为了维护正常的投标竞争秩序,防止投标人以低于成本的报价进行不正当竞争，损害其他以合理报价进行竞争的投标人的利益。

【特别提示】

《招标投标法》所讲的低于成本，是指低于投标人为完成投标项目所需支出的“个别成本”。由于每个投标人的管理水平、技术能力与条件不同，即使完成同样的招标项目，其个别成本也不可能完全相同。投标人可以低于行业平均成本投标，但不得低于自身的个别成本，否则其投标应当被确定为无效。

案例 13

组成联合体的两方是否都必须有施工资质？

——联合体投标资质的判断

【基本案情】

某工厂为了实施烟囱防腐工程进行招标，考虑到招标项目中包括防腐涂料供应以及涂料粉刷施工两部分的内容，而具有高空作业资格的企业大都不供应防腐涂料，招标人在招标文件中规定：投标人应具有高空作业资质或者与具有高空作业资质的单位组成联合体投标。经过开标、评标，某科技发展公司与某施工企业组成的联合体中标，并与招标人签订了工程承包合同。

工程顺利完工后，联合体成员之一的施工企业起诉联合体另一成员某科技发展公司拖欠其工程款，并将招标人列为共同被告。施工企业称，科技发展公司不具有法定的施工资质，故工程承包合同无效，施工企业与招标人形成事实合同关系，应对工程款承担连带责任。

【法律分析】

该案中，某科技发展公司与施工企业组成联合体投标，根据投标文件中的联合体协议，某科技公司为牵头方，负责与招标人签订工程承包合同并负责合同结算。要判定工程承包的效力，应分析合同主体是否具有法定资质条件。该案中，根据联合体协议中的分工，某科技发展公司负责供应防腐涂料，施工企业负责施工，联合体成员之间的分工和专业不同。负责施工的联合体成员具有施工资质，工程承包合同有效。

从表面上看，签订合同的主体为某科技发展公司，实际上因为施工企业在联合体协议中对某科技发展公司的授权，工程承包合同对联合体各成员均具有约束力。施工企业既已授权某科技发展公司负责结算并接收工程款，在招标人向某科技发展公司支付完毕工程款的情况下，视为已履行了向施工企业的付款义务。施工企业称某科技发展公司拖欠其工程款，属于联合体内部的纠纷，与招标人无关。

【特别提示】

联合体中标并与招标人签订合同后，联合体成员就相互之间的履行义务范围、各自所得报酬以及支付等事项所签订的协议，属于联合体成员之间的内部约定，不同于分包合同。因此，招标投标活动中应准确把握联合体和分包的联系与区别，严格签订联合体投标协议，并由联合体各方共同与招标人签订合同，避免出现不必要的纠纷。

案例 14

如此情形是否属于投标人之间串通投标？

——某空调设备招标引发的投诉

【基本案情】

在某次工程空调设备招标中，共有 4 家单位参与投标。开标后不久，有 1 家来自深圳的代理商 D 公司向招标人投诉，其他 3 家投标人 A、B、C 存在串通投标的情形，要求招标人进行查处。招标人随即组织评标专家对该 3 家投标人的投标文件进行详细审查。经查，该 3 家投标人的投标报价分别是 698 万元、705 万元和 710 万元，报价非常接近，且远高于 D 公司 560 万元的报价。评标专家同时还发现，该 3 家投标人的报价缺漏项完全一致，且投标保证金由同一账户转出。评标委员会经评议后，认为 A、B、C 3 家串通投标成立，对其投标作否决投标处理。该项目依法重新进行招标，最后的中标价为 556 万元。

【法律分析】

投标人之间串通投标不仅排斥其他竞争对手，破坏公平竞争的规则，还可能损害招标人的利益，必须坚决遏制。该案中，A、B、C 3 家投标人串通投标，试图高价中标的意图非常明显，而且手段并不高明。根据《招标投标法实施条例》第四十条的规定，不同投标人的投标文件异常一致或者报价呈规律性差异以及不同投标人的投标保证金从同一单位或者个人的账户转出，均可以认定为投标人互相串通投标。因此,该案中评标委员会对三家涉嫌串通投标的投标人作否决投标处理符合法律的规定。

鉴于串通投标对招标投标市场秩序危害较大,同时还可能造成国有资产的损失,《招标投标法实施条例》在对串通投标行为和弄虚作假骗取中标行为的认定作出明确具体规定的同时,依据《招标投标法》的规定,进一步充实细化了相关的法律责任,规定有此类行为的,中标无效,没收违法所得,处以罚款;对违法情节严重的投标人取消其一定期限内参加依法必须进行招标的项目的投标资格,直至吊销其营业执照;构成犯罪的,依法追究刑事责任。

【特别提示】

正常的市场规则和秩序需要各市场主体共同遵守和维护,招标人和投标人在招标投标中均应严格遵守法律规定,不应抱有侥幸心理而弄虚作假、串通投标,否则将承担相应的法律责任。

案例 15

建筑类企业的分公司能否以自己的名义投标?

【基本案情】

某 A 建筑施工公司为实现企业做大做强的目标,拟将某 B 设计公司吸收合并,同时考虑到设计业务具有较强的专业性,最终将 B 公司吸收合并为 A 公司的分公司,成立了 C 分公司。

现 C 分公司拟以 C 分公司自己的名义参加招标投标活动,在购买招标文件之后,C 分公司发现有以下两个问题需要解决:(1)新设的 C 分公司是否有权以自己的名义投标?(2)分公司在投标时能否使用 A 公司的资质和业绩?

【法律分析】

问题 1

《招标投标法》第二十五条第一款规定,投标人是响应招标、参加投标竞争的法人或者其他组织。也就是说,投标人并非必须是法人,具有民事主体资格和行为能力的其他组织也可以参加投标。

《最高人民法院关于适用〈中华人民共和国民事诉讼法〉的解释》第五十二条规定,其他组织是指合法成立、有一定的组织机构和财产,但又不具备法人资格的组织，包括依法设立并领取营业执照的分支机构。

因此，依法设立并领取营业执照的分公司虽然不具有法人资格，但属于《招标投标法》第五十二条第一款规定的其他组织，可以作为投标人参加投标。《招标投标法实施条例》进一步规定，对于依法必须招标的项目不得非法限定潜在投标人或者投标人的所有制形式或者组织形式，否则属于以不合理条件限制、排斥潜在投标人或者投标人。换言之，对于依法必须招标的项目，招标人应当接受分公司参与投标，不得以其不具备法人资格而拒绝。

问题 2

《公司法》规定，公司可以设立分公司。设立分公司，应当向公司登记机关申请登记，领取营业执照。分公司不具有法人资格，其民事责任由总公司承担。

现行法律规定，只有企业法人方可申请工程勘察设计和施工类资质，勘察设计、施工类企业分公司不具有独立的法人资格，不满足领取前述法定资质的条件。但是，现行法律并未禁止分公司使用总公司的资质进行投标，况且从法律允许公司设立分公司的初衷以及招标实践情况来看，我们亦认为分公司可以使用总公司资质进行投标。

值得招标人关注的是，为避免分公司不顾自身履约能力接受委托后无力履约，而总公司以未对分公司进行授权或不知情为借口不对工程进行管理和支持，建议招标人事先在招标文件中要求分公司在投标时须提供其总公司的授权委托书，并明确总公司知悉分公司使用其资质投标且愿意承担投标后果及相应法律责任。

【特别提示】

实践中，招标文件一般会规定，“未按招标文件公告要求购买招标文件的投标，招标人不予受理”。如果企业未购买招标文件，直接参加投标，其投标将被拒绝，从而失去投标机会。同样，分公司投标人为获取投标资格，必须以自己的名义购买招标文件；如以其总公司名义购买招标文件而分公司投标的，招标人或可根据招标文件要求拒绝接受其投标。

由于招标文件可能要求分公司投标须提供自身业绩（从分公司独立投标资格角度考虑该要求具有合理性），这就要求企业在开展同类或相关业务的吸收合并过程中，应充分考虑新设分公司的投标便利。

第四章　开　　标

法律问题解答

140. 招标活动是否必须组织开标会议？

为了保证招标投标活动的公开和公平，根据《招标投标法》及其实施条例的规定，招标人应当按照招标文件规定的时间、地点开标。在开标时，应当当众拆封、宣读在提交投标文件的截止时间前收到的所有投标文件。并且，整个开标过程都应当记录，并存档备查。因此，无论是公开招标还是邀请招标，也无论是依法必须招标的项目还是非依法必须招标的项目，开标会议都是整个招标投标活动必要的环节之一。

【法律依据】

《中华人民共和国招标投标法》(2017 年修正)(主席令第 86 号)

第三十四条　开标应当在招标文件确定的提交投标文件截止时间的同一时间公开进行；开标地点应当为招标文件中预先确定的地点。

第三十六条　开标时，由投标人或者其推选的代表检查投标文件的密封情况，也可以由招标人委托的公证机构检查并公证；经确认无误后，由工作人员当众拆封，宣读投标人名称、投标价格和投标文件的其他主要内容。

招标人在招标文件要求提交投标文件的截止时间前收到的所有投标文件，开标时都应当当众予以拆封、宣读。

开标过程应当记录，并存档备查。

《中华人民共和国招标投标法实施条例》(2019 年修订)(国务院令第 709 号)

第四十四条第一款　招标人应当按照招标文件规定的时间、地点开标。

141. 开标会议通常应邀请哪些人参加?

开标会议应邀请所有投标人参加,投标人可以派法定代表人或其授权委托的代理人参加开标会议。由于出席开标会议是法律赋予投标人的权利,招标人不仅无权随意剥夺此项权利,还应当为投标人参加开标会议提供必要的场所和其他条件。为保证开标会的公开性和透明性,招标人可以邀请招标投标监督管理部门代表参加开标会议。如果特别重大的招标项目或其他特殊情况下确有必要的,还可以聘请公证人员参与,对开标过程进行公证。

【法律依据】

《中华人民共和国招标投标法》(2017 年修正)(主席令第 86 号)

第三十五条 开标由招标人主持,邀请所有投标人参加。

第三十六条第一款 开标时,由投标人或者其推选的代表检查投标文件的密封情况,也可以由招标人委托的公证机构检查并公证;经确认无误后,由工作人员当众拆封,宣读投标人名称、投标价格和投标文件的其他主要内容。

142. 投标人未出席开标会议,招标人可以因此对其投标作否决投标处理吗?

招标投标实务中,不少招标文件将投标人出席开标会议作为投标人响应招标文件的一项实质性条件,明确规定如果投标人法定代表人或者授权代表不出席开标会,将对该投标文件作否决处理。这实际上是对招标投标法律、法规的误解。投标人出席开标会议是法律赋予投标人的一项权利而非义务,投标人既可以出席开标会,也可以不出席开标会。招标投标过程中组织开标会,通过查验投标文件的密封性和宣读、记录开标内容,实现招标投标程序的公开、公平、公正,这主要是对招标人及招标代理机构的规范性要求。对投标人而言,参加开标会是其行使参与权和监督权的机会,但该项权利也可以放弃。投标人不出席开标会的,应视为其认可开标结果,而不宜据此对其投标文件作否决处理,否则可能引发投诉和纠纷。

【法律依据】

《中华人民共和国招标投标法》(2017 年修正)(主席令第 86 号)

第三十五条 开标由招标人主持,邀请所有投标人参加。

《工程建设项目货物招标投标办法》(2013年修订)(国家发展和改革委员会等九部委令第23号)

第四十条第一、二款　开标应当在招标文件确定的提交投标文件截止时间的同一时间公开进行;开标地点应当为招标文件中确定的地点。

投标人或其授权代表有权出席开标会,也可以自主决定不参加开标会。

143. 评标委员会成员可以参加开标会议吗?

在某些项目中,招标人或招标代理机构会邀请评标委员会成员参加开标会议,甚至公开介绍评标专家的姓名、职务等信息,这是非常不恰当的做法。为保证评标的公正性和客观性,现行法律规定,评标委员会成员(信息)在中标结果公布前应当保密,开标会议依法须邀请所有投标人参加,如果评标委员会成员同时参加开标会,必然导致评标委员会成员信息在中标结果公布前被泄露。

邀请评标专家参加开标会议,明显违反了招标投标程序的保密性要求,属于招标组织管理过程的重大瑕疵。因此,无论出于何种原因,评标委员会成员都不应参加开标会议,也不能通过其他方式公开介绍评标专家的信息。

【法律依据】

《中华人民共和国招标投标法》(2017年修正)(主席令第86号)

第三十七条第一、二、五款　评标由招标人依法组建的评标委员会负责。

依法必须进行招标的项目,其评标委员会由招标人的代表和有关技术、经济等方面的专家组成,成员人数为五人以上单数,其中技术、经济等方面的专家不得少于成员总数的三分之二。

评标委员会成员的名单在中标结果确定前应当保密。

《中华人民共和国招标投标法实施条例》(2019年修订)(国务院令第709号)

第四十一条　禁止招标人与投标人串通投标。

有下列情形之一的,属于招标人与投标人串通投标:

(一)招标人在开标前开启投标文件并将有关信息泄露给其他投标人;

(二)招标人直接或者间接向投标人泄露标底、评标委员会成员等信息;

(三)招标人明示或者暗示投标人压低或者抬高投标报价;

(四)招标人授意投标人撤换、修改投标文件;

(五)招标人明示或者暗示投标人为特定投标人中标提供方便;

(六)招标人与投标人为谋求特定投标人中标而采取的其他串通行为。

144. 开标会议通常由谁主持?

开标会议通常应由招标人主持,招标人也可以委托招标代理机构代为主持。开标时,首先由投标人或者投标人推选的代表检查投标文件的密封情况,也可以由招标人委托的公证机构检查并予以公证,确认无误后,由有关工作人员当众开启标书并公开唱标。

【法律依据】

《中华人民共和国招标投标法》(2017 年修正)(主席令第 86 号)

第三十五条 开标由招标人主持,邀请所有投标人参加。

第三十六条 开标时,由投标人或者其推选的代表检查投标文件的密封情况,也可以由招标人委托的公证机构检查并公证;经确认无误后,由工作人员当众拆封,宣读投标人名称、投标价格和投标文件的其他主要内容。

招标人在招标文件要求提交投标文件的截止时间前收到的所有投标文件,开标时都应当当众予以拆封、宣读。

开标过程应当记录,并存档备查。

145. 投标截止时间为上午 9:30,开标时间是上午 10:00,这样安排是否合法?

根据《招标投标法》的规定,开标时间应当与投标截止时间为同一时间。将开标时间规定为提交投标文件截止时间的同一时间,可以有效防止招标人、投标人或者其他有关人员利用提交投标文件的截止时间与开标时间之间的时间差实施"暗箱操作",进行不正当竞争。投标截止时间后,招标人或招标代理机构可能需要一定的时间整理投标文件,但不能因此将投标截止时间和开标时间设置为不同的时间点,招标人或招标代理机构应在开标前做尽可能充分的准备,及时开启投标文件。需要注意的是,即使开标时间定为上午 9:30 或其他某一具体时间也不表示在这一刻必须将所有投标文件予以拆封和宣读。

【法律依据】

《中华人民共和国招标投标法》(2017 年修正)(主席令第 86 号)

第三十四条 开标应当在招标文件确定的提交投标文件截止时间的同一时间公开进行;开标地点应当为招标文件中预先确定的地点。

《工程建设项目施工招标投标办法》(2013 年修订)(国家发展和改革委员会等九部委令第 23 号)

第四十九条第一款 开标应当在招标文件确定的提交投标文件截止时间的同一时间公开进行;开标地点应当为招标文件中确定的地点。

146. 投标截止时间以后,投标人要求补充提交降价函,招标人是否可以接收?

为保证招标投标程序的公正性,在提交投标文件截止时间后到招标文件规定的投标有效期终止之前,投标人不得补充、修改、替代或者撤回其投标文件,投标人不得对投标文件的实质性内容进行任何修改。在评标阶段,招标人可以根据评标委员会的要求对投标文件进行必要的澄清、说明和补正,但范围仅限于投标文件中有含义不明确的内容、明显文字或者计算错误,评标委员会认为需要投标人作出必要澄清、说明的内容,而非投标文件的实质性内容。此外,《招标投标法实施条例》也明确规定,评标委员会不得接收投标人主动提出的澄清、说明。投标人补充降价函实质上是投标人在了解其他投标人报价后,为获取报价优势的"二次报价",明显属于对投标文件的实质性修改,违反了招标投标相关法律的规定,招标人应当依法予以拒绝。

【法律依据】

《中华人民共和国招标投标法》(2017 年修正)(主席令第 86 号)

第二十九条 投标人在招标文件要求提交投标文件的截止时间前,可以补充、修改或者撤回已提交的投标文件,并书面通知招标人。补充、修改的内容为投标文件的组成部分。

第三十九条 评标委员会可以要求投标人对投标文件中含义不明确的内容作必要的澄清或者说明,但是澄清或者说明不得超出投标文件的范围或者改变投标文件的实质性内容。

《中华人民共和国招标投标法实施条例》(2019 年修订)(国务院令第 709 号)

第三十五条 投标人撤回已提交的投标文件,应当在投标截止时间前书面通知招标人。招标人已收取投标保证金的,应当自收到投标人书面撤回通知之日起5日内退还。

投标截止后投标人撤销投标文件的,招标人可以不退还投标保证金。

第五十二条 投标文件中有含义不明确的内容、明显文字或者计算错误,评标委员会认为需要投标人作出必要澄清、说明的,应当书面通知该投标人。投标人的澄清、说明应当采用书面形式,并不得超出投标文件的范围或者改变投标文件的实质性内容。

评标委员会不得暗示或者诱导投标人作出澄清、说明,不得接受投标人主动提出的澄清、说明。

147. 投标文件递交的截止时间届满,但递交投标文件的投标人只有两家,招标人是否可以推迟开标时间?

开标应当按照招标文件规定的时间进行,开标时间应当与投标截止时间一致,招标人不得以任何理由拖延开标,或者拒绝开标,更不能随意推迟开标时间。在招标文件要求提交投标文件的截止时间后送达的投标文件,为无效的投标文件,招标人应当拒收。因有投标人迟到导致递交投标文件的投标人少于3个的,招标人应当按照法律规定重新组织招标。需要注意的是,如果在递交投标文件截止时间届满前招标人已预知投标人不足3家,可以通知投标人延长投标截止时间,此时开标时间可相应推迟。

【法律依据】

《中华人民共和国招标投标法》(2017年修正)(主席令第86号)

第二十八条 投标人应当在招标文件要求提交投标文件的截止时间前,将投标文件送达投标地点。招标人收到投标文件后,应当签收保存,不得开启。投标人少于三个的,招标人应当依照本法重新招标。

在招标文件要求提交投标文件的截止时间后送达的投标文件,招标人应当拒收。

《中华人民共和国招标投标法实施条例》(2019年修订)(国务院令第709号)

第四十四条 招标人应当按照招标文件规定的时间、地点开标。

投标人少于3个的,不得开标;招标人应当重新招标。

投标人对开标有异议的,应当在开标现场提出,招标人应当当场作出答复,并制作记录。

148. 投标文件未按要求密封，招标人可以接收吗？

投标人应当严格按照招标文件的要求对投标文件进行密封。投标人的投标文件未按要求密封的，招标人应当拒绝接收。密封的目的在于保证投标文件在开标前不被泄露，并且不被其他人恶意篡改。由此可见，接收未按要求密封的投标文件，既不能保证投标人的合法权益，又无法保障公平有序的招标投标竞争秩序，存在较大的法律风险，应予杜绝。

《招标投标法实施条例》明确规定，招标人如接收未按要求密封的（应当拒收的）投标文件，由有关行政监督部门责令改正，可以处 10 万元以下的罚款，对单位直接负责的主管人员和其他直接责任人员依法给予处分。

【法律依据】

《中华人民共和国招标投标法实施条例》（2019 年修订）（国务院令第 709 号）

第三十六条　未通过资格预审的申请人提交的投标文件，以及逾期送达或者不按照招标文件要求密封的投标文件，招标人应当拒收。

招标人应当如实记载投标文件的送达时间和密封情况，并存档备查。

第六十四条　招标人有下列情形之一的，由有关行政监督部门责令改正，可以处 10 万元以下的罚款：

（一）依法应当公开招标而采用邀请招标；

（二）招标文件、资格预审文件的发售、澄清、修改的时限，或者确定的提交资格预审申请文件、投标文件的时限不符合招标投标法和本条例规定；

（三）接受未通过资格预审的单位或者个人参加投标；

（四）接受应当拒收的投标文件。

招标人有前款第一项、第三项、第四项所列行为之一的，对单位直接负责的主管人员和其他直接责任人员依法给予处分。

149. 投标人因天气原因迟到，招标人是否可以接收其迟交的投标文件？

《招标投标法》明确规定，在招标文件要求提交投标文件的截止时间后送达的投标文件，招标人应当拒收。法律并没有规定例外的情况，因此天气原因不能成为投标人逾期提交投标文件的合理理由；但如果投标期间出现不可抗力等因素，导致所有投标人都无法到达开标现场，招标人可以依法修改招标文件，推迟开标时间。

根据《招标投标法实施条例》的有关规定,招标人接收应当拒收的投标文件,由有关行政监督部门责令改正,可以处 10 万元以下的罚款,对单位直接负责的主管人员和其他直接责任人员依法给予处分。

【法律依据】

《中华人民共和国招标投标法》(2017 年修正)(主席令第 86 号)

第二十八条 投标人应当在招标文件要求提交投标文件的截止时间前,将投标文件送达投标地点。招标人收到投标文件后,应当签收保存,不得开启。投标人少于三个的,招标人应当依照本法重新招标。

在招标文件要求提交投标文件的截止时间后送达的投标文件,招标人应当拒收。

《中华人民共和国招标投标法实施条例》(2019 年修订)(国务院令第 709 号)

第三十六条 未通过资格预审的申请人提交的投标文件,以及逾期送达或者不按照招标文件要求密封的投标文件,招标人应当拒收。

招标人应当如实记载投标文件的送达时间和密封情况,并存档备查。

第六十四条 招标人有下列情形之一的,由有关行政监督部门责令改正,可以处 10 万元以下的罚款:

(一)依法应当公开招标而采用邀请招标;

(二)招标文件、资格预审文件的发售、澄清、修改的时限,或者确定的提交资格预审申请文件、投标文件的时限不符合招标投标法和本条例规定;

(三)接受未通过资格预审的单位或者个人参加投标;

(四)接受应当拒收的投标文件。

招标人有前款第一项、第三项、第四项所列行为之一的,对单位直接负责的主管人员和其他直接责任人员依法给予处分。

150. 开标会上通常应宣读哪些内容?应该公布标底吗?

开标时,工作人员应当宣读所有投标人的名称、投标价格、投标方案、投标声明(价格变更或其他声明)等投标文件主要内容。此外,招标人设有标底的,应同时宣读标底;招标文件要求递交投标保证金的,各投标人递交投标保证金的数量和形式以在开标会议上进行宣读为宜。通过公开各个投标人的报价等基本情况,可以增强招标投标程序的公开性和透明度,保障招标采购竞争公平、有序地进行。

【法律依据】

《中华人民共和国招标投标法》(2017 年修正)(主席令第 86 号)

第三十六条第一款 开标时,由投标人或者其推选的代表检查投标文件的密封情况,也可以由招标人委托的公证机构检查并公证;经确认无误后,由工作人员当众拆封,宣读投标人名称、投标价格和投标文件的其他主要内容。

《中华人民共和国招标投标法实施条例》(2019 年修订)(国务院令第 709 号)

第五十条 招标项目设有标底的,招标人应当在开标时公布。标底只能作为评标的参考,不得以投标报价是否接近标底作为中标条件,也不得以投标报价超过标底上下浮动范围作为否决投标的条件。

《工程建设项目施工招标投标办法》(2013 年修订)(国家发展和改革委员会等九部委令第 23 号)

第三十四条第一款 招标人可根据项目特点决定是否编制标底。编制标底的,标底编制过程和标底在开标前必须保密。

《机电产品国际招标投标实施办法(试行)》(商务部令 2014 年第 1 号)

第四十七条 开标时,由投标人或者其推选的代表检查投标文件的密封情况,也可以由招标人委托的公证机构检查并公证;经确认无误后,由工作人员当众拆封,宣读投标人名称、投标价格和投标文件的其他主要内容。

招标人在招标文件要求提交投标文件的截止时间前收到的所有投标文件,开标时都应当当众予以拆封、宣读。

投标人的开标一览表、投标声明(价格变更或其他声明)都应当在开标时一并唱出,否则在评标时不予认可。投标总价中不应当包含招标文件要求以外的产品或服务的价格。

151. 开标时发现投标文件中有内容相互矛盾,可以要求投标人现场澄清吗?

开标时,工作人员只能对投标文件的部分内容进行宣读和公示,达到公开、公平、公正的目的。即使在开标时发现投标文件中有内容相互矛盾,工作人员也只能照实宣读和记录,不能要求或接受投标人对投标文件进行现场澄清,而应当留至评标阶段由评标委员会进行处理。如果工作人员越权进行澄清,不但会影响评标委员会工作的正常开展,还可能侵犯其他投标人的合法权益。

【法律依据】

《中华人民共和国招标投标法》（2017 年修正）（主席令第 86 号）

第三十九条 评标委员会可以要求投标人对投标文件中含义不明确的内容作必要的澄清或者说明，但是澄清或者说明不得超出投标文件的范围或者改变投标文件的实质性内容。

《中华人民共和国招标投标法实施条例》（2019 年修订）（国务院令第 709 号）

第五十二条 投标文件中有含义不明确的内容、明显文字或者计算错误，评标委员会认为需要投标人作出必要澄清、说明的，应当书面通知该投标人。投标人的澄清、说明应当采用书面形式，并不得超出投标文件的范围或者改变投标文件的实质性内容。

评标委员会不得暗示或者诱导投标人作出澄清、说明，不得接受投标人主动提出的澄清、说明。

152. 开标时发现有投标人没有提交投标保证金，应如何处理？

投标保证金作为投标文件的重要组成部分，应与投标文件同时提交，而不能事后补交。投标人没有按要求提交投标保证金的，根据有关部门规章，其投标应做否决投标处理。但有关否决投标的决定应由负责投标文件评审的评标委员会作出，开标时只需要将有关事项在开标记录上进行注明即可。

【法律依据】

《中华人民共和国招标投标法实施条例》（2019 年修订）（国务院令第 709 号）

第二十六条 招标人在招标文件中要求投标人提交投标保证金的，投标保证金不得超过招标项目估算价的 2%。投标保证金有效期应当与投标有效期一致。

依法必须进行招标的项目的境内投标单位，以现金或者支票形式提交的投标保证金应当从其基本账户转出。

招标人不得挪用投标保证金。

《评标委员会和评标方法暂行规定》（2013 年修订）（国家发展和改革委员会等九部委令第 23 号）

第二十五条 下列情况属于重大偏差：

（一）没有按照招标文件要求提供投标担保或者所提供的投标担保有瑕疵；

（二）投标文件没有投标人授权代表签字和加盖公章；

（三）投标文件载明的招标项目完成期限超过招标文件规定的期限；

（四）明显不符合技术规格、技术标准的要求；

（五）投标文件载明的货物包装方式、检验标准和方法等不符合招标文件的要求；

（六）投标文件附有招标人不能接受的条件；

（七）不符合招标文件中规定的其他实质性要求。

投标文件有上述情形之一的，为未能对招标文件作出实质性响应，并按本规定第二十三条规定作否决投标处理。招标文件对重大偏差另有规定的，从其规定。

153. 开标时发现投标文件没有单位盖章，是否应当立即对该投标文件作否决投标处理？

投标人应当按照招标文件的要求对投标文件进行签署和盖章。根据《招标投标法实施条例》的规定，投标文件未经投标人盖章和法定代表人/负责人（或其授权代表）签字的，应当否决其投标，因此仅仅没有单位盖章并不一定导致否决投标。

即使该投标人的投标文件应当作否决投标处理，也应在评标阶段由评标委员会评审后作出决定。在开标阶段，开标人的责任只是对投标文件进行宣读和公示，无权直接决定否决该投标文件或作出其他决定，而应当交由评标委员会依法处理。

【法律依据】

《中华人民共和国招标投标法》（2017 年修正）（主席令第 86 号）

第二十七条 投标人应当按照招标文件的要求编制投标文件。投标文件应当对招标文件提出的实质性要求和条件作出响应。

招标项目属于建设施工的，投标文件的内容应当包括拟派出的项目负责人与主要技术人员的简历、业绩和拟用于完成招标项目的机械设备等。

《中华人民共和国招标投标法实施条例》（2019 年修订）（国务院令第 709 号）

第五十一条 有下列情形之一的，评标委员会应当否决其投标：

（一）投标文件未经投标单位盖章和单位负责人签字；

（二）投标联合体没有提交共同投标协议；

（三）投标人不符合国家或者招标文件规定的资格条件；

（四）同一投标人提交两个以上不同的投标文件或者投标报价，但招标文件要求提交备选投标的除外；

（五）投标报价低于成本或者高于招标文件设定的最高投标限价；

(六)投标文件没有对招标文件的实质性要求和条件作出响应;

(七)投标人有串通投标、弄虚作假、行贿等违法行为。

154. 开标时投标人不足3家,但重新招标时间又来不及,怎么办?

开标时投标人不足3家,不满足开标条件,招标人不得开标。对于依法必须招标的项目来说,如果不存在可以不招标的特殊情形,则应当重新进行招标,否则将承担规避招标的法律后果;对于非依法必须招标的项目,招标人可以终止招标,选用其他方式进行采购。因此,招标人在启动招标程序之前,应当充分估算招标程序所需要的时间,做好招标准备工作,确保参加投标的投标人数量不少于3家。

【法律依据】

《中华人民共和国招标投标法》(2017年修正)(主席令第86号)

第二十八条第一款 投标人应当在招标文件要求提交投标文件的截止时间前,将投标文件送达投标地点。招标人收到投标文件后,应当签收保存,不得开启。投标人少于三个的,招标人应当依照本法重新招标。

第六十六条 涉及国家安全、国家秘密、抢险救灾或者属于利用扶贫资金实行以工代赈、需要使用农民工等特殊情况,不适宜进行招标的项目,按照国家有关规定可以不进行招标。

《中华人民共和国招标投标法实施条例》(2019年修订)(国务院令第709号)

第九条 除招标投标法第六十六条规定的可以不进行招标的特殊情况外,有下列情形之一的,可以不进行招标:

(一)需要采用不可替代的专利或者专有技术;

(二)采购人依法能够自行建设、生产或者提供;

(三)已通过招标方式选定的特许经营项目投资人依法能够自行建设、生产或者提供;

(四)需要向原中标人采购工程、货物或者服务,否则将影响施工或者功能配套要求;

(五)国家规定的其他特殊情形。

招标人为适用前款规定弄虚作假的,属于招标投标法第四条规定的规避招标。

第四十四条 招标人应当按照招标文件规定的时间、地点开标。

投标人少于3个的,不得开标;招标人应当重新招标。

投标人对开标有异议的，应当在开标现场提出，招标人应当当场作出答复，并制作记录。

155. 开标时可以更改评标方法吗？

评标方法作为招标文件的组成部分，招标人可以在投标截止时间前进行必要的澄清或者修改。如果评标方法的修改将影响到投标文件的编制，根据招标投标相关法律规定，招标人应当在招标文件要求提交投标文件截止时间至少 15 日前（不足 15 日的，招标人应当顺延提交投标文件的截止时间），以书面形式通知所有招标文件收受人。一旦进入开标程序，任何人不得更改评标方法，评标过程中也不得使用招标文件中没有规定的评标标准和评标办法。否则，有关行政监督部门可对招标人或招标代理机构处行政罚款，同时评标结果也可能被否定。

【法律依据】

《中华人民共和国招标投标法》（2017 年修正）（主席令第 86 号）

第十九条第一款　招标人应当根据招标项目的特点和需要编制招标文件。招标文件应当包括招标项目的技术要求、对投标人资格审查的标准、投标报价要求和评标标准等所有实质性要求和条件以及拟签订合同的主要条款。

《中华人民共和国招标投标法实施条例》（2019 年修订）（国务院令第 709 号）

第二十一条　招标人可以对已发出的资格预审文件或者招标文件进行必要的澄清或者修改。澄清或者修改的内容可能影响资格预审申请文件或者投标文件编制的，招标人应当在提交资格预审申请文件截止时间至少 3 日前，或者投标截止时间至少 15 日前，以书面形式通知所有获取资格预审文件或者招标文件的潜在投标人；不足 3 日或者 15 日的，招标人应当顺延提交资格预审申请文件或者投标文件的截止时间。

《评标委员会和评标方法暂行规定》（2013 年修订）（国家发展和改革委员会等九部委令第 23 号）

第十七条　评标委员会应当根据招标文件规定的评标标准和方法，对投标文件进行系统地评审和比较。招标文件中没有规定的标准和方法不得作为评标的依据。

招标文件中规定的评标标准和评标方法应当合理，不得含有倾向或者排斥潜在投标人的内容，不得妨碍或者限制投标人之间的竞争。

156. 开标会议上，招标人对投标人提出的疑问是否应该回答？

招标人或招标代理机构在开标时应当如实宣读和记录开标内容，但无义务回答投标人提出的疑问。如果投标人在开标现场对开标提出异议（非疑问），招标人或招标代理机构的开标工作人员应当当场作出答复。如果该异议的处理属于评标委员会的职权范围，开标工作人员应当告知所有投标人，该问题将被如实记录并交由评标委员会在评标阶段处理。

【法律依据】

《中华人民共和国招标投标法实施条例》（2019 年修订）（国务院令第 709 号）

第四十四条 招标人应当按照招标文件规定的时间、地点开标。

投标人少于 3 个的，不得开标；招标人应当重新招标。

投标人对开标有异议的，应当在开标现场提出，招标人应当当场作出答复，并制作记录。

157. 开标的过程是否必须公证或者有监督部门在场？

法律并未规定开标过程必须有公证或者监督部门在场。一般而言，开标时由投标人或者其推选的代表检查投标文件的密封情况，也可以由招标人委托的公证机构检查并公证。这是因为，为了保证公平竞争秩序，法律对投标文件在开标之前的保密性有严格要求，开标程序目的之一就是检验投标文件的密封性。只要实施过程中能够查证投标文件的密封情况、保证开标程序的合法性，法律并不强制要求有公证或者监督部门在场。

【法律依据】

《中华人民共和国招标投标法》（2017 年修正）（主席令第 86 号）

第三十五条 开标由招标人主持，邀请所有投标人参加。

第三十六条 开标时，由投标人或者其推选的代表检查投标文件的密封情况，也可以由招标人委托的公证机构检查并公证；经确认无误后，由工作人员当众拆封，宣读投标人名称、投标价格和投标文件的其他主要内容。

招标人在招标文件要求提交投标文件的截止时间前收到的所有投标文件，开标时都应当当众予以拆封、宣读。

开标过程应当记录，并存档备查。

158. 招标人可以多次顺延开标日期吗?

法律并未对招标人顺延开标日期的次数进行规定。招标人对开标日期的修改,属于招标人对招标文件的修改,应当在投标截止时间前的法定期限内以书面形式通知所有获取招标文件的潜在投标人。一般而言,顺延开标日期对投标人编制投标文件不会产生影响,招标人可在开标前书面通知所有投标人修改开标时间即可。需要招标人注意的是,由于异地投标可能会发生必要的差旅费,为避免潜在投标人损失,招标人应尽量提前告知潜在投标人。

【法律依据】

《中华人民共和国招标投标法》(2017 年修正)(主席令第 86 号)

第二十三条 招标人对已发出的招标文件进行必要的澄清或者修改的,应当在招标文件要求提交投标文件截止时间至少十五日前,以书面形式通知所有招标文件收受人。该澄清或者修改的内容为招标文件的组成部分。

《中华人民共和国招标投标法实施条例》(2019 年修订)(国务院令第 709 号)

第二十一条 招标人可以对已发出的资格预审文件或者招标文件进行必要的澄清或者修改。澄清或者修改的内容可能影响资格预审申请文件或者投标文件编制的,招标人应当在提交资格预审申请文件截止时间至少 3 日前,或者投标截止时间至少 15 日前,以书面形式通知所有获取资格预审文件或者招标文件的潜在投标人;不足 3 日或者 15 日的,招标人应当顺延提交资格预审申请文件或者投标文件的截止时间。

159. 两阶段招标的项目,第一阶段是否必须进行公开开标?

两阶段招标的项目的第一阶段,招标人向投标人发出的是招标公告或者投标邀请书。由于技术标准和要求未确定,招标文件尚未编制。投标人在此阶段提交的是不带报价的技术建议,而不是投标文件。

招标投标相关法律规定的开标是按照招标文件规定的时间、地点,对投标文件报价等基本信息进行公开的程序。因此,两阶段招标项目的第一阶段不需要举行公开开标程序。

【法律依据】

《中华人民共和国招标投标法实施条例》(2019 年修订)(国务院令第 709 号)

第三十条 对技术复杂或者无法精确拟定技术规格的项目,招标人可以分两阶段进行招标。

第一阶段，投标人按照招标公告或者投标邀请书的要求提交不带报价的技术建议，招标人根据投标人提交的技术建议确定技术标准和要求，编制招标文件。

第二阶段，招标人向在第一阶段提交技术建议的投标人提供招标文件，投标人按照招标文件的要求提交包括最终技术方案和投标报价的投标文件。

招标人要求投标人提交投标保证金的，应当在第二阶段提出。

第四十四条 招标人应当按照招标文件规定的时间、地点开标。

投标人少于3个的，不得开标；招标人应当重新招标。

投标人对开标有异议的，应当在开标现场提出，招标人应当当场作出答复，并制作记录。

160. 资格预审阶段，是否应当对资格预审申请文件进行公开开标？

资格预审程序中，招标人采用资格预审办法对潜在投标人进行资格审查，目的是确定具有投标资格的资格预审申请人，属于招标投标程序的准备阶段。此阶段招标文件尚未发出，资格预审申请人提交的是资格预审申请文件，不是投标文件。

招标投标相关法律规定的开标是按照招标文件规定的时间、地点，对投标文件报价等基本信息进行公开的程序。资格预审阶段，不需要举行公开开标程序。

【法律依据】

《中华人民共和国招标投标法实施条例》（2019年修订）（国务院令第709号）

第十九条 资格预审结束后，招标人应当及时向资格预审申请人发出资格预审结果通知书。未通过资格预审的申请人不具有投标资格。

通过资格预审的申请人少于3个的，应当重新招标。

第四十四条 招标人应当按照招标文件规定的时间、地点开标。

投标人少于3个的，不得开标；招标人应当重新招标。

投标人对开标有异议的，应当在开标现场提出，招标人应当当场作出答复，并制作记录。

161. 电子招标投标中，投标人已提交电子投标文件但未能成功解密，如何处理？

一般而言，因投标人原因造成投标文件未解密的，视为撤销投标文件，招标人无须承担责任;因投标人之外的原因造成投标文件未解密的,视为撤回投标文件,投标人有权要求责任方赔偿因此遭受的经济损失。部分电子投标文件未能成功解密的,其他投标文件可继续进行开标(成功递交投标文件的投标人不足3家的除外)。如招标人在招标文件中事先明确了投标文件解密失败的补救方案,可按补救方案执行。

【法律依据】

《电子招标投标办法》(国家发展和改革委员会、工业和信息化部、监察部、住房和城乡建设部、交通运输部、铁道部、水利部、商务部令2013年第20号)

第三十一条 因投标人原因造成投标文件未解密的,视为撤销其投标文件;因投标人之外的原因造成投标文件未解密的,视为撤回其投标文件,投标人有权要求责任方赔偿因此遭受的直接损失。部分投标文件未解密的,其他投标文件的开标可以继续进行。

招标人可以在招标文件中明确投标文件解密失败的补救方案,投标文件应按照招标文件的要求作出响应。

案 例 评 析

案例16

开标时忘记提交投标保证金,可以事后提交吗?

——某货物招标中的保证金迟交纠纷

【基本案情】

某依法必须招标项目的设备招标中,投标人A在开标前未提交投标保证金,其投标代表表示因工作失误,将投标保证金放在另一公文包中,忘记带到开标现场,书面承诺在开标后半小时内提交,招标人同意了该请求,后A中标。投标人B对此表示异议,认为A没有及时递交投标保证金,应作否决投标处理,遂引发纠纷。

【法律分析】

投标人应当按照招标文件的要求提交投标保证金,否则应作否决投标处理。《工程建设项目货物招标投标办法》规定:“投标人应当按照招标文件要求的方式和金额,在提交投标文件截止时间前将投标保证金提交给招标人或其委托的招标代理机构。”投标人不按招标文件要求提交投标保证金的，该投标文件作否决投标处理。招标人同意投标人延迟提交投标保证金的行为违反了法律有关规定，损害了其他投标人的合法权益。

因此，投标人A的投标应当作否决处理，其中标结果无效。

【特别提示】

招标投标十分注重程序的合法性和规范性，一旦招标人采用招标方式进行采购，其行为就受到法律法规的约束及限制，依法必须招标的项目更是如此。有关法律法规预先设定了招标投标活动中招标人、投标人、招标代理机构、评标委员会等各方面的权利义务，应该予以正确地理解和执行，否则将承担法律责任。

案例17

重新招标的项目中，投标人少于两家时，招标人能否直接开标和评标？

——某货物重新招标涉及的投诉处理

【基本案情】

某国有投资项目的货物招标中，第一次招标时投标人不足3家，后招标人重新进行招标。然而，投标截止时间前递交投标文件的投标人仍然只有两家，招标人报有关行政监督部门备案后直接予以开标和评标。未中标的投标人认为招标人应当重新招标，遂投诉至行政机关。

【法律分析】

《工程建设项目货物招标投标办法》第三十四条第三款规定，依法必须进行招标的项目，提交投标文件的投标人少于3个的，招标人在分析招标失败的原因并采取相应措施后，应当重新招标。重新招标后投标人仍少于3个，按国家有关规定需要履行审批、核准手续的依法必须进行招标的项目，报项目审批、核准部门审批、核准后可以不再进行招标。因此，对于依法必须进行招标的项目，在投标截止时间届满时递交投标文件的投标人只有两家的情况下，如果招标项目属于第一次招标，招标人应宣布招标失败，在分析招标失败的原因并采取相应措施后重新招标；如果招标项目已是第二次招标，按国家有关规定需要履行审批、核准手续的依法必须进行招标的项目，报项目审批、核准部门审批、核准后可以不再进行招标。

【特别提示】

《招标投标法实施条例》第四十四条规定，投标人少于3个的，不得开标；招标人应当重新招标。但条例并没有解决第二次招标时投标人仍然少于3个时该如何处理的问题。《工程建设项目货物招标投标办法》第三十四条第三款规定，重新招标后投标人仍少于3个，按国家有关规定需要履行审批、核准手续的依法必须进行招标的项目，报项目审批、核准部门审批、核准后可以不再进行招标。

案例 18

招标人可以接收该投标人的报价函吗？

——投标人开标因忘记提交报价函失去中标机会

【基本案情】

2005年3月9日上午10:00，某工程总承包招标开标会议在省重大工程交易中心进行，开标由交易中心工作人员主持。当开到第3家投标单位A公司时，开标工作人员发现开启的投标文件中没有单独密封的投标报价函（招标文件要求投标报价函必须单独密封，投标文件其他地方不得出现报价）。开标工作人员遂向在场的A公司投标代表询问，该代表摸索了半天，从公文包里拿出一个单独密封的信封，表示其对报价函太重视了，竟然放在包里忘记提交，并要求现场补交。该投标代表的要求被开标工作人员当场拒绝，于是A公司失去了一个上亿元的大型工程的中标机会。

【法律分析】

根据《招标投标法》的规定，在招标文件要求提交投标文件的截止时间后送达的投标文件，招标人应当拒收。报价函作为投标文件的重要组成部分，投标人必须在投标截止时间前提交，而不能事后补交。如果招标人接受了投标人补交的报价函，不仅打乱了正常的招标投标秩序，违反了公平、公正的原则，而且根据《招标投标法实施条例》的规定还可能使招标人招致10万元以下的罚款，对单位直接负责的主管人员和其他直接责任人员依法给予处分的行政处罚。

【特别提示】

投标人在投标文件封装时，一定要注意投标文件的完整性。对于需要单独封装的报价函和投标保证金等文件，更要予以特别关注。否则，辛辛苦苦编制了投标文件，却因为疏忽大意失去中标机会，是非常可惜的。

案例 19

经其他投标人同意,可以接收迟到的标书吗?
——某工程设计招标引发的纠纷

【基本案情】

2007 年 11 月,某国有投资项目施工图设计招标在某酒店举行开标会议。本次招标共邀请了甲、乙、丙 3 家设计院参与投标,开标时间是上午 9:30。甲、乙两家设计院因距离开标城市较远,因此提前一天就达到了酒店,而丙设计院因所在地距离开标地点仅有一个半小时车程,所以并未提前到达。上午 9 时,招标代理机构工作人员接到丙设计院投标代表的电话,说由于大雾高速公路封路,其无法在规定时间内赶到,要求推迟半小时开标。招标代理机构与招标人协商后,认为工程进度比较紧张,重新招标时间来不及,希望与其他两家投标单位协商推迟开标时间。经口头协商,其他两家投标单位均表示同意推迟半小时开标。

开标后,丙设计院以综合评分最高成为排名第一的中标候选人。甲、乙两家设计院得知消息后均反悔,认为当初不了解法律规定,错误地认为招标人有权延迟开标,经咨询专业律师后,才知道招标人延迟开标的做法违反了法律的规定,要求取消丙设计院的中标候选人资格,依法重新招标。后经行政监督部门介入,取消了丙设计院的中标候选人资格,依法重新招标后丁设计院中标。

【法律分析】

在招标投标的开标环节中,该案的情况是非常典型的,也是时常发生的。根据《招标投标法》的规定,在招标文件要求提交投标文件的截止时间届满后送达的投标文件,招标人应当拒收。实践中,有些招标人出于工程进度、招标成本等原因,在个别投标人未及时赶到的情况下擅自决定推迟开标,或者经其他投标人同意后推迟开标。无论是否经过其他投标人同意,招标人均无权接受迟到的投标文件。正确的做法是,招标人应在原定开标时间前依法修改招标文件或重新组织招标。

【特别提示】

实践中,招标人之所以推迟开标,通常是因为邀请的投标人数量比较少,如只邀请了 3 家,结果其中一家投标人迟到,就会导致投标人不足 3 家无法开标。

为尽量避免这种情形的发生,在邀请招标时招标人应尽可能邀请 4 家及以上的投标人参与投标。

第五章 评　　标

法律问题解答

162. 评标必须由评标委员会负责吗？非依法必须招标的项目招标人是否可以自行评标？

根据《招标投标法》的规定，评标由招标人依法组建的评标委员会负责。因此，无论是否为依法必须招标的项目，招标人均应依法组建评标委员会负责评标工作，而不能自行评标。

对于非依法必须招标的项目，招标人组建的评标委员会成员及人数可以不受《招标投标法》第三十七条第二款的限制，有关人员的业务水平和能力满足评标需要即可，但与投标人有利害关系的人不得进入评标委员会。

【法律依据】

《中华人民共和国招标投标法》(2017 年修正)(主席令第 86 号)

第三十七条第一、二款　评标由招标人依法组建的评标委员会负责。

依法必须进行招标的项目，其评标委员会由招标人的代表和有关技术、经济等方面的专家组成，成员人数为五人以上单数，其中技术、经济等方面的专家不得少于成员总数的三分之二。

《中华人民共和国招标投标法实施条例》(2019 年修订)(国务院令第 709 号)

第四十六条第一、二、三款　除招标投标法第三十七条第三款规定的特殊招标项目外，依法必须进行招标的项目，其评标委员会的专家成员应当从评标专家库内相关专业的专家名单中以随机抽取方式确定。任何单位和个人不得以明示、暗示等任何方式指定或者变相指定参加评标委员会的专家成员。

依法必须进行招标的项目的招标人非因招标投标法和本条例规定的事由，不得更换依法确定的评标委员会成员。更换评标委员会的专家成员应当依照前款规定进行。

评标委员会成员与投标人有利害关系的,应当主动回避。

163. 评标委员会通常由哪些人组成? 人数上有何限制?

根据《招标投标法》的规定,评标委员会通常由两种身份的人员组成,第一种为评标专家,第二种为招标人代表,统称为评标委员会成员。其中评标专家由招标人从国务院有关部门或者省、自治区、直辖市人民政府有关部门提供的专家名册或者招标代理机构的专家库内相关专业的专家名单中确定;招标人代表可以是招标人或其委托的招标代理机构中熟悉相关业务的人员。《招标投标法》及有关配套规定均对评标专家的条件作了相应规定,要求参加评标委员会的专家应当具有较高的专业水平,能够廉洁公正地进行评标工作。但是,无论是评标专家还是招标人代表,均不得与投标人有利害关系,且无其他被禁止担任评标委员的情形,否则不得进入评标委员会。

对于依法必须招标的项目,评标委员会成员人数应为5人以上单数,其中技术、经济等方面的专家不得少于成员总数的2/3。招标人或其委托的招标代理机构可以委派代表参加评标委员会,但人数不得超过评标委员会成员总数的1/3。

对于非依法必须招标的项目,《招标投标法》及其配套规定对于评标委员会的组成、人员比例、确定方式没有明确的规定,招标人可以直接确定有关人员组成评标委员会。

【法律依据】

《中华人民共和国招标投标法》(2017年修正)(主席令第86号)

第三十七条第一、二款 评标由招标人依法组建的评标委员会负责。

依法必须进行招标的项目,其评标委员会由招标人的代表和有关技术、经济等方面的专家组成,成员人数为五人以上单数,其中技术、经济等方面的专家不得少于成员总数的三分之二。

《中华人民共和国招标投标法实施条例》(2019年修订)(国务院令第709号)

第四十六条第一、二、三款 除招标投标法第三十七条第三款规定的特殊招标项目外,依法必须进行招标的项目,其评标委员会的专家成员应当从评标专家库内相关专业的专家名单中以随机抽取方式确定。任何单位和个人不得以明示、暗示等任何方式指定或者变相指定参加评标委员会的专家成员。

依法必须进行招标的项目的招标人非因招标投标法和本条例规定的事由,不得更换依法确定的评标委员会成员。更换评标委员会的专家成员应当依照前款规定进行。

评标委员会成员与投标人有利害关系的,应当主动回避。

《评标委员会和评标方法暂行规定》(2013 年修订)(国家发展和改革委员会等九部委令第 23 号)

第九条 评标委员会由招标人或其委托的招标代理机构熟悉相关业务的代表,以及有关技术、经济等方面的专家组成,成员人数为五人以上单数,其中技术、经济等方面的专家不得少于成员总数的三分之二。

评标委员会设负责人的,评标委员会负责人由评标委员会成员推举产生或者由招标人确定。评标委员会负责人与评标委员会的其他成员有同等的表决权。

第十条第一款 评标委员会的专家成员应当从依法组建的专家库内的相关专家名单中确定。

164. 评标委员会中的招标人代表必须是与招标人有劳动合同关系的人员吗?

根据现行法律规定,评标委员会成员通常由招标人代表和评标专家组成。对于评标委员会中的招标人代表,法律、法规并未规定其任职资格,亦未强制性规定必须是与招标人有劳动合同关系的人员。其参与评标工作的权利基础是招标人的委托,在法律没有禁止性规定的情况下,招标人既可以委托本单位员工,也可以委托与其没有劳动合同关系的其他人员,只要该代表不具有应当回避的情形即可。

【法律依据】

《中华人民共和国招标投标法》(2017 年修正)(主席令第 86 号)

第三十七条第一、二、四款 评标由招标人依法组建的评标委员会负责。

依法必须进行招标的项目,其评标委员会由招标人的代表和有关技术、经济等方面的专家组成,成员人数为五人以上单数,其中技术、经济等方面的专家不得少于成员总数的三分之二。

与投标人有利害关系的人不得进入相关项目的评标委员会;已经进入的应当更换。

《评标委员会和评标方法暂行规定》(2013 年修订)(国家发展和改革委员会等九部委令第 23 号)

第九条第一款 评标委员会由招标人或其委托的招标代理机构熟悉相关业务

的代表,以及有关技术、经济等方面的专家组成,成员人数为五人以上单数,其中技术、经济等方面的专家不得少于成员总数的三分之二。

第十二条 有下列情形之一的,不得担任评标委员会成员:

(一)投标人或者投标人主要负责人的近亲属;

(二)项目主管部门或者行政监督部门的人员;

(三)与投标人有经济利益关系,可能影响对投标公正评审的;

(四)曾因在招标、评标以及其他与招标投标有关活动中从事违法行为而受过行政处罚或刑事处罚的。

评标委员会成员有前款规定情形之一的,应当主动提出回避。

165. 招标人是否可以直接确定评标委员会成员?

根据相关法律规定,评标委员会成员通常由招标人代表和评标专家组成。对于评标委员会成员中除评标专家之外的招标人代表,招标人可以直接指派。对于依法必须招标的项目,组成评标委员会的评标专家,一般情况下应当由招标人从国务院有关部门或者省、自治区、直辖市人民政府有关部门或者招标代理机构的专家库内的相关专业的专家名单中随机抽取,只有技术特别复杂、专业性要求特别高或者国家有特殊要求的招标项目,专家库中没有相应专家的,才可以申请并经有关部门批准后由招标人直接确定评标专家。

对于不属于法定必须招标范围的招标项目,相关法律没有对评标委员会成员的确定方式作出规定,招标人可以直接确定评标委员会组成人员。

【法律依据】

《中华人民共和国招标投标法》(2017年修正)(主席令第86号)

第三十七条 评标由招标人依法组建的评标委员会负责。

依法必须进行招标的项目,其评标委员会由招标人的代表和有关技术、经济等方面的专家组成,成员人数为五人以上单数,其中技术、经济等方面的专家不得少于成员总数的三分之二。

前款专家应当从事相关领域工作满八年并具有高级职称或者具有同等专业水平,由招标人从国务院有关部门或者省、自治区、直辖市人民政府有关部门提供的专家名册或者招标代理机构的专家库内的相关专业的专家名单中确定;一般招标项目可以采取随机抽取方式,特殊招标项目可以由招标人直接确定。

与投标人有利害关系的人不得进入相关项目的评标委员会;已经进入的应当

更换。

评标委员会成员的名单在中标结果确定前应当保密。

《中华人民共和国招标投标法实施条例》(2019年修订)(国务院令第709号)

第四十六条 除招标投标法第三十七条第三款规定的特殊招标项目外,依法必须进行招标的项目,其评标委员会的专家成员应当从评标专家库内相关专业的专家名单中以随机抽取方式确定。任何单位和个人不得以明示、暗示等任何方式指定或者变相指定参加评标委员会的专家成员。

依法必须进行招标的项目的招标人非因招标投标法和本条例规定的事由,不得更换依法确定的评标委员会成员。更换评标委员会的专家成员应当依照前款规定进行。

评标委员会成员与投标人有利害关系的,应当主动回避。

有关行政监督部门应当按照规定的职责分工,对评标委员会成员的确定方式、评标专家的抽取和评标活动进行监督。行政监督部门的工作人员不得担任本部门负责监督项目的评标委员会成员。

第四十七条 招标投标法第三十七条第三款所称特殊招标项目,是指技术复杂、专业性强或者国家有特殊要求,采取随机抽取方式确定的专家难以保证胜任评标工作的项目。

166. 担任评标专家,需要具备哪些条件?

担任评标专家需要首先进入政府或招标代理机构组建的评标专家库。进入评标专家库的专家必须符合以下条件:从事相关专业领域工作满八年并具有高级职称或同等专业水平;熟悉有关招标投标的法律法规;能够认真、公正、诚实、廉洁地履行职责;身体健康,能够承担评标工作;法规规章规定的其他条件(如有)。具备以上条件的,通过个人申请或单位推荐,并经组建评标专家库的省级人民政府、政府部门或者招标代理机构评审通过,可以入选评标专家库。

进入评标专家库后,如果在某一招标项目中被招标人随机抽取或按规定直接指定的,就能担任评标专家,存在被禁止担任评标委员的情况时除外。

【法律依据】

《中华人民共和国招标投标法》(2017年修正)(主席令第86号)

第三十七条第二、三款 依法必须进行招标的项目,其评标委员会由招标人的代表和有关技术、经济等方面的专家组成,成员人数为五人以上单数,其中技术、经济等方面的专家不得少于成员总数的三分之二。

前款专家应当从事相关领域工作满八年并具有高级职称或者具有同等专业水平，由招标人从国务院有关部门或者省、自治区、直辖市人民政府有关部门提供的专家名册或者招标代理机构的专家库内的相关专业的专家名单中确定；一般招标项目可以采取随机抽取方式，特殊招标项目可以由招标人直接确定。

《评标委员会和评标方法暂行规定》(2013 年修订)(国家发展和改革委员会等九部委令第 23 号)

第十一条 评标专家应符合下列条件：

（一）从事相关专业领域工作满八年并具有高级职称或者同等专业水平；

（二）熟悉有关招标投标的法律法规，并具有与招标项目相关的实践经验；

（三）能够认真、公正、诚实、廉洁地履行职责。

《评标专家和评标专家库管理暂行办法》(2013 年修订)(国家发展和改革委员会等九部委令第 23 号)

第七条 入选评标专家库的专家，必须具备如下条件：

（一）从事相关专业领域工作满八年并具有高级职称或同等专业水平；

（二）熟悉有关招标投标的法律法规；

（三）能够认真、公正、诚实、廉洁地履行职责；

（四）身体健康，能够承担评标工作；

（五）法规规章规定的其他条件。

第九条 专家入选评标专家库，采取个人申请和单位推荐两种方式。采取单位推荐方式的，应事先征得被推荐人同意。

个人申请书或单位推荐书应当存档备查。个人申请书或单位推荐书应当附有符合本办法第七条规定条件的证明材料。

第十条 组建评标专家库的省级人民政府、政府部门或者招标代理机构，应当对申请人或被推荐人进行评审，决定是否接受申请或者推荐，并向符合本办法第七条规定条件的申请人或被推荐人颁发评标专家证书。

评审过程及结果应做成书面记录，并存档备查。

组建评标专家库的政府部门，可以对申请人或者被推荐人进行必要的招标投标业务和法律知识培训。

167. 负责项目核准的发改委领导是否可以担任评标委员会成员？

负责项目核准的各级发改委属政府项目主管部门，且通常负有对招标投标活动的监督管理职能。项目主管部门、行政监督部门的人员参与评标，相当于既做运动员又做裁判员，易出现角色定位不清从而造成管理职能落空的问题。为防止此类情况发生，《评标委员会和评标方法暂行规定》明确规定，项目主管部门或者行政监督部门的人员不得担任评标委员会成员。但是，由于很多招标投标行政监督部门的领导和工作人员往往都是招标投标领域的专家，一概不允许行政监督部门的工作人员参加评标工作，不利于交流评标和交流监督工作经验，而且行政监督部门有不同的职能范围划分，其人员参加评标也不必然引发管理职能落空问题。因此，《招标投标法实施条例》作出了进一步的细化规定，只禁止行政监督部门的工作人员担任本部门负责监督项目的评标委员会成员，对于非由其部门负责监督的项目，该行政监督部门人员可以担任评标委员会成员。

【法律依据】

《中华人民共和国招标投标法》(2017 年修正)(主席令第 86 号)

第三十七条第三、四款 前款专家应当从事相关领域工作满八年并具有高级职称或者具有同等专业水平，由招标人从国务院有关部门或者省、自治区、直辖市人民政府有关部门提供的专家名册或者招标代理机构的专家库内的相关专业的专家名单中确定；一般招标项目可以采取随机抽取方式，特殊招标项目可以由招标人直接确定。

与投标人有利害关系的人不得进入相关项目的评标委员会；已经进入的应当更换。

《中华人民共和国招标投标法实施条例》(2019 年修订)(国务院令第 709 号)

第四十六条 除招标投标法第三十七条第三款规定的特殊招标项目外，依法必须进行招标的项目，其评标委员会的专家成员应当从评标专家库内相关专业的专家名单中以随机抽取方式确定。任何单位和个人不得以明示、暗示等任何方式指定或者变相指定参加评标委员会的专家成员。

依法必须进行招标的项目的招标人非因招标投标法和本条例规定的事由，不得更换依法确定的评标委员会成员。更换评标委员会的专家成员应当依照前款规定进行。

评标委员会成员与投标人有利害关系的，应当主动回避。

有关行政监督部门应当按照规定的职责分工，对评标委员会成员的确定方式、评标专家的抽取和评标活动进行监督。行政监督部门的工作人员不得担任本部门负责监督项目的评标委员会成员。

《评标委员会和评标方法暂行规定》(2013 年修订)(国家发展和改革委员会等九部委令第 23 号)

第十二条 有下列情形之一的，不得担任评标委员会成员：

(一)投标人或者投标人主要负责人的近亲属;

(二)项目主管部门或者行政监督部门的人员;

(三)与投标人有经济利益关系,可能影响对投标公正评审的;

(四)曾因在招标、评标以及其他与招标投标有关活动中从事违法行为而受过行政处罚或刑事处罚的。

评标委员会成员有前款规定情形之一的,应当主动提出回避。

168. 企业集团可以自行组建评标专家库吗?

根据相关法律规定,可以组建评标专家库的只有省级人民政府、政府部门以及招标代理机构。但在实践中,招标代理机构组建专家库存在部分问题,如专家库专业不齐全、评标专家较难管理等。为了规范采购流程,防范采购环节的廉政风险,许多企业集团规定,即使是法定招标范围以外的采购项目,如果符合一定的条件也必须以招标方式进行采购。为方便上述项目的评标工作,有些企业集团自行组建了评标专家库。

企业集团组建的上述“专家库”与省级以上政府部门建立的“评标专家库”有着本质的不同。首先,评标专家的范围不同:前者一般限于企业集团内部的员工,后者没有局限性;其次,评标专家的身份有区别:前者评标专家很难不受企业集团的影响,后者评标专家可以以独立身份参加评标;最后,两者代表的公正性程度不同,前者更多代表企业集团(往往是招标人或与招标项目有关)的利益,后者则更容易兼顾招标人和投标人的利益。

现行法律并未禁止非招标代理机构的企业建立“专家库”,只是要求在进行法定必须招标项目的评标时,评标专家必须从省级或以上人民政府有关部门或者招标代理机构组建的专家库中抽取(《招标投标法》第三十七条第三款所称特殊招标项目除外),而不得从其他企业,包括招标人自己建立的“专家库”中抽取。对于企业在法定招标项目外自行组织招标的,鉴于法律对该类招标项目评标委员会的组成没有强制要求,企业集团成立的“专家库”在此类招标项目中可以适用。

【法律依据】

《中华人民共和国招标投标法》(2017 年修正)(主席令第 86 号)

第三十七条第一、二、三款 评标由招标人依法组建的评标委员会负责。

依法必须进行招标的项目,其评标委员会由招标人的代表和有关技术、经济等方面的专家组成,成员人数为五人以上单数,其中技术、经济等方面的专家不得少于成员总数的三分之二。

前款专家应当从事相关领域工作满八年并具有高级职称或者具有同等专业水平，由招标人从国务院有关部门或者省、自治区、直辖市人民政府有关部门提供的专家名册或者招标代理机构的专家库内的相关专业的专家名单中确定；一般招标项目可以采取随机抽取方式，特殊招标项目可以由招标人直接确定。

《中华人民共和国招标投标法实施条例》(2019 年修订)(国务院令第 709 号)

第四十五条 国家实行统一的评标专家专业分类标准和管理办法。具体标准和办法由国务院发展改革部门会同国务院有关部门制定。

省级人民政府和国务院有关部门应当组建综合评标专家库。

第四十六条第一款 除招标投标法第三十七条第三款规定的特殊招标项目外，依法必须进行招标的项目，其评标委员会的专家成员应当从评标专家库内相关专业的专家名单中以随机抽取方式确定。任何单位和个人不得以明示、暗示等任何方式指定或者变相指定参加评标委员会的专家成员。

《评标专家和评标专家库管理暂行办法》(2013 年修订)(国家发展和改革委员会等九部委令第 23 号)

第三条 评标专家库由省级(含，下同)以上人民政府有关部门或者依法成立的招标代理机构依照《招标投标法》、《招标投标法实施条例》以及国家统一的评标专家专业分类标准和管理办法的规定自主组建。

评标专家库的组建活动应当公开，接受公众监督。

169. 如果招标人对于评标结果不满意，可以更换评标专家吗？

为了保证评标过程的独立性，做到评标结果客观公正，《招标投标法》规定，任何单位和个人不得非法干预、影响评标的过程和结果。这里所称的单位也包括招标人。《招标投标法实施条例》规定，评标应以专家为主，非特殊招标项目评标专家应当从评标专家库中随机抽取，在很大程度上也是为了保证评标工作的公正性，尽量排除招标人或其他第三方的人为干扰因素。如果招标人对评标结果不满意，就可以随意更换评标专家，评标工作的公正性将难以保证，明显违反招标相关法律关于禁止任何单位和个人非法干预评标过程和结果的规定。《招标投标法实施条例》进一步明确规定，对于法定必须招标的项目，只有评标委员会成员有回避事由、擅离职守或者因健康等原因不能继续评标的，才可以更换，并且规定违法确定或者更换的评标委员会成员做出的评审结论无效，应依法重新进行评审。

对于非法定必须招标的项目，虽然法律没有明确规定招标人不得更换评标专家，但《招标投标法》关于“任何单位和个人不得非法干预、影响评标的过程和结果”的规定依然适用，除非有法定理由或者评标专家在能力上有明显的缺陷，否则招标人应尊重评标专家的工作，不应随意更换。

【法律依据】

《中华人民共和国招标投标法》（2017 年修正）（主席令第 86 号）

第三十八条 招标人应当采取必要的措施，保证评标在严格保密的情况下进行。

任何单位和个人不得非法干预、影响评标的过程和结果。

《中华人民共和国招标投标法实施条例》（2019 年修订）（国务院令第 709 号）

第四十六条 除招标投标法第三十七条第三款规定的特殊招标项目外，依法必须进行招标的项目，其评标委员会的专家成员应当从评标专家库内相关专业的专家名单中以随机抽取方式确定。任何单位和个人不得以明示、暗示等任何方式指定或者变相指定参加评标委员会的专家成员。

依法必须进行招标的项目的招标人非因招标投标法和本条例规定的事由，不得更换依法确定的评标委员会成员。更换评标委员会的专家成员应当依照前款规定进行。

评标委员会成员与投标人有利害关系的，应当主动回避。

有关行政监督部门应当按照规定的职责分工，对评标委员会成员的确定方式、评标专家的抽取和评标活动进行监督。行政监督部门的工作人员不得担任本部门负责监督项目的评标委员会成员。

第四十八条 招标人应当向评标委员会提供评标所必需的信息，但不得明示或者暗示其倾向或者排斥特定投标人。

招标人应当根据项目规模和技术复杂程度等因素合理确定评标时间。超过三分之一的评标委员会成员认为评标时间不够的，招标人应当适当延长。

评标过程中，评标委员会成员有回避事由、擅离职守或者因健康等原因不能继续评标的，应当及时更换。被更换的评标委员会成员作出的评审结论无效，由更换后的评标委员会成员重新进行评审。

170. 招标代理机构负责本次招标服务的项目经理是否可以参与评标工作？

现行法律并未禁止招标代理机构的项目经理参与评标，除非该项目经理本身存在被禁止担任评标委员会成员的情形,否则可以以招标人代表的身份参加评标;如果该项目经理已进入评标专家库,也可以以评标专家身份参加评标。

但是,出于保证评标活动公正性的角度考虑,招标代理机构负责本次招标服务的项目经理一般不宜在其主管或参与的招标项目中,作为评标委员会成员参与评标工作。这主要是因为,项目经理在负责招标的过程中与各潜在投标人不可避免地会发生接触,其在招标过程中所了解到的投标人信息可能会影响到其对投标人客观、公正的评审。

【法律依据】

《评标委员会和评标方法暂行规定》(2013 年修订)(国家发展和改革委员会等九部委令第 23 号)

第十二条 有下列情形之一的,不得担任评标委员会成员:

(一)投标人或者投标人主要负责人的近亲属;

(二)项目主管部门或者行政监督部门的人员;

(三)与投标人有经济利益关系,可能影响对投标公正评审的;

(四)曾因在招标、评标以及其他与招标投标有关活动中从事违法行为而受过行政处罚或刑事处罚的。

评标委员会成员有前款规定情形之一的,应当主动提出回避。

171. 参加评标委员会的招标人代表必须是技术、经济专家吗?

招标人代表并不要求一定是某一方面的专家,但一般来说招标人代表应对招标项目情况比较熟悉,对有关的法律、法规比较了解,方可参与评标工作。《招标投标法》规定,评标委员会成员一般由招标人或其委托的招标代理机构的代表以及评标专家组成。对于依法必须招标的项目,参加评标的招标人代表人数不得超过评标委员会成员总数的 1/3;对于非必须招标的项目,现行法律对评标委员会的组成没有明确规定,招标人可以自行确定资格要求及人员构成。

【法律依据】

《中华人民共和国招标投标法》(2017 年修正)(主席令第 86 号)

第三十七条第二款 依法必须进行招标的项目,其评标委员会由招标人的代表和有关技术、经济等方面的专家组成,成员人数为五人以上单数,其中技术、经济等方面的专家不得少于成员总数的三分之二。

《评标委员会和评标方法暂行规定》（2013 年修订）（国家发展和改革委员会等九部委令第 23 号）

第九条第一款 评标委员会由招标人或其委托的招标代理机构熟悉相关业务的代表，以及有关技术、经济等方面的专家组成，成员人数为五人以上单数，其中技术、经济等方面的专家不得少于成员总数的三分之二。

172. 重新招标是否可以使用原来的评标委员会继续评标？

现行法律、法规未对重新招标是否可以继续由原评标委员会评标作出规定，但是考虑到原评标过程和评标委员会名单极容易泄密，建议组建新的评标委员会进行评标。

【法律依据】

《中华人民共和国招标投标法》（2017 年修正）（主席令第 86 号）

第三十七条第五款 评标委员会成员的名单在中标结果确定前应当保密。

173. 在招标文件中，评标方法和标准应细化到何种程度？

评标方法和标准系评标委员会进行评标的依据。尽管现行法律并未对评标标准的细化程度作出规定，但为了保证评标工作的顺利进行，使评标委员会充分了解招标人的要求，并依照事先规定的评标方法和标准科学地评选出最符合招标文件要求的投标文件，评标方法和标准必须充分体现招标文件的要求，具体且可执行。

一般评标方法和标准应包括否决因素、技术和商务评审因素和相应的权重、价格得分的计算公式等。

【法律依据】

《中华人民共和国招标投标法》（2017 年修正）（主席令第 86 号）

第四十条 评标委员会应当按照招标文件确定的评标标准和方法，对投标文件进行评审和比较；设有标底的，应当参考标底。评标委员会完成评标后，应当向招标人提出书面评标报告，并推荐合格的中标候选人。

招标人根据评标委员会提出的书面评标报告和推荐的中标候选人确定中标人。招标人也可以授权评标委员会直接确定中标人。

国务院对特定招标项目的评标有特别规定的，从其规定。

《中华人民共和国招标投标法实施条例》(2019 年修订)(国务院令第 709 号)

第四十九条 评标委员会成员应当依照招标投标法和本条例的规定,按照招标文件规定的评标标准和方法,客观、公正地对投标文件提出评审意见。招标文件没有规定的评标标准和方法不得作为评标的依据。

评标委员会成员不得私下接触投标人,不得收受投标人给予的财物或者其他好处,不得向招标人征询确定中标人的意向,不得接受任何单位或者个人明示或者暗示提出的倾向或者排斥特定投标人的要求,不得有其他不客观、不公正履行职务的行为。

《评标委员会和评标方法暂行规定》(2013 年修订)(国家发展和改革委员会等九部委令第 23 号)

第十七条 评标委员会应当根据招标文件规定的评标标准和方法,对投标文件进行系统地评审和比较。招标文件中没有规定的标准和方法不得作为评标的依据。

招标文件中规定的评标标准和评标方法应当合理,不得含有倾向或者排斥潜在投标人的内容,不得妨碍或者限制投标人之间的竞争。

第二十九条 评标方法包括经评审的最低投标价法、综合评估法或者法律、行政法规允许的其他评标方法。

174. 评标方法中是否可以规定因产品产地为国内或国外而给予不同的分值?

不可以。根据《招标投标法》的规定,招标文件不得含有倾向或者排斥潜在投标人的内容。产品产地在国内还是国外和产品的质量没有必然联系,尤其随着我国经济的发展和科技的进步,我国的部分制造业已达国际先进水平,部分产品技术还与产业资本一起输出到国外,仅凭产品在国内制造还是在国外制造是无法准确衡量产品的技术和商务差异的。因此,该项规定显然不合理,而且存在倾向性和歧视性,招标文件不应将该种条件作为评标的标准甚至否决的条件。

如果某些国外的产品在质量上确实优于国内产品,可以在评标时予以考虑,但必须体现在具体的技术指标的比较上,且应在招标文件中事先规定这些技术指标的比较办法。

【法律依据】

《中华人民共和国招标投标法》(2017 年修正)(主席令第 86 号)

第十八条第二款 招标人不得以不合理的条件限制或者排斥潜在投标人,不得对潜在投标人实行歧视待遇。

《中华人民共和国招标投标法实施条例》(2019 年修订)(国务院令第 709 号)

第三十二条 招标人不得以不合理的条件限制、排斥潜在投标人或者投标人。

招标人有下列行为之一的,属于以不合理条件限制、排斥潜在投标人或者投标人:

(一)就同一招标项目向潜在投标人或者投标人提供有差别的项目信息;

(二)设定的资格、技术、商务条件与招标项目的具体特点和实际需要不相适应或者与合同履行无关;

(三)依法必须进行招标的项目以特定行政区域或者特定行业的业绩、奖项作为加分条件或者中标条件;

(四)对潜在投标人或者投标人采取不同的资格审查或者评标标准;

(五)限定或者指定特定的专利、商标、品牌、原产地或者供应商;

(六)依法必须进行招标的项目非法限定潜在投标人或者投标人的所有制形式或者组织形式;

(七)以其他不合理条件限制、排斥潜在投标人或者投标人。

175. 什么是经评审的最低投标价法?其主要适用于哪些项目?

经评审的最低投标价法是指在投标文件满足招标文件实质性要求的前提下,不对投标文件商务技术条件进行价格折算,也不进行评分,评标委员会根据招标文件中规定的评标价格调整方法,对投标报价作必要的价格调整,将调整后的投标价格最低者推荐为中标候选人的评审方法。通俗地讲,即对通过商务和技术评审的全部投标人,不考虑其技术优劣的差别,按照经评审的投标报价从低到高的顺序进行排序的评审方法。

经评审的最低投标价法一般适用于具有通用技术、性能标准或者招标人对其技术、性能没有特殊要求的招标项目。

【法律依据】

《评标委员会和评标方法暂行规定》(2013 年修订)(国家发展和改革委员会等九部委令第 23 号)

第二十九条 评标方法包括经评审的最低投标价法、综合评估法或者法律、行政法规允许的其他评标方法。

第三十条 经评审的最低投标价法一般适用于具有通用技术、性能标准或者招标人对其技术、性能没有特殊要求的招标项目。

第三十一条 根据经评审的最低投标价法,能够满足招标文件的实质性要求,并且经评审的最低投标价的投标,应当推荐为中标候选人。

第三十二条 采用经评审的最低投标价法的,评标委员会应当根据招标文件中规定的评标价格调整方法,以所有投标人的投标报价以及投标文件的商务部分作必要的价格调整。

采用经评审的最低投标价法的,中标人的投标应当符合招标文件规定的技术要求和标准,但评标委员会无需对投标文件的技术部分进行价格折算。

第三十三条 根据经评审的最低投标价法完成详细评审后,评标委员会应当拟定一份"标价比较表",连同书面评标报告提交招标人。"标价比较表"应当载明投标人的投标报价、对商务偏差的价格调整和说明以及经评审的最终投标价。

176. 什么是综合评估法?其主要适用于哪些项目?

综合评估法是指采取折算为货币、打分等方法,在同一基础或者同一标准上将投标文件技术、商务等评审因素进行量化,对量化结果进行加权,计算出每一个投标的综合评估价或者综合评估分的评标方法。在采购成套设备或大型工程时,如果仅仅比较各投标人的报价,往往不能反映投标产品之间的性能差别、投标方案之间的优劣,无法对投标文件作出合适的评价。在这种情况下,必须综合考虑价格以及技术指标等因素,即应用综合评估法进行评标。通过综合评估法可以确定最大限度地满足招标文件中规定的各项综合评价标准的投标。采用综合评估法的,评价标准(包括经量化的因素及其权重)应在招标文件中公布。

不宜采用经评审的最低投标价法的招标项目,一般应当采用综合评估法进行评审。例如,技术较为复杂的大型成套机电设备、工程总承包等招标项目。

【法律依据】

《评标委员会和评标方法暂行规定》(2013 年修订)(国家发展和改革委员会等九部委令第 23 号)

第三十四条 不宜采用经评审的最低投标价法的招标项目,一般应当采取综合评估法进行评审。

第三十五条 根据综合评估法,最大限度地满足招标文件中规定的各项综合评价标准的投标,应当推荐为中标候选人。

衡量投标文件是否最大限度地满足招标文件中规定的各项评价标准,可以采取折算为货币的方法、打分的方法或者其他方法。需量化的因素及其权重应当在招标文件中明确规定。

第三十六条 评标委员会对各个评审因素进行量化时,应当将量化指标建立在同一基础或者同一标准上,使各投标文件具有可比性。

对技术部分和商务部分进行量化后,评标委员会应当对这两部分的量化结果进行加权,计算出每一投标的综合评估价或者综合评估分。

第三十七条 根据综合评估法完成评标后,评标委员会应当拟定一份“综合评估比较表”,连同书面评标报告提交招标人。“综合评估比较表”应当载明投标人的投标报价、所作的任何修正、对商务偏差的调整、对技术偏差的调整、对各评审因素的评估以及对每一投标的最终评审结果。

177. 评标方法是否必须在招标文件中写明? 可以开标时再公布吗?

评标方法必须在招标文件中公布,未在招标文件中写明的评标方法不能作为评标的依据。

评标方法是招标投标程序中的重要内容,在招标文件中公布评标方法(包括评标标准和因素)体现了《招标投标法》所要求的公开原则,方便投标人响应和行政监督部门进行监督。

如果不在招标文件中公开载明评标标准和评标方法,或者随意改变招标文件中规定的评标标准和评标方法,可能出现“暗箱操作”的情况,导致评标缺乏严肃性和公正性。值得注意的是,现行法律并未规定在招标文件中载明的评标标准和评标方法应细化到何种程度,只要求将需量化的因素及其权重在招标文件中予以明确。

【法律依据】

《中华人民共和国招标投标法》(2017 年修正)(主席令第 86 号)

第十九条 招标人应当根据招标项目的特点和需要编制招标文件。招标文件应当包括招标项目的技术要求、对投标人资格审查的标准、投标报价要求和评标标准等所有实质性要求和条件以及拟签订合同的主要条款。

国家对招标项目的技术、标准有规定的,招标人应当按照其规定在招标文件中提出相应要求。

招标项目需要划分标段、确定工期的,招标人应当合理划分标段、确定工期,并在招标文件中载明。

《中华人民共和国招标投标法实施条例》(2019 年修订)(国务院令第 709 号)

第四十九条 评标委员会成员应当依照招标投标法和本条例的规定,按照招标文件规定的评标标准和方法,客观、公正地对投标文件提出评审意见。招标文件没有规定的评标标准和方法不得作为评标的依据。

评标委员会成员不得私下接触投标人,不得收受投标人给予的财物或者其他好处,不得向招标人征询确定中标人的意向,不得接受任何单位或者个人明示或者暗示提出的倾向或者排斥特定投标人的要求,不得有其他不客观、不公正履行职务的行为。

《评标委员会和评标方法暂行规定》(2013 年修订)(国家发展和改革委员会等九部委令第 23 号)

第十七条 评标委员会应当根据招标文件规定的评标标准和方法,对投标文件进行系统地评审和比较。招标文件中没有规定的标准和方法不得作为评标的依据。

招标文件中规定的评标标准和评标方法应当合理,不得含有倾向或者排斥潜在投标人的内容,不得妨碍或者限制投标人之间的竞争。

178. 评标时发现招标文件存在瑕疵,可以修改招标文件吗?

根据《招标投标法》和《招标投标法实施条例》的相关规定,招标文件的修改无论是否影响投标文件编制均应在投标截止时间前进行。开标后,即使发现招标文件中存在错误或不当等问题,也不能对招标文件进行修改。因为开标后,所有投标文件已经提交,投标人不可能再对招标文件的修改作任何响应了。如果招标人此时修改招标文件,无论修改的内容是什么,都将破坏招标投标的公开、公平和公正性。

评标时,评标委员会发现招标文件存在瑕疵,应将有关情况反馈给招标人,由招标人依法在确定中标人以后的合同谈判或者合同执行过程中进行修正。

【法律依据】

《中华人民共和国招标投标法》(2017 年修正)(主席令第 86 号)

第二十三条 招标人对已发出的招标文件进行必要的澄清或者修改的,应当在招标文件要求提交投标文件截止时间至少十五日前,以书面形式通知所有招标文件收受人。该澄清或者修改的内容为招标文件的组成部分。

《中华人民共和国招标投标法实施条例》(2019 年修订)(国务院令第 709 号)

第二十一条 招标人可以对已发出的资格预审文件或者招标文件进行必要的

澄清或者修改。澄清或者修改的内容可能影响资格预审申请文件或者投标文件编制的，招标人应当在提交资格预审申请文件截止时间至少3日前，或者投标截止时间至少15日前，以书面形式通知所有获取资格预审文件或者招标文件的潜在投标人；不足3日或者15日的，招标人应当顺延提交资格预审申请文件或者投标文件的截止时间。

179. 招标人在评标开始前，应向评标委员会提供哪些信息和资料？

评标委员会一般由招标人代表和有关技术、经济专家组成，评标专家通常是在专家库中随机抽取的，因此评标专家对于招标项目信息的了解非常有限。为了使评标委员会成员能更好地履行职责，招标人或招标代理机构应在评标开始前向评标委员会提供评标所必需的信息。

招标人或招标代理机构应向评标委员会提供的信息和资料主要包括：招标文件（包括评标方法）、各投标人的投标文件、各投标人投标保证金的交纳情况、标底或最高限价（如果有）、开标记录等。需要注意的是，招标人在向评标委员会提供评标所必需的信息时，不得明示或者暗示其倾向或者排斥特定投标人。

【法律依据】

《中华人民共和国招标投标法实施条例》（2019年修订）（国务院令第709号）

第四十八条第一款　招标人应当向评标委员会提供评标所必需的信息，但不得明示或者暗示其倾向或者排斥特定投标人。

《评标委员会和评标方法暂行规定》（2013年修订）（国家发展和改革委员会等九部委令第23号）

第十六条　招标人或者其委托的招标代理机构应当向评标委员会提供评标所需的重要信息和数据，但不得带有明示或者暗示倾向或者排斥特定投标人的信息。

招标人设有标底的，标底在开标前应当保密，并在评标时作为参考。

180. 开标后，评标委员会应当在多长时间内完成评标工作？

现行法律对于评标的期限没有直接规定。实践中，由于招标项目规模、技术复杂程度不同，评标期限长的可以达到几个月，短的几个小时即可完成。比如，大型项目中技术规格复杂的成套机电设备的国际招标，评标期限往往需要几十个工作日。

《招标投标法实施条例》规定，招标人应当根据项目规模和技术复杂程度等因素合理确定评标时间。超过 1/3 的评标委员会成员认为评标时间不够的，招标人应当适当延长。

为了保证在投标有效期届满前有充足的时间用于合同的谈判与签订，《招标投标法》配套规定对评标结束的时间作出了相应规定，要求评标和定标应在投标有效期内完成。评标过程中评标委员通常先熟悉招标文件和投标文件，对投标文件进行初步评审，确定合格投标文件，期间可根据需要要求投标人作出澄清；初步评审结束后进入详细评审阶段，对初步评审合格的投标文件进行进一步评审、比较并打分，起草评标报告。以上各项任务完成后评标工作结束。由于评标结束后，招标人还需要进行评标结果公示、定标和签约，需要较长的时间。因此，在制作招标文件时，招标人应充分考虑评标和定标及其他程序所需要的时间，合理确定投标有效期。

【法律依据】

《中华人民共和国招标投标法实施条例》（2019 年修订）（国务院令第 709 号）

第四十八条第一、二款 招标人应当向评标委员会提供评标所必需的信息，但不得明示或者暗示其倾向或者排斥特定投标人。

招标人应当根据项目规模和技术复杂程度等因素合理确定评标时间。超过三分之一的评标委员会成员认为评标时间不够的，招标人应当适当延长。

《评标委员会和评标方法暂行规定》（2013 年修订）（国家发展和改革委员会等九部委令第 23 号）

第四十条第一款 评标和定标应当在投标有效期内完成。不能在投标有效期内完成评标和定标的，招标人应当通知所有投标人延长投标有效期。拒绝延长投标有效期的投标人有权收回投标保证金。同意延长投标有效期的投标人应当相应延长其投标担保的有效期，但不得修改投标文件的实质性内容。因延长投标有效期造成投标人损失的，招标人应当给予补偿，但因不可抗力需延长投标有效期的除外。

《工程建设项目施工招标投标办法》（2013 年修订）（国家发展和改革委员会等九部委令第 23 号）

第五十六条第一、二款 评标委员会完成评标后，应向招标人提出书面评标报告。评标报告由评标委员会全体成员签字。

依法必须进行招标的项目，招标人应当自收到评标报告之日起三日内公示中标候选人，公示期不得少于三日。

《工程建设项目货物招标投标办法》（2013 年修订）（国家发展和改革委员会等九部委令第 23 号）

第四十七条第二款 依法必须进行招标的项目，招标人应当自收到评标报告之日起三日内公示中标候选人,公示期不得少于三日。

《工程建设项目勘察设计招标投标办法》(2013年修订)(国家发展和改革委员会等九部委令第23号)

第四十六条第一款 评标定标工作应当在投标有效期内完成,不能如期完成的,招标人应当通知所有投标人延长投标有效期。

181. 经初步评审通过的合格投标人仅为两家,招标人是否必须重新招标?

招标系通过竞争的方式进行的货物、工程或服务采购,在招标投标程序中,应保持必要的竞争,否则,招标程序将在很大程度上失去存在的意义。《招标投标法》规定,递交投标文件的投标人少于3家的,不得开标。

现行法律规定,在具备开标条件的情况下,如果在评标过程中部分投标文件未通过初步评审,导致剩下的有效投标不足3家使投标明显缺乏竞争性的,评标委员会可以否决全部投标。评标委员会因上述原因否决所有投标的,招标人应当重新招标。也就是说,如果在评标阶段经初审合格的投标人只有两家时,不必然导致重新招标,关键在于投标是否还有竞争性;只有在有效投标不足3家而且投标明显缺乏竞争性时,才可能而非必然导致招标人重新招标。至于如何认定投标明显缺乏竞争性,现行法律并未给出具体标准,而是将决定权授权给了评标委员会。如果评标委员会认为剩余的有效投标文件仍具有竞争性,则有权决定继续评标,招标人不必重新招标;如果评标委员会认为剩余的有效投标不具有竞争性,有权否决全部投标。

在评标委员会否决全部投标的情况下,招标人应宣布招标失败,对于依法必须招标的项目,招标人应当重新招标,对于非必须招标的项目,可由招标人自行决定,招标人可重新进行招标,也可以选择其他方式进行采购。

【法律依据】

《评标委员会和评标方法暂行规定》(2013年修订)(国家发展和改革委员会等九部委令第23号)

第二十七条 评标委员会根据本规定第二十条、第二十一条、第二十二条、第二十三条、第二十五条的规定否决不合格投标后,因有效投标不足三个使得投标明显缺乏竞争的,评标委员会可以否决全部投标。

投标人少于三个或者所有投标被否决的,招标人在分析招标失败的原因并采取相应措施后,应当依法重新招标。

182. 招标人可以要求投标人向评标专家现场讲解其投标方案吗?

根据招标项目的不同情况,招标人有时会要求投标人向评标委员会现场演示或讲解其投标的方案和思路。现行法律对于该种情况并没有明确的禁止性规定。需要注意的是,不得允许或接受投标人在现场讲解时提出的对投标文件的实质性修改。同时,招标人应当在招标文件中对于现场演示和讲解的规则进行明确的规定。在现场演示和讲解过程中,应当采取保密和必要的监控措施,避免泄露评标委员会组成人员名单以及评审内容,防止评标委员会成员和投标人代表私下接触。

【法律依据】

《中华人民共和国招标投标法》(2017 年修正)(主席令第 86 号)

第三十七条第五款　评标委员会成员的名单在中标结果确定前应当保密。

第三十九条　评标委员会可以要求投标人对投标文件中含义不明确的内容作必要的澄清或者说明,但是澄清或者说明不得超出投标文件的范围或者改变投标文件的实质性内容。

第四十四条　评标委员会成员应当客观、公正地履行职务,遵守职业道德,对所提出的评审意见承担个人责任。

评标委员会成员不得私下接触投标人,不得收受投标人的财物或者其他好处。

评标委员会成员和参与评标的有关工作人员不得透露对投标文件的评审和比较、中标候选人的推荐情况以及与评标有关的其他情况。

183. 在评标过程中,可以通过电话方式进行澄清吗?

投标人对评标委员会澄清问题的回复为投标文件的组成部分,是评标委员会进行评标以及招标人与中标人订立合同的依据。为了保证评标的严谨性,保留过程文件,避免引起争议,现行法律要求澄清通过书面形式进行。

实践中,为了更及时有效地对有关问题进行了解和澄清,评标专家有时也会通过受监控的电话,或当面与投标人进行澄清。如果以电话或当面澄清等非书面方式进行澄清的,为了保证评标资料的完整性,为评标及合同签订提供合法、适当的依据,评标委员会应当要求投标人随后以书面形式确认澄清问题及回复内容。

【法律依据】

《中华人民共和国招标投标法》(2017 年修正)(主席令第 86 号)

第三十九条　评标委员会可以要求投标人对投标文件中含义不明确的内容作

必要的澄清或者说明,但是澄清或者说明不得超出投标文件的范围或者改变投标文件的实质性内容。

《中华人民共和国招标投标法实施条例》(2019年修订)(国务院令第709号)

第五十二条 投标文件中有含义不明确的内容、明显文字或者计算错误,评标委员会认为需要投标人作出必要澄清、说明的,应当书面通知该投标人。投标人的澄清、说明应当采用书面形式,并不得超出投标文件的范围或者改变投标文件的实质性内容。

评标委员会不得暗示或者诱导投标人作出澄清、说明,不得接受投标人主动提出的澄清、说明。

《评标委员会和评标方法暂行规定》(2013年修订)(国家发展和改革委员会等九部委令第23号)

第十九条第一款 评标委员会可以书面方式要求投标人对投标文件中含义不明确、对同类问题表述不一致或者有明显文字和计算错误的内容作必要的澄清、说明或者补正。澄清、说明或者补正应以书面方式进行并不得超出投标文件的范围或者改变投标文件的实质性内容。

184. 评标澄清时需要注意哪些问题?

首先,从澄清的范围上讲,澄清的范围应仅限于投标文件内含义不明确、对同类问题表述不一致或者有明显文字和计算错误的内容。评标澄清不得诱导或暗示投标人改变投标文件的实质性内容,不得进行变相的合同谈判。

其次,从澄清的形式上讲,澄清应以书面形式进行,并要求投标人应以书面形式回复。即便以电话等方式进行澄清,澄清的内容也应以书面形式再次确认。另外,评标委员会发出的澄清文件应明确回复时间。

最后,从澄清的主体上讲,澄清应以评标委员会的名义对外发出,不能以招标人或者评标委员会成员个人的身份,不能在澄清文件中泄露评标委员会成员的姓名等信息。

【法律依据】

《中华人民共和国招标投标法》(2017年修正)(主席令第86号)

第三十九条 评标委员会可以要求投标人对投标文件中含义不明确的内容作必要的澄清或者说明,但是澄清或者说明不得超出投标文件的范围或者改变投标文件的实质性内容。

《中华人民共和国招标投标法实施条例》(2019 年修订)(国务院令第 709 号)

第五十二条 投标文件中有含义不明确的内容、明显文字或者计算错误,评标委员会认为需要投标人作出必要澄清、说明的,应当书面通知该投标人。投标人的澄清、说明应当采用书面形式,并不得超出投标文件的范围或者改变投标文件的实质性内容。

评标委员会不得暗示或者诱导投标人作出澄清、说明,不得接受投标人主动提出的澄清、说明。

185. 投标人借澄清的机会发出降价函或降价声明,是否可以接受?

不能接受。在投标文件递交截止时间后,除非为回复澄清问题或应评标委员会要求纠正细微偏差,投标人不得补充或修改其投标文件。投标人回复评标委员会的澄清,只限于投标文件中含义不明确、对同类问题表述不一致或者有明显文字和计算错误的内容,不得改变投标文件的实质性内容。投标人在评标阶段通过降价函、降价声明或其他形式提出的修改报价等属于对投标文件实质性内容的变更,评标委员会不得接受。另外,开标后投标人已得知其他投标人的报价,在此情况下,如果允许投标人更改投标报价,等同于同意其进行“二次报价”,明显违反《招标投标法》的公平、公正的原则。

【法律依据】

《中华人民共和国招标投标法实施条例》(2019 年修订)(国务院令第 709 号)

第五十二条 投标文件中有含义不明确的内容、明显文字或者计算错误,评标委员会认为需要投标人作出必要澄清、说明的,应当书面通知该投标人。投标人的澄清、说明应当采用书面形式,并不得超出投标文件的范围或者改变投标文件的实质性内容。

评标委员会不得暗示或者诱导投标人作出澄清、说明,不得接受投标人主动提出的澄清、说明。

《评标委员会和评标方法暂行规定》(2013 年修订)(国家发展和改革委员会等九部委令第 23 号)

第十九条第一款 评标委员会可以书面方式要求投标人对投标文件中含义不明确、对同类问题表述不一致或者有明显文字和计算错误的内容作必要的澄清、说明或者补正。澄清、说明或者补正应以书面方式进行并不得超出投标文件的范围或者改变投标文件的实质性内容。

186. 投标人拒绝评标委员会的澄清要求,是否可以将其投标作否决处理?

如果投标人拒绝评标委员会的澄清要求,评标委员会可以对其投标作否决处理。为了客观公正地进行评标,保障合同签署和交易行为的顺利进行,相关法律规定评标委员会可以要求投标人对投标文件中含义不明确、对同类问题表述不一致或者有明显文字和计算错误的内容作出澄清。投标人有义务及时回复评标委员会提出的澄清,对被要求澄清的内容进行解释、说明或者补正。如果投标人拒不回复澄清,将影响评标工作的顺利进行,导致评标专家无法客观公正地进行评标;而且如果该投标人中标,由于相关问题未能在评标阶段解决,很可能会给合同谈判或履行带来潜在的争议隐患。基于上述情况,《评标委员会和评标方法暂行规定》规定:投标人拒不按照要求对投标文件进行澄清的,评标委员会可以否决其投标。

【法律依据】

《中华人民共和国招标投标法》(2017 年修正)(主席令第 86 号)

第三十九条 评标委员会可以要求投标人对投标文件中含义不明确的内容作必要的澄清或者说明,但是澄清或者说明不得超出投标文件的范围或者改变投标文件的实质性内容。

《评标委员会和评标方法暂行规定》(2013 年修订)(国家发展和改革委员会等九部委令第 23 号)

第十九条第一款 评标委员会可以书面方式要求投标人对投标文件中含义不明确、对同类问题表述不一致或者有明显文字和计算错误的内容作必要的澄清、说明或者补正。澄清、说明或者补正应以书面方式进行并不得超出投标文件的范围或者改变投标文件的实质性内容。

第二十二条 投标人资格条件不符合国家有关规定和招标文件要求的,或者拒不按照要求对投标文件进行澄清、说明或者补正的,评标委员会可以否决其投标。

187. 投标人的安全生产许可证被暂扣,是否可以将该投标文件作否决处理?

如果投标人的安全生产许可证在评标期间已被有关部门暂扣,评标委员会应当将该投标文件作否决处理。根据我国相关法律的规定,建筑施工企业安全生产许可证被暂扣期间,企业在全国范围内不得承揽新的工程项目;如果建筑施工企业不具有安全生产许可证或者安全生产许可证处于暂扣期内的,对于该项目不得颁发施工许可证。

由此可见,投标人安全生产许可证被扣,已丧失承包工程项目的能力,不具备基本的投标和履约资格。《招标投标法》规定,投标人应当具备承担招标项目的能力;国家有关规定对投标人资格条件或者招标文件对投标人资格条件有规定的,投标人应当具备规定的资格条件。因此,评标委员会对其投标文件作否决处理不仅具有充足的依据,而且能够有效保护招标人的合法权益。

【法律依据】

《中华人民共和国招标投标法》(2017 年修正)(主席令第 86 号)

第二十六条 投标人应当具备承担招标项目的能力;国家有关规定对投标人资格条件或者招标文件对投标人资格条件有规定的,投标人应当具备规定的资格条件。

《中华人民共和国招标投标法实施条例》(2019 年修订)(国务院令第 709 号)

第五十一条 有下列情形之一的,评标委员会应当否决其投标:

(一)投标文件未经投标单位盖章和单位负责人签字;

(二)投标联合体没有提交共同投标协议;

(三)投标人不符合国家或者招标文件规定的资格条件;

……

《安全生产许可证条例》(2014 年修订)(国务院令第 653 号)

第二条 国家对矿山企业、建筑施工企业和危险化学品、烟花爆竹、民用爆炸物品生产企业(以下统称企业)实行安全生产许可制度。

企业未取得安全生产许可证的,不得从事生产活动。

《建筑施工企业安全生产许可证动态监管暂行办法》(建质〔2008〕121 号)

第三条 建设主管部门在审核发放施工许可证时,应当对已经确定的建筑施工企业是否具有安全生产许可证以及安全生产许可证是否处于暂扣期内进行审查,对未取得安全生产许可证及安全生产许可证处于暂扣期内的,不得颁发施工许可证。

第十八条 建筑施工企业安全生产许可证被暂扣期间,企业在全国范围内不得承揽新的工程项目。发生问题或事故的工程项目停工整改,经工程所在地有关建设主管部门核查合格后方可继续施工。

188. 投标文件中规定的投标有效期不满足招标文件要求，是否可以否决？

所谓投标有效期，是指招标人对投标人发出的要约作出承诺的期限，也是投标人为自己发出的投标文件承担法律责任的期限。如果投标文件中规定的投标有效期不满足招标文件的要求，则可能出现招标人在招标文件规定的投标有效期内发出中标通知书，而投标人拒绝接受的情况，将严重影响招标投标工作的正常进行，属于对招标文件的实质性不响应。

因此，《工程建设项目货物招标投标办法》等部门规章均明确规定，投标文件中的投标有效期不满足招标文件要求的，应当否决该投标。

【法律依据】

《中华人民共和国招标投标法实施条例》（2019 年修订）（国务院令第 709 号）

第五十一条 有下列情形之一的，评标委员会应当否决其投标：

（一）投标文件未经投标单位盖章和单位负责人签字；

（二）投标联合体没有提交共同投标协议；

（三）投标人不符合国家或者招标文件规定的资格条件；

（四）同一投标人提交两个以上不同的投标文件或者投标报价，但招标文件要求提交备选投标的除外；

（五）投标报价低于成本或者高于招标文件设定的最高投标限价；

（六）投标文件没有对招标文件的实质性要求和条件作出响应；

（七）投标人有串通投标、弄虚作假、行贿等违法行为。

《工程建设项目货物招标投标办法》（2013 年修订）（国家发展和改革委员会等九部委令第 23 号）

第四十一条第二款 有下列情形之一的，评标委员会应当否决其投标：

……

（六）投标文件没有对招标文件的实质性要求和条件作出响应；

……

《机电产品国际招标投标实施办法（试行）》（商务部令 2014 年第 1 号）

第五十七条 在商务评议过程中，有下列情形之一者，应予否决投标：

……

（十一）投标有效期不足的；

……

（十三）存在招标文件中规定的否决投标的其他商务条款的。

前款所列材料在开标后不得澄清、后补;招标文件要求提供原件的,应当提供原件,否则将否决其投标。

189. 投标文件提供了两个投标方案并对应不同的报价,应如何处理?

按照《招标投标法》公开、公平、公正和诚实信用的基本原则,每个投标人应有同等的投标机会。如果投标人提交了两个投标方案、对应两种不同报价,而评标委员会对该两个投标方案和投标报价同时评审的,则对其他投标人显然是不公平的;而且,如果投标人不明确以哪个方案为准,也会给评标工作带来困难。除非招标文件允许提供备选方案,或者虽然投标人提交了两个不同报价的方案,但明确了最终或有效报价,否则投标人提交两个方案并对应两个报价的,评标委员会应对其投标作否决处理。

需要注意的是,即使招标文件允许提供备选方案,且投标人在投标文件中明确了主方案和备选方案。在评标过程中,也只有主方案能够参与投标竞争,在主方案符合中标条件时,招标人方可考虑是否按照备选方案与中标人签订合同。

【法律依据】

《中华人民共和国招标投标法实施条例》(2019 年修订)(国务院令第 709 号)

第五十一条 有下列情形之一的,评标委员会应当否决其投标:

(一)投标文件未经投标单位盖章和单位负责人签字;

(二)投标联合体没有提交共同投标协议;

(三)投标人不符合国家或者招标文件规定的资格条件;

(四)同一投标人提交两个以上不同的投标文件或者投标报价,但招标文件要求提交备选投标的除外;

……

《评标委员会和评标方法暂行规定》(2013 年修订)(国家发展和改革委员会等九部委令第 23 号)

第三十八条 根据招标文件的规定,允许投标人投备选标的,评标委员会可以对中标人所投的备选标进行评审,以决定是否采纳备选标。不符合中标条件的投标人的备选标不予考虑。

190. 法定代表人授权委托书仅有法定代表人签名无单位公章,应该否决投标吗?

顾名思义,法定代表人是公司的合法代表,经其签字确认的职务行为视为单位的行为,并由单位承担相应的民事责任;单位公章表明了单位的意志,加盖单位公章亦可直接证明单位的授意。因此,授权委托书由法定代表人签字或者加盖单位公章,均可视为投标人已合法向投标代表授权。但如果授权委托书仅有法定代表人签名,有必要对法定代表人签名的真实性进行核实。

另外,法定代表人的授权委托书属于委托合同,应适用《民法典》的规定。《民法典》第四百九十条第一款规定:"当事人采用合同书形式订立合同的,自当事人均签名、盖章或者按指印时合同成立。在签名、盖章或者按指印之前,当事人一方已经履行主要义务,对方接受时,该合同成立。"由此可见,法定代表人签名的授权委托书一般应为有效的授权委托书,除非该授权委托书特别附加的生效条件,如"经法定代表人签名并加盖单位公章后生效"等,否则,授权委托书中仅有法定代表人签字应视为投标人对投标代表具有合法授权。在此情况下,评标委员会不应以法定代表人授权委托书不合格为由,对投标文件予以否决。

需要注意的是,如果招标文件明确要求授权委托书应由投标人法定代表人签字并且加盖单位公章,否则作否决投标处理。在招标文件有上述特别约定的前提下,评标委员会应当根据招标文件执行。

【法律依据】

《中华人民共和国民法典》(主席令第45号)

第六十一条第一、二款 依照法律或者法人章程的规定,代表法人从事民事活动的负责人,为法人的法定代表人。

法定代表人以法人名义从事的民事活动,其法律后果由法人承受。

第一百六十一条第一款 民事主体可以通过代理人实施民事法律行为。

第一百六十五条 委托代理授权采用书面形式的,授权委托书应当载明代理人的姓名或者名称、代理事项、权限和期限,并由被代理人签名或者盖章。

第四百九十条第一款 当事人采用合同书形式订立合同的,自当事人均签名、盖章或者按指印时合同成立。在签名、盖章或者按指印之前,当事人一方已经履行主要义务,对方接受时,该合同成立。

《中华人民共和国招标投标法实施条例》(2019年修订)(国务院令第709号)

第五十一条 有下列情形之一的,评标委员会应当否决其投标:

(一)投标文件未经投标单位盖章和单位负责人签字;

……

191. 如果所有投标报价均超过项目概算,是否可以否决全部投标?

项目概算一般是指招标人制定的某招标项目的费用预算,是招标人内部对采购费用进行控制的措施之一,项目概算对投标人没有法律约束力。投标文件只有在违反招标文件实质性要求,或出现法定的或招标文件中规定的否决投标情形时,才可作否决投标处理。

投标报价超过项目概算并非法定的否决投标条件,因此,如果项目概算没有在招标文件中体现,或者虽然招标文件中披露了项目概算但没有将其作为最高投标限价的,评标委员会不得以投标报价超过项目概算为由否决其投标。

【法律依据】

《中华人民共和国招标投标法》(2017 年修正)(主席令第 86 号)

第二十七条第一款 投标人应当按照招标文件的要求编制投标文件。投标文件应当对招标文件提出的实质性要求和条件作出响应。

《中华人民共和国招标投标法实施条例》(2019 年修订)(国务院令第 709 号)

第二十七条 招标人可以自行决定是否编制标底。一个招标项目只能有一个标底。标底必须保密。

接受委托编制标底的中介机构不得参加受托编制标底项目的投标,也不得为该项目的投标人编制投标文件或者提供咨询。

招标人设有最高投标限价的,应当在招标文件中明确最高投标限价或者最高投标限价的计算方法。招标人不得规定最低投标限价。

第五十一条 有下列情形之一的,评标委员会应当否决其投标:

……

(五)投标报价低于成本或者高于招标文件设定的最高投标限价;

……

《工程建设项目货物招标投标办法》(2013 年修订)(国家发展和改革委员会等九部委令第 23 号)

第五十三条 必须审批的工程建设项目,货物合同价格应当控制在批准的概算投资范围内;确需超出范围的,应当在中标合同签订前,报原项目审批部门审查同意。项目审批部门应当根据招标的实际情况,及时作出批准或者不予批准的决定;项目审批部门不予批准的,招标人应当自行平衡超出的概算。

《工程建设项目施工招标投标办法》(2013 年修订)(国家发展和改革委员会等九部委令第 23 号)

第六十四条 合同中确定的建设规模、建设标准、建设内容、合同价格应当控制在批准的初步设计及概算文件范围内;确需超出规定范围的,应当在中标合同签订前,报原项目审批部门审查同意。凡应报经审查而未报的,在初步设计及概算调整时,原项目审批部门一律不予承认。

192. 招标人认为所有投标报价均偏高,是否可以要求投标人进行“二次报价”?

招标投标过程中,“二次报价”的做法是被现行法律严格禁止的。招标投标不同于拍卖和竞争性谈判,投标人只能针对招标文件进行一次响应和报价,二次报价的做法不仅违反了《招标投标法》的规定,而且破坏了招标投标公开、公平、公正和诚实信用的原则。

《招标投标法》和《招标投标法实施条例》均明确规定,投标人的澄清、说明不得超出投标文件的范围或者改变投标文件的实质性内容;对投标文件的补充、修改只能在提交投标文件截止时间前进行。“二次报价”属于对投标文件的修改,而且是在开标以后进行的,明显违反了上述规定。招标人无权要求投标人进行二次报价(依法重新招标除外),投标人亦有权拒绝招标人的“二次报价”要求;即使投标人根据招标人要求进行了二次报价,该报价也是无效的。

如果招标人担心投标人的投标报价偏高,超出自己的承受能力,可以在招标文件中设置最高投标限价,以避免过高报价的投标。

【法律依据】

《中华人民共和国招标投标法》(2017 年修正)(主席令第 86 号)

第二十九条 投标人在招标文件要求提交投标文件的截止时间前,可以补充、修改或者撤回已提交的投标文件,并书面通知招标人。补充、修改的内容为投标文件的组成部分。

第三十九条 评标委员会可以要求投标人对投标文件中含义不明确的内容作必要的澄清或者说明,但是澄清或者说明不得超出投标文件的范围或者改变投标文件的实质性内容。

《中华人民共和国招标投标法实施条例》(2019 年修订)(国务院令第 709 号)

第五十二条 投标文件中有含义不明确的内容、明显文字或者计算错误,评标委员会认为需要投标人作出必要澄清、说明的,应当书面通知该投标人。投标人的澄清、说明应当采用书面形式,并不得超出投标文件的范围或者改变投标文件的实质性内容。

评标委员会不得暗示或者诱导投标人作出澄清、说明,不得接受投标人主动提出的澄清、说明。

193. 评标时发现投标人的报价明显偏低并可能低于成本,应当如何处理?

以招标投标程序进行采购的目的在于给投标人以公平竞争的机会,通过投标人之间的公平竞争,招标人可以按照既定的规则选择最佳供应商。实践中,个别投标人为了中标,以低于成本的价格投标,这种做法既损害了正常的市场竞争秩序,也违反了《反不正当竞争法》和《招标投标法》,评标时应当对其投标作否决处理。

如果评标委员会发现投标人的报价明显偏低可能低于成本价的,应当对投标人的个别成本进行核实,可以要求该投标人详细说明投标报价测算情况,并提供相关证明材料。如果投标人不能合理说明或不能提供相关证明材料,评标委员会可以认定该投标人的报价低于成本价,并作否决投标处理。至于何种情况下可视为投标人的说明合理,或提供了相关证明材料,则由评标委员会加以认定。

【法律依据】

《中华人民共和国招标投标法》(2017 年修正)(主席令第 86 号)

第三十三条 投标人不得以低于成本的报价竞标,也不得以他人名义投标或者以其他方式弄虚作假,骗取中标。

《中华人民共和国招标投标法实施条例》(2019 年修订)(国务院令第 709 号)

第五十一条 有下列情形之一的,评标委员会应当否决其投标:

……

(五)投标报价低于成本或者高于招标文件设定的最高投标限价;

(六)投标文件没有对招标文件的实质性要求和条件作出响应;

(七)投标人有串通投标、弄虚作假、行贿等违法行为。

《评标委员会和评标方法暂行规定》(2013 年修订)(国家发展和改革委员会等九部委令第 23 号)

第二十一条 在评标过程中,评标委员会发现投标人的报价明显低于其他投标报价或者在设有标底时明显低于标底，使得其投标报价可能低于其个别成本的，应当要求该投标人作出书面说明并提供相关证明材料。投标人不能合理说明或者不能提供相关证明材料的，由评标委员会认定该投标人以低于成本报价竞标，应当否决其投标。

194. 招标人拟增购部分货物，是否可以在评标过程中要求投标人就增加部分进行报价？

不可以。根据现行法律的规定，招标人对已发出的招标文件进行必要的澄清或者修改，应当在招标文件要求提交投标文件截止时间至少 15 日前进行。招标人要求各投标人增加提供招标货物并进行报价，属于对招标文件内容的修改，进入评标阶段后，已不具备修改招标文件的条件。

招标人在制作招标文件时，应对招标范围等重要事项进行充分考虑论证，尽量不要漏项。招标漏项是指工作内容应包含却未包含在招标范围内的项目，这种情形一般对招标人是相当不利的，可能会对项目投资控制以及项目的接口等造成影响。为了防止招标漏项问题，招标人应遵守项目建设程序，严格执行具备法定招标条件后再招标的有关规定，按照确定的设计文件内容、功能需求等确定项目招标的工作范围。

【法律依据】

《中华人民共和国招标投标法》（2017 年修正）（主席令第 86 号）

第二十三条 招标人对已发出的招标文件进行必要的澄清或者修改的，应当在招标文件要求提交投标文件截止时间至少十五日前，以书面形式通知所有招标文件收受人。该澄清或者修改的内容为招标文件的组成部分。

《中华人民共和国招标投标法实施条例》（2019 年修订）（国务院令第 709 号）

第二十一条 招标人可以对已发出的资格预审文件或者招标文件进行必要的澄清或者修改。澄清或者修改的内容可能影响资格预审申请文件或者投标文件编制的，招标人应当在提交资格预审申请文件截止时间至少 3 日前，或者投标截止时间至少 15 日前，以书面形式通知所有获取资格预审文件或者招标文件的潜在投标人；不足 3 日或者 15 日的，招标人应当顺延提交资格预审申请文件或者投标文件的截止时间。

195. 评标过程中,投标人因有违规行为导致其资质从甲级降为乙级,应该如何处理?

如果投标人在递交投标文件后资质等级由甲级被降低为乙级,且评标委员会在评标时有依据能够认定上述情况的,应当按照实事求是的原则依据该投标人现有资质等级进行评价:按照法律或招标文件规定投标人必须具备甲级资质的,应将该投标人的投标文件予以否决;乙级资质亦符合法律和招标文件要求的,可按照招标文件规定的评标办法正常评审。

如果评标时未对上述情况作出处理,而招标人认为可能影响其履约能力的,有权在发出中标通知书前,要求中标候选人提供新的书面材料,并组织原评标委员会按照招标文件规定的标准和条件审查确认。

需要注意的是,如果投标人在递交投标文件之前已被降为乙级资质,而投标文件未进行披露,则属于投标人递交的投标文件存在弄虚作假,评标委员会应否决其投标,并可向有关部门建议对其进行行政处罚。

【法律依据】

《中华人民共和国招标投标法》(2017 年修正)(主席令第 86 号)

第二十六条 投标人应当具备承担招标项目的能力;国家有关规定对投标人资格条件或者招标文件对投标人资格条件有规定的,投标人应当具备规定的资格条件。

第五十四条第一款 投标人以他人名义投标或者以其他方式弄虚作假,骗取中标的,中标无效,给招标人造成损失的,依法承担赔偿责任;构成犯罪的,依法追究刑事责任。

《中华人民共和国招标投标法实施条例》(2019 年修订)(国务院令第 709 号)

第五十六条 中标候选人的经营、财务状况发生较大变化或者存在违法行为,招标人认为可能影响其履约能力的,应当在发出中标通知书前由原评标委员会按照招标文件规定的标准和方法审查确认。

196. 投标文件分项价格之和与总报价不一致时,以哪一个为准?

投标文件分项价格之和通常应与总报价相等,但由于投标人失误等原因,有时会出现两者不一致的情况。对于投标文件分项价格之和与总报价出现不一致情况时如何处理,应在招标文件中作出明确。对于以工程量清单综合单价招标的施工招标，一般应以分项价格为准并以此调整总价；对于成套设备，则可以规定以总报价为准。如果招标文件未作规定，根据《评标委员会和评标方法暂行规定》，应当以分项价格之和为准对总价进行调整，分项价格有明显小数点错误的除外。

需要注意的是，如果发生投标文件分项价格之和与总报价不一致的情况，评标委员会在向投标人澄清时，不得要求投标人明确以总价或分项价格为准。正确的做法是，按照招标文件或相关规定进行调整后，请投标人进行确认；如果投标人不予以确认，评标委员会应当将该投标人的投标文件作否决处理。

【法律依据】

《中华人民共和国招标投标法》（2017 年修正）（主席令第 86 号）

第三十九条 评标委员会可以要求投标人对投标文件中含义不明确的内容作必要的澄清或者说明，但是澄清或者说明不得超出投标文件的范围或者改变投标文件的实质性内容。

《中华人民共和国招标投标法实施条例》（2019 年修订）（国务院令第 709 号）

第五十二条 投标文件中有含义不明确的内容、明显文字或者计算错误，评标委员会认为需要投标人作出必要澄清、说明的，应当书面通知该投标人。投标人的澄清、说明应当采用书面形式，并不得超出投标文件的范围或者改变投标文件的实质性内容。

评标委员会不得暗示或者诱导投标人作出澄清、说明，不得接受投标人主动提出的澄清、说明。

《评标委员会和评标方法暂行规定》（2013 年修订）（国家发展和改革委员会等九部委令第 23 号）

第十九条 评标委员会可以书面方式要求投标人对投标文件中含义不明确、对同类问题表述不一致或者有明显文字和计算错误的内容作必要的澄清、说明或者补正。澄清、说明或者补正应以书面方式进行并不得超出投标文件的范围或者改变投标文件的实质性内容。

投标文件中的大写金额和小写金额不一致的，以大写金额为准；总价金额与单价金额不一致的，以单价金额为准，但单价金额小数点有明显错误的除外；对不同文字文本投标文件的解释发生异议的，以中文文本为准。

197. 法定否决投标情形有哪些？

法定否决是指根据法律规定，评标委员会应当对投标文件进行否决处理的情况，无论招标文件是否已将此种情况列为否决投标情形。

根据《招标投标法实施条例》的规定，法定否决投标情形共有七项：(1)投标文件未经投标单位盖章和单位负责人签字；(2)投标联合体没有提交共同投标协议；(3)投标人不符合国家或者招标文件规定的资格条件；(4)同一投标人提交两个以上不同的投标文件或者投标报价，但招标文件要求提交备选投标的除外；(5)投标报价低于成本或者高于招标文件设定的最高投标限价；(6)投标文件没有对招标文件的实质性要求和条件作出响应；(7)投标人有串通投标、弄虚作假、行贿等违法行为。

【法律依据】

《中华人民共和国招标投标法实施条例》(2019年修订)(国务院令第709号)

第五十一条 有下列情形之一的，评标委员会应当否决其投标：

(一)投标文件未经投标单位盖章和单位负责人签字；

(二)投标联合体没有提交共同投标协议；

(三)投标人不符合国家或者招标文件规定的资格条件；

(四)同一投标人提交两个以上不同的投标文件或者投标报价，但招标文件要求提交备选投标的除外；

(五)投标报价低于成本或者高于招标文件设定的最高投标限价；

(六)投标文件没有对招标文件的实质性要求和条件作出响应；

(七)投标人有串通投标、弄虚作假、行贿等违法行为。

198. 失信被执行人的投标文件是否应当被否决?

因《关于在招标投标活动中对失信被执行人实施联合惩戒的通知》要求限制失信被执行人的投标活动，在依法必须进行招标的工程建设项目中，招标人应当在资格预审公告、招标公告、投标邀请书及资格预审文件、招标文件中明确规定对失信被执行人的处理方法和评标标准。在评标阶段，招标人或者招标代理机构、评标专家委员会应当查询投标人是否为失信被执行人，对属于失信被执行人的投标活动依法予以限制。另外，需要注意的是，两个以上的自然人、法人或者其他组织组成一个联合体，以一个投标人的身份共同参加投标活动的，应当对所有联合体成员进行失信被执行人信息查询。联合体中有一个或一个以上成员属于失信被执行人的，联合体视为失信被执行人，其投标应被否决。在除依法必须进行招标的工程建设项目以外的项目中，是否禁止失信被执行人投标，我国法律、法规暂未规定，招标人可以在招标文件中明确规则。

考虑到失信被执行人名单是动态变化的,建议在招标文件中约定明确的查询基准时间,如以开标当日或次日的查询结果为准。

【法律依据】

《关于在招标投标活动中对失信被执行人实施联合惩戒的通知》(法〔2016〕285号)

四、联合惩戒措施

……

(一)限制失信被执行人的投标活动

依法必须进行招标的工程建设项目,招标人应当在资格预审公告、招标公告、投标邀请书及资格预审文件、招标文件中明确规定对失信被执行人的处理方法和评标标准,在评标阶段,招标人或者招标代理机构、评标专家委员会应当查询投标人是否为失信被执行人,对属于失信被执行人的投标活动依法予以限制。

两个以上的自然人、法人或者其他组织组成一个联合体,以一个投标人的身份共同参加投标活动的,应当对所有联合体成员进行失信被执行人信息查询。联合体中有一个或一个以上成员属于失信被执行人的,联合体视为失信被执行人。

199. 递交投标文件的投标人名称与资格预审时不一致,应当如何处理?

投标人名称与资格预审不一致的,可能有多种原因,比如:(1)未通过资格预审的投标申请人参加投标;(2)在资格预审至投标时的期间,投标人进行了名称变更。

对此,评标委员会在评审投标文件时,应当进行核实。如果根据投标人提供的材料或通过"国家企业信用信息公示系统"能证明投标人与通过资格预审的申请人为同一主体的,应予认可;否则,其投标应被否决。

值得一提的是,如果招标人或招标代理机构的工作人员,在接收标书时发现投标人名称与通过资格预审的投标人名称不一致的,应当进行核实,确定递交投标文件的单位没有通过资格预审的,应当拒收;如果不能确定的,可先予接收投标文件,做好备注将该问题提交评标委员会评审。

【法律依据】

《中华人民共和国招标投标法实施条例》(2019年修订)(国务院令第709号)

第三十六条 未通过资格预审的申请人提交的投标文件,以及逾期送达或者不按照招标文件要求密封的投标文件,招标人应当拒收。

招标人应当如实记载投标文件的送达时间和密封情况,并存档备查。

第六十四条第一款 招标人有下列情形之一的,由有关行政监督部门责令改正,可以处10万元以下的罚款:

……

(三)接受未通过资格预审的单位或者个人参加投标;

……

《工程建设项目施工招标投标办法》(2013年修订)(国家发展和改革委员会等九部委令第23号)

第十九条第一款 经资格预审后,招标人应当向资格预审合格的潜在投标人发出资格预审合格通知书,告知获取招标文件的时间、地点和方法,并同时向资格预审不合格的潜在投标人告知资格预审结果。资格预审不合格的潜在投标人不得参加投标。

200. 投标文件电子版与纸质版不一致的,应当如何处理?

《电子签名法》的施行保证了电子签名的法律效力,为电子化招标的推行创造了法律条件,随着大家对电子化招标的优点广泛达成共识,越来越多的政府和企业开始推广电子化招标。经过电子签名的电子版投标文件对投标人具有法律约束力,在没有特别规定的情况下,其法律效力等同于纸质版投标文件。

由于纸质投标文件有签名、盖章,非经电子签名的投标文件的电子版如果与纸质版不一致,通常应以纸质版为准;如果经电子签名的投标文件的电子版与纸质版不一致,则需根据具体情况进行判断。为避免争议,建议在同时使用电子和纸质投标文件的情况下,应在招标文件中规定电子版和纸质版不一致时的认定和处理标准。

【法律依据】

《中华人民共和国电子签名法》(2019年修正)(主席令第29号)

第三条 民事活动中的合同或者其他文件、单证等文书,当事人可以约定使用或者不使用电子签名、数据电文。

当事人约定使用电子签名、数据电文的文书,不得仅因为其采用电子签名、数据电文的形式而否定其法律效力。

前款规定不适用下列文书:

(一)涉及婚姻、收养、继承等人身关系的;

（二）涉及停止供水、供热、供气等公用事业服务的；

（三）法律、行政法规规定的不适用电子文书的其他情形。

201. 投标函只有单位盖章没有法定代表人签字，必须否决投标吗？

单位公章表明了单位的意志，加盖单位公章直接证明单位的授意，即由投标人对投标文件承担相应的民事责任。因此，一般情况下，投标文件经加盖公章即可视为已取得投标人的确认，对投标人具有法律约束力。不应以投标函无法律效力为由作出否决投标处理。

有的招标文件规定投标函必须由投标人法定代表人签字并加盖投标单位公章，否则作否决投标处理。在这种情况下，只加盖单位公章的投标文件应当作否决投标处理。

【法律依据】

《中华人民共和国民法典》（主席令第45号）

第四百九十条第一款 当事人采用合同书形式订立合同的，自当事人均签名、盖章或者按指印时合同成立。在签名、盖章或者按指印之前，当事人一方已经履行主要义务，对方接受时，该合同成立。

《中华人民共和国招标投标法实施条例》（2019年修订）（国务院令第709号）

第五十一条 有下列情形之一的，评标委员会应当否决其投标：

（一）投标文件未经投标单位盖章和单位负责人签字；

……

《评标委员会和评标方法暂行规定》（2013年修订）（国家发展和改革委员会等九部委令第23号）

第二十五条 下列情况属于重大偏差：

……

（二）投标文件没有投标人授权代表签字和加盖公章；

……

投标文件有上述情形之一的，为未能对招标文件作出实质性响应，并按本规定第二十三条规定作否决投标处理。招标文件对重大偏差另有规定的，从其规定。

202. 在评标过程中,该如何使用标底?

标底是由招标人组织专业人员为招标项目计算出的一个合理的基本价格,是招标人的期望价格。在进行评标时,招标人以此作为衡量投标人报价的一个尺度。《招标投标法》没有规定招标必须设有标底,但也没有禁止设置标底。对"设有标底的",要求招标人"必须保密"。《招标投标法实施条例》对标底的适用作出了明确的规范和限制。

标底在施工招标中较常使用,标底的编制一般以施工图为基础,按照一定地区的定额和信息价计算得出。为了保证招标投标活动的廉洁公正,《招标投标法实施条例》规定,招标人设有标底的,应在开标时公布。标底只能作为评标的参考因素。招标人不得在招标文件中规定投标报价最接近标底的投标人为中标人,也不得规定投标报价超出标底上下浮动范围的投标要作否决投标处理。

【法律依据】

《中华人民共和国招标投标法》(2017 年修正)(主席令第 86 号)

第四十条第一款 评标委员会应当按照招标文件确定的评标标准和方法,对投标文件进行评审和比较;设有标底的,应当参考标底。评标委员会完成评标后,应当向招标人提出书面评标报告,并推荐合格的中标候选人。

《中华人民共和国招标投标法实施条例》(2019 年修订)(国务院令第 709 号)

第五十条 招标项目设有标底的,招标人应当在开标时公布。标底只能作为评标的参考,不得以投标报价是否接近标底作为中标条件,也不得以投标报价超过标底上下浮动范围作为否决投标的条件。

203. 评标时可以按照投标人的备选方案评审吗?

对于招标文件允许接受备选方案的项目,评标时首先只对投标人的主选方案进行评审,只有在主选方案中标的情况下,评标委员会才可以对中标人的备选方案进行评审,以决定是否采纳备选方案。

允许提交备选方案易引起招标人与投标人串通投标,应予以重点监管。比如,招标人和投标人经事先协商,决定由投标人对主方案报低价,备选方案报高价,在主方案低价中标后,招标人却按报价较高的备选方案与投标人签订合同。

需要关注的是,在招标人未明确规定允许投标人投备选标的情况下,如投标人提交了两套(或以上)方案和报价,且未声明哪一个方案和报价为最终有效报价的,评标委员会将以“多个报价”为由对其作出否决投标处理。

【法律依据】

《中华人民共和国招标投标法实施条例》(2019 年修订)(国务院令第 709 号)

第五十一条 有下列情形之一的，评标委员会应当否决其投标：

……

(四)同一投标人提交两个以上不同的投标文件或者投标报价，但招标文件要求提交备选投标的除外；

……

《评标委员会和评标方法暂行规定》(2013 年修订)(国家发展和改革委员会等九部委令第 23 号)

第三十八条 根据招标文件的规定，允许投标人投备选标的，评标委员会可以对中标人所投的备选标进行评审，以决定是否采纳备选标。不符合中标条件的投标人的备选标不予考虑。

204. 不响应招标文件要求的付款方式，是否可以否决投标？

投标人未响应招标文件规定的付款方式，并不是法定的否决投标条件。但是，如果招标文件将付款方式规定为实质性要求，评标委员会应对不响应付款方式的投标文件作否决投标处理。

如果招标文件没有将付款方式作为实质性要求，则评标委员会不应对该投标文件作否决投标处理，评标办法中有相应评审规定的，可以对该投标文件作出不利于投标人的量化评审。

需要注意的是，除了货物招标法律要求必须将实质性要求在招标文件中列明以外，对于其他施工、勘察设计等招标何为实质性要求(如果招标文件未规定)，评标委员会有一定的决定权。

【法律依据】

《中华人民共和国招标投标法实施条例》(2019 年修订)(国务院令第 709 号)

第五十一条 有下列情形之一的，评标委员会应当否决其投标：

……

(六)投标文件没有对招标文件的实质性要求和条件作出响应；

……

《评标委员会和评标方法暂行规定》(2013年修订)(国家发展和改革委员会等九部委令第23号)

第二十三条 评标委员会应当审查每一投标文件是否对招标文件提出的所有实质性要求和条件作出响应。未能在实质上响应的投标,应当予以否决。

205. 评标时对投标人的投标漏项应如何处理?

所谓投标漏项,是指招标文件要求投标人作出响应而投标文件未予响应的事项。

对于评标过程中发现的投标漏项,主要依据招标文件的规定确定处理方式:属于未响应招标文件中规定的实质性条件的,则构成重大偏差,评标委员会应对其作出否决投标处理;如果投标漏项并未构成重大偏差,评标委员会可以进行澄清,根据澄清结果、招标文件或者法律、法规等规定决定是否作出对该投标人不利的量化。

通常情况下,如果投标漏项只是细微偏差,且投标人已根据评标委员会的要求补正的,则不应在评审时对投标人进行不利的量化。

对于报价漏项,《机电产品国际招标投标实施办法(试行)》作出了相应的处理规定,招标文件应当明确规定在实质性响应招标文件要求的前提下投标文件分项报价允许缺漏项的最大范围或比重,并注明如缺漏项超过允许的最大范围或比重,该投标将被视为实质性不满足招标文件要求,并将导致投标被否决。

综上所述,无论是一般的招标还是机电产品国际招标,为明确、统一评审标准,招标文件均应事先明确报价漏项的标准。

【法律依据】

《评标委员会和评标方法暂行规定》(2013年修订)(国家发展和改革委员会等九部委令第23号)

第二十四条 评标委员会应当根据招标文件,审查并逐项列出投标文件的全部投标偏差。

投标偏差分为重大偏差和细微偏差。

第二十六条 细微偏差是指投标文件在实质上响应招标文件要求,但在个别地方存在漏项或者提供了不完整的技术信息和数据等情况,并且补正这些遗漏或者不完整不会对其他投标人造成不公平的结果。细微偏差不影响投标文件的有效性。

评标委员会应当书面要求存在细微偏差的投标人在评标结束前予以补正。拒不补正的,在详细评审时可以对细微偏差作不利于该投标人的量化,量化标准应当在招标文件中规定。

《机电产品国际招标投标实施办法(试行)》(商务部令2014年第1号)

第六十三条 投标人应当根据招标文件要求和产品技术要求列出供货产品清单和分项报价。投标人投标报价缺漏项超出招标文件允许的范围或比重的,为实质性偏离招标文件要求,评标委员会应当否决其投标。缺漏项在招标文件允许的范围或比重内的,评标时应当要求投标人确认缺漏项是否包含在投标价中,确认包含的,将其他有效投标中该项的最高价计入其评标总价,并依据此评标总价对其一般商务和技术条款(参数)偏离进行价格调整;确认不包含的,评标委员会应当否决其投标;签订合同时以投标价为准。

206. 评标委员会提交的评标报告一般应包含哪些内容?

评标报告是评标委员会根据全体评标委员会成员签字的原始评标记录和评标结果编写的文件,反映了评标委员会的工作成果,是招标人定标的依据。

评标报告一般应当包括以下内容:(1)基本情况和数据表;(2)评标委员会成员名单;(3)开标记录;(4)符合要求的投标一览表;(5)否决投标的情况说明;(6)评标标准、评标方法或者评标因素一览表;(7)经评审的价格或者评分比较一览表;(8)经评审的投标人排序;(9)推荐的中标候选人名单与签订合同前要处理的事宜;(10)澄清、说明、补正事项纪要。采用经评审的最低投标价法的,应当拟定一份"标价比较表";采用综合评估法的,应当拟定一份"综合评估比较表"。标价比较表或综合评估比较表应连同评标报告一同提交招标人。

【法律依据】

《中华人民共和国招标投标法》(2017年修正)(主席令第86号)

第四十条 评标委员会应当按照招标文件确定的评标标准和方法,对投标文件进行评审和比较;设有标底的,应当参考标底。评标委员会完成评标后,应当向招标人提出书面评标报告,并推荐合格的中标候选人。

招标人根据评标委员会提出的书面评标报告和推荐的中标候选人确定中标人。招标人也可以授权评标委员会直接确定中标人。

国务院对特定招标项目的评标有特别规定的,从其规定。

《中华人民共和国招标投标法实施条例》(2019年修订)(国务院令第709号)

第五十三条 评标完成后,评标委员会应当向招标人提交书面评标报告和中标候选人名单。中标候选人应当不超过3个,并标明排序。

评标报告应当由评标委员会全体成员签字。对评标结果有不同意见的评标委员会成员应当以书面形式说明其不同意见和理由,评标报告应当注明该不同意见。评标委员会成员拒绝在评标报告上签字又不书面说明其不同意见和理由的,视为同意评标结果。

《评标委员会和评标方法暂行规定》(2013年修订)(国家发展和改革委员会等九部委令第23号)

第三十三条 根据经评审的最低投标价法完成详细评审后,评标委员会应当拟定一份"标价比较表",连同书面评标报告提交招标人。"标价比较表"应当载明投标人的投标报价、对商务偏差的价格调整和说明以及经评审的最终投标价。

第三十七条 根据综合评估法完成评标后,评标委员会应当拟定一份"综合评估比较表",连同书面评标报告提交招标人。"综合评估比较表"应当载明投标人的投标报价、所作的任何修正、对商务偏差的调整、对技术偏差的调整、对各评审因素的评估以及对每一投标的最终评审结果。

第四十二条 评标委员会完成评标后,应当向招标人提出书面评标报告,并抄送有关行政监督部门。评标报告应当如实记载以下内容:

(一)基本情况和数据表;

(二)评标委员会成员名单;

(三)开标记录;

(四)符合要求的投标一览表;

(五)否决投标的情况说明;

(六)评标标准、评标方法或者评标因素一览表;

(七)经评审的价格或者评分比较一览表;

(八)经评审的投标人排序;

(九)推荐的中标候选人名单与签订合同前要处理的事宜;

(十)澄清、说明、补正事项纪要。

207. 评标委员会可以推荐几名中标候选人?

评标委员会可以推荐不超过3名中标候选人。推荐中标候选人既是评标委员会的重要职责,也是评标成果的体现,评标委员会推荐的中标候选人为招标人确定中标人提供了选择范围。需要招标人关注的是,国有资金占控股或者主导地位的依法必须进行招标的项目,招标人应当确定排名第一的中标候选人为中标人。

【法律依据】

《中华人民共和国招标投标法实施条例》(2019 年修订)(国务院令第 709 号)

第五十三条 评标完成后,评标委员会应当向招标人提交书面评标报告和中标候选人名单。中标候选人应当不超过3个,并标明排序。

评标报告应当由评标委员会全体成员签字。对评标结果有不同意见的评标委员会成员应当以书面形式说明其不同意见和理由,评标报告应当注明该不同意见。评标委员会成员拒绝在评标报告上签字又不书面说明其不同意见和理由的,视为同意评标结果。

第五十五条 国有资金占控股或者主导地位的依法必须进行招标的项目,招标人应当确定排名第一的中标候选人为中标人。排名第一的中标候选人放弃中标、因不可抗力不能履行合同、不按照招标文件要求提交履约保证金,或者被查实存在影响中标结果的违法行为等情形,不符合中标条件的,招标人可以按照评标委员会提出的中标候选人名单排序依次确定其他中标候选人为中标人,也可以重新招标。

《评标委员会和评标方法暂行规定》(2013 年修订)(国家发展和改革委员会等九部委令第 23 号)

第四十五条 评标委员会推荐的中标候选人应当限定在一至三人,并标明排列顺序。

208. 评标报告完成后,有评标专家拒绝在评标报告上签字该如何处理?

评标报告是评标委员会工作成果的反映,编制评标报告并签字是评标专家的法定义务。对评标结论持有异议的评标专家可以以书面方式阐述其不同意见和理由。评标委员会成员,包括评标专家,拒绝在评标报告上签字且不陈述其不同意见和理由的,视为同意评标结论,评标委员会应当对此作出书面说明并记录在案。在这种情况下,如果评标结论最终被证明不是客观和公正的,虽然该评标专家未在评标报告上签字,仍需和其他评标专家一样承担相应的法律责任。

由此可见,评标委员会成员在评标报告上签字并不必然说明其同意评标结论,如果评标委员会成员不同意评标结论,正确的做法是仍在评标报告上签字,但需同时书面说明不同意评标结论的意见及相关理由。

【法律依据】

《中华人民共和国招标投标法实施条例》(2019 年修订)(国务院令第 709 号)

第五十三条 评标完成后,评标委员会应当向招标人提交书面评标报告和中标候选人名单。中标候选人应当不超过 3 个,并标明排序。

评标报告应当由评标委员会全体成员签字。对评标结果有不同意见的评标委员会成员应当以书面形式说明其不同意见和理由,评标报告应当注明该不同意见。评标委员会成员拒绝在评标报告上签字又不书面说明其不同意见和理由的,视为同意评标结果。

《评标委员会和评标方法暂行规定》(2013 年修订)(国家发展和改革委员会等九部委令第 23 号)

第四十三条 评标报告由评标委员会全体成员签字。对评标结论持有异议的评标委员会成员可以书面方式阐述其不同意见和理由。评标委员会成员拒绝在评标报告上签字且不陈述其不同意见和理由的,视为同意评标结论。评标委员会应当对此作出书面说明并记录在案。

209. 招标人发现评标报告有统计错误,该如何处理?

根据《招标投标法》的规定,评标由招标人依法组建的评标委员会负责;评标委员会完成评标后,应当向招标人提出书面的评标报告,并推荐合格的中标候选人。如果招标人发现评标委员会提出的评标报告有明显的统计错误,且该错误直接影响到中标候选人的排序,应要求评标委员会对评标报告的错误进行修正,而不应直接予以修正;如果该错误不会影响到中标候选人的排序,招标人也可以不予处理。

【法律依据】

《中华人民共和国招标投标法》(2017 年修正)(主席令第 86 号)

第三十七条第一款 评标由招标人依法组建的评标委员会负责。

第四十条第一款 评标委员会应当按照招标文件确定的评标标准和方法,对投标文件进行评审和比较;设有标底的,应当参考标底。评标委员会完成评标后,应当向招标人提出书面评标报告,并推荐合格的中标候选人。

案 例 评 析

案例 20

投标人以美元计的注册资金应按何时的汇率进行换算?
——关于投标人注册资本的讨论

【基本案情】

某次货物招标,招标文件要求投标人的注册资本应不少于人民币 1000 万元,但 A 投标人的注册资本金为 130 万美元。如果按照公司登记注册时的汇率进行换算,则该投标人的注册资本满足招标文件要求;如果按照投标时的汇率进行换算,由于近年来人民币的不断升值,该投标人的注册资本换算成人民币已不足 1000 万元。那么,到底应按照登记注册时的汇率还是投标时的汇率进行换算,评标委员会成员进行了激烈的讨论。

【法律分析】

依据《市场监管总局关于贯彻落实〈外商投资法〉做好外商投资企业登记注册工作的通知》第八条的规定,明确注册资本(出资数额)币种表示。外商投资企业的注册资本(出资数额)可以用人民币表示,也可以用其他可自由兑换的外币表示。作为注册资本(出资数额)的外币与人民币或者外币与外币之间的折算,应按发生(缴款)当日中国人民银行公布的汇率的中间价计算,法律、行政法规或者国务院决定另有规定的,适用其规定。因此,在法律、行政法规或者国务院决定没有另行规定且招标文件无相关规定的情况下,对于该投标人的注册资本金,可以按照缴纳出资当日中国人民银行公布的汇率中间价换算成人民币,以此衡量该投标人的注册资本金是否满足招标文件规定的注册资本应不少于人民币 1000 万元的要求。

【特别提示】

建议在招标文件中明确规定投标人注册资本以外币计价的换算方式,以避免不必要的争议。

案例21

评标委员会能否要求投标人撤回招标人不能接受的偏差？
——招标中评标专家的疑问

【基本案情】

在某招标项目评标过程中，评标专家发现某投标人提出了多项技术和商务偏差，这些偏差有的招标人能够接受，有的不能接受。因此，招标人希望评标委员会向投标人发出澄清，要求投标人撤回招标人不能接受的偏差。评标委员会可以这么做吗？

【法律分析】

评标委员会能否要求投标人撤回偏差，不取决于招标人能否接受，而在于该偏差属于细微偏差还是重大偏差。

《招标投标法》第二十九条规定，投标人在招标文件要求提交投标文件的截止时间前，可以补充、修改或者撤回已提交的投标文件，并书面通知招标人。因此，在提交投标文件的截止时间届满后，投标人不得补充、修改、替代或者撤回其投标文件，招标人也不得接受投标人对投标文件补充、修改、替代或者撤回要求。根据《评标委员会和评标方法暂行规定》的规定，评标委员会应当审查投标文件是否对招标文件提出的所有实质性要求和条件作出响应。未能在实质上响应的投标，应当予以否决。细微偏差不影响投标文件的有效性。评标委员会应当书面要求存在细微偏差的投标人在评标结束前予以补正。拒不补正的，在详细评审时可以对细微偏差作不利于该投标人的量化。

【特别提示】

对于投标文件中提出的偏差，评标委员会应当根据偏差性质的不同区别对待。如果根据招标文件的规定，偏差超出了招标文件允许的范围，已经构成重大偏差的，评标委员会应当根据招标文件的规定，对其作否决处理，而不得要求或允许投标人撤回偏差。虽然现行法律并未明确规定细微偏差可以撤回，但是允许补正意味着可以消除偏差，实质上也是对偏差的撤回。当然，虽然评标委员会可以要求投标人补正（撤回）细微偏差，但并不表示投标人必须执行其要求，只是如果投标人不同意补正，评标委员会有权作出对投标人不利的量化，而且前提是招标文件中对量化标准已有相应规定。

案例22

评标专家评审错误该由谁承担责任?

——某建筑公司诉市林科所招投标纠纷案

【基本案情】

2013年8月,某建筑公司获悉某市林科所的某隧道工程准备招标,同年8月2日建筑公司向林科所出具介绍信及法人委托书,委托A以公司的名义参加投标活动。2013年9月15日,前述工程的开标评标会在市建筑交易市场进行。在开标前由市工商局进行资格预审,市建设局进行资质预审。当天,林科所收到两份建筑公司关于参加开标评标事宜的授权委托书,代理人分别为B与C。在工商局进行资格预审时,建设局提出:"建筑公司的代理人更换了,到场的代理人C在建设部门没有备案。"当日,评标委员会作出初审报告,涉案内容为:"在对建筑公司的投标文件进行审查时,发现建筑公司擅自变更法人委托人,又不澄清和说明,依据《工程建设项目施工招标投标办法》及《评标委员会和评标方法暂行规定》之规定,评标委员会对其投标按否决投标处理。"建筑公司不服否决投标决定,遂向人民法院提起诉讼,请求人民法院判令赔偿人民币58万元。

【法律分析】

人民法院经审理后认为:根据《招标投标法》第四十五条、第四十六条、第四十八条关于中标的规定,应认为招标人进行招标,投标人参加投标,直到最后中标人确定前,整个招标投标活动都处于合同的缔约阶段。在缔约过程中的赔偿责任应适用《合同法》(已失效)第四十二条关于缔约过失责任的规定。

评标委员会以建筑公司擅自变更法人委托人为由作出了否决投标决定,但是评标委员会依据的2003年《工程建设项目施工招标投标办法》(国家发展改革委员会等七部委令第30号)及《评标委员会和评标方法暂行规定》均没有规定投标人擅自变更委托人可予以否决投标。参加投标作为投标人的一种经营活动,委托及变更委托均为投标人的意志自由。投标人建筑公司的工作人员持投标人的委托书参加投标,评标委员会作出否决投标决定属错误理解行政法规,违背了合同缔约过程中的诚实信用原则,对投标人造成的损失应由评标委员会的招标人林科所承担。

建筑公司诉请"赔偿58万元",包括了原告认为的预期利润55万元,因该案适用缔约过失责任,赔偿范围不能包括预期利益损失,故55万元的损失赔偿人民法院不予支持。关于投标保证金10000元,招标文件约定:"投标截止以后,投标人不得撤回投标文件,否则其投标保证金将被没收”,按照投标人与招标人平等地位的理解,投标保证金于特定情况下的惩罚性质应对等适用于双方,故此投标保证金具有定金的特征。投标人与招标人违反招标文件和法律、行政法规的规定时,有权利要求招标人双倍返还投标保证金 20000 元。评标委员会违反行政法规的规定作出否决投标决定,此行为后果理应由招标人承担,招标人应向投标人双倍返还投标保证金 20000 元。

【特别提示】

在评标过程中,许多专家和招标人代表由于对招标投标相关法律、法规的条文理解不深,在对否决投标条件的把握上经常不能严格遵守法律、法规和招标文件的规定,一旦发现投标人的投标文件有不符合要求之处,就对该投标文件作否决处理。为了减少投诉风险,评标专家在评标时应严格遵守招标投标相关法律、法规和招标文件的规定,慎重地作出澄清和否决投标决定。

案例 23

这家投标单位为什么有两个名字?

——评标专家“火眼金睛”识破“李鬼”

【基本案情】

某电力设备评标时,评标专家发现其中一家投标人的名称为××电力设备有限公司(××电力设备制造厂),投标文件只有××电力设备有限公司签署盖章,但所有的资质证明材料和财务报表等都是××电力设备制造厂的。评标委员会要求该投标人就××电力设备有限公司和××电力设备制造厂的关系进行澄清说明,但该投标人拒绝书面澄清,只是口头表示他们是一家单位。后经评标专家调查,该××电力设备有限公司是××电力设备制造厂下属的多经企业,既没有生产能力也没有技术服务能力,是一家典型的“皮包公司”。后评标委员会经过评议,对该投标人作否决投标处理。

【法律分析】

设备公司的上述行为,已经构成在招标投标程序中弄虚作假。《招标投标法》第十八条第一款规定:“招标人可以根据招标项目本身的要求,在招标公告或者投标邀请书中,要求潜在投标人提供有关资质证明文件和业绩情况,并对潜在投标人进行资格审查;国家对投标人的资格条件有规定的,依照其规定。”由此可见,投标人应当以自身的资质证明文件和业绩情况进行投标,设备公司故意以相似的企业名称和口头答复混淆评标专家的判断,达到利用设备厂的资质和业绩以骗取中标的目的,经发现被取消投标资格也就不足为奇了。

【特别提示】

招标投标程序以诚实信用作为基本原则,要求投标人如实表述其实际情况,否则将承担严重的法律后果。《招标投标法》规定:"投标人不得以低于成本的报价竞标,也不得以他人名义投标或者以其他方式弄虚作假,骗取中标。""投标人以他人名义投标或者以其他方式弄虚作假,骗取中标的,中标无效,给招标人造成损失的,依法承担赔偿责任;构成犯罪的,依法追究刑事责任。"因此,无论在招标投标程序中的任何阶段,一旦发现投标人有弄虚作假的行为,都可以取消其投标或中标资格,并依法追究民事甚至刑事责任。

案例 24

投标文件超范围报价应如何处理?

【基本案情】

A 公司是某国有大型企业为开发建设电站项目而设立的项目公司,按照规定采取公开招标方式采购一批辅机设备,招标文件中载明的需求数量为 20 台。B 公司按规定时间和地点进行了投标,但在评标时发现其投标文件中的供货数量是 23 台,报价也是 23 台设备的价格。

对此,评标委员会成员存在不同的处理意见,有人认为 B 公司投标文件中的供货数量超出招标文件要求,属于未响应招标文件的实质性要求,应直接否决其投标;有人则认为招标文件中并没有规定超范围报价属于否决条件,不能以此为由否决投标,而应当按照其投标报价进行正常评审。

评标委员会中的招标人代表则提出:如果按照投标报价进行正常评审,最终 B 公司中标,在签订合同时供货范围应按照招标文件要求进行调减,合同签约价格也应进行相应折算。

【法律分析】

1. 超范围报价是否可以否决投标?

《招标投标法实施条例》第五十一条对应当否决投标的情形进行了规定,主要包括投标文件未经投标单位盖章和单位负责人签字、投标人不符合国家或者招标文件规定的资格条件、投标报价低于成本或者高于招标文件设定的最高投标限价、投标文件没有对招标文件的实质性要求和条件作出响应等七种情形。从上述情形可以看出,直接以超范围报价为由否决投标并没有直接的法律依据。

有人认为,超范围报价属于没有对招标文件的实质性要求和条件作出响应,可以此为依据对其进行否决,但这明显是站不住脚的。《工程建设项目货物招标投标办法》第二十一条规定,招标人应当在招标文件中规定实质性要求和条件,说明不满足其中任何一项实质性要求和条件的投标将被拒绝,并用醒目的方式标明;没有标明的要求和条件在评标时不得作为实质性要求和条件。

该案中,招标文件并没有规定投标人不得超范围报价(未明确"不得超范围报价"为实质性要求和条件),更没有规定超范围报价的投标文件将被否决。因此,不能以投标人超范围报价属于未响应招标文件的实质性要求和条件为由否决其投标。

另外,即使不考虑上述规定,从合理性角度分析,超范围报价也不应认定为未响应招标文件的实质性要求。因为超范围报价系指投标人超出招标人预期要求提供了货物,是过分满足了招标人需求。如果其价格比按正常范围报价的投标人还要优惠,其他方面也都满足要求,自然不应否决其投标。当然,投标人超范围报价很可能导致报价提高,失去竞争力,最终无法中标。超范围报价的投标人可能不中标,但不能剥夺其参与正常评标的资格。

2. 如何确定超范围报价的评标价格?

有人认为,投标人超范围报价时应当扣减超出范围部分的价格以后再进行评标,这种做法也是值得商榷的。是否可以将扣减后的价格作为评标价,取决于招标文件是否有相关规定。

《招标投标法》第四十条规定,评标委员会应当按照招标文件确定的评标标准和方法,对投标文件进行评审和比较。《招标投标法实施条例》第八十一条规定:"依法必须进行招标的项目的招标投标活动违反招标投标法和本条例的规定,对中标结果造成实质性影响,且不能采取补救措施予以纠正的,招标、投标、中标无效,应当依法重新招标或者评标。"

基于上述规定,如果招标文件没有规定超范围报价时应当扣减超范围部分的报价及以扣减后的价格作为评标价,评标委员会擅自进行扣减,导致投标人中标或影响了招标结果的,中标或招标结果将被认定为无效。

另外,我们也不建议在招标文件中规定,投标人超范围报价时应当扣减报价然后再进行评标。因为这样做意味着,这些有问题的投标人(超范围报价虽然一般不能作否决处理,但也确实存在没有完全响应招标文件规定的情况)并没有因为其自身的过错而承担任何不利后果,对其他严格按照招标文件要求报价的投标人并不公平。

如果为了保证投标竞争性确需进行评标价格调整的,也建议规定按照超范围部分所有投标人中同类设备的最低价进行扣减,对此类投标人予以适当惩戒,以促使投标人严格按照招标文件进行投标报价。否则,可能导致投标人相互效仿,随意报价,从而给招标评标工作带来很多不便和麻烦。

3. 超范围报价时如何确定合同价格?

该案中,招标人代表提出,如果超范围报价的投标人中标,在签订合同时供货范围应按照招标文件要求进行调减,合同签约价格也应相应进行折算。这种建议是否可行呢?

《招标投标法》第四十六条规定,招标人和中标人应当按照招标文件和中标人的投标文件订立书面合同。对供货范围和合同价格进行调整意味着对投标文件的关键内容进行了修改,涉嫌违反上述规定。即使签订了合同,在发生争议时被修改内容也会被认定为无效,供应商仍可以要求买方按原投标报价执行。

因此,如果超范围报价的投标人中标,招标人应该按照其原有供货范围和报价签订合同,而不宜进行任何调整。如果确实不需要多余的设备,可以在合同签订后依法与投标人另行协商处理。

【特别提示】

编制招标文件时应列明所有实质性要求和条件或重大偏差的情形。对于超范围报价的,可规定允许偏差的最大范围或幅度,超过该范围或幅度的为重大偏差,直接对投标文件作否决处理;超范围报价在相应范围或幅度内的为细微偏差,并明确其量化评审标准。可以但不建议规定按扣减后的报价作为评标价,因为这样做不利于引导投标人严格遵循招标文件要求报价,而且一旦此类投标人中标,正常情况下合同价格依然需根据其原报价确定。建议不做任何处理,直接将投标人超范围报价金额作为评标价进行评标。

建议可针对超范围报价问题在招标文件中规定:对于超范围报价的投标人,其供货范围按招标文件要求确定,投标报价按照超出数量对应的所有投标人同类设备(货物)的最高报价进行扣减,扣减后的价格为投标人最终报价。如中标,投标人应同意按照该调整后的报价与招标人签订合同。以上要求为实质性要求,投标人不同意该要求的,投标文件予以否决。

案例25

评标专家迟到、早退等情况该如何处理？

【基本案情】

某公司办公楼空调设备及安装项目公开招标采购，采用综合评分法评标。该项目计划于评标当日上午11点开标。

开标当日：

A评委提前1小时到达评标地点，但没有进入评标室，直接进入开标大厅，遇见了参加投标的某熟人相互问候，并旁听了该项目开标全过程。

11点以后，B评委未出现在评标室，工作人员多次联系，B评委的回答均是“马上到”。结果中午12点多才到，并解释称家里小孩生病，去了趟医院。

下午1点，在项目未完成评标工作的情况下，C评委提出他的评审工作已全部完成，因要赶升职考核面试，要求提前在评标报告上签字。

评委到达评标室后，监管人员要求将通信工具上交统一保管，D评委上交了一部手机，留了一部备用手机。

评标过程中，E评委对参与投标的两家企业与投标文件无关的情况发表了不同评论，极力夸奖一家，贬损另一家，结果被夸奖的一家最终排名第一，被贬损的一家排名第二。

评标工作结束当天，监管部门就收到了排名第二供应商的举报，称评标委员会没有客观公正评审，理由有四条：一是评审中有评委与外界通话；二是有评委发表了诱导性评审言论；三是评标委员会不按招标文件要求评审，现场细化评审指标；四是有评委参加了开标会，并与排名第一者的投标人代表坐在一起密谈。

【法律分析】

A评委违反了“评标委员会成员应该保密”的纪律要求。（1）评标专家参加开标会遇上熟悉的投标人代表时，未能保证评标成员的保密性；（2）评标专家参加开标会事先知道了投标人的信息，如果技术标采用暗标评审，容易导致暗标变成明标。

B评委违反了“应当准时参加评标工作”的纪律要求。这既是纪律要求，也是评标专家自身职业素养的重要体现。

C评委违反了“评标专家在评标委员会负责人未宣布评标结束之前，所有评标专家都不得离开评标现场”的纪律要求。评标结束的标志是已推荐出中标候选人，并完成了评标报告,全体成员在评标报告上签字,评标结束。

D评委违反了"不得将通信设备带入评标现场"的要求。评标专家在评审期间如有紧急情况确需与外界联系,正确做法是通过监督管理部门的公用电话联系,通话时应当按免提或录音,并且有监管人员或评标委员负责人在场。

E评委违反了"不得对其他评标委员会成员进行暗示、诱导或者施加压力影响其独立评审的"的要求。

评标委员会成员或参加评标的有关工作人员中有人违反了"评标委员会成员和参加评标的有关工作人员,不得透露对投标文件的评审和比较、中标候选人的推荐情况以及与评标有关的其他情况"的要求。

第六章　中标与签约

法律问题解答

210. 中标候选人必须公示吗？公示期多长？

根据招标投标相关法律、法规的规定，对于依法必须进行招标的项目，招标人应当自收到评标报告之日起 3 日内公示中标候选人，公示期不得少于 3 日。

法律、法规之所以作出如此规定，是因为：首先，《招标投标法》第五条规定，招标投标活动应当遵循公开、公平、公正和诚实信用的原则，招标人公示中标候选人是招标投标公开原则的体现；其次，中标候选人公示可以让未中标人及其他单位和个人了解评标结果，一旦发现评标结果存在问题，可以及时提出异议，维护自己的合法权益，对招标人和中标候选人而言则可以起到监督的作用；最后，依法必须招标的项目主要涉及国有资产和公共利益，通过这种公开的方式能更好地发现此类项目招标中存在的问题，防止国有资产或公共利益遭受损失。

2018 年 1 月 1 日起正式实施的《招标公告和公示信息发布管理办法》对于依法必须招标项目的中标候选人公示内容作出了更为详细的规定，主要包括以下内容：(1)中标候选人排序、名称、投标报价、质量、工期(交货期)，以及评标情况；(2)中标候选人按照招标文件要求承诺的项目负责人姓名及其相关证书名称和编号；(3)中标候选人响应招标文件要求的资格能力条件；(4)提出异议的渠道和方式；(5)招标文件规定公示的其他内容。

【法律依据】

《中华人民共和国招标投标法》(2017 年修正)(主席令第 86 号)

第五条　招标投标活动应当遵循公开、公平、公正和诚实信用的原则。

《中华人民共和国招标投标法实施条例》(2019 年修订)(国务院令第 709 号)

第五十四条第一款　依法必须进行招标的项目，招标人应当自收到评标报告之日起3日内公示中标候选人,公示期不得少于3日。

《招标公告和公示信息发布管理办法》(国家发展和改革委员会令第10号)

第六条 依法必须招标项目的中标候选人公示应当载明以下内容:

(一)中标候选人排序、名称、投标报价、质量、工期(交货期),以及评标情况;

(二)中标候选人按照招标文件要求承诺的项目负责人姓名及其相关证书名称和编号;

(三)中标候选人响应招标文件要求的资格能力条件;

(四)提出异议的渠道和方式;

(五)招标文件规定公示的其他内容。

依法必须招标项目的中标结果公示应当载明中标人名称。

211. 中标候选人公示与中标公告有什么区别?

中标候选人公示为法定要求。《招标投标实施条例》第五十四条第一款规定,依法必须进行招标的项目,招标人应当自收到评标报告之日起3日内公示中标候选人,公示期不得少于3日。中标结果公示的性质为告知性公示,即向社会公布中标结果。

中标候选人公示与中标结果公示均是为了更好地发挥社会监督作用的制度。两者区别在于:一是向社会公开相关信息的时间点不同,前者是在最终结果确定前,后者是最终结果确定后;二是中标候选人公示期间,投标人或者其他利害关系人可以依法提出异议,中标结果公示后则不能提出异议。

【法律依据】

《中华人民共和国招标投标法》(2017年修正)(主席令第86号)

第五条 招标投标活动应当遵循公开、公平、公正和诚实信用的原则。

第四十五条第一款 中标人确定后,招标人应当向中标人发出中标通知书,并同时将中标结果通知所有未中标的投标人。

《中华人民共和国招标投标法实施条例》(2019年修订)(国务院令第709号)

第五十四条第一款 依法必须进行招标的项目,招标人应当自收到评标报告之日起3日内公示中标候选人,公示期不得少于3日。

《招标公告和公示信息发布管理办法》(国家发展和改革委员会令第10号)

第六条 依法必须招标项目的中标候选人公示应当载明以下内容:

(一)中标候选人排序、名称、投标报价、质量、工期(交货期),以及评标情况;

（二）中标候选人按照招标文件要求承诺的项目负责人姓名及其相关证书名称和编号；

（三）中标候选人响应招标文件要求的资格能力条件；

（四）提出异议的渠道和方式；

（五）招标文件规定公示的其他内容。

依法必须招标项目的中标结果公示应当载明中标人名称。

212. 招标人必须在发布招标公告的媒体上公示中标候选人吗？

《招标投标法实施条例》规定，依法必须进行招标的项目，招标人应当自收到评标报告之日起3日内公示中标候选人。《招标公告和公示信息发布管理办法》规定，依法必须招标项目的招标公告和公示信息应当在“中国招标投标公共服务平台”或者项目所在地省级电子招标投标公共服务平台发布。省级电子招标投标公共服务平台应当与“中国招标投标公共服务平台”对接，按规定同步交互招标公告和公示信息。对依法必须招标项目的招标公告和公示信息，发布媒介应当与相应的公共资源交易平台实现信息共享。

【法律依据】

《中华人民共和国招标投标法实施条例》（2019年修订）（国务院令第709号）

第五十四条第一款　依法必须进行招标的项目，招标人应当自收到评标报告之日起3日内公示中标候选人，公示期不得少于3日。

《招标公告和公示信息发布管理办法》（国家发展和改革委员会令第10号）

第八条　依法必须招标项目的招标公告和公示信息应当在“中国招标投标公共服务平台”或者项目所在地省级电子招标投标公共服务平台（以下统一简称“发布媒介”）发布。

第九条　省级电子招标投标公共服务平台应当与“中国招标投标公共服务平台”对接，按规定同步交互招标公告和公示信息。对依法必须招标项目的招标公告和公示信息，发布媒介应当与相应的公共资源交易平台实现信息共享。

“中国招标投标公共服务平台”应当汇总公开全国招标公告和公示信息，以及本办法第八条规定的发布媒介名称、网址、办公场所、联系方式等基本信息，及时维护更新，与全国公共资源交易平台共享，并归集至全国信用信息共享平台，按规定通过“信用中国”网站向社会公开。

213. 投标人对依法必须进行招标项目的评标结果有异议的，应在何时提出？

根据招标投标相关法律、法规的规定，对于依法必须进行招标的项目，投标人或者其他利害关系人对于评标结果有异议的，应当在中标候选人公示期间提出。招标人应当自收到投标人提出的异议之日起3日内作出答复，作出答复前，应当暂停招标投标活动。

需要注意的是，投标人对评标结果的异议应当合法有据。实践中，有个别投标人为了获得中标，不惜采取各种手段，甚至捏造事实、伪造材料或者以非法手段取得证明材料进行投诉。根据相关规定，如果投标人的上述行为给他人造成损失的，应承担赔偿责任。

【法律依据】

《中华人民共和国招标投标法实施条例》（2019年修订）（国务院令第709号）

第五十四条 依法必须进行招标的项目，招标人应当自收到评标报告之日起3日内公示中标候选人，公示期不得少于3日。

投标人或者其他利害关系人对依法必须进行招标的项目的评标结果有异议的，应当在中标候选人公示期间提出。招标人应当自收到异议之日起3日内作出答复；作出答复前，应当暂停招标投标活动。

第七十七条 投标人或者其他利害关系人捏造事实、伪造材料或者以非法手段取得证明材料进行投诉，给他人造成损失的，依法承担赔偿责任。

招标人不按照规定对异议作出答复，继续进行招标投标活动的，由有关行政监督部门责令改正，拒不改正或者不能改正并影响中标结果的，依照本条例第八十一条的规定处理。

214. 投标人对评标结果有异议的，是否必须在其获得满意答复后才能继续招标投标活动？

《招标投标法实施条例》规定，对于依法必须进行招标的项目，投标人有权在中标候选人公示期间对于评标结果提出异议，并且规定招标人应当自收到投标人提出的异议之日起3日内作出答复，作出答复前，应当暂停招标投标活动。《招标投标法实施条例》仅要求招标人对异议作出答复，并未对答复的标准和取得的效果作出规定。因此，只要招标人对投标人的异议作出答复即可继续招标投标活动。如果投标人对招标人的答复不满意，可以依法向有关行政监督部门投诉。

【法律依据】

《中华人民共和国招标投标法实施条例》(2019 年修订)(国务院令第 709 号)

第五十四条 依法必须进行招标的项目，招标人应当自收到评标报告之日起 3 日内公示中标候选人，公示期不得少于 3 日。

投标人或者其他利害关系人对依法必须进行招标的项目的评标结果有异议的，应当在中标候选人公示期间提出。招标人应当自收到异议之日起 3 日内作出答复；作出答复前，应当暂停招标投标活动。

第六十条 投标人或者其他利害关系人认为招标投标活动不符合法律、行政法规规定的，可以自知道或者应当知道之日起 10 日内向有关行政监督部门投诉。投诉应当有明确的请求和必要的证明材料。

就本条例第二十二条、第四十四条、第五十四条规定事项投诉的，应当先向招标人提出异议，异议答复期间不计算在前款规定的期限内。

215. 招标人在确定中标人前可以对中标候选人的履约能力进行审查吗？

在实践中，由于招标周期较长，在招标期间，难免会存在部分投标人经营、财务状况发生较大变化的情形，并可能影响中标候选人的履约能力。

为了保障招标人选定的中标候选人具有相应的履约能力，《招标投标法实施条例》规定，中标候选人的经营、财务状况发生较大变化或者存在违法行为，招标人认为可能影响其履约能力的，可以对中标候选人的履约能力进行审查。不过，招标人对中标候选人进行履约能力审查时应注意以下问题：招标人开展履约能力审查应在确定中标候选人之后、发出中标通知书之前进行，并且只能委托原评标委员会按照招标文件规定的标准和方式审查确认，而不能由招标人自行审查。

【法律依据】

《中华人民共和国招标投标法实施条例》(2019 年修订)(国务院令第 709 号)

第五十六条 中标候选人的经营、财务状况发生较大变化或者存在违法行为，招标人认为可能影响其履约能力的，应当在发出中标通知书前由原评标委员会按照招标文件规定的标准和方法审查确认。

216. 招标人可以直接委托评标委员会确定中标人吗?

确定中标人是招标人的权利,招标人可以根据评标委员会提出的书面评标报告和推荐的中标候选人确定中标人。根据招标投标相关法律规定,招标人可以选择授权评标委员会直接确定中标人,即招标人将确定中标人的权利授权评标委员会,由评标委员会根据评标结果直接确定一名符合要求的中标候选人为中标人。需要招标人关注的是,国有资金占控股或者主导地位的依法必须进行招标的项目,招标人应当确定排名第一的中标候选人为中标人。

【法律依据】

《中华人民共和国招标投标法》(2017 年修正)(主席令第 86 号)

第四十条第二款 招标人根据评标委员会提出的书面评标报告和推荐的中标候选人确定中标人。招标人也可以授权评标委员会直接确定中标人。

217. 招标人必须选择排名第一的中标候选人为中标人吗?

一般来说,招标人并非必须选择排名第一的中标候选人为中标人,法律赋予招标人在中标候选人名单中确定中标人的选择权;但对于国有资金占控股或者主导地位的依法必须进行招标的项目,招标人应当确定排名第一的中标候选人为中标人。

法律立法本意是给予招标人根据项目的实际情况,从中标候选人中选择一名最符合要求的投标人作为中标人。但是,在实践中部分招标人滥用法律赋予的选择权,不根据项目的实际情况选择中标人,从而损害招标人和其他中标候选人的合法权益,特别是在国有项目中,由于招标人的违法违规操作,可能导致国有资金流失。因此,《招标投标法实施条例》及一些部门规章明确规定,对于全部使用国有资金投资或者国有资金投资占控股或者主导地位的依法必须招标项目,招标人应当确定排名第一的中标候选人为中标人,而对于其他项目则没有强制性规定。

【法律依据】

《中华人民共和国招标投标法》(2017 年修正)(主席令第 86 号)

第四十条 评标委员会应当按照招标文件确定的评标标准和方法,对投标文件进行评审和比较;设有标底的,应当参考标底。评标委员会完成评标后,应当向招标人提出书面评标报告,并推荐合格的中标候选人。

招标人根据评标委员会提出的书面评标报告和推荐的中标候选人确定中标

人。招标人也可以授权评标委员会直接确定中标人。

国务院对特定招标项目的评标有特别规定的，从其规定。

《中华人民共和国招标投标法实施条例》(2019年修订)(国务院令第709号)

第五十五条　国有资金占控股或者主导地位的依法必须进行招标的项目，招标人应当确定排名第一的中标候选人为中标人。排名第一的中标候选人放弃中标、因不可抗力不能履行合同、不按照招标文件要求提交履约保证金，或者被查实存在影响中标结果的违法行为等情形，不符合中标条件的，招标人可以按照评标委员会提出的中标候选人名单排序依次确定其他中标候选人为中标人，也可以重新招标。

218. 招标人是否有权将招标项目分拆后分别授予两家中标单位？

国有资金占控股或者主导地位的依法必须进行招标的项目，招标人应将招标项目授予一家中标单位，且中标人单位需为排名第一的中标候选人，除非经评标委员会依法评审两家投标人均排名第一。法律对其他项目无此明确规定。需要注意的是，无论是否为国有资金占控股或者主导地位的依法必须进行招标的项目，如果可能出现两家中标单位的，均应事先将合同分拆问题及具体做法在招标文件中予以明确，以免因招标人与中标单位无法就合同分拆问题达成一致意见而引发纠纷。招标文件无相关规定，招标人在评标结束后将招标项目进行分拆并授予两家以上投标人的，属于违法修改招标文件，不符合法律规定。

【法律依据】

《中华人民共和国招标投标法》(2017年修正)(主席令第86号)

第二十三条　招标人对已发出的招标文件进行必要的澄清或者修改的，应当在招标文件要求提交投标文件截止时间至少十五日前，以书面形式通知所有招标文件收受人。该澄清或者修改的内容为招标文件的组成部分。

第四十条　评标委员会应当按照招标文件确定的评标标准和方法，对投标文件进行评审和比较；设有标底的，应当参考标底。评标委员会完成评标后，应当向招标人提出书面评标报告，并推荐合格的中标候选人。

招标人根据评标委员会提出的书面评标报告和推荐的中标候选人确定中标人。招标人也可以授权评标委员会直接确定中标人。

国务院对特定招标项目的评标有特别规定的，从其规定。

第四十一条　中标人的投标应当符合下列条件之一：

（一）能够最大限度地满足招标文件中规定的各项综合评价标准；

（二）能够满足招标文件的实质性要求，并且经评审的投标价格最低；但是投标价格低于成本的除外。

《中华人民共和国招标投标法实施条例》（2019 年修订）（国务院令第 709 号）

第五十五条 国有资金占控股或者主导地位的依法必须进行招标的项目，招标人应当确定排名第一的中标候选人为中标人。排名第一的中标候选人放弃中标、因不可抗力不能履行合同、不按照招标文件要求提交履约保证金，或者被查实存在影响中标结果的违法行为等情形，不符合中标条件的，招标人可以按照评标委员会提出的中标候选人名单排序依次确定其他中标候选人为中标人，也可以重新招标。

219. 第一名放弃中标，招标人必须选择第二名为中标人吗？是否可以重新招标？

在《招标投标法实施条例》出台前，有关部门规章规定，排名第一的中标候选人出现放弃中标等情形时，招标人可以确定排名第二的中标候选人为中标人。虽然部门规章在排名第一的中标候选人不能签约时，并没有强制要求招标人选择第二名，但在实践中仍然出现了很多的问题。如招标人拟重新招标，但行政监督部门或者排名第二的中标候选人则要求招标人必须与第二名签约，引起了一些不必要的纠纷。

《招标投标法实施条例》第五十五条明确规定，排名在前的中标候选人不符合中标条件的，招标人可以选择按照评标委员会提出的中标候选人名单排序依次确定其他中标候选人为中标人，也可以重新招标。

【法律依据】

《中华人民共和国招标投标法实施条例》（2019 年修订）（国务院令第 709 号）

第五十五条 国有资金占控股或者主导地位的依法必须进行招标的项目，招标人应当确定排名第一的中标候选人为中标人。排名第一的中标候选人放弃中标、因不可抗力不能履行合同、不按照招标文件要求提交履约保证金，或者被查实存在影响中标结果的违法行为等情形，不符合中标条件的，招标人可以按照评标委员会提出的中标候选人名单排序依次确定其他中标候选人为中标人，也可以重新招标。

《评标委员会和评标方法暂行规定》（2013 年修订）（国家发展和改革委员会等九部委令第 23 号）

第四十八条 国有资金占控股或者主导地位的项目，招标人应当确定排名第一的中标候选人为中标人。排名第一的中标候选人放弃中标、因不可抗力提出不能履行合同,或者招标文件规定应当提交履约保证金而在规定的期限内未能提交,或者被查实存在影响中标结果的违法行为等情形,不符合中标条件的,招标人可以按照评标委员会提出的中标候选人名单排序依次确定其他中标候选人为中标人。依次确定其他中标候选人与招标人预期差距较大,或者对招标人明显不利的,招标人可以重新招标。

招标人可以授权评标委员会直接确定中标人。

国务院对中标人的确定另有规定的,从其规定。

220. 招标人最迟应在何时向中标人发出中标通知书?

中标通知书是招标投标过程中非常重要的法律文件,其发出后对双方均具有法律约束力。现行法律、法规均未明确中标通知书发出的期限,仅规定招标人在确定中标人后,应当向中标人发出中标通知书。

尽管如此,考虑到《招标投标法》的规定,招标人和中标人应当自中标通知书发出之日起 30 日内,按照招标文件和中标人的投标文件订立书面合同,并且招标人和中标人必须在投标有效期内签订合同,由此可以推出招标人应发出中标通知书的时间,即招标人一般应当在投标有效期届满前 30 日发出中标通知书。

【法律依据】

《中华人民共和国招标投标法》(2017 年修正)(主席令第 86 号)

第四十五条第一款　中标人确定后,招标人应当向中标人发出中标通知书,并同时将中标结果通知所有未中标的投标人。

第四十六条第一款　招标人和中标人应当自中标通知书发出之日起三十日内,按照招标文件和中标人的投标文件订立书面合同。招标人和中标人不得再行订立背离合同实质性内容的其他协议。

221. 招标人是否必须将中标结果通知未中标的投标人?

招标投标是市场主体公开的竞争,需要高度透明。《招标投标法》第五条明确规定,招标投标活动应当遵循公开、公平、公正和诚实信用的原则。招标人将中标结果通知未中标人是招标投标公开原则的具体体现。同时,中标结果不仅关系中标人的权益,同时也关系未中标人的权益。如果中标结果及时通知未中标人,未中标人可以将拟为该招标项目准备的资源用于其他项目。此外,如果未中标人发现中标结果存在违法情形,也可及时采取相应措施,维护自身合法权益。

对此,《招标投标法》明确规定,招标人在向中标人发出中标通知书的同时,应将中标结果通知所有未中标的投标人,通知的方式可以是书面或公示等方式。2018年1月1日起实施的《招标公告和公示信息发布管理办法》规定,依法必须招标项目的招标公告和公示信息应当在"中国招标投标公共服务平台"或者项目所在地省级电子招标投标公共服务平台发布。招标人通过在法定平台公布中标人的信息,其也就同步实现了对未中标人的通知。

【法律依据】

《中华人民共和国招标投标法》(2017年修正)(主席令第86号)

第四十五条第一款 中标人确定后,招标人应当向中标人发出中标通知书,并同时将中标结果通知所有未中标的投标人。

222. 中标通知书何时生效?生效后具有哪些法律效力?

中标通知书是招标人向中标人发出的告知其中标的书面通知文件,一般认为,在法律性质上属于招标人对投标人要约的承诺。根据《招标投标法》的规定,中标通知书在发出时即生效,对中标人和招标人产生法律约束力,任何一方如有违反,将承担法律责任。

对于中标通知书的意义,理论界和实务界有两种不同的观点。一种观点认为,中标通知书是招标人对中标人的一种承诺,根据《民法典》第四百八十三条的规定:"承诺生效时合同成立,但是法律另有规定或者当事人另有约定的除外。"按照《招标投标法》的规定,中标通知书一经发出,就具有法律约束力。因此,招标人一旦发出中标通知书,合同即告成立,任何一方毁标均应承担违约责任。另一种观点认为,尽管中标通知书是招标人对中标人的一种承诺,但根据《招标投标法》第四十六条的规定,中标通知书的法律效力在于,招标人和中标人应当在中标通知书发出起30日内签订书面合同。中标通知书的发出,并不意味着合同的成立。任何一方毁标,违背了诚实信用原则,均应承担缔约过失责任。

【法律依据】

《中华人民共和国招标投标法》(2017年修正)(主席令第86号)

第四十五条第二款 中标通知书对招标人和中标人具有法律效力。中标通知书发出后，招标人改变中标结果的，或者中标人放弃中标项目的，应当依法承担法律责任。

《中华人民共和国招标投标法实施条例》(2019年修订)(国务院令第709号)

第七十三条　依法必须进行招标的项目的招标人有下列情形之一的，由有关行政监督部门责令改正，可以处中标项目金额10‰以下的罚款；给他人造成损失的，依法承担赔偿责任；对单位直接负责的主管人员和其他直接责任人员依法给予处分：

(一)无正当理由不发出中标通知书；

(二)不按照规定确定中标人；

(三)中标通知书发出后无正当理由改变中标结果；

(四)无正当理由不与中标人订立合同；

(五)在订立合同时向中标人提出附加条件。

223. 招标代理机构是否有权发出中标通知书?

所谓中标通知书，是指招标人在确定中标人后向中标人发出的告知其中标的书面凭证。发出中标通知书是招标人的权利，中标人确定后，招标人应当向中标人发出中标通知书。根据现行法律规定，招标人也可以委托招标代理机构向中标人发出中标通知书。需要注意的是，如果招标人没有委托招标代理机构发出中标通知书，招标代理机构不得擅自发出，否则招标代理机构发出的中标通知书将因没有招标人的授权而无效。

【法律依据】

《中华人民共和国招标投标法》(2017年修正)(主席令第86号)

第四十五条第一款　中标人确定后，招标人应当向中标人发出中标通知书，并同时将中标结果通知所有未中标的投标人。

《工程建设项目货物招标投标办法》(2013年修订)(国家发展和改革委员会等九部委令第23号)

第五十条第二款　中标通知书由招标人发出，也可以委托其招标代理机构发出。

《工程建设项目施工招标投标办法》(2013年修订)(国家发展和改革委员会等九部委令第23号)

第五十六条第三款　中标通知书由招标人发出。

224. 投标有效期过后招标人可否向投标人发出中标通知书?

所谓投标有效期,是指招标人对投标人发出的要约作出承诺的期限,也可以理解为投标人为自己发出的投标文件承担法律责任的期限。投标有效期从招标文件规定的提交投标文件截止之日起计算。投标有效期届满,双方均不受本次招标投标的约束。虽然招标人可以向投标人发出中标通知书,但投标人有权拒绝接受。

如果遇特殊情况导致评标或者定标等需要较长时间的,招标人应书面要求投标人延长投标有效期,以免出现无法在投标有效期内发出中标通知书的情形。

【法律依据】

《中华人民共和国招标投标法实施条例》(2019 年修订)(国务院令第 709 号)

第二十五条 招标人应当在招标文件中载明投标有效期。投标有效期从提交投标文件的截止之日起算。

《工程建设项目施工招标投标办法》(2013 年修订)(国家发展和改革委员会等九部委令第 23 号)

第二十九条 招标文件应当规定一个适当的投标有效期,以保证招标人有足够的时间完成评标和与中标人签订合同。投标有效期从投标人提交投标文件截止之日起计算。

在原投标有效期结束前,出现特殊情况的,招标人可以书面形式要求所有投标人延长投标有效期。投标人同意延长的,不得要求或被允许修改其投标文件的实质性内容,但应当相应延长其投标保证金的有效期;投标人拒绝延长的,其投标失效,但投标人有权收回其投标保证金。因延长投标有效期造成投标人损失的,招标人应当给予补偿,但因不可抗力需要延长投标有效期的除外。

《工程建设项目货物招标投标办法》(2013 年修订)(国家发展和改革委员会等九部委令第 23 号)

第二十八条 招标文件应当规定一个适当的投标有效期,以保证招标人有足够的时间完成评标和与中标人签订合同。投标有效期从招标文件规定的提交投标文件截止之日起计算。

在原投标有效期结束前,出现特殊情况的,招标人可以书面形式要求所有投标人延长投标有效期。投标人同意延长的,不得要求或被允许修改其投标文件的实质性内容,但应当相应延长其投标保证金的有效期;投标人拒绝延长的,其投标失效,但投标人有权收回其投标保证金及银行同期存款利息。

依法必须进行招标的项目同意延长投标有效期的投标人少于三个的,招标人在分析招标失败的原因并采取相应措施后,应当重新招标。

《评标委员会和评标方法暂行规定》(2013年修订)(国家发展和改革委员会等九部委令第23号)

第四十条　评标和定标应当在投标有效期内完成。不能在投标有效期内完成评标和定标的,招标人应当通知所有投标人延长投标有效期。拒绝延长投标有效期的投标人有权收回投标保证金。同意延长投标有效期的投标人应当相应延长其投标担保的有效期,但不得修改投标文件的实质性内容。因延长投标有效期造成投标人损失的,招标人应当给予补偿,但因不可抗力需延长投标有效期的除外。

招标文件应当载明投标有效期。投标有效期从提交投标文件截止日起计算。

225. 中标人被行政监督部门取消了中标资格,招标人该怎么办?

根据招标投标相关法律、法规的规定,凡是中标人被有关部门查实存在影响中标结果的违法行为、不具备中标资格或被取消中标资格等情形的,对于国有资金占控股或者主导地位的依法必须进行招标的项目,招标人可以按照评标委员会提出的中标候选人名单排序依次确定其他中标候选人为中标人,也可以重新招标;对于其他招标项目,招标人可以在其他中标候选人中确定中标人,也可以重新招标或采取其他采购方式。

【法律依据】

《中华人民共和国招标投标法实施条例》(2019年修订)(国务院令第709号)

第五十五条　国有资金占控股或者主导地位的依法必须进行招标的项目,招标人应当确定排名第一的中标候选人为中标人。排名第一的中标候选人放弃中标、因不可抗力不能履行合同、不按照招标文件要求提交履约保证金,或者被查实存在影响中标结果的违法行为等情形,不符合中标条件的,招标人可以按照评标委员会提出的中标候选人名单排序依次确定其他中标候选人为中标人,也可以重新招标。

226. 招标人与中标人应在中标通知书发出后多少日内签订书面合同?

《招标投标法》规定,招标人和中标人应当自中标通知书发出之日起30日内,按照招标文件和中标人的投标文件订立书面合同,如果任何一方拒绝按照中标状态签订书面合同，均须承担法律责任。

招标人如果在发出中标通知书后无正当理由不与中标人签订书面合同，相关行政监督部门可以给予罚款；造成中标人损失的应当赔偿损失；对单位直接负责的主管人员和其他直接责任人员依法给予处分。中标人在招标人发出中标通知书后，无正当理由不与招标人签订合同、在签订合同时向招标人提出附加条件，或者不按招标文件要求提交履约担保的，招标人可取消其中标资格，其投标保证金不予退还；给招标人的损失超过投标保证金数额的，中标人应当对超过部分予以赔偿；没有提交投标保证金的，应当对招标人的损失承担赔偿责任。

【法律依据】

《中华人民共和国招标投标法》（2017 年修正）（主席令第 86 号）

第四十六条第一款 招标人和中标人应当自中标通知书发出之日起三十日内，按照招标文件和中标人的投标文件订立书面合同。招标人和中标人不得再行订立背离合同实质性内容的其他协议。

227. 中标通知书发出之日起 30 日之后签订的合同是否有效？

《招标投标法》规定招标人应与中标人在中标通知书发出后 30 日内签订书面合同，并未规定超过限定时间未签订合同的后果。如无正当理由，双方应在 30 天内签约；如因内部管理流程等正当理由，导致签约超过 30 天的，合同不能因为超过时限而无效。

【法律依据】

《中华人民共和国招标投标法》（2017 年修正）（主席令第 86 号）

第四十六条第一款 招标人和中标人应当自中标通知书发出之日起三十日内，按照招标文件和中标人的投标文件订立书面合同。招标人和中标人不得再行订立背离合同实质性内容的其他协议。

228. 中标人拒绝按照投标文件与招标人签订书面合同，应如何处理？

在招标投标过程中存在中标人拒绝按照投标文件所承诺的条件与招标人签订书面合同的情况，如有些投标人为了中标，不惜以较低的价格投标报价，在中标后又以亏本或没有利润等为借口要求招标人提高合同价格,否则就拒签合同;或因为人工、材料价格在招标期间大幅上涨,导致中标人的成本大大增加,并以此为由要求提高合同价格,否则就拒签合同等。

招标投标相关法律规定,中标人拒绝按照中标状态签订书面合同,招标人有权取消其中标资格,不退还其投标保证金;同时,该中标人还可能因此被相关行政监督部门处以罚款。在取消该中标人中标资格后,招标人可以选择其他中标候选人作为中标人,也可以选择重新招标。

【法律依据】

《中华人民共和国招标投标法》(2017 年修正)(主席令第 86 号)

第四十六条第一款 招标人和中标人应当自中标通知书发出之日起三十日内,按照招标文件和中标人的投标文件订立书面合同。招标人和中标人不得再行订立背离合同实质性内容的其他协议。

《中华人民共和国招标投标法实施条例》(2019 年修订)(国务院令第 709 号)

第五十七条第一款 招标人和中标人应当依照招标投标法和本条例的规定签订书面合同,合同的标的、价款、质量、履行期限等主要条款应当与招标文件和中标人的投标文件的内容一致。招标人和中标人不得再行订立背离合同实质性内容的其他协议。

第七十四条 中标人无正当理由不与招标人订立合同,在签订合同时向招标人提出附加条件,或者不按照招标文件要求提交履约保证金的,取消其中标资格,投标保证金不予退还。对依法必须进行招标的项目的中标人,由有关行政监督部门责令改正,可以处中标项目金额 10‰以下的罚款。

229. 中标通知书发出后,招标人是否可以不与中标人签订书面合同?

招标投标相关法律、法规规定,招标人和中标人应当自中标通知书发出后,按照招标文件和中标人的投标文件订立书面合同。招标人和中标人在法定期限内订立书面合同的规定属于法律强制性规定。中标通知书发出后,招标人必须与中标人签订书面合同,否则,将承担相应的法律责任。

【法律依据】

《中华人民共和国招标投标法》(2017 年修正)(主席令第 86 号)

第四十六条第一款 招标人和中标人应当自中标通知书发出之日起三十日

内,按照招标文件和中标人的投标文件订立书面合同。招标人和中标人不得再行订立背离合同实质性内容的其他协议。

第五十九条 招标人与中标人不按照招标文件和中标人的投标文件订立合同的,或者招标人、中标人订立背离合同实质性内容的协议的,责令改正;可以处中标项目金额千分之五以上千分之十以下的罚款。

《中华人民共和国招标投标法实施条例》(2019 年修订)(国务院令第 709 号)

第五十七条第一款 招标人和中标人应当依照招标投标法和本条例的规定签订书面合同,合同的标的、价款、质量、履行期限等主要条款应当与招标文件和中标人的投标文件的内容一致。招标人和中标人不得再行订立背离合同实质性内容的其他协议。

第七十五条 招标人和中标人不按照招标文件和中标人的投标文件订立合同,合同的主要条款与招标文件、中标人的投标文件的内容不一致,或者招标人、中标人订立背离合同实质性内容的协议的,由有关行政监督部门责令改正,可以处中标项目金额 5‰以上 10‰以下的罚款。

230. 招标人能否在签约时要求中标人降价或增加供货范围?

根据招标投标相关法律、法规规定,招标人和中标人应在法定期限内按照招标文件和中标人的投标文件订立书面合同,不得再行订立背离招标文件和投标文件实质性内容的协议,也不得在签订合同时向中标人提出附加要求,作为签订合同的条件,否则,招标人将承担相应的法律责任。

招标人要求中标人降价或者增加供货范围,作为签约的条件,很明显属于招标人向中标人提出的附加条件,违反了法律的禁止性规定,是不允许的。

【法律依据】

《中华人民共和国招标投标法》(2017 年修正)(主席令第 86 号)

第四十六条第一款 招标人和中标人应当自中标通知书发出之日起三十日内,按照招标文件和中标人的投标文件订立书面合同。招标人和中标人不得再行订立背离合同实质性内容的其他协议。

第五十九条 招标人与中标人不按照招标文件和中标人的投标文件订立合同的,或者招标人、中标人订立背离合同实质性内容的协议的,责令改正;可以处中标项目金额千分之五以上千分之十以下的罚款。

《中华人民共和国招标投标法实施条例》(2019年修订)(国务院令第709号)

第五十七条第一款　招标人和中标人应当依照招标投标法和本条例的规定签订书面合同,合同的标的、价款、质量、履行期限等主要条款应当与招标文件和中标人的投标文件的内容一致。招标人和中标人不得再行订立背离合同实质性内容的其他协议。

第七十三条　依法必须进行招标的项目的招标人有下列情形之一的,由有关行政监督部门责令改正,可以处中标项目金额10‰以下的罚款;给他人造成损失的,依法承担赔偿责任;对单位直接负责的主管人员和其他直接责任人员依法给予处分:

(一)无正当理由不发出中标通知书;

(二)不按照规定确定中标人;

(三)中标通知书发出后无正当理由改变中标结果;

(四)无正当理由不与中标人订立合同;

(五)在订立合同时向中标人提出附加条件。

第七十五条　招标人和中标人不按照招标文件和中标人的投标文件订立合同,合同的主要条款与招标文件、中标人的投标文件的内容不一致,或者招标人、中标人订立背离合同实质性内容的协议的,由有关行政监督部门责令改正,可以处中标项目金额5‰以上10‰以下的罚款。

231. 投标人在投标文件中对合同条款提出了偏差,签约时应如何处理?

根据招标投标相关法律、法规规定,投标偏差分为细微偏差和重大偏差。细微偏差是指投标文件在实质上响应招标文件要求,但在个别地方存在漏项或者提供了不完整的技术信息和数据等情况,并且补正这些遗漏或者不完整不会对其他投标人造成不公平的结果。细微偏差不影响投标文件的有效性。重大偏差是指该项偏差构成对招标文件实质性的不响应,评标委员会应对投标文件作否决处理。

如果某投标人虽然提出了偏差,但最后被评标委员会推荐为中标候选人,说明该投标人的偏差属于细微偏差。根据《民法典》要约和承诺的规定,在招标领域,投标文件属于要约,中标通知书是对要约的承诺。如果招标人从评标委员会推荐的中标候选人中确定该投标人为中标人,则表明招标人接受投标人的细微偏差,应按照有偏差的投标文件签订合同。

【法律依据】

《评标委员会和评标方法暂行规定》(2013年修订)(国家发展和改革委员会等九部委令第23号)

第二十四条 评标委员会应当根据招标文件,审查并逐项列出投标文件的全部投标偏差。

投标偏差分为重大偏差和细微偏差。

第二十六条 细微偏差是指投标文件在实质上响应招标文件要求,但在个别地方存在漏项或者提供了不完整的技术信息和数据等情况,并且补正这些遗漏或者不完整不会对其他投标人造成不公平的结果。细微偏差不影响投标文件的有效性。

评标委员会应当书面要求存在细微偏差的投标人在评标结束前予以补正。拒不补正的,在详细评审时可以对细微偏差作不利于该投标人的量化,量化标准应当在招标文件中规定。

《中华人民共和国招标投标法实施条例》(2019年修订)(国务院令第709号)

第五十七条第一款 招标人和中标人应当依照招标投标法和本条例的规定签订书面合同,合同的标的、价款、质量、履行期限等主要条款应当与招标文件和中标人的投标文件的内容一致。招标人和中标人不得再行订立背离合同实质性内容的其他协议。

232. 第一名放弃中标,招标人与第二名的签约价是否应为第一名的中标价?

根据招标投标相关法律、法规的规定,招标人和中标人应按照招标文件和中标人的投标文件订立书面合同。在第一名放弃中标,招标人确定第二名为中标人的情况下,合同应按照招标文件和第二名的投标文件签订,合同价格亦是第二名的报价,而不是第一名的中标价。

【法律依据】

《中华人民共和国招标投标法》(2017年修正)(主席令第86号)

第四十六条第一款 招标人和中标人应当自中标通知书发出之日起三十日内,按照招标文件和中标人的投标文件订立书面合同。招标人和中标人不得再行订立背离合同实质性内容的其他协议。

《中华人民共和国招标投标法实施条例》(2019年修订)(国务院令第709号)

第五十七条第一款 招标人和中标人应当依照招标投标法和本条例的规定签

订书面合同,合同的标的、价款、质量、履行期限等主要条款应当与招标文件和中标人的投标文件的内容一致。招标人和中标人不得再行订立背离合同实质性内容的其他协议。

第七十五条 招标人和中标人不按照招标文件和中标人的投标文件订立合同,合同的主要条款与招标文件、中标人的投标文件的内容不一致,或者招标人、中标人订立背离合同实质性内容的协议的,由有关行政监督部门责令改正,可以处中标项目金额5‰以上10‰以下的罚款。

233. 评标委员会仅推荐了两个中标候选人,该两名中标候选人均被取消中标资格,是否可以与第三名签约?

招标投标相关法律规定,招标人应在评标委员会依法推荐的中标候选人中确定中标人。招标人在评标委员会依法推荐的中标候选人以外确定中标人,对于依法必须进行招标的项目,中标无效,招标人还应承担相应的法律责任。

因此,如果评标委员会推荐的两个中标候选人均被取消中标资格,对于依法必须进行招标的项目,招标人应依法重新进行招标,不能直接确定排名第三的投标人作为中标人。

【法律依据】

《中华人民共和国招标投标法》(2017 年修正)(主席令第 86 号)

第四十条第二款 招标人根据评标委员会提出的书面评标报告和推荐的中标候选人确定中标人。招标人也可以授权评标委员会直接确定中标人。

第五十七条 招标人在评标委员会依法推荐的中标候选人以外确定中标人的,依法必须进行招标的项目在所有投标被评标委员会否决后自行确定中标人的,中标无效,责令改正,可以处中标项目金额千分之五以上千分之十以下的罚款;对单位直接负责的主管人员和其他直接责任人员依法给予处分。

234. 签订合同后,中标被确定无效的应如何处理?

根据《招标投标法》的相关规定,中标无效主要有以下几种情况:(1)招标代理机构违法泄露应当保密的与招标投标活动有关的情况和资料或者与招标人、投标人串通损害国家利益、社会公共利益或者他人合法权益,并影响中标结果的;(2)依法必须进行招标的项目的招标人向他人透露可能影响公平竞争的有关招标投标的情况，并影响中标结果的；(3)投标人相互串通投标或者投标人与招标人串通投标的；(4)投标人以他人名义投标或者以其他方式弄虚作假骗取中标的；(5)依法必须进行招标的项目的招标人违法与投标人就投标价格、投标方案等实质性内容进行谈判，并影响中标结果的；(6)招标人在评标委员会依法推荐的中标候选人以外确定中标人的，依法必须进行招标的项目在所有投标被评标委员否决后自行确定中标人的；(7)依法必须进行招标的项目的招标投标活动违反《招标投标法》和《招标投标法实施条例》的规定，对中标结果造成实质性影响，且不能采取补救措施予以纠正的。

根据《招标投标法》的规定，依法必须进行招标的项目在中标无效后的处理办法有两种：(1)在投标有效期内，招标人可依照规定的中标条件从其余中标候选人中重新确定中标人；(2)依法重新进行招标。对于非依法必须招标的项目，法律没有明确规定在中标无效后的处理办法，招标人可以从其余中标候选人中重新确定中标人，也可以重新招标或采取其他方式采购。

【法律依据】

《中华人民共和国招标投标法》(2017 年修正)(主席令第 86 号)

第六十四条 依法必须进行招标的项目违反本法规定，中标无效的，应当依照本法规定的中标条件从其余投标人中重新确定中标人或者依照本法重新进行招标。

235. 招标人在谈合同时发现中标人的业绩不真实，是否可以取消其中标资格？

招标投标活动中任何形式的弄虚作假行为都是违背诚实信用原则、破坏招标投标活动正常秩序的行为，必须予以禁止。招标投标相关法律规定，投标人弄虚作假骗取中标的，中标无效，给招标人造成损失的，依法承担赔偿责任，构成犯罪的，依法追究刑事责任。

中标通知书发出后在合同谈判过程中，招标人如果发现中标人以虚假业绩骗取中标的，招标人依法可以取消其中标资格。为避免出现不必要的纠纷，在取消有关投标人中标资格时，可以向有关招标投标行政监督部门报告并征得其同意。

【法律依据】

《中华人民共和国招标投标法》(2017 年修正)(主席令第 86 号)

第三十三条 投标人不得以低于成本的报价竞标，也不得以他人名义投标或者以其他方式弄虚作假，骗取中标。

第五十四条第一款　投标人以他人名义投标或者以其他方式弄虚作假，骗取中标的，中标无效，给招标人造成损失的，依法承担赔偿责任；构成犯罪的，依法追究刑事责任。

《中华人民共和国招标投标法实施条例》(2019年修订)(国务院令第709号)

第四十二条　使用通过受让或者租借等方式获取的资格、资质证书投标的，属于招标投标法第三十三条规定的以他人名义投标。

投标人有下列情形之一的，属于招标投标法第三十三条规定的以其他方式弄虚作假的行为：

(一)使用伪造、变造的许可证件；

(二)提供虚假的财务状况或者业绩；

(三)提供虚假的项目负责人或者主要技术人员简历、劳动关系证明；

(四)提供虚假的信用状况；

(五)其他弄虚作假的行为。

第六十八条　投标人以他人名义投标或者以其他方式弄虚作假骗取中标的，中标无效；构成犯罪的，依法追究刑事责任；尚不构成犯罪的，依照招标投标法第五十四条的规定处罚。依法必须进行招标的项目的投标人未中标的，对单位的罚款金额按照招标项目合同金额依照招标投标法规定的比例计算。

投标人有下列行为之一的，属于招标投标法第五十四条规定的情节严重行为，由有关行政监督部门取消其1年至3年内参加依法必须进行招标的项目的投标资格：

(一)伪造、变造资格、资质证书或者其他许可证件骗取中标；

(二)3年内2次以上使用他人名义投标；

(三)弄虚作假骗取中标给招标人造成直接经济损失30万元以上；

(四)其他弄虚作假骗取中标情节严重的行为。

投标人自本条第二款规定的处罚执行期限届满之日起3年内又有该款所列违法行为之一的，或者弄虚作假骗取中标情节特别严重的，由工商行政管理机关吊销营业执照。

236. 中标通知书发出后，招标人是否可以与中标人进行谈判？

招标投标相关法律、法规规定，在确定中标人前，招标人不得与投标人就投标价格、投标方案等实质性内容进行谈判。定标且中标通知书发出后,招标人是否可以与中标人进行谈判呢?

《招标投标法》规定,招标人和中标人应当自中标通知书发出后,按照招标文件和投标文件订立书面合同,不得再行订立背离合同实质性内容的其他协议。根据前述规定,招标人和中标人不得改变招标文件和投标文件确定的实质性内容,也就是说,招标人与中标人不得就合同的实质性内容进行谈判。

因此,中标通知书发出后,招标人仅可以与中标人根据招标文件和投标文件就非实质性内容进行磋商,而不能就合同标的、价格等实质性内容进行谈判。

【法律依据】

《中华人民共和国招标投标法》(2017 年修正)(主席令第 86 号)

第四十六条第一款 招标人和中标人应当自中标通知书发出之日起三十日内,按照招标文件和中标人的投标文件订立书面合同。招标人和中标人不得再行订立背离合同实质性内容的其他协议。

第五十五条 依法必须进行招标的项目,招标人违反本法规定,与投标人就投标价格、投标方案等实质性内容进行谈判的,给予警告,对单位直接负责的主管人员和其他直接责任人员依法给予处分。

前款所列行为影响中标结果的,中标无效。

《中华人民共和国招标投标法实施条例》(2019 年修订)(国务院令第 709 号)

第五十七条第一款 招标人和中标人应当依照招标投标法和本条例的规定签订书面合同,合同的标的、价款、质量、履行期限等主要条款应当与招标文件和中标人的投标文件的内容一致。招标人和中标人不得再行订立背离合同实质性内容的其他协议。

第七十五条 招标人和中标人不按照招标文件和中标人的投标文件订立合同,合同的主要条款与招标文件、中标人的投标文件的内容不一致,或者招标人、中标人订立背离合同实质性内容的协议的,由有关行政监督部门责令改正,可以处中标项目金额 5‰以上 10‰以下的罚款。

237. 哪些条款属于中标后不能谈判的合同实质性条款?

招标投标相关法律、法规规定,招标人和中标人应当按照招标文件和中标人的投标文件订立书面合同,招标人和中标人不得再行订立背离合同实质性内容的其他协议。前述规定表明招标人和中标人不能在中标后就合同的实质性条款进行谈判。

关于什么是合同的实质性条款，法律并无明确规定。司法实践中一般认为合同标的、价款、质量、履行期限、违约责任等属于合同的实质性内容（条款）。中标后，招标人与中标人不得就前述条款进行谈判。

【法律依据】

《中华人民共和国招标投标法》（2017年修正）（主席令第86号）

第四十六条第一款　招标人和中标人应当自中标通知书发出之日起三十日内，按照招标文件和中标人的投标文件订立书面合同。招标人和中标人不得再行订立背离合同实质性内容的其他协议。

第五十五条　依法必须进行招标的项目，招标人违反本法规定，与投标人就投标价格、投标方案等实质性内容进行谈判的，给予警告，对单位直接负责的主管人员和其他直接责任人员依法给予处分。

前款所列行为影响中标结果的，中标无效。

《中华人民共和国招标投标法实施条例》（2019年修订）（国务院令第709号）

第五十七条第一款　招标人和中标人应当依照招标投标法和本条例的规定签订书面合同，合同的标的、价款、质量、履行期限等主要条款应当与招标文件和中标人的投标文件的内容一致。招标人和中标人不得再行订立背离合同实质性内容的其他协议。

第七十五条　招标人和中标人不按照招标文件和中标人的投标文件订立合同，合同的主要条款与招标文件、中标人的投标文件的内容不一致，或者招标人、中标人订立背离合同实质性内容的协议的，由有关行政监督部门责令改正，可以处中标项目金额5‰以上10‰以下的罚款。

《中华人民共和国民法典》（主席令第45号）

第四百八十八条　承诺的内容应当与要约的内容一致。受要约人对要约的内容作出实质性变更的，为新要约。有关合同标的、数量、质量、价款或者报酬、履行期限、履行地点和方式、违约责任和解决争议方法等的变更，是对要约内容的实质性变更。

238. 中标人是否可以将中标项目转让给其全资或控股子公司履行？

招标投标相关法律、法规规定，中标人应当按照合同的约定履行义务，完成中标项目。中标人不得向他人转让中标项目，也不得将中标项目肢解后分别向他人转让。虽然母公司与全资子公司、控股子公司之间有密切的关联关系,但在法律人格上是相互独立的法人,各自独立承担民事责任。所以,中标人不能将中标项目转让给其全资或控股子公司履行。但中标人按照合同约定或者经招标人同意,可以将中标项目的部分非主体、非关键性工作分包给具有相应资质和能力的分包单位(包括中标人的子公司)完成。

中标人擅自将中标项目转让的,招标人可以要求其改正;拒不改正的,可终止合同,并报请有关行政监督部门查处。相关行政监督部门视其情节可以对其作出罚款、没收违法所得、责令停业整顿甚至吊销营业执照的行政处罚。

【法律依据】

《中华人民共和国招标投标法》(2017 年修正)(主席令第 86 号)

第四十八条 中标人应当按照合同约定履行义务,完成中标项目。中标人不得向他人转让中标项目,也不得将中标项目肢解后分别向他人转让。

中标人按照合同约定或者经招标人同意,可以将中标项目的部分非主体、非关键性工作分包给他人完成。接受分包的人应当具备相应的资格条件,并不得再次分包。

中标人应当就分包项目向招标人负责,接受分包的人就分包项目承担连带责任。

第五十八条 中标人将中标项目转让给他人的,将中标项目肢解后分别转让给他人的,违反本法规定将中标项目的部分主体、关键性工作分包给他人的,或者分包人再次分包的,转让、分包无效,处转让、分包项目金额千分之五以上千分之十以下的罚款;有违法所得的,并处没收违法所得;可以责令停业整顿;情节严重的,由工商行政管理机关吊销营业执照。

《中华人民共和国招标投标法实施条例》(2019 年修订)(国务院令第 709 号)

第五十九条 中标人应当按照合同约定履行义务,完成中标项目。中标人不得向他人转让中标项目,也不得将中标项目肢解后分别向他人转让。

中标人按照合同约定或者经招标人同意,可以将中标项目的部分非主体、非关键性工作分包给他人完成。接受分包的人应当具备相应的资格条件,并不得再次分包。

中标人应当就分包项目向招标人负责,接受分包的人就分包项目承担连带责任。

第七十六条 中标人将中标项目转让给他人的,将中标项目肢解后分别转让给他人的,违反招标投标法和本条例规定将中标项目的部分主体、关键性工作分包给他人的,或者分包人再次分包的,转让、分包无效,处转让、分包项目金额 5‰以上 10‰以下的罚款;有违法所得的,并处没收违法所得;可以责令停业整顿;情节严重的，由工商行政管理机关吊销营业执照。

《中华人民共和国公司法》(2018 年修正)(主席令第 15 号)

第三条第一款　公司是企业法人，有独立的法人财产，享有法人财产权。公司以其全部财产对公司的债务承担责任。

第十四条第二款　公司可以设立子公司，子公司具有法人资格，依法独立承担民事责任。

239. 招标人是否可以将招标项目转让给他人?

招标人可以将招标项目转让给他人，但是应通知投标人，投标人认可的，已经完成的招标投标程序或中标结果，可以延续、承继；投标人因不承认新的招标人的履约能力等原因的，可以退出招标投标活动。

【法律依据】

《中华人民共和国民法典》(主席令第 45 号)

第五百四十六条　债权人转让债权，未通知债务人的，该转让对债务人不发生效力。

债权转让的通知不得撤销，但是经受让人同意的除外。

第五百四十七条　债权人转让债权的，受让人取得与债权有关的从权利，但是该从权利专属于债权人自身的除外。

受让人取得从权利不因该从权利未办理转移登记手续或者未转移占有而受到影响。

240. 中标人的分支机构是否可以签订合同?

如果法律、法规以及招标文件未限制招标的项目可以与分支机构签订合同，则该分支机构在拥有营业执照以及中标人的授权且招标人同意的前提下，可以作为合同签约的主体。分公司不具有法人资格，其民事责任由公司承担。

【法律分析】

《中华人民共和国公司法》(2018 年修正)(主席令第 15 号)

第十四条第一款　公司可以设立分公司。设立分公司，应当向公司登记机关申请登记，领取营业执照。分公司不具有法人资格，其民事责任由公司承担。

241. 中标人可以将哪些工作进行分包?

招标采购合同是招标人与由其选定的中标人之间签订的合同。原则上,合同约定的中标人的义务,都应当由中标人自行完成。但是,对一些招标项目,如大型建设工程和结构复杂的建设工程来说,法律允许承包人在遵守一定条件的前提下,将自己承包工程项目中的部分劳务工作或者专业工程内容分包给其他承包人。招标投标相关法律规定,中标人按照合同的约定或者经招标人同意,可以将中标项目的部分非主体、非关键性工作分包给他人完成。

为了保护招标人权益,招标投标法律对分包行为规定了限制条件,主要包括以下四个方面:一是中标人只能将中标项目的非主体、非关键性工作分包给具有相应资质条件的单位;二是分包的工程必须是招标采购合同约定可以分包的工程,合同中没有约定的,必须经招标人认可;三是中标项目的主体性、关键性工作必须由中标人自行完成,不得分包;四是分包只能进行一次,分包人不得再分包。

【法律依据】

《中华人民共和国招标投标法》(2017 年修正)(主席令第 86 号)

第四十八条 中标人应当按照合同约定履行义务,完成中标项目。中标人不得向他人转让中标项目,也不得将中标项目肢解后分别向他人转让。

中标人按照合同约定或者经招标人同意,可以将中标项目的部分非主体、非关键性工作分包给他人完成。接受分包的人应当具备相应的资格条件,并不得再次分包。

中标人应当就分包项目向招标人负责,接受分包的人就分包项目承担连带责任。

第五十八条 中标人将中标项目转让给他人的,将中标项目肢解后分别转让给他人的,违反本法规定将中标项目的部分主体、关键性工作分包给他人的,或者分包人再次分包的,转让、分包无效,处转让、分包项目金额千分之五以上千分之十以下的罚款;有违法所得的,并处没收违法所得;可以责令停业整顿;情节严重的,由工商行政管理机关吊销营业执照。

242. 什么是转包和违法分包?

所谓转包,是指承包单位承包建设工程后,不履行合同约定的责任和义务,将其承包的全部建设工程转给他人或者将其承包的全部建设工程肢解以后以分包的名义分别转给其他单位承包的行为。所谓违法分包，是指下列行为：(1)总承包单位将建设工程分包给不具备相应资质条件的单位的；(2)建设工程总承包合同中未有约定，又未经建设单位认可，承包单位将其承包的部分建设工程交由其他单位完成的；(3)施工总承包单位将建设工程主体结构的施工分包给其他单位的；(4)分包单位将其承包的建设工程再分包的。

实践表明，转包和违法分包行为有很大的危害性。工程建设过程中，中标人转包或违法分包，可能留下严重的工程安全质量隐患，甚至酿成重大安全质量事故。因此，转包和违法分包都是法律严格禁止的行为。

【法律依据】

《中华人民共和国招标投标法》(2017 年修正)(主席令第 86 号)

第四十八条　中标人应当按照合同约定履行义务，完成中标项目。中标人不得向他人转让中标项目，也不得将中标项目肢解后分别向他人转让。

中标人按照合同约定或者经招标人同意，可以将中标项目的部分非主体、非关键性工作分包给他人完成。接受分包的人应当具备相应的资格条件，并不得再次分包。

中标人应当就分包项目向招标人负责，接受分包的人就分包项目承担连带责任。

第五十八条　中标人将中标项目转让给他人的，将中标项目肢解后分别转让给他人的，违反本法规定将中标项目的部分主体、关键性工作分包给他人的，或者分包人再次分包的，转让、分包无效，处转让、分包项目金额千分之五以上千分之十以下的罚款；有违法所得的，并处没收违法所得；可以责令停业整顿；情节严重的，由工商行政管理机关吊销营业执照。

《中华人民共和国建筑法》(2019 年修正)(主席令第 29 号)

第二十八条　禁止承包单位将其承包的全部建筑工程转包给他人，禁止承包单位将其承包的全部建筑工程肢解以后以分包的名义分别转包给他人。

第六十七条　承包单位将承包的工程转包的，或者违反本法规定进行分包的，责令改正，没收违法所得，并处罚款，可以责令停业整顿，降低资质等级；情节严重的，吊销资质证书。

承包单位有前款规定的违法行为的，对因转包工程或者违法分包的工程不符合规定的质量标准造成的损失，与接受转包或者分包的单位承担连带赔偿责任。

《建设工程质量管理条例》(2019 年修订)(国务院令第 714 号)

第七十八条　本条例所称肢解发包，是指建设单位将应当由一个承包单位完成的建设工程分解成若干部分发包给不同的承包单位的行为。

本条例所称违法分包,是指下列行为:

(一)总承包单位将建设工程分包给不具备相应资质条件的单位的;

(二)建设工程总承包合同中未有约定,又未经建设单位认可,承包单位将其承包的部分建设工程交由其他单位完成的;

(三)施工总承包单位将建设工程主体结构的施工分包给其他单位的;

(四)分包单位将其承包的建设工程再分包的。

本条例所称转包,是指承包单位承包建设工程后,不履行合同约定的责任和义务,将其承包的全部建设工程转给他人或者将其承包的全部建设工程肢解以后以分包的名义分别转给其他单位承包的行为。

243. 招标人要求中标人提交履约保证金,中标人是否必须提交?

若招标文件中对中标人提交履约保证金有明确规定,且中标人响应招标文件的要求,在此种情况下,中标人必须按规定提交履约保证金。

若中标人拒绝提交履约保证金,视为放弃中标项目,招标人可取消其中标资格,不退还其投标保证金。此外,中标人拒绝提交履约保证金的,还可能因此受到相应的行政处罚。若招标文件中未要求中标人提供履约保证金,招标人在确定中标人后才提出此要求,中标人有权拒绝。

【法律依据】

《中华人民共和国招标投标法》(2017 年修正)(主席令第 86 号)

第四十六条第二款 招标文件要求中标人提交履约保证金的,中标人应当提交。

《中华人民共和国招标投标法实施条例》(2019 年修订)(国务院令第 709 号)

第五十五条 国有资金占控股或者主导地位的依法必须进行招标的项目,招标人应当确定排名第一的中标候选人为中标人。排名第一的中标候选人放弃中标、因不可抗力不能履行合同、不按照招标文件要求提交履约保证金,或者被查实存在影响中标结果的违法行为等情形,不符合中标条件的,招标人可以按照评标委员会提出的中标候选人名单排序依次确定其他中标候选人为中标人,也可以重新招标。

第五十八条 招标文件要求中标人提交履约保证金的,中标人应当按照招标文件的要求提交。履约保证金不得超过中标合同金额的 10%。

第七十四条 中标人无正当理由不与招标人订立合同,在签订合同时向招标人提出附加条件，或者不按照招标文件要求提交履约保证金的，取消其中标资格，投标保证金不予退还。对依法必须进行招标的项目的中标人，由有关行政监督部门责令改正，可以处中标项目金额10‰以下的罚款。

244. 履约保证金通常有哪些形式？

履约保证金是招标人为确保中标人按合同的约定履行义务，而由中标人提供的一种履约担保方式。现行法律并未对履约保证金的形式作出限制性要求，其可以是银行保函、转账支票、银行汇票、现金等。履约保证金设置的作用在于促使中标人按约定履行中标合同，中标人如果违约，其履约保证金可能被全部或部分没收。

招标人可以在招标文件中规定中标人应提交的履约保证金的形式。

【法律依据】

《中华人民共和国招标投标法》(2017 年修正)(主席令第 86 号)

第四十六条第二款　招标文件要求中标人提交履约保证金的，中标人应当提交。

245. 履约保证金可以超过合同金额的 10% 吗？

招标人可根据招标项目的特点、潜在投标人的履约能力、招标项目的估算金额等情况，在招标文件中确定具体的履约保证金金额。为了禁止招标人不根据项目的具体情况，故意抬高履约保证金的金额，给中标人增加负担，《招标投标法实施条例》规定，履约保证金的金额不得超过中标合同金额的 10%，如果招标人要求投标人提交的履约保证金金额超过合同金额的 10%，投标人可以拒绝提交；同时，招标人还可能因此受到相应的行政处罚。

【法律依据】

《中华人民共和国招标投标法实施条例》(2019 年修订)(国务院令第 709 号)

第五十八条　招标文件要求中标人提交履约保证金的，中标人应当按照招标文件的要求提交。履约保证金不得超过中标合同金额的 10%。

第六十六条　招标人超过本条例规定的比例收取投标保证金、履约保证金或者不按照规定退还投标保证金及银行同期存款利息的，由有关行政监督部门责令改正，可以处 5 万元以下的罚款；给他人造成损失的，依法承担赔偿责任。

《工程建设项目货物招标投标办法》(2013 年修订)(国家发展和改革委员会等九部委令第 23 号)

第五十一条第三款 履约保证金不得超过中标合同金额的 10%。

246. 招标人可以要求将投标保证金转成履约保证金吗?

根据招标投标相关法律、法规的规定,招标人与中标人签订合同后 5 日内,应当向中标人和未中标人一次性退还投标保证金。同时,一般来说,招标人会在合同签订时要求中标人提交履约保证金。实践中,为了方便起见,一些招标人和中标人希望可以将投标保证金直接转成履约保证金。对于前述操作,法律并无禁止性规定,因此只要招标人与中标人自愿采取该方式,双方可以选择将投标保证金转为履约保证金。对于招标人而言,为避免被质疑未按法定期限退还中标人的投标保证金,可要求中标人提出书面申请,或在合同中对此进行简要的约定。

【法律依据】

《工程建设项目勘察设计招标投标办法》(2013 年修订)(国家发展和改革委员会等九部委令第 23 号)

第四十四条 招标人与中标人签订合同后五日内,应当向中标人和未中标人一次性退还投标保证金及银行同期存款利息。招标文件中规定给予未中标人经济补偿的,也应在此期限内一并给付。

招标文件要求中标人提交履约保证金的,中标人应当提交;经中标人同意,可将其投标保证金抵作履约保证金。

247. 履约保证金应于何时返还?

按照国际惯例和我国招标投标相关法律、法规的规定,为保证中标人按照合同约定履行义务,招标人可以在签约时要求中标人提交一定金额的履约保证金。履约保证金作为提交人的履约担保,一般来说,其有效期应覆盖整个合同履行期,并应在履约期满后予以退还。对此,国家发展和改革委员会等九部委发布的《标准施工招标文件》(2007 年版)规定,承包人应保证其履约担保在发包人颁发工程接收证书前一直有效,发包人应在工程接收证书颁发后 28 日内把履约担保退还给承包人。

由于《标准施工招标文件》并无强制效力，为避免引起纠纷，建议招标人和中标人在签署的书面合同中明确约定履约保证金的有效期和退还时间。

【法律依据】

《中华人民共和国招标投标法实施条例》(2019 年修订)(国务院令第 709 号)

第五十八条 招标文件要求中标人提交履约保证金的，中标人应当按照招标文件的要求提交。履约保证金不得超过中标合同金额的 10%。

248. 确定中标人后，招标人是否需要返还未中标人的投标文件？

投标文件是投标人根据招标文件的要求，花费一定的人力和物力编制形成的。特别是在工程建设项目勘察设计招标中，招标人往往会要求投标人提交一定数量的设计图样，以便评标委员会评审。投标人按照招标文件要求提交的设计图样具有相应的知识产权。但是现行法律并未强制规定返还投标文件，招标人可以在招标文件中就此作出规定。例如，明确规定无论中标人还是未中标的投标人，其投标文件均不予退还。在招标文件未作明确规定的情况下，如果未中标的投标人要求返还投标文件，招标人或者招标代理机构应在保留必要的存档文件后，将其余投标文件返还给投标人。但是无论是否退还投标文件，均不影响投标人对投标文件内容所拥有的合法权利。

249. 投标保证金应当在什么时候退还？是否应该支付利息？

投标保证金，是投标人按照招标文件的要求向招标人出具的，以一定金额表示的投标担保，保证投标人在其投标被接受后对其投标文件中做出的承诺不得撤销或者反悔。招标人和中标人根据招标文件和投标文件签订合同后，即表示招标人接收中标人提交的投标书，双方均应按照签订的书面合同履行相应的权利和义务。至此，整个招标投标程序结束，投标保证金完成其担保使命。招标人应在合同签订后退回中标人和未中标人的投标保证金。

《招标投标法实施条例》规定，招标人应在签订合同后 5 日内向中标人和未中标人退还投标保证金。为了防止招标人和招标代理机构逾期不退还投标保证金，条例还规定，退还投标保证金时应支付银行同期存款利息。

【法律依据】

《中华人民共和国招标投标法实施条例》(2019 年修订)(国务院令第 709 号)

第五十七条第二款 招标人最迟应当在书面合同签订后 5 日内向中标人和未中标的投标人退还投标保证金及银行同期存款利息。

250. 招标人与中标人签约后,是否可以通过补充协议对合同进行变更和修改?

招标投标相关法律规定,招标人和中标人应当按照招标文件和中标人的投标文件订立书面合同,不得再行订立背离合同实质性内容的其他协议。《最高人民法院关于审理建设工程施工合同纠纷案件适用法律问题的解释(一)》第二条规定,招标人和中标人另行签订的建设工程施工合同约定的工程范围、建设工期、工程质量、工程价款等实质性内容,与中标合同不一致,一方当事人请求按照中标合同确定权利义务的,人民法院应予支持。也就是说,对于建设工程施工合同而言,工程范围、建设工期、工程质量、工程价款等属于合同的实质性内容,不得进行变更和修改。对于其他非实质性内容,法律未禁止通过补充协议或其他形式进行变更和修改。

【法律依据】

《中华人民共和国招标投标法》(2017 年修正)(主席令第 86 号)

第四十六条第一款 招标人和中标人应当自中标通知书发出之日起三十日内,按照招标文件和中标人的投标文件订立书面合同。招标人和中标人不得再行订立背离合同实质性内容的其他协议。

第五十九条 招标人与中标人不按照招标文件和中标人的投标文件订立合同的,或者招标人、中标人订立背离合同实质性内容的协议的,责令改正;可以处中标项目金额千分之五以上千分之十以下的罚款。

《中华人民共和国民法典》(主席令第 45 号)

第五百零二条 依法成立的合同,自成立时生效,但是法律另有规定或者当事人另有约定的除外。

依照法律、行政法规的规定,合同应当办理批准等手续的,依照其规定。未办理批准等手续影响合同生效的,不影响合同中履行报批等义务条款以及相关条款的效力。应当办理申请批准等手续的当事人未履行义务的,对方可以请求其承担违反该义务的责任。

依照法律、行政法规的规定,合同的变更、转让、解除等情形应当办理批准等手续的,适用前款规定。

第五百四十三条 当事人协商一致,可以变更合同。

《最高人民法院关于审理建设工程施工合同纠纷案件适用法律问题的解释(一)》(法释〔2020〕25号)

第二条第一款 招标人和中标人另行签订的建设工程施工合同约定的工程范围、建设工期、工程质量、工程价款等实质性内容,与中标合同不一致,一方当事人请求按照中标合同确定权利义务的,人民法院应予支持。

251. 工程发生重大变更,是否应当重新招标?

如果尚未发售招标文件,可以修改招标文件中的相关条款后再发售招标文件。如果已经发售招标文件,可以在要求提交招标文件截止时间15日以前发出变更招标文件的书面通知,即可继续招标;距离开标时间不足15日的,可以相应延后投标截止时间。招标人也可以终止招标,待修改招标文件后重新组织招标。如果在合同履行期因设计变更等原因发生变更,可按照工程变更调整工程价款。但是,如果合同履行期新增内容是单独可分割的项目,可以继续执行原合同,仅就新增加的部分进行招标;如果项目变更导致原承包人不具有调整后项目实施的资质或履约能力,则应终止原合同,发包人承担违约责任后再重新招标;如因规划调整,原项目被取消,则可协商解除合同。

【法律依据】

《中华人民共和国招标投标法》(2017年修正)(主席令第86号)

第二十三条 招标人对已发出的招标文件进行必要的澄清或者修改的,应当在招标文件要求提交投标文件截止时间至少十五日前,以书面形式通知所有招标文件收受人。该澄清或者修改的内容为招标文件的组成部分。

《中华人民共和国招标投标法实施条例》(2019年修订)(国务院令第709号)

第二十一条 招标人可以对已发出的资格预审文件或者招标文件进行必要的澄清或者修改。澄清或者修改的内容可能影响资格预审申请文件或者投标文件编制的,招标人应当在提交资格预审申请文件截止时间至少3日前,或者投标截止时间至少15日前,以书面形式通知所有获取资格预审文件或者招标文件的潜在投标人;不足3日或者15日的,招标人应当顺延提交资格预审申请文件或者投标文件的截止时间。

252. 招标结束后,招标人和代理机构是否应当保存招标过程中的文件资料?

关于招标人和代理机构是否应当保存招标过程中的文件资料以及保存期限问题,目前法律、法规没有明确规定。但是,招标过程中的文件资料全面真实地反映了招标、投标、开标、评标及定标等全过程的情况,是工程检查和审计的重要对象,也是履约过程中出现矛盾和纠纷时需要调取的重要证据。因此,招标人和代理机构很有必要妥善保存招标过程中的文件资料。

253. 招标人可以无偿使用未中标单位在投标文件中的技术成果吗?

一般来说,投标人在投标文件中使用的技术成果均是投标人经过投入一定的人力和物力取得的,拥有该技术成果的所有权和知识产权。投标人在投标时,将自己合法拥有的技术成果用于竞标,根据《民法典》理论,其投标行为是一种要约,表明招标人确定其中标后,招标人通过支付合同价款,方可取得该投标人技术成果的使用权。但如果其未中标,招标人不可以无偿使用其技术成果,除非投标人在投标文件中说明招标人可以无偿使用其技术成果。《工程建设项目施工招标投标办法》和《工程建设项目勘察设计招标投标办法》均规定,招标人或者中标人采用其他未中标人投标文件中技术方案的,应当征得未中标人的书面同意,并支付合理的使用费。

【法律依据】

《工程建设项目施工招标投标办法》(2013年修订)(国家发展和改革委员会等九部委令第23号)

第六十一条 招标人全部或者部分使用非中标单位投标文件中的技术成果或技术方案时,需征得其书面同意,并给予一定的经济补偿。

《工程建设项目勘察设计招标投标办法》(2013年修订)(国家发展和改革委员会等九部委令第23号)

第四十五条 招标人或者中标人采用其他未中标人投标文件中技术方案的,应当征得未中标人的书面同意,并支付合理的使用费。

案例评析

案例 26

招标人在合同谈判时向投标人提出压价要求是否可行？

——贵州省首例压价废标案

【基本案情】

2004 年 4 月，某市水文水资源局就某水文站建设工程向社会公开招标，A 建筑公司应邀参与投标，同时交纳了 10000 元投标保证金。2004 年 5 月，水文水资源局书面通知 A 建筑公司中标，但在与 A 建筑公司进行合同谈判时，水文水资源局通过压价方式迫使 A 建筑公司放弃了中标的项目。双方多次协商未果，A 建筑公司遂诉至人民法院，要求判令水文水资源局赔偿包括可得利益、违约金等六项损失 60118 元。而水文水资源局辩称，中标之后，是 A 建筑公司自愿放弃签约的，责任在 A 建筑公司。

人民法院经审理认定，被告向原告邀标、出具中标通知书等一系列民事活动属有效民事行为；原告自愿放弃签约的辩解不成立。人民法院最后判决水文水资源局赔偿投标前期费用、律师代理费、双倍返还保证金计 25086 元。

【法律分析】

中标人确定后，招标人和中标人应当以中标人的投标价签订合同，招标人不得强行要求中标人降低价格。《招标投标法》第四十六条第一款规定："招标人和中标人应当自中标通知书发出之日起三十日内，按照招标文件和中标人的投标文件订立书面合同。招标人和中标人不得再行订立背离合同实质性内容的其他协议。"由此可见，包括价格在内的合同内容应根据招标投标文件确定，招标人不得在确定中标人后再就合同实质性内容进行谈判。

《招标投标法实施条例》规定，招标人无正当理由不与中标人订立合同，或者在订立合同时向中标人提出附加条件的，应责令改正并给予罚款等行政处罚，给其他人造成损失的，依法承担赔偿责任。因此，招标人违反法律强制规定，在中标人确定后单方面压低中标价格导致签约失败，造成投标人损失，应当依法对其进行赔偿。

【特别提示】

在招标投标活动中,各有关主体均应遵守法律的规定,不能凭借自身的优势地位实施违反法律规定的行为,否则将承担相应的法律责任。

案例 27

招标人是否有权选择排名第二的中标候选人为中标人?

——某工程设备招标定标引发的纠纷

【基本案情】

某国有企业拟对部分工程设备公开进行招标,开标后共收到了甲、乙、丙3家公司的投标文件。该招标人组成评标委员会对参加本次投标的3家单位进行了评标,经过评审,最后推荐甲公司为排名第一的中标候选人,乙公司为排名第二的中标候选人。同时,评标委员会提出鉴于该系统设计单位的设计图纸为A产品,而甲公司在投标书中采用的是B产品,虽然招标文件未将该种偏差规定为实质性偏差,但是,为慎重起见,需听取设计院的意见。为此,招标人将甲公司的投标图纸交给设计院予以确认。设计院认为甲公司提供的技术资料与原设计不完全一致,但可以使用。但招标人最终还是确定排名第二的中标候选人乙公司中标。甲公司得知消息后,对本次招标结果提出异议,认为自己作为排名第一的中标候选人应当中标,招标人的行为违反了《招标投标法》的规定,遂向人民法院起诉,要求确认本次中标无效。

【法律分析】

该案中招标人的行为不妥,应当确定甲公司为中标人。根据招标投标相关法律、法规的规定,国有资金占控股或者主导地位的依法必须进行招标的项目,招标人应当确定排名第一的中标候选人为中标人。排名第一的中标候选人放弃中标、因不可抗力提出不能履行合同,或者招标文件规定应当提交履约保证金而在规定的期限内未能提交,或者被查实存在影响中标结果的违法行为等情形,不符合中标条件的,招标人可以确定排名第二的中标候选人为中标人。该案中,甲公司投标文件中采用B产品的行为不属于重大偏差,不应当作否决投标处理,既然经评审甲公司的得分最高,并被推荐为排名第一的中标候选人,足以说明甲公司最大限度地满足、响应了招标文件的各项实质性要求。因此,招标人应当确定排名第一的甲公司为中标人。

【特别提示】

在国有资金占控股或者主导地位的依法必须进行招标的项目中，招标人应确定排名第一的中标候选人为中标人，只有排名第一的中标候选人放弃中标、因不可抗力提出不能履行合同，或者招标文件规定应当提交履约保证金而在规定的期限内未能提交，或者被查实存在影响中标结果的违法行为等情形，不符合中标条件的，招标人才能确定排名第二的中标候选人中标。

案例 28

哪份合同是工程款结算的依据？
——关于黑白合同引发的纠纷

【基本案情】

某建筑公司通过招标投标程序承包某房产开发商投资的高档商品房工程的主体施工，双方签订了合同并报建设部门备案，合同中约定的工程价款为 5000 余万元。其后，开发商称其是中外合资企业，所签订的合同应与国际接轨，提出采用 FIDIC 条款，于是，双方又签订了一份承包合同，约定工程价款为 4000 余万元。工程竣工后，双方产生结算纠纷。

在建筑工程承包市场中，承包人与发包人直接签订两份合同的情况时有发生。其中一份是双方根据中标文件签订的合同，即中标合同；另一份是内容与中标合同不一样的合同，被称为“黑合同”。这两份合同往往在工程价款、工程质量、工期等方面有不同的约定。一旦发生纠纷，承包方与业主双方各持一份对自己有利的合同要求结算，那么，如何确定哪一份合同为工程款结算的依据呢？

【法律分析】

《招标投标法》第四十六条规定：“招标人和中标人应当自中标通知书发出之日起三十日内，按照招标文件和中标人的投标文件订立书面合同。招标人和中标人不得再行订立背离合同实质性内容的其他协议。”《最高人民法院关于审理建设工程施工合同纠纷案件适用法律问题的解释（一）》第二条第一款规定，招标人和中标人另行签订的建设工程施工合同约定的工程范围、建设工期、工程质量、工程价款等实质性内容，与中标合同不一致，一方当事人请求按照中标合同确定权利义务的,人民法院应予支持。

【特别提示】

合同双方应重视合同的严肃性,招标人不得在合同谈判时对中标人提出压价、缩短工期等实质性要求,也不应签署实质性内容不一致的“黑白合同”。另外,在实践中应正确区分“黑白合同”和正常的合同变更,如果在施工过程中,由于设计变更等原因,导致工程量和工程价款发生变化,属于正常合同变更,不属于签订“黑合同”。

案例29

公司因重组而转让合同,是否违反了《招标投标法》的规定?

【基本案情】

某项目业主通过招标选择A公司承担某标段的施工工作。施工合同履行过程中,A公司因业务发展需要,计划将其部分资产、业务注入其他上市公司,以获得间接上市。为了避免与重组后的上市公司发生同业竞争,A公司拟将该工程承包合同“一揽子”转让给重组后的上市公司。A公司因重组而转让合同是否违反了《招标投标法》的禁止性规定?

【法律分析】

《招标投标法》第四十八条第一款规定:“中标人应当按照合同约定履行义务,完成中标项目。中标人不得向他人转让中标项目,也不得将中标项目肢解后分别向他人转让。”但《招标投标法》的规定主要适用于合同订立阶段,针对的是工程建设市场常见的违法行为,如“黑白合同”“明招暗定”“挂靠投标”“借用他人资质投标”等,其立法目的是维护招标投标活动的公平、公正,保护招标投标活动当事人的合法权益。而对于合同双方履约过程中的行为,主要适用《民法典》。《民法典》第五百四十三条规定,当事人协商一致,可以变更合同。《民法典》第五百五十五条规定,当事人一方经对方同意,可以将自己在合同中的权利和义务一并转让给第三人。因此,因重组而变更合同履行主体,是合同履行过程中因客观情况变化而发生的变更,当事人并没有故意规避法律规定,从中牟利或损害他人利益,并没有违背《招标投标法》以及其他有关法律的强制性规定。A公司经过项目业主的同意,可以转让合同。

对于项目业主来说，由于A公司有关的工程业务已经因重组而转移到新的公司，A公司事实上已无力履行该合同，如果坚持不同意合同转让，项目业主可以选择终止合同并要求赔偿。但对于项目业主来说，终止合同未必是最好的选择。为防范因合同转让带来的法律风险，项目业主在同意合同转让的同时可以要求A公司就该施工合同的履行承担连带责任的担保义务。

【特别提示】

虽然《招标投标法》中规定了一些禁止性的条款，例如，《招标投标法》第四十六条第一款中“招标人和中标人不得再行订立背离合同实质性内容的其他协议”以及《招标投标法》第四十八条第一款的规定。但是，根据《招标投标法》的立法目的判断，这些禁止性规定主要适用于合同订立阶段，是用来限制工程建设市场中常见的一些违法行为，对于合同双方在履约过程中因发生客观原因而导致的一些合同变更行为，只要不属于当事人故意规避法律规定或损害他人利益的行为，根据《民法典》的相关规定，是可以实施的。

第七章　法 律 责 任

法律问题解答

254. 招标人规避招标，有什么法律后果？

对于招标人而言，对于法定必须招标项目不招标、虚假招标，通过化整为零或者以其他任何方式规避招标的，都属于规避招标的行为。对此，《招标投标法实施条例》进一步补充了规避招标的情形，包括对于依法必须招标项目的招标人不按照规定发布资格预审公告或者招标公告，也属于规避招标行为。

根据《招标投标法》的规定，招标人因规避招标被责令限期改正，可以处项目合同金额5‰以上10‰以下的罚款；对全部或者部分使用国有资金的项目，可以暂停项目执行或者暂停资金拨付；对单位直接负责的主管人员和其他直接责任人员依法给予处分。

【法律依据】

《中华人民共和国招标投标法》（2017年修正）（主席令第86号）

第四十九条　违反本法规定，必须进行招标的项目而不招标的，将必须进行招标的项目化整为零或者以其他任何方式规避招标的，责令限期改正，可以处项目合同金额千分之五以上千分之十以下的罚款；对全部或者部分使用国有资金的项目，可以暂停项目执行或者暂停资金拨付；对单位直接负责的主管人员和其他直接责任人员依法给予处分。

《中华人民共和国招标投标法实施条例》（2019年修订）（国务院令第709号）

第六十三条　招标人有下列限制或者排斥潜在投标人行为之一的，由有关行政监督部门依照招标投标法第五十一条的规定处罚：

（一）依法应当公开招标的项目不按照规定在指定媒介发布资格预审公告或者招标公告；

（二）在不同媒介发布的同一招标项目的资格预审公告或者招标公告的内容不一致，影响潜在投标人申请资格预审或者投标。

依法必须进行招标的项目的招标人不按照规定发布资格预审公告或者招标公告，构成规避招标的，依照招标投标法第四十九条的规定处罚。

255. 应当公开招标的项目没有在指定媒介上发布招标公告，有什么法律后果？

《招标投标法实施条例》规定，应当公开招标的项目而未在指定媒介发布招标公告或资格预审公告，将影响潜在投标人对项目公告信息的获取，构成限制或排斥潜在投标人的行为。《招标投标法》对限制或者排斥潜在投标人行为规定的法律责任为：责令改正，可以处1万元以上5万元以下的罚款。不按照规定发布资格预审公告或者招标公告，且构成规避招标的，《招标投标法》规定的法律责任为：责令限期改正，可以处项目合同金额5‰以上10‰以下的罚款；对全部或者部分使用国有资金的项目，可以暂停项目执行或者暂停资金拨付；对单位直接负责的主管人员和其他直接责任人员依法给予处分。

【法律依据】

《中华人民共和国招标投标法》（2017年修正）（主席令第86号）

第四十九条 违反本法规定，必须进行招标的项目而不招标的，将必须进行招标的项目化整为零或者以其他任何方式规避招标的，责令限期改正，可以处项目合同金额千分之五以上千分之十以下的罚款；对全部或者部分使用国有资金的项目，可以暂停项目执行或者暂停资金拨付；对单位直接负责的主管人员和其他直接责任人员依法给予处分。

第五十一条 招标人以不合理的条件限制或者排斥潜在投标人的，对潜在投标人实行歧视待遇的，强制要求投标人组成联合体共同投标的，或者限制投标人之间竞争的，责令改正，可以处一万元以上五万元以下的罚款。

《中华人民共和国招标投标法实施条例》（2019年修订）（国务院令第709号）

第六十三条 招标人有下列限制或者排斥潜在投标人行为之一的，由有关行政监督部门依照招标投标法第五十一条的规定处罚：

（一）依法应当公开招标的项目不按照规定在指定媒介发布资格预审公告或者招标公告；

（二）在不同媒介发布的同一招标项目的资格预审公告或者招标公告的内容不

一致，影响潜在投标人申请资格预审或者投标。

依法必须进行招标的项目的招标人不按照规定发布资格预审公告或者招标公告，构成规避招标的，依照招标投标法第四十九条的规定处罚。

256. 招标人发售、修改招标文件的时限未遵守法律的要求，有什么法律后果？

根据《招标投标法实施条例》的规定，资格预审文件和招标文件的发售期不得少于5日；招标人对招标文件进行澄清或修改后，如果该项澄清或修改的内容可能影响投标人的投标文件编制的，招标人应当在投标截止时间届满前至少15日，书面通知所有获取招标文件的潜在投标人，不足15日的，应当顺延投标文件截止时间。

若招标文件、资格预审文件的发售、澄清、修改的时限不符合法律要求，根据《招标投标法实施条例》的规定，由行政监督部门责令改正，可以处10万元以下的罚款。

【法律依据】

《中华人民共和国招标投标法实施条例》（2019年修订）（国务院令第709号）

第六十四条 招标人有下列情形之一的，由有关行政监督部门责令改正，可以处10万元以下的罚款：

（一）依法应当公开招标而采用邀请招标；

（二）招标文件、资格预审文件的发售、澄清、修改的时限，或者确定的提交资格预审申请文件、投标文件的时限不符合招标投标法和本条例规定；

（三）接受未通过资格预审的单位或者个人参加投标；

（四）接受应当拒收的投标文件。

招标人有前款第一项、第三项、第四项所列行为之一的，对单位直接负责的主管人员和其他直接责任人员依法给予处分。

257. 招标人违反法律规定的上限收取投标保证金，有什么法律后果？

招标人可以在招标文件中要求投标人提交投标保证金，且投标保证金数额不得超过招标项目估算价的2%，否则根据《招标投标法实施条例》应当承担如下法律责任:由有关行政监督部门责令改正,可以处5万元以下的罚款;给他人造成损失的,将承担赔偿责任。

【法律依据】

《中华人民共和国招标投标法实施条例》(2019年修订)(国务院令第709号)

第二十六条　招标人在招标文件中要求投标人提交投标保证金的,投标保证金不得超过招标项目估算价的2%。投标保证金有效期应当与投标有效期一致。

依法必须进行招标的项目的境内投标单位,以现金或者支票形式提交的投标保证金应当从其基本账户转出。

招标人不得挪用投标保证金。

第六十六条　招标人超过本条例规定的比例收取投标保证金、履约保证金或者不按照规定退还投标保证金及银行同期存款利息的,由有关行政监督部门责令改正,可以处5万元以下的罚款;给他人造成损失的,依法承担赔偿责任。

258. 哪些行为会导致中标无效?

《招标投标法》及《招标投标法实施条例》规定中标无效的情形有:

(1)招标代理机构泄露应当保密的与招标投标活动有关的情况和资料,或者与招标人、投标人串通损害国家利益、社会公共利益或者他人合法权益的行为影响中标结果的,中标无效。

(2)招标人向他人透露已获取招标文件的潜在投标人的名称、数量或者可能影响公平竞争的有关招标投标的其他情况,或者泄露标底的行为影响中标结果的,中标无效。

(3)投标人相互串通投标或者与招标人串通投标的,投标人以向招标人或者评标委员会成员行贿的手段谋取中标的,中标无效。

(4)投标人以他人名义投标或者以其他方式弄虚作假,骗取中标的,中标无效。

(5)招标人违反《招标投标法》规定,与投标人就投标价格、投标方案等实质性内容进行谈判的行为影响中标结果的,中标无效。

(6)招标人在评标委员会依法推荐的中标候选人以外确定中标人的,或者在所有投标被评标委员会否决后自行确定中标人的,中标无效。

(7)依法必须进行招标的项目的招标投标活动违反《招标投标法》和《招标投标法实施条例》的规定,对中标结果造成实质性影响,且不能采取补救措施予以纠正的,中标无效。

【法律依据】

《中华人民共和国招标投标法》(2017年修正)(主席令第86号)

第五十条 招标代理机构违反本法规定,泄露应当保密的与招标投标活动有关的情况和资料的,或者与招标人、投标人串通损害国家利益、社会公共利益或者他人合法权益的,处五万元以上二十五万元以下的罚款;对单位直接负责的主管人员和其他直接责任人员处单位罚款数额百分之五以上百分之十以下的罚款;有违法所得的,并处没收违法所得;情节严重的,禁止其一年至二年内代理依法必须进行招标的项目并予以公告,直至由工商行政管理机关吊销营业执照;构成犯罪的,依法追究刑事责任。给他人造成损失的,依法承担赔偿责任。

前款所列行为影响中标结果的,中标无效。

第五十二条 依法必须进行招标的项目的招标人向他人透露已获取招标文件的潜在投标人的名称、数量或者可能影响公平竞争的有关招标投标的其他情况的,或者泄露标底的,给予警告,可以并处一万元以上十万元以下的罚款;对单位直接负责的主管人员和其他直接责任人员依法给予处分;构成犯罪的,依法追究刑事责任。

前款所列行为影响中标结果的,中标无效。

第五十三条 投标人相互串通投标或者与招标人串通投标的,投标人以向招标人或者评标委员会成员行贿的手段谋取中标的,中标无效,处中标项目金额千分之五以上千分之十以下的罚款,对单位直接负责的主管人员和其他直接责任人员处单位罚款数额百分之五以上百分之十以下的罚款;有违法所得的,并处没收违法所得;情节严重的,取消其一年至二年内参加依法必须进行招标的项目的投标资格并予以公告,直至由工商行政管理机关吊销营业执照;构成犯罪的,依法追究刑事责任。给他人造成损失的,依法承担赔偿责任。

第五十四条 投标人以他人名义投标或者以其他方式弄虚作假,骗取中标的,中标无效,给招标人造成损失的,依法承担赔偿责任;构成犯罪的,依法追究刑事责任。

依法必须进行招标的项目的投标人有前款所列行为尚未构成犯罪的,处中标项目金额千分之五以上千分之十以下的罚款,对单位直接负责的主管人员和其他直接责任人员处单位罚款数额百分之五以上百分之十以下的罚款;有违法所得的,并处没收违法所得;情节严重的,取消其一年至三年内参加依法必须进行招标的项目的投标资格并予以公告,直至由工商行政管理机关吊销营业执照。

第五十五条 依法必须进行招标的项目,招标人违反本法规定,与投标人就投标价格、投标方案等实质性内容进行谈判的,给予警告,对单位直接负责的主管人员和其他直接责任人员依法给予处分。

前款所列行为影响中标结果的,中标无效。

第五十七条 招标人在评标委员会依法推荐的中标候选人以外确定中标人的,依法必须进行招标的项目在所有投标被评标委员会否决后自行确定中标人的,中标无效,责令改正,可以处中标项目金额千分之五以上千分之十以下的罚款;对单位直接负责的主管人员和其他直接责任人员依法给予处分。

《中华人民共和国招标投标法实施条例》(2019年修订)(国务院令第709号)

第六十七条第一款 投标人相互串通投标或者与招标人串通投标的,投标人向招标人或者评标委员会成员行贿谋取中标的,中标无效;构成犯罪的,依法追究刑事责任;尚不构成犯罪的,依照招标投标法第五十三条的规定处罚。投标人未中标的,对单位的罚款金额按照招标项目合同金额依照招标投标法规定的比例计算。

第六十八条第一款 投标人以他人名义投标或者以其他方式弄虚作假骗取中标的,中标无效;构成犯罪的,依法追究刑事责任;尚不构成犯罪的,依照招标投标法第五十四条的规定处罚。依法必须进行招标的项目的投标人未中标的,对单位的罚款金额按照招标项目合同金额依照招标投标法规定的比例计算。

第八十一条 依法必须进行招标的项目的招标投标活动违反招标投标法和本条例的规定,对中标结果造成实质性影响,且不能采取补救措施予以纠正的,招标、投标、中标无效,应当依法重新招标或者评标。

259. 依法必须招标的工程施工项目中标无效的,所签署的施工合同是否有效?

《民法典》规定,违反法律、行政法规的强制性规定的民事法律行为无效。但是,该强制性规定不导致该民事法律行为无效的除外。根据《最高人民法院关于审理建设工程施工合同纠纷案件适用法律问题的解释(一)》的规定,当依法必须招标的工程施工项目中标无效时,所签署的施工合同亦无效。

【法律依据】

《中华人民共和国民法典》(主席令第45号)

第一百五十三条 违反法律、行政法规的强制性规定的民事法律行为无效。但是,该强制性规定不导致该民事法律行为无效的除外。

违背公序良俗的民事法律行为无效。

《最高人民法院关于审理建设工程施工合同纠纷案件适用法律问题的解释（一）》（法释〔2020〕25号）

第一条第一款 建设工程施工合同具有下列情形之一的，应当依据民法典第一百五十三条第一款的规定，认定无效：

（一）承包人未取得建筑业企业资质或者超越资质等级的；

（二）没有资质的实际施工人借用有资质的建筑施工企业名义的；

（三）建设工程必须进行招标而未招标或者中标无效的。

260. 招标人未及时退还投标保证金及利息，有什么法律后果？

根据《招标投标法实施条例》第六十六条的规定，如果招标人不能及时退还投标保证金及银行同期存款利息，将由有关行政监督部门责令改正，可以处5万元以下的罚款；给他人造成损失的，将承担赔偿责任。

【法律依据】

《中华人民共和国招标投标法实施条例》（2019年修订）（国务院令第709号）

第六十六条 招标人超过本条例规定的比例收取投标保证金、履约保证金或者不按照规定退还投标保证金及银行同期存款利息的，由有关行政监督部门责令改正，可以处5万元以下的罚款；给他人造成损失的，依法承担赔偿责任。

261. 招标人与投标人或投标人之间互相串通投标，应承担什么法律责任？

串通投标行为严重违反《招标投标法》所确定的公开、公平、公正和诚实信用原则，损害国家、社会、招标人或者其他投标人的合法权益。《招标投标法》与《招标投标法实施条例》规定，投标人相互串通投标或者与招标人串通投标的，中标无效，应当承担以下一项或多项法律责任，涉及民事、行政、刑事等多个方面：

（1）罚款。有关行政监督部门对串通投标的招标人、投标人处以中标项目金额5‰以上10‰以下的罚款。对单位直接负责的主管人员和其他直接责任人员处单位罚款数额5%以上10%以下的罚款。《招标投标法实施条例》规定，投标人串通投标未中标的，对单位的罚款金额按照招标项目合同金额依照《招标投标法》规定的比例计算。

(2)如有违法所得的,并处没收违法所得。

(3)以行贿谋取中标、3 年内 2 次以上串通投标、串通投标行为造成直接经济损失 30 万元以上的,有关行政监督部门应取消其 1 年至 2 年内参加依法必须进行招标项目的投标资格并予以公告。

(4)取消投标资格处罚届满之日起 3 年内又有串通投标、以行贿谋取中标违法行为的,或者串通投标、以行贿谋取中标情节特别严重的,由市场监督管理部门吊销营业执照。

(5)追究直接负责的主管人员和其他直接责任人员的刑事责任。

(6)给他人造成损失的,承担赔偿责任。

【法律依据】

《中华人民共和国招标投标法》(2017 年修正)(主席令第 86 号)

第五十三条 投标人相互串通投标或者与招标人串通投标的,投标人以向招标人或者评标委员会成员行贿的手段谋取中标的,中标无效,处中标项目金额千分之五以上千分之十以下的罚款,对单位直接负责的主管人员和其他直接责任人员处单位罚款数额百分之五以上百分之十以下的罚款;有违法所得的,并处没收违法所得;情节严重的,取消其一年至二年内参加依法必须进行招标的项目的投标资格并予以公告,直至由工商行政管理机关吊销营业执照;构成犯罪的,依法追究刑事责任。给他人造成损失的,依法承担赔偿责任。

《中华人民共和国招标投标法实施条例》(2019 年修订)(国务院令第 709 号)

第六十七条 投标人相互串通投标或者与招标人串通投标的,投标人向招标人或者评标委员会成员行贿谋取中标的,中标无效;构成犯罪的,依法追究刑事责任;尚不构成犯罪的,依照招标投标法第五十三条的规定处罚。投标人未中标的,对单位的罚款金额按照招标项目合同金额依照招标投标法规定的比例计算。

投标人有下列行为之一的,属于招标投标法第五十三条规定的情节严重行为,由有关行政监督部门取消其 1 年至 2 年内参加依法必须进行招标的项目的投标资格:

(一)以行贿谋取中标;

(二)3 年内 2 次以上串通投标;

(三)串通投标行为损害招标人、其他投标人或者国家、集体、公民的合法利益,造成直接经济损失 30 万元以上;

(四)其他串通投标情节严重的行为。

投标人自本条第二款规定的处罚执行期限届满之日起 3 年内又有该款所列违法行为之一的,或者串通投标、以行贿谋取中标情节特别严重的,由工商行政管理机关吊销营业执照。

法律、行政法规对串通投标报价行为的处罚另有规定的,从其规定。

262. 招标投标中的弄虚作假行为,有什么法律后果?

招标投标中的弄虚作假行为包括:通过受让或者租借等方式获取资格、资质证书,以他人名义投标;使用伪造、变造的许可证件;提供虚假的财务状况或者业绩;提供虚假的项目负责人或者主要技术人员简历、劳动关系证明;提供虚假的信用状况;其他弄虚作假的行为。

弄虚作假行为的法律后果有以下几项:

(1)投标人弄虚作假,骗取中标的,中标无效,给招标人造成损失的,依法承担赔偿责任;

(2)构成犯罪的,依法追究刑事责任,主要涉嫌合同诈骗罪,伪造公司、企业印章罪等;

(3)未构成犯罪的,依法必须进行招标的项目中,对投标人处中标项目金额5‰以上10‰以下的罚款,对单位直接负责的主管人员和其他直接责任人员处单位罚款数额5%以上10%以下的罚款;

(4)有违法所得的,并处没收违法所得;

(5)情节严重的,取消其1年至3年内参加依法必须进行招标的项目的投标资格并予以公告,直至由市场监督管理部门吊销营业执照。

【法律依据】

《中华人民共和国招标投标法》(2017年修正)(主席令第86号)

第五十四条 投标人以他人名义投标或者以其他方式弄虚作假,骗取中标的,中标无效,给招标人造成损失的,依法承担赔偿责任;构成犯罪的,依法追究刑事责任。

依法必须进行招标的项目的投标人有前款所列行为尚未构成犯罪的,处中标项目金额千分之五以上千分之十以下的罚款,对单位直接负责的主管人员和其他直接责任人员处单位罚款数额百分之五以上百分之十以下的罚款;有违法所得的,并处没收违法所得;情节严重的,取消其一年至三年内参加依法必须进行招标的项目的投标资格并予以公告,直至由工商行政管理机关吊销营业执照。

《中华人民共和国招标投标法实施条例》(2019年修订)(国务院令第709号)

第四十二条 使用通过受让或者租借等方式获取的资格、资质证书投标的,属于招标投标法第三十三条规定的以他人名义投标。

投标人有下列情形之一的,属于招标投标法第三十三条规定的以其他方式弄虚作假的行为:

(一)使用伪造、变造的许可证件;

(二)提供虚假的财务状况或者业绩;

(三)提供虚假的项目负责人或者主要技术人员简历、劳动关系证明;

(四)提供虚假的信用状况;

(五)其他弄虚作假的行为。

《工程建设项目勘察设计招标投标办法》(2013 年修订)(国家发展和改革委员会等九部委令第 23 号)

第三十条 投标人不得通过故意压低投资额、降低施工技术要求、减少占地面积,或者缩短工期等手段弄虚作假,骗取中标。

263. 国家工作人员非法干涉评标委员会成员的选定,应负什么法律责任?

评标委员会的专家成员应当从省级以上人民政府有关部门提供的专家名册或者招标代理机构的专家库内的相关专家名单中确定。一般项目,可以采取随机抽取的方式;技术特别复杂、专业性要求特别高或者国家有特殊要求的招标项目,采取随机抽取方式确定的专家难以胜任的,可以由招标人直接确定。国家工作人员以任何方式非法干涉选取评标委员会成员的,属于非法干涉招标投标活动,应当给予记过或者记大过处分;情节严重的,依法给予降级或者撤职处分;情节特别严重的,依法给予开除处分;构成犯罪的,依法追究刑事责任。

【法律依据】

《中华人民共和国招标投标法实施条例》(2019 年修订)(国务院令第 709 号)

第七十条 依法必须进行招标的项目的招标人不按照规定组建评标委员会,或者确定、更换评标委员会成员违反招标投标法和本条例规定的,由有关行政监督部门责令改正,可以处 10 万元以下的罚款,对单位直接负责的主管人员和其他直接责任人员依法给予处分;违法确定或者更换的评标委员会成员作出的评审结论无效,依法重新进行评审。

国家工作人员以任何方式非法干涉选取评标委员会成员的,依照本条例第八十条的规定追究法律责任。

第八十条 国家工作人员利用职务便利,以直接或者间接、明示或者暗示等任何方式非法干涉招标投标活动，有下列情形之一的，依法给予记过或者记大过处分；情节严重的，依法给予降级或者撤职处分；情节特别严重的，依法给予开除处分；构成犯罪的，依法追究刑事责任：

（一）要求对依法必须进行招标的项目不招标，或者要求对依法应当公开招标的项目不公开招标；

（二）要求评标委员会成员或者招标人以其指定的投标人作为中标候选人或者中标人，或者以其他方式非法干涉评标活动，影响中标结果；

（三）以其他方式非法干涉招标投标活动。

264. 评标人员暗示或诱导投标人作出澄清的，应负什么法律责任？

评标委员会可以要求投标人对投标文件中含义不明确的内容作必要的澄清或者说明，但是澄清或者说明不得超出投标文件的范围或者改变投标文件的实质性内容。澄清应当以评标委员会的名义进行，并应采用书面方式。在实践中，个别评标人员通过暗示或者诱导方式使投标人作出"令人满意"或特定的澄清回复。上述行为均被招标投标相关法律所禁止，相关人员可能受到以下行政处罚：被责令改正；情节严重的，将禁止在一定期限内参加依法必须进行招标的项目的评标；情节特别严重的，将被取消担任评标委员会成员的资格。

【法律依据】

《中华人民共和国招标投标法实施条例》（2019 年修订）（国务院令第 709 号）

第七十一条 评标委员会成员有下列行为之一的，由有关行政监督部门责令改正；情节严重的，禁止其在一定期限内参加依法必须进行招标的项目的评标；情节特别严重的，取消其担任评标委员会成员的资格：

……

（七）暗示或者诱导投标人作出澄清、说明或者接受投标人主动提出的澄清、说明；

（八）其他不客观、不公正履行职务的行为。

265. 评标人员对应当否决的投标文件不作出否决投标评价的，应负什么法律责任？

在评标过程中，评标委员会成员（实践中，评标委员会内部往往有不同分工）因为自身或受他人影响而对投标文件存在的重大偏差“视而不见”，对应当否决的投标文件未提出否决投标意见。评标委员可能因该行为受到以下行政处罚：被有关行政监督部门责令改正；情节严重的，将禁止在一定期限内参加依法必须进行招标的项目的评标；情节特别严重的，将被取消担任评标委员会成员的资格。

【法律依据】

《中华人民共和国招标投标法实施条例》（2019 年修订）（国务院令第 709 号）

第七十一条　评标委员会成员有下列行为之一的，由有关行政监督部门责令改正；情节严重的，禁止其在一定期限内参加依法必须进行招标的项目的评标；情节特别严重的，取消其担任评标委员会成员的资格：

……

（六）对依法应当否决的投标不提出否决意见；

（七）暗示或者诱导投标人作出澄清、说明或者接受投标人主动提出的澄清、说明；

（八）其他不客观、不公正履行职务的行为。

266. 评标人员向他人透露投标文件评审情况，应负什么法律责任？

招标人应当采取必要的措施保证评标在严格保密的情况下进行，评标委员会成员及评标现场的工作人员（包括招标人和招标代理机构的人员）对于评标情况均负有保密义务，如前述人员向他人透露评标过程对投标文件的评审和比较、中标候选人的推荐以及与评标有关的其他情况的，应承担以下法律责任：

（1）由对招标投标活动行使监督权的行政监督部门给予警告；

（2）没收收受他人的财物；

（3）可以依照违法情节并处 3000 元以上 5 万元以下的罚款；

（4）取消该评标专家担任评标委员会成员的资格；

（5）禁止其参加任何依法必须进行招标的项目的评标；

（6）构成犯罪的，依法追究刑事责任，主要涉嫌泄露国家秘密罪、侵犯商业秘密罪等。

【法律依据】

《中华人民共和国招标投标法》（2017 年修正）（主席令第 86 号）

第五十六条　评标委员会成员收受投标人的财物或者其他好处的，评标委员会成员或者参加评标的有关工作人员向他人透露对投标文件的评审和比较、中标候选人的推荐以及与评标有关的其他情况的,给予警告,没收收受的财物,可以并处三千元以上五万元以下的罚款,对有所列违法行为的评标委员会成员取消担任评标委员会成员的资格,不得再参加任何依法必须进行招标的项目的评标;构成犯罪的,依法追究刑事责任。

267. 评标人员收受投标人的贿赂,有什么法律后果?

评标委员会成员应该根据法律规定和招标文件规定的评标标准和方法,客观、公正地对投标文件提出评审意见。如果评标委员会成员收受投标人的财物或者其他好处,必然对评标的公正性产生影响。

《招标投标法》和《招标投标法实施条例》规定,评标委员会成员不得私下接触投标人,不得收受投标人的财物或者其他好处,否则将被处以 3000 元以上 5 万元以下的罚款,取消担任评标委员会成员的资格,不得再参加依法必须进行招标的项目的评标;构成犯罪的,依法追究刑事责任。

【法律依据】

《中华人民共和国招标投标法》(2017 年修正)(主席令第 86 号)

第四十四条 评标委员会成员应当客观、公正地履行职务,遵守职业道德,对所提出的评审意见承担个人责任。

评标委员会成员不得私下接触投标人,不得收受投标人的财物或者其他好处。

评标委员会成员和参与评标的有关工作人员不得透露对投标文件的评审和比较、中标候选人的推荐情况以及与评标有关的其他情况。

第五十六条 评标委员会成员收受投标人的财物或者其他好处的,评标委员会成员或者参加评标的有关工作人员向他人透露对投标文件的评审和比较、中标候选人的推荐以及与评标有关的其他情况的,给予警告,没收收受的财物,可以并处三千元以上五万元以下的罚款,对有所列违法行为的评标委员会成员取消担任评标委员会成员的资格,不得再参加任何依法必须进行招标的项目的评标;构成犯罪的,依法追究刑事责任。

《中华人民共和国招标投标法实施条例》(2019 年修订)(国务院令第 709 号)

第七十二条 评标委员会成员收受投标人的财物或者其他好处的,没收收受的财物,处 3000 元以上 5 万元以下的罚款,取消担任评标委员会成员的资格,不得再参加依法必须进行招标的项目的评标;构成犯罪的,依法追究刑事责任。

268. 招标人限制或者排斥潜在投标人，应负什么法律责任？

任何单位和个人不得违法限制或者排斥潜在投标人。招标人以不合理的条件限制或者排斥潜在投标人的，对潜在投标人实行歧视待遇的，根据有关规定，由行政监督部门责令改正，对该招标人处1万元以上5万元以下的罚款。

【法律依据】

《中华人民共和国招标投标法》(2017年修正)(主席令第86号)

第五十一条　招标人以不合理的条件限制或者排斥潜在投标人的，对潜在投标人实行歧视待遇的，强制要求投标人组成联合体共同投标的，或者限制投标人之间竞争的，责令改正，可以处一万元以上五万元以下的罚款。

269. 招标人在中标候选人以外确定中标人，应负什么法律责任？

根据《评标委员会和评标方法暂行规定》的规定，评标委员会依法推荐的中标候选人应当为标明排列顺序的一人至三人，招标人应当在其中确定中标人。《招标投标法》和《招标投标法实施条例》规定，招标人不得在评标委员会推荐的中标候选人之外确定中标人，招标人在评标委员会依法推荐的中标候选人以外确定中标人的，依法必须进行招标的项目在所有投标被评标委员会否决后自行确定中标人的，中标无效，由有关行政监督部门责令改正，可以对其处中标项目金额5‰以上10‰以下的罚款；对招标人直接负责的主管人员和其他直接责任人员依法给予处分；给他人造成损失的，依法承担赔偿责任。

【法律依据】

《中华人民共和国招标投标法》(2017年修正)(主席令第86号)

第五十七条　招标人在评标委员会依法推荐的中标候选人以外确定中标人的，依法必须进行招标的项目在所有投标被评标委员会否决后自行确定中标人的，中标无效，责令改正，可以处中标项目金额千分之五以上千分之十以下的罚款；对单位直接负责的主管人员和其他直接责任人员依法给予处分。

《中华人民共和国招标投标法实施条例》(2019年修订)(国务院令第709号)

第七十三条　依法必须进行招标的项目的招标人有下列情形之一的，由有关行政监督部门责令改正，可以处中标项目金额10‰以下的罚款；给他人造成损失的，依法承担赔偿责任；对单位直接负责的主管人员和其他直接责任人员依法给予处分：

(一)无正当理由不发出中标通知书；

(二)不按照规定确定中标人;

(三)中标通知书发出后无正当理由改变中标结果;

(四)无正当理由不与中标人订立合同;

(五)在订立合同时向中标人提出附加条件。

270. 依法应采取公开招标的项目未经批准擅自进行邀请招标的,应承担什么法律责任?

国有资金占控股或者主导地位的依法必须进行招标的项目,特殊情形下可以邀请招标,但应当由项目审批、核准部门在审批、核准项目时作出认定或者由招标人申请有关行政监督部门作出认定。《招标投标法实施条例》规定,依法必须公开招标的项目不符合条件且未经批准擅自进行邀请招标的,应负的法律责任有:

(1)由有关行政监督部门责令限期改正;

(2)对单位直接负责的主管人员和其他直接责任人员给予行政处分;

(3)根据情节可处10万元以下罚款。

【法律依据】

《中华人民共和国招标投标法实施条例》(2019年修订)(国务院令第709号)

第六十四条 招标人有下列情形之一的,由有关行政监督部门责令改正,可以处10万元以下的罚款:

(一)依法应当公开招标而采用邀请招标;

(二)招标文件、资格预审文件的发售、澄清、修改的时限,或者确定的提交资格预审申请文件、投标文件的时限不符合招标投标法和本条例规定;

(三)接受未通过资格预审的单位或者个人参加投标;

(四)接受应当拒收的投标文件。

招标人有前款第一项、第三项、第四项所列行为之一的,对单位直接负责的主管人员和其他直接责任人员依法给予处分。

271. 招标人在投标截止时间后接收迟到投标文件的,应承担什么法律责任?

在招标文件要求提交投标文件的截止时间后送达的投标文件,招标人应当拒收。招标人在提交投标文件截止时间后仍接收投标人投标文件的,根据现行招标法律规定,可能因此受到以下行政处罚:被有关行政监督部门责令改正,单位直接负责的主管人员和直接责任人员被给予行政处分,并可能被处10万元以下的罚款。

【法律依据】

《中华人民共和国招标投标法实施条例》(2019年修订)(国务院令第709号)

第六十四条 招标人有下列情形之一的,由有关行政监督部门责令改正,可以处10万元以下的罚款:

(一)依法应当公开招标而采用邀请招标;

(二)招标文件、资格预审文件的发售、澄清、修改的时限,或者确定的提交资格预审申请文件、投标文件的时限不符合招标投标法和本条例规定;

(三)接受未通过资格预审的单位或者个人参加投标;

(四)接受应当拒收的投标文件。

招标人有前款第一项、第三项、第四项所列行为之一的,对单位直接负责的主管人员和其他直接责任人员依法给予处分。

272. 评标方法排斥投标人、妨碍或限制竞争的,招标人应承担什么法律责任?

评标方法排斥投标人、妨碍或限制竞争的,按照有关法律和部门规章的规定,招标人会被有关行政监督部门责令改正,并可能被处1万元以上5万元以下的罚款等行政处罚。

【法律依据】

《中华人民共和国招标投标法》(2017年修正)(主席令第86号)

第五十一条 招标人以不合理的条件限制或者排斥潜在投标人的,对潜在投标人实行歧视待遇的,强制要求投标人组成联合体共同投标的,或者限制投标人之间竞争的,责令改正,可以处一万元以上五万元以下的罚款。

《工程建设项目施工招标投标办法》(2013年修订)(国家发展和改革委员会等九部委令第23号)

第七十条 招标人以不合理的条件限制或者排斥潜在投标人的,对潜在投标人实行歧视待遇的,强制要求投标人组成联合体共同投标的,或者限制投标人之间竞争的,有关行政监督部门责令改正,可处一万元以上五万元以下罚款。

《工程建设项目勘察设计招标投标办法》(2013年修订)(国家发展和改革委员会等九部委令第23号)

第五十三条第一款 招标人以抽签、摇号等不合理的条件限制或者排斥资格预审合格的潜在投标人参加投标,对潜在投标人实行歧视待遇的,强制要求投标人组成联合体共同投标的,或者限制投标人之间竞争的,责令改正,可以处一万元以上五万元以下的罚款。

273. 使用招标文件没有确定的评标方法评标的,应承担什么法律责任?

评标委员会应当按照招标文件载明的评标方法,对投标文件进行评定。根据有关部门规章的规定,评标过程中使用招标文件没有确定的评标标准和方法影响评标结果的,评标无效,招标人应依法重新进行评标或者重新进行招标,有关行政监督部门可对招标人处3万元以下的罚款。对于评标委员会成员而言,将由有关行政监督部门责令改正,情节严重的一定期限内禁止参加依法必须进行招标的项目的评标活动,直至取消担任评标委员会成员的资格,不得再参加任何依法必须招标项目的评标。

【法律依据】

《中华人民共和国招标投标法实施条例》(2019年修订)(国务院令第709号)

第七十一条 评标委员会成员有下列行为之一的,由有关行政监督部门责令改正;情节严重的,禁止其在一定期限内参加依法必须进行招标的项目的评标;情节特别严重的,取消其担任评标委员会成员的资格:

(一)应当回避而不回避;

(二)擅离职守;

(三)不按照招标文件规定的评标标准和方法评标;

(四)私下接触投标人;

(五)向招标人征询确定中标人的意向或者接受任何单位或者个人明示或者暗示提出的倾向或者排斥特定投标人的要求;

(六)对依法应当否决的投标不提出否决意见;

(七)暗示或者诱导投标人作出澄清、说明或者接受投标人主动提出的澄清、说明;

(八)其他不客观、不公正履行职务的行为。

《工程建设项目施工招标投标办法》(2013 年修订)(国家发展和改革委员会等九部委令第 23 号)

第七十八条 评标委员会成员应当回避而不回避,擅离职守,不按照招标文件规定的评标标准和方法评标,私下接触投标人,向招标人征询确定中标人的意向或者接受任何单位或者个人明示或者暗示提出的倾向或者排斥特定投标人的要求,对依法应当否决的投标不提出否决意见,暗示或者诱导投标人作出澄清、说明或者接受投标人主动提出的澄清、说明,或者有其他不能客观公正地履行职责行为的,有关行政监督部门责令改正;情节严重的,禁止其在一定期限内参加依法必须进行招标的项目的评标;情节特别严重的,取消其担任评标委员会成员的资格。

《工程建设项目勘察设计招标投标办法》(2013 年修订)(国家发展和改革委员会等九部委令第 23 号)

第五十四条 评标委员会成员有下列行为之一的,由有关行政监督部门责令改正;情节严重的,禁止其在一定期限内参加依法必须进行招标的项目的评标;情节特别严重的,取消其担任评标委员会成员的资格:

(一)不按照招标文件规定的评标标准和方法评标;

……

《工程建设项目货物招标投标办法》(2013 年修订)(国家发展和改革委员会等九部委令第 23 号)

第五十七条 评标委员会成员有下列行为之一的,由有关行政监督部门责令改正;情节严重的,禁止其在一定期限内参加依法必须进行招标的项目的评标;情节特别严重的,取消其担任评标委员会成员的资格:

(一)应当回避而不回避;

(二)擅离职守;

(三)不按照招标文件规定的评标标准和方法评标;

……

274. 评标委员会的组建及人员组成不符合法定要求的,应承担什么法律责任?

依法必须进行招标的项目,其评标委员会由招标人的代表和有关技术、经济等方面的专家组成,成员人数为 5 人以上单数,其中技术、经济等方面的专家不得少于成员总数的 2/3。专家应当从事相关领域工作满 8 年并具有高级职称或者具有同等专业水平,由招标人从国务院有关部门或者省、自治区、直辖市人民政府有关部门提供的专家名册或者招标代理机构的专家库内的相关专业的专家名单中确定。与投标人有利害关系的人不得进入相关项目的评标委员会,已经进入的应当更换。

评标过程中评标委员会的组建及人员组成不符合法定要求的,应承担的法律责任包括:

(1)评标结论无效,由有关行政监督部门责令限期改正,依法重新进行评标或者重新进行招标;

(2)根据情节可处10万元以下罚款;

(3)对单位直接负责的主管人员和其他直接责任人员依法给予处分。

【法律依据】

《中华人民共和国招标投标法实施条例》(2019年修订)(国务院令第709号)

第七十条第一款 依法必须进行招标的项目的招标人不按照规定组建评标委员会,或者确定、更换评标委员会成员违反招标投标法和本条例规定的,由有关行政监督部门责令改正,可以处10万元以下的罚款,对单位直接负责的主管人员和其他直接责任人员依法给予处分;违法确定或者更换的评标委员会成员作出的评审结论无效,依法重新进行评审。

《工程建设项目施工招标投标办法》(2013年修订)(国家发展和改革委员会等九部委令第23号)

第七十九条 依法必须进行招标的项目的招标人不按照规定组建评标委员会,或者确定、更换评标委员会成员违反招标投标法和招标投标法实施条例规定的,由有关行政监督部门责令改正,可以处10万元以下的罚款,对单位直接负责的主管人员和其他直接责任人员依法给予处分;违法确定或者更换的评标委员会成员作出的评审决定无效,依法重新进行评审。

《工程建设项目勘察设计招标投标办法》(2013年修订)(国家发展和改革委员会等九部委令第23号)

第五十三条第二款 依法必须进行招标的项目的招标人不按照规定组建评标委员会,或者确定、更换评标委员会成员违反招标投标法和招标投标法实施条例规定的,由有关行政监督部门责令改正,可以处10万元以下的罚款,对单位直接负责的主管人员和其他直接责任人员依法给予处分;违法确定或者更换的评标委员会成员作出的评审结论无效,依法重新进行评审。

275. 中标人将中标项目转让给他人，应负什么法律责任？

中标人应当按照合同约定履行义务，完成中标项目。中标人不得向他人转让中标项目，也不得将中标项目肢解后进行转让。中标人将中标项目转让给他人应负的法律责任有：

(1)该转让无效，可能承担对受让人的缔约过失责任；

(2)处转让项目金额5‰以上10‰以下的罚款；

(3)有违法所得的，并处没收违法所得；

(4)可以责令停业整顿；情节严重的，由市场监督管理部门吊销营业执照。

【法律依据】

《中华人民共和国招标投标法》(2017年修正)(主席令第86号)

第五十八条　中标人将中标项目转让给他人的，将中标项目肢解后分别转让给他人的，违反本法规定将中标项目的部分主体、关键性工作分包给他人的，或者分包人再次分包的，转让、分包无效，处转让、分包项目金额千分之五以上千分之十以下的罚款；有违法所得的，并处没收违法所得；可以责令停业整顿；情节严重的，由工商行政管理机关吊销营业执照。

《中华人民共和国招标投标法实施条例》(2019年修订)(国务院令第709号)

第七十六条　中标人将中标项目转让给他人的，将中标项目肢解后分别转让给他人的，违反招标投标法和本条例规定将中标项目的部分主体、关键性工作分包给他人的，或者分包人再次分包的，转让、分包无效，处转让、分包项目金额5‰以上10‰以下的罚款；有违法所得的，并处没收违法所得；可以责令停业整顿；情节严重的，由工商行政管理机关吊销营业执照。

276. 中标人不履行与招标人订立的合同，需要承担什么法律责任？

招标人与中标人根据招标文件和中标人的投标文件签订合同后，双方均应该按照合同约定履行合同义务，否则应承担违约责任。根据《招标投标法》的规定，中标人不履行与招标人订立的合同的，履约保证金不予退还，给招标人造成的损失超过履约保证金数额的，还应当对超过部分予以赔偿；没有提交履约保证金的，应当对招标人的损失承担赔偿责任。中标人不按照与招标人订立的合同履行义务，情节严重的，取消其2年至5年内参加依法必须进行招标的项目的投标资格并予以公告，直至由市场监督管理部门吊销营业执照。

【法律依据】

《中华人民共和国招标投标法》(2017 年修正)(主席令第 86 号)

第六十条第一、二款 中标人不履行与招标人订立的合同的,履约保证金不予退还,给招标人造成的损失超过履约保证金数额的,还应当对超过部分予以赔偿;没有提交履约保证金的,应当对招标人的损失承担赔偿责任。

中标人不按照与招标人订立的合同履行义务,情节严重的,取消其二年至五年内参加依法必须进行招标的项目的投标资格并予以公告,直至由工商行政管理机关吊销营业执照。

277. 招标代理机构违法,应承担什么法律责任?

招标代理机构的违法行为包括:泄露应当保密的与招标投标活动有关的情况和资料;与招标人、投标人串通损害国家利益、社会公共利益或者他人合法权益;在所代理的招标项目中投标、代理投标或者向该项目投标人提供咨询;接受委托编制标底的中介机构参加受托编制标底项目的投标或者为该项目的投标人编制投标文件、提供咨询等情形。上述违法行为应承担的法律责任有:

(1)处 5 万元以上 25 万元以下的罚款;

(2)对单位直接负责的主管人员和其他直接责任人员处单位罚款数额 5% 以上 10% 以下的罚款;

(3)有违法所得的,并处没收违法所得;

(4)情节严重的,禁止其 1 年至 2 年内代理依法必须进行招标的项目并予以公告,直至由市场监督管理部门吊销营业执照;

(5)构成犯罪的,依法追究刑事责任;

(6)给他人造成损失的,依法承担赔偿责任;

(7)行为影响中标结果的,中标无效。

【法律依据】

《中华人民共和国招标投标法》(2017 年修正)(主席令第 86 号)

第五十条 招标代理机构违反本法规定,泄露应当保密的与招标投标活动有关的情况和资料的,或者与招标人、投标人串通损害国家利益、社会公共利益或者他人合法权益的,处五万元以上二十五万元以下的罚款,对单位直接负责的主管人员和其他直接责任人员处单位罚款数额百分之五以上百分之十以下的罚款;有违法所得的,并处没收违法所得;情节严重的,禁止其一年至二年内代理依法必须进行招标的项目并予以公告，直至由工商行政管理机关吊销营业执照；构成犯罪的，依法追究刑事责任。给他人造成损失的，依法承担赔偿责任。

前款所列行为影响中标结果的，中标无效。

《中华人民共和国招标投标法实施条例》(2019年修订)(国务院令第709号)

第六十五条 招标代理机构在所代理的招标项目中投标、代理投标或者向该项目投标人提供咨询的，接受委托编制标底的中介机构参加受托编制标底项目的投标或者为该项目的投标人编制投标文件、提供咨询的，依照招标投标法第五十条的规定追究法律责任。

278. 国家工作人员非法干涉中标人的选定，应承担什么法律责任？

国家工作人员不得以任何方式非法干涉招标投标活动，包括国家工作人员利用职务便利，以直接或者间接、明示或者暗示等任何方式要求评标委员会成员或者招标人以其指定的投标人作为中标候选人或者中标人。有干涉招标投标活动的非法行为的，应当依法给予记过或者记大过处分；情节严重的，依法给予降级或者撤职处分；情节特别严重的，依法给予开除处分；构成犯罪的，依法追究刑事责任。

【法律依据】

《中华人民共和国招标投标法实施条例》(2019年修订)(国务院令第709号)

第八十条 国家工作人员利用职务便利，以直接或者间接、明示或者暗示等任何方式非法干涉招标投标活动，有下列情形之一的，依法给予记过或者记大过处分；情节严重的，依法给予降级或者撤职处分；情节特别严重的，依法给予开除处分；构成犯罪的，依法追究刑事责任：

(一)要求对依法必须进行招标的项目不招标，或者要求对依法应当公开招标的项目不公开招标；

(二)要求评标委员会成员或者招标人以其指定的投标人作为中标候选人或者中标人，或者以其他方式非法干涉评标活动，影响中标结果；

(三)以其他方式非法干涉招标投标活动。

279. 投标人向有关行政监督部门投诉时，是否有时限要求？

《招标投标法实施条例》规定，投标人或者其他利害关系人认为招标投标活动不符合法律、行政法规规定的，可以自知道或者应当知道之日起10日内向有关行政监督部门投诉。

《招标投标法实施条例》之所以如此规定，一方面，招标投标活动往往持续时间不长，要求投标人发现问题及早投诉有助于行政监督部门及时查处和纠正招标投标中的违法行为，维护投标人的合法权益；另一方面，如果投诉时间过迟，很可能（有问题的）中标合同已处于实际履行甚至已经完成状态，由此导致行政监督部门在查处或纠错时存在较大难度或者实际已无法挽回。因此，投标人或者其他利害关系人，发现招标投标的违法行为后，应在尽可能短的时间内向有关行政监督部门投诉，以更好地维护自身的合法权益。

【法律依据】

《中华人民共和国招标投标法实施条例》（2019年修订）（国务院令第709号）

第六十条 投标人或者其他利害关系人认为招标投标活动不符合法律、行政法规规定的，可以自知道或者应当知道之日起10日内向有关行政监督部门投诉。投诉应当有明确的请求和必要的证明材料。

就本条例第二十二条、第四十四条、第五十四条规定事项投诉的，应当先向招标人提出异议，异议答复期间不计算在前款规定的期限内。

《工程建设项目招标投标活动投诉处理办法》（2013年修订）（国家发展和改革委员会等九部委令第23号）

第九条 投诉人认为招标投标活动不符合法律行政法规规定的，可以在知道或者应当知道之日起十日内提出书面投诉。依照有关行政法规提出异议的，异议答复期间不计算在内。

280. 投标人向有关行政监督部门投诉前，是否必须先向招标人提出异议？

投标人或其他利害关系人在向有关行政监督部门投诉前，并非必须先向招标人提出异议，只有以下三种情形须先向招标人提出异议：

（1）潜在投标人或其他利害关系人对资格预审文件和招标文件有异议的，应当在法定期限内向招标人提出；

（2）投标人对开标有异议的，应当在开标现场向招标人提出；

（3）投标人或其他利害关系人对依法必须招标项目的评标结果有异议的，应当在中标候选人公示期间提出。

除上述情形外，投标人或者其他利害关系人认为招标投标活动不符合法律、行政法规规定的，均可直接向有关行政监督部门投诉。

【法律依据】

《中华人民共和国招标投标法实施条例》(2019 年修订)(国务院令第 709 号)

第二十二条 潜在投标人或者其他利害关系人对资格预审文件有异议的，应当在提交资格预审申请文件截止时间 2 日前提出；对招标文件有异议的，应当在投标截止时间 10 日前提出。招标人应当自收到异议之日起 3 日内作出答复；作出答复前，应当暂停招标投标活动。

第四十四条 招标人应当按照招标文件规定的时间、地点开标。

投标人少于 3 个的，不得开标；招标人应当重新招标。

投标人对开标有异议的，应当在开标现场提出，招标人应当当场作出答复，并制作记录。

第五十四条 依法必须进行招标的项目，招标人应当自收到评标报告之日起 3 日内公示中标候选人，公示期不得少于 3 日。

投标人或者其他利害关系人对依法必须进行招标的项目的评标结果有异议的，应当在中标候选人公示期间提出。招标人应当自收到异议之日起 3 日内作出答复；作出答复前，应当暂停招标投标活动。

第六十条 投标人或者其他利害关系人认为招标投标活动不符合法律、行政法规规定的，可以自知道或者应当知道之日起 10 日内向有关行政监督部门投诉。投诉应当有明确的请求和必要的证明材料。

就本条例第二十二条、第四十四条、第五十四条规定事项投诉的，应当先向招标人提出异议，异议答复期间不计算在前款规定的期限内。

281. 投标人提交的投诉材料，应当包含哪些内容？

根据法律规定，投标人或者其他利害关系人投诉时应当有明确的请求和必要的证明材料，通常投诉材料应包括以下内容：

(1)投诉人的名称、地址及有效联系方式；

(2)被投诉人的名称、地址及有效联系方式；

(3)投诉事项的基本事实；

(4)相关请求及主张；

(5)有效线索和相关证明材料。

对于《招标投标法实施条例》规定投诉人应先向招标人提出异议的事项,应当附提出异议的证明文件;已向有关行政监督部门投诉的,应当一并说明。

投诉文件应有效签署,并附有效身份证明复印件。投诉书有关材料是外文的,投诉人应当同时提供其中文译本。

【法律依据】

《中华人民共和国招标投标法实施条例》(2019 年修订)(国务院令第 709 号)

第六十条第一款 投标人或者其他利害关系人认为招标投标活动不符合法律、行政法规规定的,可以自知道或者应当知道之日起 10 日内向有关行政监督部门投诉。投诉应当有明确的请求和必要的证明材料。

《工程建设项目招标投标活动投诉处理办法》(2013 年修订)(国家发展和改革委员会等九部委令第 23 号)

第七条 投诉人投诉时,应当提交投诉书。投诉书应当包括下列内容:

(一)投诉人的名称、地址及有效联系方式;

(二)被投诉人的名称、地址及有效联系方式;

(三)投诉事项的基本事实;

(四)相关请求及主张;

(五)有效线索和相关证明材料。

对招标投标法实施条例规定应先提出异议的事项进行投诉的,应当附提出异议的证明文件。已向有关行政监督部门投诉的,应当一并说明。

投诉人是法人的,投诉书必须由其法定代表人或者授权代表签字并盖章;其他组织或者自然人投诉的,投诉书必须由其主要负责人或者投诉人本人签字,并附有效身份证明复印件。

投诉书有关材料是外文的,投诉人应当同时提供其中文译本。

282. 哪些情形的投诉,行政监督部门不予受理?

下列情形的投诉,行政监督部门将不予受理:

(1)投诉人不是所投诉招标投标活动的参与者,或者与投诉项目无任何利害关系;

(2)投诉事项不具体,且未提供有效线索,难以查证的;

(3)投诉书未署具投诉人真实姓名、签字和有效联系方式的;以法人名义投诉的,投诉书未经法定代表人签字并加盖公章的;

(4)超过投诉时效的;

(5)已经作出处理决定,并且投诉人没有提出新的证据;

(6)投诉事项应先提出异议没有提出异议、已进入行政复议或行政诉讼程序的。

【法律依据】

《工程建设项目招标投标活动投诉处理办法》(2013 年修订)(国家发展和改革委员会等九部委令第 23 号)

第十二条　有下列情形之一的投诉,不予受理:

(一)投诉人不是所投诉招标投标活动的参与者,或者与投诉项目无任何利害关系;

(二)投诉事项不具体,且未提供有效线索,难以查证的;

(三)投诉书未署具投诉人真实姓名、签字和有效联系方式的;以法人名义投诉的,投诉书未经法定代表人签字并加盖公章的;

(四)超过投诉时效的;

(五)已经作出处理决定,并且投诉人没有提出新的证据;

(六)投诉事项应先提出异议没有提出异议、已进入行政复议或行政诉讼程序的。

283. 行政监督部门在处理投诉时,招标人是否必须停止招标投标活动?

行政监督部门在处理投诉时,有时为了依法维护投诉人的合法权益,防止损害结果的发生,可能会要求招标人停止招标投标活动,待投诉处理完毕后再继续进行。但如果遇到任何投诉都要求招标人停止招标投标活动,必然会对正常的招标投标秩序产生不利的影响。《招标投标法实施条例》规定,必要时行政监督部门可以责令暂停招标投标活动。在行政监督部门没有责令暂停招标投标活动前,招标人可以继续开展招标投标,不受投诉的影响。

【法律依据】

《中华人民共和国招标投标法实施条例》(2019 年修订)(国务院令第 709 号)

第六十二条　行政监督部门处理投诉,有权查阅、复制有关文件、资料,调查有关情况,相关单位和人员应当予以配合。必要时,行政监督部门可以责令暂停招标投标活动。

行政监督部门的工作人员对监督检查过程中知悉的国家秘密、商业秘密，应当依法予以保密。

284. 法律对于行政监督部门处理投诉的时间有什么要求？

为了提高工作效率，尽快解决招标投标活动中存在的问题和投诉，《招标投标法实施条例》明确规定，行政监督部门应当自收到投诉之日起3个工作日内决定是否受理投诉，并自受理投诉之日起30个工作日内作出书面处理决定。如果处理投诉过程中需要检验、检测、鉴定、专家评审的，所需时间不计算在内。

【法律依据】

《中华人民共和国招标投标法实施条例》（2019年修订）（国务院令第709号）

第六十一条 投诉人就同一事项向两个以上有权受理的行政监督部门投诉的，由最先收到投诉的行政监督部门负责处理。

行政监督部门应当自收到投诉之日起3个工作日内决定是否受理投诉，并自受理投诉之日起30个工作日内作出书面处理决定；需要检验、检测、鉴定、专家评审的，所需时间不计算在内。

投诉人捏造事实、伪造材料或者以非法手段取得证明材料进行投诉的，行政监督部门应当予以驳回。

285. 招标人和中标人签订背离合同实质性内容的协议，应承担什么法律责任？

招标人和中标人签订背离合同实质性内容的协议，使实际履行的合同权利义务与招标投标文件约定不一致的，从根本上违反了《招标投标法》公开、公平、公正、诚实信用的原则，使招标投标程序流于形式。根据招标投标相关法律、法规规定，对于上述行为，将由有关行政监督部门责令改正，并可处中标项目金额5‰以上10‰以下的罚款。

【法律依据】

《中华人民共和国招标投标法》（2017年修正）（主席令第86号）

第五十九条 招标人与中标人不按照招标文件和中标人的投标文件订立合同的，或者招标人、中标人订立背离合同实质性内容的协议的，责令改正；可以处中标项目金额千分之五以上千分之十以下的罚款。

《中华人民共和国招标投标法实施条例》(2019年修订)(国务院令第709号)

第七十五条　招标人和中标人不按照招标文件和中标人的投标文件订立合同,合同的主要条款与招标文件、中标人的投标文件的内容不一致,或者招标人、中标人订立背离合同实质性内容的协议的,由有关行政监督部门责令改正,可以处中标项目金额5‰以上10‰以下的罚款。

286. 投标人恶意投诉,应承担什么法律后果?

《招标投标法实施条例》规定了投标人或其他利害关系人向招标人提出异议、向行政监督部门提出投诉的具体流程。如投标人通过捏造事实、伪造材料或者以非法手段取得证明材料对招投标活动进行投诉,极易造成招标投标活动管理的混乱。为防止投诉权被滥用,《招标投标法实施条例》明确规定,行政监督部门对恶意投诉应当予以驳回,如恶意投诉给他人造成经济损失的,恶意投诉人还应依法承担相应的赔偿责任。

【法律依据】

《中华人民共和国招标投标法实施条例》(2019年修订)(国务院令第709号)

第六十一条　投诉人就同一事项向两个以上有权受理的行政监督部门投诉的,由最先收到投诉的行政监督部门负责处理。

行政监督部门应当自收到投诉之日起3个工作日内决定是否受理投诉,并自受理投诉之日起30个工作日内作出书面处理决定;需要检验、检测、鉴定、专家评审的,所需时间不计算在内。

投诉人捏造事实、伪造材料或者以非法手段取得证明材料进行投诉的,行政监督部门应当予以驳回。

第七十七条　投标人或者其他利害关系人捏造事实、伪造材料或者以非法手段取得证明材料进行投诉,给他人造成损失的,依法承担赔偿责任。

招标人不按照规定对异议作出答复,继续进行招标投标活动的,由有关行政监督部门责令改正,拒不改正或者不能改正并影响中标结果的,依照本条例第八十一条的规定处理。

287. 行政监督部门可以对招标投标中的违法行为进行公告吗?

为促进招标投标信用体系建设,健全招标投标失信惩戒机制,规范招标投标当事人行为，国家发展和改革委员会等九部委和国务院法制办于2008年6月发布了《招标投标违法行为记录公告暂行办法》。该暂行办法规定，国务院有关行政主管部门和省级人民政府有关行政主管部门应自招标投标违法行为行政处理决定作出之日起20个工作日内对外进行记录公告。

《招标投标法实施条例》从行政法规层面肯定了对招标投标违法行为进行公告的做法，强调国家建立招标投标信用制度，有关行政监督部门应当依法公告对招标人、招标代理机构、投标人、评标委员会成员等当事人违法行为的行政处理决定。对招标投标违法行为进行记录和公告是招标投标信用制度建设的重要手段，将对招标投标违法行为产生有效的约束和震慑作用。

【法律依据】

《中华人民共和国招标投标法实施条例》（2019年修订）（国务院令第709号）

第七十八条 国家建立招标投标信用制度。有关行政监督部门应当依法公告对招标人、招标代理机构、投标人、评标委员会成员等当事人违法行为的行政处理决定。

《招标投标违法行为记录公告暂行办法》（发改法规〔2008〕1531号）

第二条 对招标投标活动当事人的招标投标违法行为记录进行公告，适用本办法。

本办法所称招标投标活动当事人是指招标人、投标人、招标代理机构以及评标委员会成员。

本办法所称招标投标违法行为记录，是指有关行政主管部门在依法履行职责过程中，对招标投标当事人违法行为所作行政处理决定的记录。

第六条 国务院有关行政主管部门和省级人民政府有关行政主管部门（以下简称"公告部门"）应自招标投标违法行为行政处理决定作出之日起20个工作日内对外进行记录公告。

省级人民政府有关行政主管部门公告的招标投标违法行为行政处理决定应同时抄报相应国务院行政主管部门。

288. 行政监督部门对招标投标违法行为主要公告哪些内容？公告期限多长？

根据有关法律规定，行政监督部门对招标投标违法行为公告的基本内容包括：被处理的当事人名称或者姓名、有关违法行为、处理依据、处理决定、处理时间和处理机关等，公告部门也可将招标投标违法行为行政处理决定书直接公告。

招标投标违法行为记录公告的期限通常是6个月,6个月后转入后台保存。如果是依法限制招标投标当事人资质(资格)方面的行政处罚,且该期限长于6个月的,公告期限与行政处罚决定限制的期限相同。

【法律依据】

《招标投标违法行为记录公告暂行办法》(发改法规〔2008〕1531号)

第八条 违法行为记录公告的基本内容为:被处理招标投标当事人名称(或姓名)、违法行为、处理依据、处理决定、处理时间和处理机关等。

公告部门可将招标投标违法行为行政处理决定书直接进行公告。

第九条 违法行为记录公告期限为六个月。公告期满后,转入后台保存。

依法限制招标投标当事人资质(资格)等方面的行政处理决定,所认定的限制期限长于六个月的,公告期限从其决定。

案 例 评 析

案例30

招标人员泄密会承担刑事责任吗?

——招标人员因工程招标中泄露国家秘密被追究刑事责任

【基本案情】

2004年12月,刘某受某市水务局委派从事某水库除险加固工程有关的招标、评标事宜。资格预审公告发出后,包括Z公司在内的7家公司通过资格预审,参与投标。为能顺利中标,Z公司项目经理陈某多次要求刘某帮忙,刘某均表示同意。在开标前一天,刘某先后将评标委员会成员名单以及初步标底272万元告诉了陈某,并向陈某言明开标时的标底可能还要下降。开标时,Z公司以246.98万元进行报价,而建设单位开出的最终标底为255.6743万元。根据评标办法,Z公司因报价最接近标底而高分中标。此后,刘某收受了陈某赠送的购物卡和礼品。

【法律分析】

经相关部门认定,刘某所泄露的评标委员会成员名单以及初步标底属于国家秘密,刘某接受国家机关的委派参加工程建设项目的招标评标活动,根据《保守国家秘密法》的规定，对在招标过程中知悉的国家秘密，其应当予以遵守保密规定。根据《刑法》第三百九十八条的规定："国家机关工作人员违反保守国家秘密法的规定，故意或者过失泄露国家秘密，情节严重的，处三年以下有期徒刑或者拘役；情节特别严重的，处三年以上七年以下有期徒刑。非国家机关工作人员犯前款罪的，依照前款的规定酌情处罚。"刘某为了获取不正当的利益，故意将上述国家秘密告知不应知悉的投标人，情节严重，已构成故意泄露国家秘密罪。

【特别提示】

泄露国家秘密的方式多种多样，除像刘某一样口头泄密外，还包括书面泄露，以交付原物的方式、用密写、影印、摄影、复印等方式泄露。但是，泄露方式的不同，不影响犯罪的成立。值得注意的是，目前，随着我国电子化的普及，有些招标项目采用计算机评标系统进行评标，评标系统内存有大量的招标及评标信息。如果评标专家在评标过程中，将评标系统中的国家秘密复制后向不应当知悉的人员传播，或者通过互联网将所掌握或知悉的国家秘密发送给不应当知悉的人员，均可构成故意泄露国家秘密罪。此外，如果评标专家违反保密规定，将涉及国家秘密的计算机或者计算机评标系统与互联网相连接，出现泄露国家秘密后果的，有可能构成过失泄露国家秘密罪。

案例 31

串通投标会承担刑事责任吗？

——招标人工作人员与投标人串通投标并收取"报酬"获刑

【基本案情】

2007年下半年，广州市某物业开发有限公司进行广州市大型商品展贸城某标段工程对外招标，总造价接近6000万元，罗某为该公司负责招标工作的工程部副经理。包工头方某找到罗某，要求其协助自己挂靠的两家公司中标，并承诺事成之后向其支付介绍费，在日后的工程施工中把其中的一些项目发包给罗某介绍的朋友。罗某答应了方某的要求，随后在招标过程中进行违法"暗箱操作"：先指定某公司做招标代理以方便方某中标；而后在投标资格审查阶段，罗某故意剔除了部分符合资质的投标人；最后在工程最高限价公布前，提前把最高限价泄露给了方某。方某挂靠的公司根据罗某提供的资料制作了标书，其最终中标的报价仅比最高限价降低不到2%。公安机关根据群众举报展开侦查,罗某因涉嫌串通投标,于2007年12月20日被刑事拘留,2008年2月1日被执行逮捕。广州市番禺区人民法院经审理判决罗某有期徒刑一年零三个月。

【法律分析】

根据《刑法》第二百二十三条的规定,投标人相互串通投标报价,损害招标人或者其他投标人利益,情节严重的,处3年以下有期徒刑或者拘役,并处或者单处罚金。投标人与招标人串通投标,损害国家、集体、公民的合法利益的,依照前款的规定处罚。

该案涉及的工程项目是广州市重点工程项目之一,参与该项目招标投标的公司涉及全省乃至全国众多大中型工程公司。罗某与方某串通投标的行为,已造成了违法中标且中标无效的后果,严重破坏了招标投标市场的秩序,损害了招标人及其他投标人利益,情节恶劣,应当追究其刑事责任。

【特别提示】

根据《最高人民检察院、公安部关于公安机关管辖的刑事案件立案追诉标准的规定(二)》第六十八条的规定,投标人相互串通投标报价,或者投标人与招标人串通投标有以下情形的,公安部门应予立案追诉:

(1)损害招标人、投标人或者国家、集体、公民的合法利益,造成直接经济损失数额在50万元以上的;

(2)违法所得数额在20万元以上的;

(3)中标项目金额在400万元以上的;

(4)采取威胁、欺骗或者贿赂等非法手段的;

(5)虽未达到上述数额标准,但二年内因串通投标,受过二次以上行政处罚,又串通投标的;

(6)其他情节严重的情形。

案例32

不服招标投标活动行政监督处理决定,是否可以向人民法院提起诉讼?

——某县农发行办公楼招标投标投诉的处理

【基本案情】

2004年10月19日,某县农发行在A市建设工程交易网站公开发布办公楼建设项目招标公告。S公司和Z公司等5家建筑公司相继投标,钱某、陆某分别为投标人S公司、Z公司的投标活动支付了施工图纸预算费等相关费用。11月26日,某县农发行招标项目评标委员会宣布评标结果,确认中标人为B建筑工程有限公司。钱某与陆某以农发行既未公开发布招标信息,亦未严格依照招标文件确定的评分办法评标,且农发行法定代表人有串标嫌疑为由,于12月6日以个人名义向某县建设局投诉。某县建设局受理了投诉,进行调查取证后认定农发行已公开发布招标信息,并严格依照招标文件确定的评分办法评标,农发行法定代表人未实施串标行为,但农发行要求投标人提供押金以证明履约能力不妥。12月22日,某县建设局作出农发行招标活动程序合法的调查结论,书面送达钱某与陆某并告知如不服可申请行政复议或提起行政诉讼。12月27日,两原告钱某与陆某向某县人民法院提起行政诉讼,请求人民法院依法撤销被告某县建设局作出的《某县农发行办公楼招标投标过程中投诉受理的调查结论》,并责令被告宣布第三人农发行本次办公楼招标行为违法,中标无效。

某县人民法院经过审理最终判决撤销被告于2004年12月22日作出的《某县农发行办公楼招标投标过程中投诉受理的调查结论》,并责令被告于判决生效之日起30日内就原告对第三人某县农发行营业办公楼招标活动的投诉重新作出具体行政行为。

【法律分析】

一、关于该案是否属于行政诉讼受案范围

《招标投标法》虽明确规定投标人和其他利害关系人认为招标投标活动违法时可向有关行政监督部门投诉,但对投诉人不服行政监督部门的行政监督处理决定时的救济途径未作出具体规定。《最高人民法院关于执行〈中华人民共和国行政诉讼法〉若干问题的解释》(法释〔2000〕8号,已失效)第一条规定,行政相对人就具有国家行政职权的机关和组织及其工作人员的行政行为提起诉讼的,除《行政诉讼法》第十二条及该司法解释第一条第二款按排除法列举的行政行为外,则均属于人民法院行政诉讼的受案范围。因此,被告建设局所作出的招标投标活动行政监督处理决定属于行政诉讼受案范围,原告钱某与陆某不服招标投标活动行政监督处理决定,可以向人民法院提起行政诉讼。

二、关于该案原告是否具备诉讼主体资格的问题

原告钱某与陆某虽不是投标人或其代理人,但其为投标活动支付了相关费用,与招标投标结果有利害关系,根据《招标投标法》第六十五条的规定,投标人和其他利害关系人认为招标投标活动不符合本法有关规定的,有权向招标人提出异议或者依法向有关行政监督部门投诉。因此,原告在请求明确和材料齐全的情况下可

向行政监督部门投诉。行政监督部门受理原告的投诉后向原告作出了关于投诉不成立的具体行政行为，原告因此与具体行政行为具有法律上的利害关系而具备行政诉讼主体资格。

【特别提示】

投标人或者其他利害关系人认为招标投标活动不符合法律、行政法规规定时，存在向招标人提出异议、向行政部门投诉、向人民法院提起诉讼等多项权利救济渠道。可通过各种途径，充分利用招标人、行政和司法力量，实现对招标投标活动的有效规范和监督。

案例33

评标专家是否会涉及刑事犯罪？

【基本案情】

霍某为某政府专家库的评标专家，在其担任某政府一项投资重大工程建设项目的评标专家时，利用其在行业内的影响力，诱导暗示其他评审专家作出有利于某投标人的评价，帮助该投标人获得中标。此后查明霍某曾收受该投标人300万元的贿赂。后经人民法院审理，霍某犯非国家工作人员受贿罪，被判处有期徒刑二年，涉案违法所得300万元依法没收。

【法律分析】

根据《刑法》第一百六十三条第一款的规定，公司、企业或者其他单位的工作人员，利用职务上的便利，索取他人财物或者非法收受他人财物，为他人谋取利益，数额较大的，处三年以下有期徒刑或者拘役，并处罚金；数额巨大或者有其他严重情节的，处三年以上十年以下有期徒刑，并处罚金；数额特别巨大或者有其他特别严重情节的，处十年以上有期徒刑或者无期徒刑，并处罚金。霍某身为政府专家库的评标专家，在为招标活动提供技术服务过程中，利用职务上的便利，非法收受投标人的贿赂，为他人谋取利益，数额较大，其行为已构成非国家工作人员受贿罪。

附　　录

第一部分　法律规范清单

一、法律

1. 中华人民共和国招标投标法(2017 年 12 月 27 日修正)

2. 中华人民共和国政府采购法(2014 年 8 月 31 日修正)

二、行政法规和国务院规范性文件

1. 中华人民共和国招标投标法实施条例(2019 年 3 月 2 日修订)

2. 中华人民共和国政府采购法实施条例(2015 年 1 月 30 日)

3. 国务院办公厅转发发展改革委、法制办、监察部关于做好招标投标法实施条例贯彻实施工作意见的通知(2012 年 4 月 14 日)

4. 国务院办公厅印发国务院有关部门实施招标投标活动行政监督的职责分工意见的通知(2000 年 5 月 3 日)

三、部门规章和规范性文件

(一)综合类

1. 国家发展改革委办公厅、市场监管总局办公厅关于进一步规范招标投标过程中企业经营资质资格审查工作的通知(2020 年 9 月 22 日)

2. 国家发展改革委办公厅关于进一步做好《必须招标的工程项目规定》和《必须招标的基础设施和公用事业项目范围规定》实施工作的通知(2020 年 10 月 19 日)

3. 必须招标的工程项目规定(2018 年 3 月 27 日)

4. 必须招标的基础设施和公用事业项目范围规定(2018 年 6 月 6 日)

5. 电子招标投标办法(2013 年 2 月 4 日)

6. 工程建设项目自行招标试行办法(2013 年 3 月 11 日修订)

7. 评标委员会和评标方法暂行规定(2013 年 3 月 11 日修订)

8. 评标专家和评标专家库管理暂行办法(2013 年 3 月 11 日修订)

9. 招标公告和公示信息发布管理办法(2017 年 11 月 23 日)

10. 招标投标违法行为记录公告暂行办法(2008 年 6 月 18 日)

11. 工程建设项目招标投标活动投诉处理办法(2013 年 3 月 11 日修订)

12. 国家发展改革委、工业和信息化部、监察部等关于进一步贯彻落实招标投标违法行为记录公告制度的通知(2010 年 3 月 29 日)

13. 政府采购货物和服务招标投标管理办法(2017 年 7 月 11 日修订)

14. 公路工程建设项目招标投标管理办法(2015 年 12 月 8 日)

15. 公路建设项目评标专家库管理办法(2011 年 12 月 29 日)

16. 公路工程建设项目评标工作细则(2017 年 9 月 21 日)

17. 经营性公路建设项目投资人招标投标管理规定(2015 年 6 月 24 日修正)

18. 铁路工程建设项目招标投标管理办法(2018 年 8 月 31 日)

19. 铁路建设工程招标投标监管暂行办法(2016 年 2 月 25 日)

20. 铁路建设工程评标专家库及评标专家管理办法(2017 年 4 月 20 日)

21. 通信工程建设项目招标投标管理办法(2014 年 5 月 4 日)

22. 通信工程建设项目评标专家及评标专家库管理办法(2014 年 7 月 14 日)

23. 水利工程建设项目招标投标管理规定(2001 年 10 月 29 日)

24. 水运工程建设项目招标投标管理办法(2021 年 8 月 11 日修正)

25. 交通运输部关于进一步规范水运工程招标投标活动的若干意见(2012 年 2 月 7 日)

26. 交通运输部水运工程和交通支持系统工程综合评标专家库管理办法(2012 年 10 月 26 日)

27. 民政部工程建设项目招标投标管理办法(2007 年 12 月 13 日)

28. 农业基本建设项目招标投标管理规定(2004 年 7 月 14 日)

29. 国家技术创新项目招标投标管理办法(2002 年 10 月 29 日)

30. 道路旅客运输班线经营权招标投标办法(2008 年 7 月 22 日)

31. 招标拍卖挂牌出让国有建设用地使用权规定(2007 年 9 月 28 日)

32. 气象部门非公开招标方式采购管理暂行办法(2009 年 3 月 14 日)

33. 招标投标公证程序细则(1992 年 10 月 19 日)

34. 国家发展和改革委员会办公厅关于我委办理工程建设项目审批(核准)时核准招标内容的意见(2022 年 7 月 26 日)

35. 工程建设项目可行性研究报告增加招标内容和核准招标事项暂行规定(2013年3月11日修订)

36. 财政部办公厅关于印发《国际金融组织和外国政府贷款赠款项目采购管理工作指南》和《国际金融组织和外国政府贷款赠款项目采购代理机构选聘指南》的通知(2017年12月22日)

(二)施工类

1. 工程建设项目施工招标投标办法(2013年3月11日修订)

2. 房屋建筑和市政基础设施工程施工招标投标管理办法(2019年3月13日修订)

(三)货物类

1. 工程建设项目货物招标投标办法(2013年3月11日修订)

2. 机电产品国际招标投标实施办法(试行)(2014年2月21日)

3. 机电产品出口招标办法(2001年12月20日)

4. 机电产品国际招标代理机构监督管理办法(试行)(2016年11月16日)

5. 机电产品国际招标综合评价法实施规范(试行)(2008年8月15日)

6. 商务部、国家发展和改革委员会关于印发《重大装备自主化依托工程设备招标采购活动的有关规定》的通知(2007年8月14日)

7. 水利工程建设项目重要设备材料采购招标投标管理办法(2002年12月25日)

(四)服务类

1. 工程建设项目勘察设计招标投标办法(2013年3月11日修订)

2. 建筑工程设计招标投标管理办法(2017年1月24日)

3. 建筑工程方案设计招标投标管理办法(2019年3月18日修正)

4. 前期物业管理招标投标管理暂行办法(2003年6月26日)

5. 水利工程建设项目监理招标投标管理办法(2002年12月25日)

四、地方性法规和规章

1. 北京市招标投标条例(2021年9月24日修正)

2. 天津市招标投标条例(2004年11月12日)

3. 上海市建设工程招标投标管理办法(2017年1月9日)

4. 重庆市招标投标条例(2018年7月26日修正)

5. 河北省实施《中华人民共和国招标投标法》办法(2018年5月31日修正)

6. 山西省工程建设项目招标投标条例(2005年9月29日)

7. 辽宁省招标投标管理办法(2014 年 8 月 6 日修正)

8. 吉林省房屋建筑和市政基础设施工程项目招标投标管理办法(2015 年 12 月 31 日)

9. 黑龙江省建设工程招标投标管理办法(1996 年 11 月 27 日)

10. 江苏省招标投标条例(2003 年 12 月 19 日)

11. 浙江省招标投标条例(2014 年 5 月 28 日修正)

12. 安徽省实施《中华人民共和国招标投标法》办法(2002 年 11 月 30 日)

13. 福建省招标投标条例(2006 年 8 月 4 日)

14. 江西省实施《中华人民共和国招标投标法》办法(2018 年 5 月 31 日修正)

15. 山东省实施《中华人民共和国招标投标法》办法(2005 年 5 月 27 日)

16. 河南省实施《中华人民共和国招标投标法》办法(2002 年 11 月 30 日)

17. 湖南省实施《中华人民共和国招标投标法》办法(2014 年 11 月 26 日修正)

18. 广东省实施《中华人民共和国招标投标法》办法(2018 年 11 月 29 日修订)

19. 四川省国家投资工程建设项目招标投标条例(2003 年 9 月 25 日)

20. 云南省招标投标条例(2012 年 3 月 31 日)

21. 贵州省招标投标条例(2020 年 9 月 25 日修正)

22. 陕西省实施《中华人民共和国招标投标法》办法(2004 年 8 月 3 日)

23. 甘肃省招标投标条例(2017 年 9 月 28 日修订)

24. 青海省实施《中华人民共和国招标投标法》办法(2020 年 7 月 22 日修正)

25. 广西壮族自治区实施《中华人民共和国招标投标法》办法(2015 年 12 月 10 日修订)

26. 西藏自治区招标投标管理暂行办法(2000 年 11 月 28 日)

27. 宁夏回族自治区招标投标管理办法(2019 年 12 月 4 日修正)

第二部分　部分重要法律规范全文

中华人民共和国招标投标法

（1999年8月30日第九届全国人民代表大会常务委员会第十一次会议通过　根据2017年12月27日第十二届全国人民代表大会常务委员会第三十一次会议《关于修改〈中华人民共和国招标投标法〉、〈中华人民共和国计量法〉的决定》修正）

第一章　总　　则

第一条　为了规范招标投标活动,保护国家利益、社会公共利益和招标投标活动当事人的合法权益,提高经济效益,保证项目质量,制定本法。

第二条　在中华人民共和国境内进行招标投标活动,适用本法。

第三条　在中华人民共和国境内进行下列工程建设项目包括项目的勘察、设计、施工、监理以及与工程建设有关的重要设备、材料等的采购,必须进行招标:

（一）大型基础设施、公用事业等关系社会公共利益、公众安全的项目;

（二）全部或者部分使用国有资金投资或者国家融资的项目;

（三）使用国际组织或者外国政府贷款、援助资金的项目。

前款所列项目的具体范围和规模标准,由国务院发展计划部门会同国务院有关部门制订,报国务院批准。

法律或者国务院对必须进行招标的其他项目的范围有规定的,依照其规定。

第四条　任何单位和个人不得将依法必须进行招标的项目化整为零或者以其他任何方式规避招标。

第五条　招标投标活动应当遵循公开、公平、公正和诚实信用的原则。

第六条　依法必须进行招标的项目,其招标投标活动不受地区或者部门的限制。任何单位和个人不得违法限制或者排斥本地区、本系统以外的法人或者其他组织参加投标,不得以任何方式非法干涉招标投标活动。

第七条　招标投标活动及其当事人应当接受依法实施的监督。

有关行政监督部门依法对招标投标活动实施监督,依法查处招标投标活动中的违法行为。

对招标投标活动的行政监督及有关部门的具体职权划分,由国务院规定。

第二章　招　　标

第八条　招标人是依照本法规定提出招标项目、进行招标的法人或者其他组织。

第九条　招标项目按照国家有关规定需要履行项目审批手续的,应当先履行审批手续,取得批准。

招标人应当有进行招标项目的相应资金或者资金来源已经落实,并应当在招标文件中如实载明。

第十条　招标分为公开招标和邀请招标。

公开招标,是指招标人以招标公告的方式邀请不特定的法人或者其他组织投标。

邀请招标,是指招标人以投标邀请书的方式邀请特定的法人或者其他组织投标。

第十一条　国务院发展计划部门确定的国家重点项目和省、自治区、直辖市人民政府确定的地方重点项目不适宜公开招标的,经国务院发展计划部门或者省、自治区、直辖市人民政府批准,可以进行邀请招标。

第十二条　招标人有权自行选择招标代理机构,委托其办理招标事宜。任何单位和个人不得以任何方式为招标人指定招标代理机构。

招标人具有编制招标文件和组织评标能力的,可以自行办理招标事宜。任何单位和个人不得强制其委托招标代理机构办理招标事宜。

依法必须进行招标的项目,招标人自行办理招标事宜的,应当向有关行政监督部门备案。

第十三条　招标代理机构是依法设立、从事招标代理业务并提供相关服务的社会中介组织。

招标代理机构应当具备下列条件:

(一)有从事招标代理业务的营业场所和相应资金;

(二)有能够编制招标文件和组织评标的相应专业力量。

第十四条　招标代理机构与行政机关和其他国家机关不得存在隶属关系或者其他利益关系。

第十五条　招标代理机构应当在招标人委托的范围内办理招标事宜,并遵守本法关于招标人的规定。

第十六条 招标人采用公开招标方式的,应当发布招标公告。依法必须进行招标的项目的招标公告,应当通过国家指定的报刊、信息网络或者其他媒介发布。

招标公告应当载明招标人的名称和地址、招标项目的性质、数量、实施地点和时间以及获取招标文件的办法等事项。

第十七条 招标人采用邀请招标方式的,应当向三个以上具备承担招标项目的能力、资信良好的特定的法人或者其他组织发出投标邀请书。

投标邀请书应当载明本法第十六条第二款规定的事项。

第十八条 招标人可以根据招标项目本身的要求,在招标公告或者投标邀请书中,要求潜在投标人提供有关资质证明文件和业绩情况,并对潜在投标人进行资格审查;国家对投标人的资格条件有规定的,依照其规定。

招标人不得以不合理的条件限制或者排斥潜在投标人,不得对潜在投标人实行歧视待遇。

第十九条 招标人应当根据招标项目的特点和需要编制招标文件。招标文件应当包括招标项目的技术要求、对投标人资格审查的标准、投标报价要求和评标标准等所有实质性要求和条件以及拟签订合同的主要条款。

国家对招标项目的技术、标准有规定的,招标人应当按照其规定在招标文件中提出相应要求。

招标项目需要划分标段、确定工期的,招标人应当合理划分标段、确定工期,并在招标文件中载明。

第二十条 招标文件不得要求或者标明特定的生产供应者以及含有倾向或者排斥潜在投标人的其他内容。

第二十一条 招标人根据招标项目的具体情况,可以组织潜在投标人踏勘项目现场。

第二十二条 招标人不得向他人透露已获取招标文件的潜在投标人的名称、数量以及可能影响公平竞争的有关招标投标的其他情况。

招标人设有标底的,标底必须保密。

第二十三条 招标人对已发出的招标文件进行必要的澄清或者修改的,应当在招标文件要求提交投标文件截止时间至少十五日前,以书面形式通知所有招标文件收受人。该澄清或者修改的内容为招标文件的组成部分。

第二十四条 招标人应当确定投标人编制投标文件所需要的合理时间;但是,依法必须进行招标的项目,自招标文件开始发出之日起至投标人提交投标文件截止之日止,最短不得少于二十日。

第三章　投　　标

第二十五条　投标人是响应招标、参加投标竞争的法人或者其他组织。

依法招标的科研项目允许个人参加投标的，投标的个人适用本法有关投标人的规定。

第二十六条　投标人应当具备承担招标项目的能力；国家有关规定对投标人资格条件或者招标文件对投标人资格条件有规定的，投标人应当具备规定的资格条件。

第二十七条　投标人应当按照招标文件的要求编制投标文件。投标文件应当对招标文件提出的实质性要求和条件作出响应。

招标项目属于建设施工的，投标文件的内容应当包括拟派出的项目负责人与主要技术人员的简历、业绩和拟用于完成招标项目的机械设备等。

第二十八条　投标人应当在招标文件要求提交投标文件的截止时间前，将投标文件送达投标地点。招标人收到投标文件后，应当签收保存，不得开启。投标人少于三个的，招标人应当依照本法重新招标。

在招标文件要求提交投标文件的截止时间后送达的投标文件，招标人应当拒收。

第二十九条　投标人在招标文件要求提交投标文件的截止时间前，可以补充、修改或者撤回已提交的投标文件，并书面通知招标人。补充、修改的内容为投标文件的组成部分。

第三十条　投标人根据招标文件载明的项目实际情况，拟在中标后将中标项目的部分非主体、非关键性工作进行分包的，应当在投标文件中载明。

第三十一条　两个以上法人或者其他组织可以组成一个联合体，以一个投标人的身份共同投标。

联合体各方均应当具备承担招标项目的相应能力；国家有关规定或者招标文件对投标人资格条件有规定的，联合体各方均应当具备规定的相应资格条件。由同一专业的单位组成的联合体，按照资质等级较低的单位确定资质等级。

联合体各方应当签订共同投标协议，明确约定各方拟承担的工作和责任，并将共同投标协议连同投标文件一并提交招标人。联合体中标的，联合体各方应当共同与招标人签订合同，就中标项目向招标人承担连带责任。

招标人不得强制投标人组成联合体共同投标，不得限制投标人之间的竞争。

第三十二条　投标人不得相互串通投标报价，不得排挤其他投标人的公平竞争，损害招标人或者其他投标人的合法权益。

投标人不得与招标人串通投标,损害国家利益、社会公共利益或者他人的合法权益。

禁止投标人以向招标人或者评标委员会成员行贿的手段谋取中标。

第三十三条 投标人不得以低于成本的报价竞标,也不得以他人名义投标或者以其他方式弄虚作假,骗取中标。

第四章 开标、评标和中标

第三十四条 开标应当在招标文件确定的提交投标文件截止时间的同一时间公开进行;开标地点应当为招标文件中预先确定的地点。

第三十五条 开标由招标人主持,邀请所有投标人参加。

第三十六条 开标时,由投标人或者其推选的代表检查投标文件的密封情况,也可以由招标人委托的公证机构检查并公证;经确认无误后,由工作人员当众拆封,宣读投标人名称、投标价格和投标文件的其他主要内容。

招标人在招标文件要求提交投标文件的截止时间前收到的所有投标文件,开标时都应当当众予以拆封、宣读。

开标过程应当记录,并存档备查。

第三十七条 评标由招标人依法组建的评标委员会负责。

依法必须进行招标的项目,其评标委员会由招标人的代表和有关技术、经济等方面的专家组成,成员人数为五人以上单数,其中技术、经济等方面的专家不得少于成员总数的三分之二。

前款专家应当从事相关领域工作满八年并具有高级职称或者具有同等专业水平,由招标人从国务院有关部门或者省、自治区、直辖市人民政府有关部门提供的专家名册或者招标代理机构的专家库内的相关专业的专家名单中确定;一般招标项目可以采取随机抽取方式,特殊招标项目可以由招标人直接确定。

与投标人有利害关系的人不得进入相关项目的评标委员会;已经进入的应当更换。

评标委员会成员的名单在中标结果确定前应当保密。

第三十八条 招标人应当采取必要的措施,保证评标在严格保密的情况下进行。

任何单位和个人不得非法干预、影响评标的过程和结果。

第三十九条 评标委员会可以要求投标人对投标文件中含义不明确的内容作必要的澄清或者说明,但是澄清或者说明不得超出投标文件的范围或者改变投标文件的实质性内容。

第四十条　评标委员会应当按照招标文件确定的评标标准和方法，对投标文件进行评审和比较；设有标底的，应当参考标底。评标委员会完成评标后，应当向招标人提出书面评标报告，并推荐合格的中标候选人。

招标人根据评标委员会提出的书面评标报告和推荐的中标候选人确定中标人。招标人也可以授权评标委员会直接确定中标人。

国务院对特定招标项目的评标有特别规定的，从其规定。

第四十一条　中标人的投标应当符合下列条件之一：

（一）能够最大限度地满足招标文件中规定的各项综合评价标准；

（二）能够满足招标文件的实质性要求，并且经评审的投标价格最低；但是投标价格低于成本的除外。

第四十二条　评标委员会经评审，认为所有投标都不符合招标文件要求的，可以否决所有投标。

依法必须进行招标的项目的所有投标被否决的，招标人应当依照本法重新招标。

第四十三条　在确定中标人前，招标人不得与投标人就投标价格、投标方案等实质性内容进行谈判。

第四十四条　评标委员会成员应当客观、公正地履行职务，遵守职业道德，对所提出的评审意见承担个人责任。

评标委员会成员不得私下接触投标人，不得收受投标人的财物或者其他好处。

评标委员会成员和参与评标的有关工作人员不得透露对投标文件的评审和比较、中标候选人的推荐情况以及与评标有关的其他情况。

第四十五条　中标人确定后，招标人应当向中标人发出中标通知书，并同时将中标结果通知所有未中标的投标人。

中标通知书对招标人和中标人具有法律效力。中标通知书发出后，招标人改变中标结果的，或者中标人放弃中标项目的，应当依法承担法律责任。

第四十六条　招标人和中标人应当自中标通知书发出之日起三十日内，按照招标文件和中标人的投标文件订立书面合同。招标人和中标人不得再行订立背离合同实质性内容的其他协议。

招标文件要求中标人提交履约保证金的，中标人应当提交。

第四十七条　依法必须进行招标的项目，招标人应当自确定中标人之日起十五日内，向有关行政监督部门提交招标投标情况的书面报告。

第四十八条　中标人应当按照合同约定履行义务，完成中标项目。中标人不得向他人转让中标项目，也不得将中标项目肢解后分别向他人转让。

中标人按照合同约定或者经招标人同意,可以将中标项目的部分非主体、非关键性工作分包给他人完成。接受分包的人应当具备相应的资格条件,并不得再次分包。

中标人应当就分包项目向招标人负责,接受分包的人就分包项目承担连带责任。

第五章 法律责任

第四十九条 违反本法规定,必须进行招标的项目而不招标的,将必须进行招标的项目化整为零或者以其他任何方式规避招标的,责令限期改正,可以处项目合同金额千分之五以上千分之十以下的罚款;对全部或者部分使用国有资金的项目,可以暂停项目执行或者暂停资金拨付;对单位直接负责的主管人员和其他直接责任人员依法给予处分。

第五十条 招标代理机构违反本法规定,泄露应当保密的与招标投标活动有关的情况和资料的,或者与招标人、投标人串通损害国家利益、社会公共利益或者他人合法权益的,处五万元以上二十五万元以下的罚款;对单位直接负责的主管人员和其他直接责任人员处单位罚款数额百分之五以上百分之十以下的罚款;有违法所得的,并处没收违法所得;情节严重的,禁止其一年至二年内代理依法必须进行招标的项目并予以公告,直至由工商行政管理机关吊销营业执照;构成犯罪的,依法追究刑事责任。给他人造成损失的,依法承担赔偿责任。

前款所列行为影响中标结果的,中标无效。

第五十一条 招标人以不合理的条件限制或者排斥潜在投标人的,对潜在投标人实行歧视待遇的,强制要求投标人组成联合体共同投标的,或者限制投标人之间竞争的,责令改正,可以处一万元以上五万元以下的罚款。

第五十二条 依法必须进行招标的项目的招标人向他人透露已获取招标文件的潜在投标人的名称、数量或者可能影响公平竞争的有关招标投标的其他情况的,或者泄露标底的,给予警告,可以并处一万元以上十万元以下的罚款;对单位直接负责的主管人员和其他直接责任人员依法给予处分;构成犯罪的,依法追究刑事责任。

前款所列行为影响中标结果的,中标无效。

第五十三条 投标人相互串通投标或者与招标人串通投标的,投标人以向招标人或者评标委员会成员行贿的手段谋取中标的,中标无效,处中标项目金额千分之五以上千分之十以下的罚款,对单位直接负责的主管人员和其他直接责任人员处单位罚款数额百分之五以上百分之十以下的罚款;有违法所得的,并处没收违法所得;情节严重的,取消其一年至二年内参加依法必须进行招标的项目的投标资格并予以公告,直至由工商行政管理机关吊销营业执照;构成犯罪的,依法追究刑事责任。给他人造成损失的,依法承担赔偿责任。

第五十四条　投标人以他人名义投标或者以其他方式弄虚作假,骗取中标的,中标无效,给招标人造成损失的,依法承担赔偿责任;构成犯罪的,依法追究刑事责任。

依法必须进行招标的项目的投标人有前款所列行为尚未构成犯罪的,处中标项目金额千分之五以上千分之十以下的罚款,对单位直接负责的主管人员和其他直接责任人员处单位罚款数额百分之五以上百分之十以下的罚款;有违法所得的,并处没收违法所得;情节严重的,取消其一年至三年内参加依法必须进行招标的项目的投标资格并予以公告,直至由工商行政管理机关吊销营业执照。

第五十五条　依法必须进行招标的项目,招标人违反本法规定,与投标人就投标价格、投标方案等实质性内容进行谈判的,给予警告,对单位直接负责的主管人员和其他直接责任人员依法给予处分。

前款所列行为影响中标结果的,中标无效。

第五十六条　评标委员会成员收受投标人的财物或者其他好处的,评标委员会成员或者参加评标的有关工作人员向他人透露对投标文件的评审和比较、中标候选人的推荐以及与评标有关的其他情况的,给予警告,没收收受的财物,可以并处三千元以上五万元以下的罚款,对有所列违法行为的评标委员会成员取消担任评标委员会成员的资格,不得再参加任何依法必须进行招标的项目的评标;构成犯罪的,依法追究刑事责任。

第五十七条　招标人在评标委员会依法推荐的中标候选人以外确定中标人的,依法必须进行招标的项目在所有投标被评标委员会否决后自行确定中标人的,中标无效,责令改正,可以处中标项目金额千分之五以上千分之十以下的罚款;对单位直接负责的主管人员和其他直接责任人员依法给予处分。

第五十八条　中标人将中标项目转让给他人的,将中标项目肢解后分别转让给他人的,违反本法规定将中标项目的部分主体、关键性工作分包给他人的,或者分包人再次分包的,转让、分包无效,处转让、分包项目金额千分之五以上千分之十以下的罚款;有违法所得的,并处没收违法所得;可以责令停业整顿;情节严重的,由工商行政管理机关吊销营业执照。

第五十九条　招标人与中标人不按照招标文件和中标人的投标文件订立合同的,或者招标人、中标人订立背离合同实质性内容的协议的,责令改正;可以处中标项目金额千分之五以上千分之十以下的罚款。

第六十条 中标人不履行与招标人订立的合同的,履约保证金不予退还,给招标人造成的损失超过履约保证金数额的,还应当对超过部分予以赔偿;没有提交履约保证金的,应当对招标人的损失承担赔偿责任。

中标人不按照与招标人订立的合同履行义务,情节严重的,取消其二年至五年内参加依法必须进行招标的项目的投标资格并予以公告,直至由工商行政管理机关吊销营业执照。

因不可抗力不能履行合同的,不适用前两款规定。

第六十一条 本章规定的行政处罚,由国务院规定的有关行政监督部门决定。本法已对实施行政处罚的机关作出规定的除外。

第六十二条 任何单位违反本法规定,限制或者排斥本地区、本系统以外的法人或者其他组织参加投标的,为招标人指定招标代理机构的,强制招标人委托招标代理机构办理招标事宜的,或者以其他方式干涉招标投标活动的,责令改正;对单位直接负责的主管人员和其他直接责任人员依法给予警告、记过、记大过的处分,情节较重的,依法给予降级、撤职、开除的处分。

个人利用职权进行前款违法行为的,依照前款规定追究责任。

第六十三条 对招标投标活动依法负有行政监督职责的国家机关工作人员徇私舞弊、滥用职权或者玩忽职守,构成犯罪的,依法追究刑事责任;不构成犯罪的,依法给予行政处分。

第六十四条 依法必须进行招标的项目违反本法规定,中标无效的,应当依照本法规定的中标条件从其余投标人中重新确定中标人或者依照本法重新进行招标。

第六章 附 则

第六十五条 投标人和其他利害关系人认为招标投标活动不符合本法有关规定的,有权向招标人提出异议或者依法向有关行政监督部门投诉。

第六十六条 涉及国家安全、国家秘密、抢险救灾或者属于利用扶贫资金实行以工代赈、需要使用农民工等特殊情况,不适宜进行招标的项目,按照国家有关规定可以不进行招标。

第六十七条 使用国际组织或者外国政府贷款、援助资金的项目进行招标,贷款方、资金提供方对招标投标的具体条件和程序有不同规定的,可以适用其规定,但违背中华人民共和国的社会公共利益的除外。

第六十八条 本法自2000年1月1日起施行。

中华人民共和国招标投标法实施条例

（2011 年 12 月 20 日国务院令第 613 号公布　根据 2017 年 3 月 1 日国务院令第 676 号《关于修改和废止部分行政法规的决定》第一次修订　根据 2018 年 3 月 19 日国务院令第 698 号《关于修改和废止部分行政法规的决定》第二次修订　根据 2019 年 3 月 2 日国务院令第 709 号《关于修改部分行政法规的决定》第三次修订）

第一章　总　　则

第一条　为了规范招标投标活动，根据《中华人民共和国招标投标法》（以下简称招标投标法），制定本条例。

第二条　招标投标法第三条所称工程建设项目，是指工程以及与工程建设有关的货物、服务。

前款所称工程，是指建设工程，包括建筑物和构筑物的新建、改建、扩建及其相关的装修、拆除、修缮等；所称与工程建设有关的货物，是指构成工程不可分割的组成部分，且为实现工程基本功能所必需的设备、材料等；所称与工程建设有关的服务，是指为完成工程所需的勘察、设计、监理等服务。

第三条　依法必须进行招标的工程建设项目的具体范围和规模标准，由国务院发展改革部门会同国务院有关部门制订，报国务院批准后公布施行。

第四条　国务院发展改革部门指导和协调全国招标投标工作，对国家重大建设项目的工程招标投标活动实施监督检查。国务院工业和信息化、住房城乡建设、交通运输、铁道、水利、商务等部门，按照规定的职责分工对有关招标投标活动实施监督。

县级以上地方人民政府发展改革部门指导和协调本行政区域的招标投标工作。县级以上地方人民政府有关部门按照规定的职责分工，对招标投标活动实施监督，依法查处招标投标活动中的违法行为。县级以上地方人民政府对其所属部门有关招标投标活动的监督职责分工另有规定的，从其规定。

财政部门依法对实行招标投标的政府采购工程建设项目的政府采购政策执行情况实施监督。

监察机关依法对与招标投标活动有关的监察对象实施监察。

第五条　设区的市级以上地方人民政府可以根据实际需要，建立统一规范的招标投标交易场所，为招标投标活动提供服务。招标投标交易场所不得与行政监督部门存在隶属关系,不得以营利为目的。

国家鼓励利用信息网络进行电子招标投标。

第六条 禁止国家工作人员以任何方式非法干涉招标投标活动。

第二章 招 标

第七条 按照国家有关规定需要履行项目审批、核准手续的依法必须进行招标的项目,其招标范围、招标方式、招标组织形式应当报项目审批、核准部门审批、核准。项目审批、核准部门应当及时将审批、核准确定的招标范围、招标方式、招标组织形式通报有关行政监督部门。

第八条 国有资金占控股或者主导地位的依法必须进行招标的项目,应当公开招标;但有下列情形之一的,可以邀请招标:

(一)技术复杂、有特殊要求或者受自然环境限制,只有少量潜在投标人可供选择;

(二)采用公开招标方式的费用占项目合同金额的比例过大。

有前款第二项所列情形,属于本条例第七条规定的项目,由项目审批、核准部门在审批、核准项目时作出认定;其他项目由招标人申请有关行政监督部门作出认定。

第九条 除招标投标法第六十六条规定的可以不进行招标的特殊情况外,有下列情形之一的,可以不进行招标:

(一)需要采用不可替代的专利或者专有技术;

(二)采购人依法能够自行建设、生产或者提供;

(三)已通过招标方式选定的特许经营项目投资人依法能够自行建设、生产或者提供;

(四)需要向原中标人采购工程、货物或者服务,否则将影响施工或者功能配套要求;

(五)国家规定的其他特殊情形。

招标人为适用前款规定弄虚作假的,属于招标投标法第四条规定的规避招标。

第十条 招标投标法第十二条第二款规定的招标人具有编制招标文件和组织评标能力,是指招标人具有与招标项目规模和复杂程度相适应的技术、经济等方面的专业人员。

第十一条 国务院住房城乡建设、商务、发展改革、工业和信息化等部门,按照规定的职责分工对招标代理机构依法实施监督管理。

第十二条 招标代理机构应当拥有一定数量的具备编制招标文件、组织评标等相应能力的专业人员。

第十三条　招标代理机构在招标人委托的范围内开展招标代理业务,任何单位和个人不得非法干涉。

招标代理机构代理招标业务,应当遵守招标投标法和本条例关于招标人的规定。招标代理机构不得在所代理的招标项目中投标或者代理投标,也不得为所代理的招标项目的投标人提供咨询。

第十四条　招标人应当与被委托的招标代理机构签订书面委托合同,合同约定的收费标准应当符合国家有关规定。

第十五条　公开招标的项目,应当依照招标投标法和本条例的规定发布招标公告、编制招标文件。

招标人采用资格预审办法对潜在投标人进行资格审查的,应当发布资格预审公告、编制资格预审文件。

依法必须进行招标的项目的资格预审公告和招标公告,应当在国务院发展改革部门依法指定的媒介发布。在不同媒介发布的同一招标项目的资格预审公告或者招标公告的内容应当一致。指定媒介发布依法必须进行招标的项目的境内资格预审公告、招标公告,不得收取费用。

编制依法必须进行招标的项目的资格预审文件和招标文件,应当使用国务院发展改革部门会同有关行政监督部门制定的标准文本。

第十六条　招标人应当按照资格预审公告、招标公告或者投标邀请书规定的时间、地点发售资格预审文件或者招标文件。资格预审文件或者招标文件的发售期不得少于5日。

招标人发售资格预审文件、招标文件收取的费用应当限于补偿印刷、邮寄的成本支出,不得以营利为目的。

第十七条　招标人应当合理确定提交资格预审申请文件的时间。依法必须进行招标的项目提交资格预审申请文件的时间,自资格预审文件停止发售之日起不得少于5日。

第十八条　资格预审应当按照资格预审文件载明的标准和方法进行。

国有资金占控股或者主导地位的依法必须进行招标的项目,招标人应当组建资格审查委员会审查资格预审申请文件。资格审查委员会及其成员应当遵守招标投标法和本条例有关评标委员会及其成员的规定。

第十九条　资格预审结束后,招标人应当及时向资格预审申请人发出资格预审结果通知书。未通过资格预审的申请人不具有投标资格。

通过资格预审的申请人少于3个的,应当重新招标。

第二十条 招标人采用资格后审办法对投标人进行资格审查的,应当在开标后由评标委员会按照招标文件规定的标准和方法对投标人的资格进行审查。

第二十一条 招标人可以对已发出的资格预审文件或者招标文件进行必要的澄清或者修改。澄清或者修改的内容可能影响资格预审申请文件或者投标文件编制的,招标人应当在提交资格预审申请文件截止时间至少3日前,或者投标截止时间至少15日前,以书面形式通知所有获取资格预审文件或者招标文件的潜在投标人;不足3日或者15日的,招标人应当顺延提交资格预审申请文件或者投标文件的截止时间。

第二十二条 潜在投标人或者其他利害关系人对资格预审文件有异议的,应当在提交资格预审申请文件截止时间2日前提出;对招标文件有异议的,应当在投标截止时间10日前提出。招标人应当自收到异议之日起3日内作出答复;作出答复前,应当暂停招标投标活动。

第二十三条 招标人编制的资格预审文件、招标文件的内容违反法律、行政法规的强制性规定,违反公开、公平、公正和诚实信用原则,影响资格预审结果或者潜在投标人投标的,依法必须进行招标的项目的招标人应当在修改资格预审文件或者招标文件后重新招标。

第二十四条 招标人对招标项目划分标段的,应当遵守招标投标法的有关规定,不得利用划分标段限制或者排斥潜在投标人。依法必须进行招标的项目的招标人不得利用划分标段规避招标。

第二十五条 招标人应当在招标文件中载明投标有效期。投标有效期从提交投标文件的截止之日起算。

第二十六条 招标人在招标文件中要求投标人提交投标保证金的,投标保证金不得超过招标项目估算价的2%。投标保证金有效期应当与投标有效期一致。

依法必须进行招标的项目的境内投标单位,以现金或者支票形式提交的投标保证金应当从其基本账户转出。

招标人不得挪用投标保证金。

第二十七条 招标人可以自行决定是否编制标底。一个招标项目只能有一个标底。标底必须保密。

接受委托编制标底的中介机构不得参加受托编制标底项目的投标,也不得为该项目的投标人编制投标文件或者提供咨询。

招标人设有最高投标限价的,应当在招标文件中明确最高投标限价或者最高投标限价的计算方法。招标人不得规定最低投标限价。

第二十八条 招标人不得组织单个或者部分潜在投标人踏勘项目现场。

第二十九条　招标人可以依法对工程以及与工程建设有关的货物、服务全部或者部分实行总承包招标。以暂估价形式包括在总承包范围内的工程、货物、服务属于依法必须进行招标的项目范围且达到国家规定规模标准的，应当依法进行招标。

前款所称暂估价，是指总承包招标时不能确定价格而由招标人在招标文件中暂时估定的工程、货物、服务的金额。

第三十条　对技术复杂或者无法精确拟定技术规格的项目，招标人可以分两阶段进行招标。

第一阶段，投标人按照招标公告或者投标邀请书的要求提交不带报价的技术建议，招标人根据投标人提交的技术建议确定技术标准和要求，编制招标文件。

第二阶段，招标人向在第一阶段提交技术建议的投标人提供招标文件，投标人按照招标文件的要求提交包括最终技术方案和投标报价的投标文件。

招标人要求投标人提交投标保证金的，应当在第二阶段提出。

第三十一条　招标人终止招标的，应当及时发布公告，或者以书面形式通知被邀请的或者已经获取资格预审文件、招标文件的潜在投标人。已经发售资格预审文件、招标文件或者已经收取投标保证金的，招标人应当及时退还所收取的资格预审文件、招标文件的费用，以及所收取的投标保证金及银行同期存款利息。

第三十二条　招标人不得以不合理的条件限制、排斥潜在投标人或者投标人。

招标人有下列行为之一的，属于以不合理条件限制、排斥潜在投标人或者投标人：

（一）就同一招标项目向潜在投标人或者投标人提供有差别的项目信息；

（二）设定的资格、技术、商务条件与招标项目的具体特点和实际需要不相适应或者与合同履行无关；

（三）依法必须进行招标的项目以特定行政区域或者特定行业的业绩、奖项作为加分条件或者中标条件；

（四）对潜在投标人或者投标人采取不同的资格审查或者评标标准；

（五）限定或者指定特定的专利、商标、品牌、原产地或者供应商；

（六）依法必须进行招标的项目非法限定潜在投标人或者投标人的所有制形式或者组织形式；

（七）以其他不合理条件限制、排斥潜在投标人或者投标人。

第三章　投　　标

第三十三条　投标人参加依法必须进行招标的项目的投标，不受地区或者部门的限制,任何单位和个人不得非法干涉。

第三十四条 与招标人存在利害关系可能影响招标公正性的法人、其他组织或者个人,不得参加投标。

单位负责人为同一人或者存在控股、管理关系的不同单位,不得参加同一标段投标或者未划分标段的同一招标项目投标。

违反前两款规定的,相关投标均无效。

第三十五条 投标人撤回已提交的投标文件,应当在投标截止时间前书面通知招标人。招标人已收取投标保证金的,应当自收到投标人书面撤回通知之日起5日内退还。

投标截止后投标人撤销投标文件的,招标人可以不退还投标保证金。

第三十六条 未通过资格预审的申请人提交的投标文件,以及逾期送达或者不按照招标文件要求密封的投标文件,招标人应当拒收。

招标人应当如实记载投标文件的送达时间和密封情况,并存档备查。

第三十七条 招标人应当在资格预审公告、招标公告或者投标邀请书中载明是否接受联合体投标。

招标人接受联合体投标并进行资格预审的,联合体应当在提交资格预审申请文件前组成。资格预审后联合体增减、更换成员的,其投标无效。

联合体各方在同一招标项目中以自己名义单独投标或者参加其他联合体投标的,相关投标均无效。

第三十八条 投标人发生合并、分立、破产等重大变化的,应当及时书面告知招标人。投标人不再具备资格预审文件、招标文件规定的资格条件或者其投标影响招标公正性的,其投标无效。

第三十九条 禁止投标人相互串通投标。

有下列情形之一的,属于投标人相互串通投标:

(一)投标人之间协商投标报价等投标文件的实质性内容;

(二)投标人之间约定中标人;

(三)投标人之间约定部分投标人放弃投标或者中标;

(四)属于同一集团、协会、商会等组织成员的投标人按照该组织要求协同投标;

(五)投标人之间为谋取中标或者排斥特定投标人而采取的其他联合行动。

第四十条 有下列情形之一的,视为投标人相互串通投标:

(一)不同投标人的投标文件由同一单位或者个人编制;

(二)不同投标人委托同一单位或者个人办理投标事宜;

（三）不同投标人的投标文件载明的项目管理成员为同一人；

（四）不同投标人的投标文件异常一致或者投标报价呈规律性差异；

（五）不同投标人的投标文件相互混装；

（六）不同投标人的投标保证金从同一单位或者个人的账户转出。

第四十一条　禁止招标人与投标人串通投标。

有下列情形之一的，属于招标人与投标人串通投标：

（一）招标人在开标前开启投标文件并将有关信息泄露给其他投标人；

（二）招标人直接或者间接向投标人泄露标底、评标委员会成员等信息；

（三）招标人明示或者暗示投标人压低或者抬高投标报价；

（四）招标人授意投标人撤换、修改投标文件；

（五）招标人明示或者暗示投标人为特定投标人中标提供方便；

（六）招标人与投标人为谋求特定投标人中标而采取的其他串通行为。

第四十二条　使用通过受让或者租借等方式获取的资格、资质证书投标的，属于招标投标法第三十三条规定的以他人名义投标。

投标人有下列情形之一的，属于招标投标法第三十三条规定的以其他方式弄虚作假的行为：

（一）使用伪造、变造的许可证件；

（二）提供虚假的财务状况或者业绩；

（三）提供虚假的项目负责人或者主要技术人员简历、劳动关系证明；

（四）提供虚假的信用状况；

（五）其他弄虚作假的行为。

第四十三条　提交资格预审申请文件的申请人应当遵守招标投标法和本条例有关投标人的规定。

第四章　开标、评标和中标

第四十四条　招标人应当按照招标文件规定的时间、地点开标。

投标人少于3个的，不得开标；招标人应当重新招标。

投标人对开标有异议的，应当在开标现场提出，招标人应当当场作出答复，并制作记录。

第四十五条　国家实行统一的评标专家专业分类标准和管理办法。具体标准和办法由国务院发展改革部门会同国务院有关部门制定。

省级人民政府和国务院有关部门应当组建综合评标专家库。

第四十六条　除招标投标法第三十七条第三款规定的特殊招标项目外，依法必须进行招标的项目,其评标委员会的专家成员应当从评标专家库内相关专业的专家名单中以随机抽取方式确定。任何单位和个人不得以明示、暗示等任何方式指定或者变相指定参加评标委员会的专家成员。

依法必须进行招标的项目的招标人非因招标投标法和本条例规定的事由,不得更换依法确定的评标委员会成员。更换评标委员会的专家成员应当依照前款规定进行。

评标委员会成员与投标人有利害关系的,应当主动回避。

有关行政监督部门应当按照规定的职责分工,对评标委员会成员的确定方式、评标专家的抽取和评标活动进行监督。行政监督部门的工作人员不得担任本部门负责监督项目的评标委员会成员。

第四十七条 招标投标法第三十七条第三款所称特殊招标项目,是指技术复杂、专业性强或者国家有特殊要求,采取随机抽取方式确定的专家难以保证胜任评标工作的项目。

第四十八条 招标人应当向评标委员会提供评标所必需的信息,但不得明示或者暗示其倾向或者排斥特定投标人。

招标人应当根据项目规模和技术复杂程度等因素合理确定评标时间。超过三分之一的评标委员会成员认为评标时间不够的,招标人应当适当延长。

评标过程中,评标委员会成员有回避事由、擅离职守或者因健康等原因不能继续评标的,应当及时更换。被更换的评标委员会成员作出的评审结论无效,由更换后的评标委员会成员重新进行评审。

第四十九条 评标委员会成员应当依照招标投标法和本条例的规定,按照招标文件规定的评标标准和方法,客观、公正地对投标文件提出评审意见。招标文件没有规定的评标标准和方法不得作为评标的依据。

评标委员会成员不得私下接触投标人,不得收受投标人给予的财物或者其他好处,不得向招标人征询确定中标人的意向,不得接受任何单位或者个人明示或者暗示提出的倾向或者排斥特定投标人的要求,不得有其他不客观、不公正履行职务的行为。

第五十条 招标项目设有标底的,招标人应当在开标时公布。标底只能作为评标的参考,不得以投标报价是否接近标底作为中标条件,也不得以投标报价超过标底上下浮动范围作为否决投标的条件。

第五十一条 有下列情形之一的,评标委员会应当否决其投标:

(一)投标文件未经投标单位盖章和单位负责人签字;

(二)投标联合体没有提交共同投标协议;

（三）投标人不符合国家或者招标文件规定的资格条件；

（四）同一投标人提交两个以上不同的投标文件或者投标报价，但招标文件要求提交备选投标的除外；

（五）投标报价低于成本或者高于招标文件设定的最高投标限价；

（六）投标文件没有对招标文件的实质性要求和条件作出响应；

（七）投标人有串通投标、弄虚作假、行贿等违法行为。

第五十二条　投标文件中有含义不明确的内容、明显文字或者计算错误，评标委员会认为需要投标人作出必要澄清、说明的，应当书面通知该投标人。投标人的澄清、说明应当采用书面形式，并不得超出投标文件的范围或者改变投标文件的实质性内容。

评标委员会不得暗示或者诱导投标人作出澄清、说明，不得接受投标人主动提出的澄清、说明。

第五十三条　评标完成后，评标委员会应当向招标人提交书面评标报告和中标候选人名单。中标候选人应当不超过3个，并标明排序。

评标报告应当由评标委员会全体成员签字。对评标结果有不同意见的评标委员会成员应当以书面形式说明其不同意见和理由，评标报告应当注明该不同意见。评标委员会成员拒绝在评标报告上签字又不书面说明其不同意见和理由的，视为同意评标结果。

第五十四条　依法必须进行招标的项目，招标人应当自收到评标报告之日起3日内公示中标候选人，公示期不得少于3日。

投标人或者其他利害关系人对依法必须进行招标的项目的评标结果有异议的，应当在中标候选人公示期间提出。招标人应当自收到异议之日起3日内作出答复；作出答复前，应当暂停招标投标活动。

第五十五条　国有资金占控股或者主导地位的依法必须进行招标的项目，招标人应当确定排名第一的中标候选人为中标人。排名第一的中标候选人放弃中标、因不可抗力不能履行合同、不按照招标文件要求提交履约保证金，或者被查实存在影响中标结果的违法行为等情形，不符合中标条件的，招标人可以按照评标委员会提出的中标候选人名单排序依次确定其他中标候选人为中标人，也可以重新招标。

第五十六条　中标候选人的经营、财务状况发生较大变化或者存在违法行为，招标人认为可能影响其履约能力的，应当在发出中标通知书前由原评标委员会按照招标文件规定的标准和方法审查确认。

第五十七条　招标人和中标人应当依照招标投标法和本条例的规定签订书面

合同,合同的标的、价款、质量、履行期限等主要条款应当与招标文件和中标人的投标文件的内容一致。招标人和中标人不得再行订立背离合同实质性内容的其他协议。

招标人最迟应当在书面合同签订后5日内向中标人和未中标的投标人退还投标保证金及银行同期存款利息。

第五十八条 招标文件要求中标人提交履约保证金的,中标人应当按照招标文件的要求提交。履约保证金不得超过中标合同金额的10%。

第五十九条 中标人应当按照合同约定履行义务,完成中标项目。中标人不得向他人转让中标项目,也不得将中标项目肢解后分别向他人转让。

中标人按照合同约定或者经招标人同意,可以将中标项目的部分非主体、非关键性工作分包给他人完成。接受分包的人应当具备相应的资格条件,并不得再次分包。

中标人应当就分包项目向招标人负责,接受分包的人就分包项目承担连带责任。

第五章 投诉与处理

第六十条 投标人或者其他利害关系人认为招标投标活动不符合法律、行政法规规定的,可以自知道或者应当知道之日起10日内向有关行政监督部门投诉。投诉应当有明确的请求和必要的证明材料。

就本条例第二十二条、第四十四条、第五十四条规定事项投诉的,应当先向招标人提出异议,异议答复期间不计算在前款规定的期限内。

第六十一条 投诉人就同一事项向两个以上有权受理的行政监督部门投诉的,由最先收到投诉的行政监督部门负责处理。

行政监督部门应当自收到投诉之日起3个工作日内决定是否受理投诉,并自受理投诉之日起30个工作日内作出书面处理决定;需要检验、检测、鉴定、专家评审的,所需时间不计算在内。

投诉人捏造事实、伪造材料或者以非法手段取得证明材料进行投诉的,行政监督部门应当予以驳回。

第六十二条 行政监督部门处理投诉,有权查阅、复制有关文件、资料,调查有关情况,相关单位和人员应当予以配合。必要时,行政监督部门可以责令暂停招标投标活动。

行政监督部门的工作人员对监督检查过程中知悉的国家秘密、商业秘密,应当依法予以保密。

第六章　法律责任

第六十三条　招标人有下列限制或者排斥潜在投标人行为之一的，由有关行政监督部门依照招标投标法第五十一条的规定处罚：

（一）依法应当公开招标的项目不按照规定在指定媒介发布资格预审公告或者招标公告；

（二）在不同媒介发布的同一招标项目的资格预审公告或者招标公告的内容不一致，影响潜在投标人申请资格预审或者投标。

依法必须进行招标的项目的招标人不按照规定发布资格预审公告或者招标公告，构成规避招标的，依照招标投标法第四十九条的规定处罚。

第六十四条　招标人有下列情形之一的，由有关行政监督部门责令改正，可以处10万元以下的罚款：

（一）依法应当公开招标而采用邀请招标；

（二）招标文件、资格预审文件的发售、澄清、修改的时限，或者确定的提交资格预审申请文件、投标文件的时限不符合招标投标法和本条例规定；

（三）接受未通过资格预审的单位或者个人参加投标；

（四）接受应当拒收的投标文件。

招标人有前款第一项、第三项、第四项所列行为之一的，对单位直接负责的主管人员和其他直接责任人员依法给予处分。

第六十五条　招标代理机构在所代理的招标项目中投标、代理投标或者向该项目投标人提供咨询的，接受委托编制标底的中介机构参加受托编制标底项目的投标或者为该项目的投标人编制投标文件、提供咨询的，依照招标投标法第五十条的规定追究法律责任。

第六十六条　招标人超过本条例规定的比例收取投标保证金、履约保证金或者不按照规定退还投标保证金及银行同期存款利息的，由有关行政监督部门责令改正，可以处5万元以下的罚款；给他人造成损失的，依法承担赔偿责任。

第六十七条　投标人相互串通投标或者与招标人串通投标的，投标人向招标人或者评标委员会成员行贿谋取中标的，中标无效；构成犯罪的，依法追究刑事责任；尚不构成犯罪的，依照招标投标法第五十三条的规定处罚。投标人未中标的，对单位的罚款金额按照招标项目合同金额依照招标投标法规定的比例计算。

投标人有下列行为之一的，属于招标投标法第五十三条规定的情节严重行为，由有关行政监督部门取消其1年至2年内参加依法必须进行招标的项目的投标资格：

(一)以行贿谋取中标;

(二)3 年内 2 次以上串通投标;

(三)串通投标行为损害招标人、其他投标人或者国家、集体、公民的合法利益,造成直接经济损失 30 万元以上;

(四)其他串通投标情节严重的行为。

投标人自本条第二款规定的处罚执行期限届满之日起 3 年内又有该款所列违法行为之一的,或者串通投标、以行贿谋取中标情节特别严重的,由工商行政管理机关吊销营业执照。

法律、行政法规对串通投标报价行为的处罚另有规定的,从其规定。

第六十八条 投标人以他人名义投标或者以其他方式弄虚作假骗取中标的,中标无效;构成犯罪的,依法追究刑事责任;尚不构成犯罪的,依照招标投标法第五十四条的规定处罚。依法必须进行招标的项目的投标人未中标的,对单位的罚款金额按照招标项目合同金额依照招标投标法规定的比例计算。

投标人有下列行为之一的,属于招标投标法第五十四条规定的情节严重行为,由有关行政监督部门取消其 1 年至 3 年内参加依法必须进行招标的项目的投标资格:

(一)伪造、变造资格、资质证书或者其他许可证件骗取中标;

(二)3 年内 2 次以上使用他人名义投标;

(三)弄虚作假骗取中标给招标人造成直接经济损失 30 万元以上;

(四)其他弄虚作假骗取中标情节严重的行为。

投标人自本条第二款规定的处罚执行期限届满之日起 3 年内又有该款所列违法行为之一的,或者弄虚作假骗取中标情节特别严重的,由工商行政管理机关吊销营业执照。

第六十九条 出让或者出租资格、资质证书供他人投标的,依照法律、行政法规的规定给予行政处罚;构成犯罪的,依法追究刑事责任。

第七十条 依法必须进行招标的项目的招标人不按照规定组建评标委员会,或者确定、更换评标委员会成员违反招标投标法和本条例规定的,由有关行政监督部门责令改正,可以处 10 万元以下的罚款,对单位直接负责的主管人员和其他直接责任人员依法给予处分;违法确定或者更换的评标委员会成员作出的评审结论无效,依法重新进行评审。

国家工作人员以任何方式非法干涉选取评标委员会成员的,依照本条例第八十条的规定追究法律责任。

第七十一条 评标委员会成员有下列行为之一的,由有关行政监督部门责令

改正;情节严重的,禁止其在一定期限内参加依法必须进行招标的项目的评标;情节特别严重的,取消其担任评标委员会成员的资格:

(一)应当回避而不回避;

(二)擅离职守;

(三)不按照招标文件规定的评标标准和方法评标;

(四)私下接触投标人;

(五)向招标人征询确定中标人的意向或者接受任何单位或者个人明示或者暗示提出的倾向或者排斥特定投标人的要求;

(六)对依法应当否决的投标不提出否决意见;

(七)暗示或者诱导投标人作出澄清、说明或者接受投标人主动提出的澄清、说明;

(八)其他不客观、不公正履行职务的行为。

第七十二条　评标委员会成员收受投标人的财物或者其他好处的,没收收受的财物,处3000元以上5万元以下的罚款,取消担任评标委员会成员的资格,不得再参加依法必须进行招标的项目的评标;构成犯罪的,依法追究刑事责任。

第七十三条　依法必须进行招标的项目的招标人有下列情形之一的,由有关行政监督部门责令改正,可以处中标项目金额10‰以下的罚款;给他人造成损失的,依法承担赔偿责任;对单位直接负责的主管人员和其他直接责任人员依法给予处分:

(一)无正当理由不发出中标通知书;

(二)不按照规定确定中标人;

(三)中标通知书发出后无正当理由改变中标结果;

(四)无正当理由不与中标人订立合同;

(五)在订立合同时向中标人提出附加条件。

第七十四条　中标人无正当理由不与招标人订立合同,在签订合同时向招标人提出附加条件,或者不按照招标文件要求提交履约保证金的,取消其中标资格,投标保证金不予退还。对依法必须进行招标的项目的中标人,由有关行政监督部门责令改正,可以处中标项目金额10‰以下的罚款。

第七十五条　招标人和中标人不按照招标文件和中标人的投标文件订立合同,合同的主要条款与招标文件、中标人的投标文件的内容不一致,或者招标人、中标人订立背离合同实质性内容的协议的,由有关行政监督部门责令改正,可以处中标项目金额5‰以上10‰以下的罚款。

第七十六条　中标人将中标项目转让给他人的,将中标项目肢解后分别转让给他人的,违反招标投标法和本条例规定将中标项目的部分主体、关键性工作分包给他人的,或者分包人再次分包的,转让、分包无效,处转让、分包项目金额5‰以上10‰以下的罚款;有违法所得的,并处没收违法所得;可以责令停业整顿;情节严重的,由工商行政管理机关吊销营业执照。

第七十七条 投标人或者其他利害关系人捏造事实、伪造材料或者以非法手段取得证明材料进行投诉,给他人造成损失的,依法承担赔偿责任。

招标人不按照规定对异议作出答复,继续进行招标投标活动的,由有关行政监督部门责令改正,拒不改正或者不能改正并影响中标结果的,依照本条例第八十一条的规定处理。

第七十八条 国家建立招标投标信用制度。有关行政监督部门应当依法公告对招标人、招标代理机构、投标人、评标委员会成员等当事人违法行为的行政处理决定。

第七十九条 项目审批、核准部门不依法审批、核准项目招标范围、招标方式、招标组织形式的,对单位直接负责的主管人员和其他直接责任人员依法给予处分。

有关行政监督部门不依法履行职责,对违反招标投标法和本条例规定的行为不依法查处,或者不按照规定处理投诉、不依法公告对招标投标当事人违法行为的行政处理决定的,对直接负责的主管人员和其他直接责任人员依法给予处分。

项目审批、核准部门和有关行政监督部门的工作人员徇私舞弊、滥用职权、玩忽职守,构成犯罪的,依法追究刑事责任。

第八十条 国家工作人员利用职务便利,以直接或者间接、明示或者暗示等任何方式非法干涉招标投标活动,有下列情形之一的,依法给予记过或者记大过处分;情节严重的,依法给予降级或者撤职处分;情节特别严重的,依法给予开除处分;构成犯罪的,依法追究刑事责任:

(一)要求对依法必须进行招标的项目不招标,或者要求对依法应当公开招标的项目不公开招标;

(二)要求评标委员会成员或者招标人以其指定的投标人作为中标候选人或者中标人,或者以其他方式非法干涉评标活动,影响中标结果;

(三)以其他方式非法干涉招标投标活动。

第八十一条 依法必须进行招标的项目的招标投标活动违反招标投标法和本条例的规定,对中标结果造成实质性影响,且不能采取补救措施予以纠正的,招标、投标、中标无效,应当依法重新招标或者评标。

第七章 附 则

第八十二条 招标投标协会按照依法制定的章程开展活动,加强行业自律和服务。

第八十三条　政府采购的法律、行政法规对政府采购货物、服务的招标投标另有规定的，从其规定。

第八十四条　本条例自 2012 年 2 月 1 日起施行。

国家发展改革委办公厅关于进一步做好《必须招标的工程项目规定》和《必须招标的基础设施和公用事业项目范围规定》实施工作的通知

（2020 年 10 月 19 日　发改办法规〔2020〕770 号）

各省、自治区、直辖市、新疆生产建设兵团发展改革委、公共资源交易平台整合牵头部门：

为加强政策指导，进一步做好《必须招标的工程项目规定》（国家发展改革委 2018 年第 16 号令，以下简称“16 号令”）和《必须招标的基础设施和公用事业项目范围规定》（发改法规规〔2018〕843 号，以下简称“843 号文”）实施工作，现就有关事项通知如下：

一、准确理解依法必须招标的工程建设项目范围

（一）关于使用国有资金的项目。16 号令第二条第（一）项中“预算资金”，是指《预算法》规定的预算资金，包括一般公共预算资金、政府性基金预算资金、国有资本经营预算资金、社会保险基金预算资金。第（二）项中“占控股或者主导地位”，参照《公司法》第二百一十六条关于控股股东和实际控制人的理解执行，即“其出资额占有限责任公司资本总额百分之五十以上或者其持有的股份占股份有限公司股本总额百分之五十以上的股东；出资额或者持有股份的比例虽然不足百分之五十，但依其出资额或者持有的股份所享有的表决权已足以对股东会、股东大会的决议产生重大影响的股东”；国有企业事业单位通过投资关系、协议或者其他安排，能够实际支配项目建设的，也属于占控股或者主导地位。项目中国有资金的比例，应当按照项目资金来源中所有国有资金之和计算。

（二）关于项目与单项采购的关系。16 号令第二条至第四条及 843 号文第二条规定范围的项目，其勘察、设计、施工、监理以及与工程建设有关的重要设备、材料等的单项采购分别达到 16 号令第五条规定的相应单项合同价估算标准的，该单项采购必须招标；该项目中未达到前述相应标准的单项采购，不属于 16 号令规定的必须招标范畴。

(三)关于招标范围列举事项。依法必须招标的工程建设项目范围和规模标准,应当严格执行《招标投标法》第三条和16号令、843号文规定;法律、行政法规或者国务院对必须进行招标的其他项目范围有规定的,依照其规定。没有法律、行政法规或者国务院规定依据的,对16号令第五条第一款第(三)项中没有明确列举规定的服务事项、843号文第二条中没有明确列举规定的项目,不得强制要求招标。

(四)关于同一项目中的合并采购。16号令第五条规定的"同一项目中可以合并进行的勘察、设计、施工、监理以及与工程建设有关的重要设备、材料等的采购,合同估算价合计达到前款规定标准的,必须招标",目的是防止发包方通过化整为零方式规避招标。其中"同一项目中可以合并进行",是指根据项目实际,以及行业标准或行业惯例,符合科学性、经济性、可操作性要求,同一项目中适宜放在一起进行采购的同类采购项目。

(五)关于总承包招标的规模标准。对于16号令第二条至第四条规定范围内的项目,发包人依法对工程以及与工程建设有关的货物、服务全部或者部分实行总承包发包的,总承包中施工、货物、服务等各部分的估算价中,只要有一项达到16号令第五条规定相应标准,即施工部分估算价达到400万元以上,或者货物部分达到200万元以上,或者服务部分达到100万元以上,则整个总承包发包应当招标。

二、规范规模标准以下工程建设项目的采购

16号令第二条至第四条及843号文第二条规定范围的项目,其施工、货物、服务采购的单项合同估算价未达到16号令第五条规定规模标准的,该单项采购由采购人依法自主选择采购方式,任何单位和个人不得违法干涉;其中,涉及政府采购的,按照政府采购法律法规规定执行。国有企业可以结合实际,建立健全规模标准以下工程建设项目采购制度,推进采购活动公开透明。

三、严格执行依法必须招标制度

各地方应当严格执行16号令和843号文规定的范围和规模标准,不得另行制定必须进行招标的范围和规模标准,也不得作出与16号令、843号文和本通知相抵触的规定,持续深化招标投标领域"放管服"改革,努力营造良好市场环境。

必须招标的工程项目规定

(2018年3月27日国家发展和改革委员会令第16号公布
自2018年6月1日起施行)

第一条 为了确定必须招标的工程项目,规范招标投标活动,提高工作效率、降低企业成本、预防腐败，根据《中华人民共和国招标投标法》第三条的规定，制定本规定。

第二条　全部或者部分使用国有资金投资或者国家融资的项目包括：

（一）使用预算资金200万元人民币以上，并且该资金占投资额10%以上的项目；

（二）使用国有企业事业单位资金，并且该资金占控股或者主导地位的项目。

第三条　使用国际组织或者外国政府贷款、援助资金的项目包括：

（一）使用世界银行、亚洲开发银行等国际组织贷款、援助资金的项目；

（二）使用外国政府及其机构贷款、援助资金的项目。

第四条　不属于本规定第二条、第三条规定情形的大型基础设施、公用事业等关系社会公共利益、公众安全的项目，必须招标的具体范围由国务院发展改革部门会同国务院有关部门按照确有必要、严格限定的原则制订，报国务院批准。

第五条　本规定第二条至第四条规定范围内的项目，其勘察、设计、施工、监理以及与工程建设有关的重要设备、材料等的采购达到下列标准之一的，必须招标：

（一）施工单项合同估算价在400万元人民币以上；

（二）重要设备、材料等货物的采购，单项合同估算价在200万元人民币以上；

（三）勘察、设计、监理等服务的采购，单项合同估算价在100万元人民币以上。

同一项目中可以合并进行的勘察、设计、施工、监理以及与工程建设有关的重要设备、材料等的采购，合同估算价合计达到前款规定标准的，必须招标。

第六条　本规定自2018年6月1日起施行。

必须招标的基础设施和公用事业项目范围规定

（2018年6月6日国家发展和改革委员会发布　发改法规〔2018〕843号）

第一条　为明确必须招标的大型基础设施和公用事业项目范围，根据《中华人民共和国招标投标法》和《必须招标的工程项目规定》，制定本规定。

第二条　不属于《必须招标的工程项目规定》第二条、第三条规定情形的大型基础设施、公用事业等关系社会公共利益、公众安全的项目，必须招标的具体范围包括：

（一）煤炭、石油、天然气、电力、新能源等能源基础设施项目；

（二）铁路、公路、管道、水运，以及公共航空和A1级通用机场等交通运输基础设施项目；

(三)电信枢纽、通信信息网络等通信基础设施项目;

(四)防洪、灌溉、排涝、引(供)水等水利基础设施项目;

(五)城市轨道交通等城建项目。

第三条 本规定自2018年6月6日起施行。

电子招标投标办法

(2013年2月4日国家发展和改革委员会、工业和信息化部、监察部、住房和城乡建设部、交通运输部、铁道部、水利部、商务部令第20号公布 自2013年5月1日起施行)

第一章 总 则

第一条 为了规范电子招标投标活动,促进电子招标投标健康发展,根据《中华人民共和国招标投标法》、《中华人民共和国招标投标法实施条例》(以下分别简称招标投标法、招标投标法实施条例),制定本办法。

第二条 在中华人民共和国境内进行电子招标投标活动,适用本办法。

本办法所称电子招标投标活动是指以数据电文形式,依托电子招标投标系统完成的全部或者部分招标投标交易、公共服务和行政监督活动。

数据电文形式与纸质形式的招标投标活动具有同等法律效力。

第三条 电子招标投标系统根据功能的不同,分为交易平台、公共服务平台和行政监督平台。

交易平台是以数据电文形式完成招标投标交易活动的信息平台。公共服务平台是满足交易平台之间信息交换、资源共享需要,并为市场主体、行政监督部门和社会公众提供信息服务的信息平台。行政监督平台是行政监督部门和监察机关在线监督电子招标投标活动的信息平台。

电子招标投标系统的开发、检测、认证、运营应当遵守本办法及所附《电子招标投标系统技术规范》(以下简称技术规范)。

第四条 国务院发展改革部门负责指导协调全国电子招标投标活动,各级地方人民政府发展改革部门负责指导协调本行政区域内电子招标投标活动。各级人民政府发展改革、工业和信息化、住房城乡建设、交通运输、铁道、水利、商务等部门,按照规定的职责分工,对电子招标投标活动实施监督,依法查处电子招标投标活动中的违法行为。

依法设立的招标投标交易场所的监管机构负责督促、指导招标投标交易场所推进电子招标投标工作，配合有关部门对电子招标投标活动实施监督。

省级以上人民政府有关部门对本行政区域内电子招标投标系统的建设、运营，以及相关检测、认证活动实施监督。

监察机关依法对与电子招标投标活动有关的监察对象实施监察。

第二章　电子招标投标交易平台

第五条　电子招标投标交易平台按照标准统一、互联互通、公开透明、安全高效的原则以及市场化、专业化、集约化方向建设和运营。

第六条　依法设立的招标投标交易场所、招标人、招标代理机构以及其他依法设立的法人组织可以按行业、专业类别，建设和运营电子招标投标交易平台。国家鼓励电子招标投标交易平台平等竞争。

第七条　电子招标投标交易平台应当按照本办法和技术规范规定，具备下列主要功能：

（一）在线完成招标投标全部交易过程；

（二）编辑、生成、对接、交换和发布有关招标投标数据信息；

（三）提供行政监督部门和监察机关依法实施监督和受理投诉所需的监督通道；

（四）本办法和技术规范规定的其他功能。

第八条　电子招标投标交易平台应当按照技术规范规定，执行统一的信息分类和编码标准，为各类电子招标投标信息的互联互通和交换共享开放数据接口、公布接口要求。

电子招标投标交易平台接口应当保持技术中立，与各类需要分离开发的工具软件相兼容对接，不得限制或者排斥符合技术规范规定的工具软件与其对接。

第九条　电子招标投标交易平台应当允许社会公众、市场主体免费注册登录和获取依法公开的招标投标信息，为招标投标活动当事人、行政监督部门和监察机关按各自职责和注册权限登录使用交易平台提供必要条件。

第十条　电子招标投标交易平台应当依照《中华人民共和国认证认可条例》等有关规定进行检测、认证，通过检测、认证的电子招标投标交易平台应当在省级以上电子招标投标公共服务平台上公布。

电子招标投标交易平台服务器应当设在中华人民共和国境内。

第十一条　电子招标投标交易平台运营机构应当是依法成立的法人，拥有一定数量的专职信息技术、招标专业人员。

第十二条 电子招标投标交易平台运营机构应当根据国家有关法律法规及技术规范,建立健全电子招标投标交易平台规范运行和安全管理制度,加强监控、检测,及时发现和排除隐患。

第十三条 电子招标投标交易平台运营机构应当采用可靠的身份识别、权限控制、加密、病毒防范等技术,防范非授权操作,保证交易平台的安全、稳定、可靠。

第十四条 电子招标投标交易平台运营机构应当采取有效措施,验证初始录入信息的真实性,并确保数据电文不被篡改、不遗漏和可追溯。

第十五条 电子招标投标交易平台运营机构不得以任何手段限制或者排斥潜在投标人,不得泄露依法应当保密的信息,不得弄虚作假、串通投标或者为弄虚作假、串通投标提供便利。

第三章 电子招标

第十六条 招标人或者其委托的招标代理机构应当在其使用的电子招标投标交易平台注册登记,选择使用除招标人或招标代理机构之外第三方运营的电子招标投标交易平台的,还应当与电子招标投标交易平台运营机构签订使用合同,明确服务内容、服务质量、服务费用等权利和义务,并对服务过程中相关信息的产权归属、保密责任、存档等依法作出约定。

电子招标投标交易平台运营机构不得以技术和数据接口配套为由,要求潜在投标人购买指定的工具软件。

第十七条 招标人或者其委托的招标代理机构应当在资格预审公告、招标公告或者投标邀请书中载明潜在投标人访问电子招标投标交易平台的网络地址和方法。依法必须进行公开招标项目的上述相关公告应当在电子招标投标交易平台和国家指定的招标公告媒介同步发布。

第十八条 招标人或者其委托的招标代理机构应当及时将数据电文形式的资格预审文件、招标文件加载至电子招标投标交易平台,供潜在投标人下载或者查阅。

第十九条 数据电文形式的资格预审公告、招标公告、资格预审文件、招标文件等应当标准化、格式化,并符合有关法律法规以及国家有关部门颁发的标准文本的要求。

第二十条 除本办法和技术规范规定的注册登记外,任何单位和个人不得在招标投标活动中设置注册登记、投标报名等前置条件限制潜在投标人下载资格预审文件或者招标文件。

第二十一条 在投标截止时间前,电子招标投标交易平台运营机构不得向招标人或者其委托的招标代理机构以外的任何单位和个人泄露下载资格预审文件、招标文件的潜在投标人名称、数量以及可能影响公平竞争的其他信息。

第二十二条　招标人对资格预审文件、招标文件进行澄清或者修改的，应当通过电子招标投标交易平台以醒目的方式公告澄清或者修改的内容，并以有效方式通知所有已下载资格预审文件或者招标文件的潜在投标人。

第四章　电子投标

第二十三条　电子招标投标交易平台的运营机构，以及与该机构有控股或者管理关系可能影响招标公正性的任何单位和个人，不得在该交易平台进行的招标项目中投标和代理投标。

第二十四条　投标人应当在资格预审公告、招标公告或者投标邀请书载明的电子招标投标交易平台注册登记，如实递交有关信息，并经电子招标投标交易平台运营机构验证。

第二十五条　投标人应当通过资格预审公告、招标公告或者投标邀请书载明的电子招标投标交易平台递交数据电文形式的资格预审申请文件或者投标文件。

第二十六条　电子招标投标交易平台应当允许投标人离线编制投标文件，并且具备分段或者整体加密、解密功能。

投标人应当按照招标文件和电子招标投标交易平台的要求编制并加密投标文件。

投标人未按规定加密的投标文件，电子招标投标交易平台应当拒收并提示。

第二十七条　投标人应当在投标截止时间前完成投标文件的传输递交，并可以补充、修改或者撤回投标文件。投标截止时间前未完成投标文件传输的，视为撤回投标文件。投标截止时间后送达的投标文件，电子招标投标交易平台应当拒收。

电子招标投标交易平台收到投标人送达的投标文件，应当即时向投标人发出确认回执通知，并妥善保存投标文件。在投标截止时间前，除投标人补充、修改或者撤回投标文件外，任何单位和个人不得解密、提取投标文件。

第二十八条　资格预审申请文件的编制、加密、递交、传输、接收确认等，适用本办法关于投标文件的规定。

第五章　电子开标、评标和中标

第二十九条　电子开标应当按照招标文件确定的时间，在电子招标投标交易平台上公开进行，所有投标人均应当准时在线参加开标。

第三十条　开标时，电子招标投标交易平台自动提取所有投标文件，提示招标人和投标人按招标文件规定方式按时在线解密。解密全部完成后,应当向所有投标人公布投标人名称、投标价格和招标文件规定的其他内容。

第三十一条 因投标人原因造成投标文件未解密的,视为撤销其投标文件;因投标人之外的原因造成投标文件未解密的,视为撤回其投标文件,投标人有权要求责任方赔偿因此遭受的直接损失。部分投标文件未解密的,其他投标文件的开标可以继续进行。

招标人可以在招标文件中明确投标文件解密失败的补救方案,投标文件应按照招标文件的要求作出响应。

第三十二条 电子招标投标交易平台应当生成开标记录并向社会公众公布,但依法应当保密的除外。

第三十三条 电子评标应当在有效监控和保密的环境下在线进行。

根据国家规定应当进入依法设立的招标投标交易场所的招标项目,评标委员会成员应当在依法设立的招标投标交易场所登录招标项目所使用的电子招标投标交易平台进行评标。

评标中需要投标人对投标文件澄清或者说明的,招标人和投标人应当通过电子招标投标交易平台交换数据电文。

第三十四条 评标委员会完成评标后,应当通过电子招标投标交易平台向招标人提交数据电文形式的评标报告。

第三十五条 依法必须进行招标的项目中标候选人和中标结果应当在电子招标投标交易平台进行公示和公布。

第三十六条 招标人确定中标人后,应当通过电子招标投标交易平台以数据电文形式向中标人发出中标通知书,并向未中标人发出中标结果通知书。

招标人应当通过电子招标投标交易平台,以数据电文形式与中标人签订合同。

第三十七条 鼓励招标人、中标人等相关主体及时通过电子招标投标交易平台递交和公布中标合同履行情况的信息。

第三十八条 资格预审申请文件的解密、开启、评审、发出结果通知书等,适用本办法关于投标文件的规定。

第三十九条 投标人或者其他利害关系人依法对资格预审文件、招标文件、开标和评标结果提出异议,以及招标人答复,均应当通过电子招标投标交易平台进行。

第四十条 招标投标活动中的下列数据电文应当按照《中华人民共和国电子签名法》和招标文件的要求进行电子签名并进行电子存档:

(一)资格预审公告、招标公告或者投标邀请书;

（二）资格预审文件、招标文件及其澄清、补充和修改；

（三）资格预审申请文件、投标文件及其澄清和说明；

（四）资格审查报告、评标报告；

（五）资格预审结果通知书和中标通知书；

（六）合同；

（七）国家规定的其他文件。

第六章　信息共享与公共服务

第四十一条　电子招标投标交易平台应当依法及时公布下列主要信息：

（一）招标人名称、地址、联系人及联系方式；

（二）招标项目名称、内容范围、规模、资金来源和主要技术要求；

（三）招标代理机构名称、资格、项目负责人及联系方式；

（四）投标人名称、资质和许可范围、项目负责人；

（五）中标人名称、中标金额、签约时间、合同期限；

（六）国家规定的公告、公示和技术规范规定公布和交换的其他信息。

鼓励招标投标活动当事人通过电子招标投标交易平台公布项目完成质量、期限、结算金额等合同履行情况。

第四十二条　各级人民政府有关部门应当按照《中华人民共和国政府信息公开条例》等规定，在本部门网站及时公布并允许下载下列信息：

（一）有关法律法规规章及规范性文件；

（二）取得相关工程、服务资质证书或货物生产、经营许可证的单位名称、营业范围及年检情况；

（三）取得有关职称、职业资格的从业人员的姓名、电子证书编号；

（四）对有关违法行为作出的行政处理决定和招标投标活动的投诉处理情况；

（五）依法公开的工商、税务、海关、金融等相关信息。

第四十三条　设区的市级以上人民政府发展改革部门会同有关部门，按照政府主导、共建共享、公益服务的原则，推动建立本地区统一的电子招标投标公共服务平台，为电子招标投标交易平台、招标投标活动当事人、社会公众和行政监督部门、监察机关提供信息服务。

第四十四条　电子招标投标公共服务平台应当按照本办法和技术规范规定，具备下列主要功能：

（一）链接各级人民政府及其部门网站，收集、整合和发布有关法律法规规章及规范性文件、行政许可、行政处理决定、市场监管和服务的相关信息；

(二)连接电子招标投标交易平台、国家规定的公告媒介,交换、整合和发布本办法第四十一条规定的信息;

(三)连接依法设立的评标专家库,实现专家资源共享;

(四)支持不同电子认证服务机构数字证书的兼容互认;

(五)提供行政监督部门和监察机关依法实施监督、监察所需的监督通道;

(六)整合分析相关数据信息,动态反映招标投标市场运行状况、相关市场主体业绩和信用情况。

属于依法必须公开的信息,公共服务平台应当无偿提供。

公共服务平台应同时遵守本办法第八条至第十五条规定。

第四十五条 电子招标投标交易平台应当按照本办法和技术规范规定,在任一电子招标投标公共服务平台注册登记,并向电子招标投标公共服务平台及时提供本办法第四十一条规定的信息,以及双方协商确定的其他信息。

电子招标投标公共服务平台应当按照本办法和技术规范规定,开放数据接口、公布接口要求,与电子招标投标交易平台及时交换招标投标活动所必需的信息,以及双方协商确定的其他信息。

电子招标投标公共服务平台应当按照本办法和技术规范规定,开放数据接口、公布接口要求,与上一层级电子招标投标公共服务平台连接并注册登记,及时交换本办法第四十四条规定的信息,以及双方协商确定的其他信息。

电子招标投标公共服务平台应当允许社会公众、市场主体免费注册登录和获取依法公开的招标投标信息,为招标人、投标人、行政监督部门和监察机关按各自职责和注册权限登录使用公共服务平台提供必要条件。

第七章 监督管理

第四十六条 电子招标投标活动及相关主体应当自觉接受行政监督部门、监察机关依法实施的监督、监察。

第四十七条 行政监督部门、监察机关结合电子政务建设,提升电子招标投标监督能力,依法设置并公布有关法律法规规章、行政监督的依据、职责权限、监督环节、程序和时限、信息交换要求和联系方式等相关内容。

第四十八条 电子招标投标交易平台和公共服务平台应当按照本办法和技术规范规定,向行政监督平台开放数据接口、公布接口要求,按有关规定及时对接交换和公布有关招标投标信息。

行政监督平台应当开放数据接口,公布数据接口要求,不得限制和排斥已通过检测认证的电子招标投标交易平台和公共服务平台与其对接交换信息,并参照执行本办法第八条至第十五条的有关规定。

第四十九条　电子招标投标交易平台应当依法设置电子招标投标工作人员的职责权限，如实记录招标投标过程、数据信息来源，以及每一操作环节的时间、网络地址和工作人员，并具备电子归档功能。

电子招标投标公共服务平台应当记录和公布相关交换数据信息的来源、时间并进行电子归档备份。

任何单位和个人不得伪造、篡改或者损毁电子招标投标活动信息。

第五十条　行政监督部门、监察机关及其工作人员，除依法履行职责外，不得干预电子招标投标活动，并遵守有关信息保密的规定。

第五十一条　投标人或者其他利害关系人认为电子招标投标活动不符合有关规定的，通过相关行政监督平台进行投诉。

第五十二条　行政监督部门和监察机关在依法监督检查招标投标活动或者处理投诉时，通过其平台发出的行政监督或者行政监察指令，招标投标活动当事人和电子招标投标交易平台、公共服务平台的运营机构应当执行，并如实提供相关信息，协助调查处理。

第八章　法律责任

第五十三条　电子招标投标系统有下列情形的，责令改正；拒不改正的，不得交付使用，已经运营的应当停止运营。

（一）不具备本办法及技术规范规定的主要功能；

（二）不向行政监督部门和监察机关提供监督通道；

（三）不执行统一的信息分类和编码标准；

（四）不开放数据接口、不公布接口要求；

（五）不按照规定注册登记、对接、交换、公布信息；

（六）不满足规定的技术和安全保障要求；

（七）未按照规定通过检测和认证。

第五十四条　招标人或者电子招标投标系统运营机构存在以下情形的，视为限制或者排斥潜在投标人，依照招标投标法第五十一条规定处罚。

（一）利用技术手段对享有相同权限的市场主体提供有差别的信息；

（二）拒绝或者限制社会公众、市场主体免费注册并获取依法必须公开的招标投标信息；

（三）违规设置注册登记、投标报名等前置条件；

（四）故意与各类需要分离开发并符合技术规范规定的工具软件不兼容对接；

(五)故意对递交或者解密投标文件设置障碍。

第五十五条 电子招标投标交易平台运营机构有下列情形的,责令改正,并按照有关规定处罚。

(一)违反规定要求投标人注册登记、收取费用;

(二)要求投标人购买指定的工具软件;

(三)其他侵犯招标投标活动当事人合法权益的情形。

第五十六条 电子招标投标系统运营机构向他人透露已获取招标文件的潜在投标人的名称、数量、投标文件内容或者对投标文件的评审和比较以及其他可能影响公平竞争的招标投标信息,参照招标投标法第五十二条关于招标人泄密的规定予以处罚。

第五十七条 招标投标活动当事人和电子招标投标系统运营机构协助招标人、投标人串通投标的,依照招标投标法第五十三条和招标投标法实施条例第六十七条规定处罚。

第五十八条 招标投标活动当事人和电子招标投标系统运营机构伪造、篡改、损毁招标投标信息,或者以其他方式弄虚作假的,依照招标投标法第五十四条和招标投标法实施条例第六十八条规定处罚。

第五十九条 电子招标投标系统运营机构未按照本办法和技术规范规定履行初始录入信息验证义务,造成招标投标活动当事人损失的,应当承担相应的赔偿责任。

第六十条 有关行政监督部门及其工作人员不履行职责,或者利用职务便利非法干涉电子招标投标活动的,依照有关法律法规处理。

第九章 附 则

第六十一条 招标投标协会应当按照有关规定,加强电子招标投标活动的自律管理和服务。

第六十二条 电子招标投标某些环节需要同时使用纸质文件的,应当在招标文件中明确约定;当纸质文件与数据电文不一致时,除招标文件特别约定外,以数据电文为准。

第六十三条 本办法未尽事宜,按照有关法律、法规、规章执行。

第六十四条 本办法由国家发展和改革委员会会同有关部门负责解释。

第六十五条 技术规范作为本办法的附件,与本办法具有同等效力。

第六十六条 本办法自2013年5月1日起施行。

附件:《电子招标投标系统技术规范——第1部分》(略)

工程建设项目施工招标投标办法

（2003 年 3 月 8 日国家发展计划委员会、建设部、铁道部、交通部、信息产业部、水利部、中国民用航空总局令第 30 号公布　根据 2013 年 3 月 11 日国家发展和改革委员会、工业和信息化部、财政部、住房和城乡建设部、交通运输部、铁道部、水利部、国家广播电影电视总局、中国民用航空局令第 23 号《关于废止和修改部分招标投标规章和规范性文件的决定》修订）

第一章　总　　则

第一条　为规范工程建设项目施工（以下简称工程施工）招标投标活动，根据《中华人民共和国招标投标法》、《中华人民共和国招标投标法实施条例》和国务院有关部门的职责分工，制定本办法。

第二条　在中华人民共和国境内进行工程施工招标投标活动，适用本办法。

第三条　工程建设项目符合《工程建设项目招标范围和规模标准规定》（国家计委令第 3 号）规定的范围和标准的，必须通过招标选择施工单位。

任何单位和个人不得将依法必须进行招标的项目化整为零或者以其他任何方式规避招标。

第四条　工程施工招标投标活动应当遵循公开、公平、公正和诚实信用的原则。

第五条　工程施工招标投标活动，依法由招标人负责。任何单位和个人不得以任何方式非法干涉工程施工招标投标活动。

施工招标投标活动不受地区或者部门的限制。

第六条　各级发展改革、工业和信息化、住房城乡建设、交通运输、铁道、水利、商务、民航等部门依照《国务院办公厅印发国务院有关部门实施招标投标活动行政监督的职责分工意见的通知》（国办发〔2000〕34 号）和各地规定的职责分工，对工程施工招标投标活动实施监督，依法查处工程施工招标投标活动中的违法行为。

第二章　招　　标

第七条　工程施工招标人是依法提出施工招标项目、进行招标的法人或者其他组织。

第八条　依法必须招标的工程建设项目，应当具备下列条件才能进行施工招标：

(一)招标人已经依法成立;

(二)初步设计及概算应当履行审批手续的,已经批准;

(三)有相应资金或资金来源已经落实;

(四)有招标所需的设计图纸及技术资料。

第九条 工程施工招标分为公开招标和邀请招标。

第十条 按照国家有关规定需要履行项目审批、核准手续的依法必须进行施工招标的工程建设项目,其招标范围、招标方式、招标组织形式应当报项目审批部门审批、核准。项目审批、核准部门应当及时将审批、核准确定的招标内容通报有关行政监督部门。

第十一条 依法必须进行公开招标的项目,有下列情形之一的,可以邀请招标:

(一)项目技术复杂或有特殊要求,或者受自然地域环境限制,只有少量潜在投标人可供选择;

(二)涉及国家安全、国家秘密或者抢险救灾,适宜招标但不宜公开招标;

(三)采用公开招标方式的费用占项目合同金额的比例过大。

有前款第二项所列情形,属于本办法第十条规定的项目,由项目审批、核准部门在审批、核准项目时作出认定;其他项目由招标人申请有关行政监督部门作出认定。

全部使用国有资金投资或者国有资金投资占控股或者主导地位的并需要审批的工程建设项目的邀请招标,应当经项目审批部门批准,但项目审批部门只审批立项的,由有关行政监督部门审批。

第十二条 依法必须进行施工招标的工程建设项目有下列情形之一的,可以不进行施工招标:

(一)涉及国家安全、国家秘密、抢险救灾或者属于利用扶贫资金实行以工代赈需要使用农民工等特殊情况,不适宜进行招标;

(二)施工主要技术采用不可替代的专利或者专有技术;

(三)已通过招标方式选定的特许经营项目投资人依法能够自行建设;

(四)采购人依法能够自行建设;

(五)在建工程追加的附属小型工程或者主体加层工程,原中标人仍具备承包能力,并且其他人承担将影响施工或者功能配套要求;

(六)国家规定的其他情形。

第十三条 采用公开招标方式的,招标人应当发布招标公告,邀请不特定的法人或者其他组织投标。依法必须进行施工招标项目的招标公告,应当在国家指定的报刊和信息网络上发布。

采用邀请招标方式的，招标人应当向三家以上具备承担施工招标项目的能力、资信良好的特定的法人或者其他组织发出投标邀请书。

第十四条 招标公告或者投标邀请书应当至少载明下列内容：

（一）招标人的名称和地址；

（二）招标项目的内容、规模、资金来源；

（三）招标项目的实施地点和工期；

（四）获取招标文件或者资格预审文件的地点和时间；

（五）对招标文件或者资格预审文件收取的费用；

（六）对投标人的资质等级的要求。

第十五条 招标人应当按招标公告或者投标邀请书规定的时间、地点出售招标文件或资格预审文件。自招标文件或者资格预审文件出售之日起至停止出售之日止，最短不得少于五日。

招标人可以通过信息网络或者其他媒介发布招标文件，通过信息网络或者其他媒介发布的招标文件与书面招标文件具有同等法律效力，出现不一致时以书面招标文件为准，国家另有规定的除外。

对招标文件或者资格预审文件的收费应当限于补偿印刷、邮寄的成本支出，不得以营利为目的。对于所附的设计文件，招标人可以向投标人酌收押金；对于开标后投标人退还设计文件的，招标人应当向投标人退还押金。

招标文件或者资格预审文件售出后，不予退还。除不可抗力原因外，招标人在发布招标公告、发出投标邀请书后或者售出招标文件或资格预审文件后不得终止招标。

第十六条 招标人可以根据招标项目本身的特点和需要，要求潜在投标人或者投标人提供满足其资格要求的文件，对潜在投标人或者投标人进行资格审查；国家对潜在投标人或者投标人的资格条件有规定的，依照其规定。

第十七条 资格审查分为资格预审和资格后审。

资格预审，是指在投标前对潜在投标人进行的资格审查。

资格后审，是指在开标后对投标人进行的资格审查。

进行资格预审的，一般不再进行资格后审，但招标文件另有规定的除外。

第十八条 采取资格预审的，招标人应当发布资格预审公告。资格预审公告适用本办法第十三条、第十四条有关招标公告的规定。

采取资格预审的，招标人应当在资格预审文件中载明资格预审的条件、标准和方法；采取资格后审的，招标人应当在招标文件中载明对投标人资格要求的条件、标准和方法。

招标人不得改变载明的资格条件或者以没有载明的资格条件对潜在投标人或者投标人进行资格审查。

第十九条 经资格预审后,招标人应当向资格预审合格的潜在投标人发出资格预审合格通知书,告知获取招标文件的时间、地点和方法,并同时向资格预审不合格的潜在投标人告知资格预审结果。资格预审不合格的潜在投标人不得参加投标。

经资格后审不合格的投标人的投标应予否决。

第二十条 资格审查应主要审查潜在投标人或者投标人是否符合下列条件:

(一)具有独立订立合同的权利;

(二)具有履行合同的能力,包括专业、技术资格和能力,资金、设备和其他物质设施状况,管理能力,经验、信誉和相应的从业人员;

(三)没有处于被责令停业,投标资格被取消,财产被接管、冻结,破产状态;

(四)在最近三年内没有骗取中标和严重违约及重大工程质量问题;

(五)国家规定的其他资格条件。

资格审查时,招标人不得以不合理的条件限制、排斥潜在投标人或者投标人,不得对潜在投标人或者投标人实行歧视待遇。任何单位和个人不得以行政手段或者其他不合理方式限制投标人的数量。

第二十一条 招标人符合法律规定的自行招标条件的,可以自行办理招标事宜。任何单位和个人不得强制其委托招标代理机构办理招标事宜。

第二十二条 招标代理机构应当在招标人委托的范围内承担招标事宜。招标代理机构可以在其资格等级范围内承担下列招标事宜:

(一)拟订招标方案,编制和出售招标文件、资格预审文件;

(二)审查投标人资格;

(三)编制标底;

(四)组织投标人踏勘现场;

(五)组织开标、评标,协助招标人定标;

(六)草拟合同;

(七)招标人委托的其他事项。

招标代理机构不得无权代理、越权代理,不得明知委托事项违法而进行代理。

招标代理机构不得在所代理的招标项目中投标或者代理投标,也不得为所代理的招标项目的投标人提供咨询;未经招标人同意,不得转让招标代理业务。

第二十三条 工程招标代理机构与招标人应当签订书面委托合同,并按双方约定的标准收取代理费；国家对收费标准有规定的，依照其规定。

第二十四条　招标人根据施工招标项目的特点和需要编制招标文件。招标文件一般包括下列内容：

（一）招标公告或投标邀请书；

（二）投标人须知；

（三）合同主要条款；

（四）投标文件格式；

（五）采用工程量清单招标的，应当提供工程量清单；

（六）技术条款；

（七）设计图纸；

（八）评标标准和方法；

（九）投标辅助材料。

招标人应当在招标文件中规定实质性要求和条件，并用醒目的方式标明。

第二十五条　招标人可以要求投标人在提交符合招标文件规定要求的投标文件外，提交备选投标方案，但应当在招标文件中作出说明，并提出相应的评审和比较办法。

第二十六条　招标文件规定的各项技术标准应符合国家强制性标准。

招标文件中规定的各项技术标准均不得要求或标明某一特定的专利、商标、名称、设计、原产地或生产供应者，不得含有倾向或者排斥潜在投标人的其他内容。如果必须引用某一生产供应者的技术标准才能准确或清楚地说明拟招标项目的技术标准时，则应当在参照后面加上“或相当于”的字样。

第二十七条　施工招标项目需要划分标段、确定工期的，招标人应当合理划分标段、确定工期，并在招标文件中载明。对工程技术上紧密相连、不可分割的单位工程不得分割标段。

招标人不得以不合理的标段或工期限制或者排斥潜在投标人或者投标人。依法必须进行施工招标的项目的招标人不得利用划分标段规避招标。

第二十八条　招标文件应当明确规定所有评标因素，以及如何将这些因素量化或者据以进行评估。

在评标过程中，不得改变招标文件中规定的评标标准、方法和中标条件。

第二十九条　招标文件应当规定一个适当的投标有效期，以保证招标人有足够的时间完成评标和与中标人签订合同。投标有效期从投标人提交投标文件截止之日起计算。

在原投标有效期结束前，出现特殊情况的，招标人可以书面形式要求所有投标人延长投标有效期。投标人同意延长的,不得要求或被允许修改其投标文件的实质性内容,但应当相应延长其投标保证金的有效期;投标人拒绝延长的,其投标失效,但投标人有权收回其投标保证金。因延长投标有效期造成投标人损失的,招标人应当给予补偿,但因不可抗力需要延长投标有效期的除外。

第三十条 施工招标项目工期较长的,招标文件中可以规定工程造价指数体系、价格调整因素和调整方法。

第三十一条 招标人应当确定投标人编制投标文件所需要的合理时间;但是,依法必须进行招标的项目,自招标文件开始发出之日起至投标人提交投标文件截止之日止,最短不得少于二十日。

第三十二条 招标人根据招标项目的具体情况,可以组织潜在投标人踏勘项目现场,向其介绍工程场地和相关环境的有关情况。潜在投标人依据招标人介绍情况作出的判断和决策,由投标人自行负责。

招标人不得单独或者分别组织任何一个投标人进行现场踏勘。

第三十三条 对于潜在投标人在阅读招标文件和现场踏勘中提出的疑问,招标人可以书面形式或召开投标预备会的方式解答,但需同时将解答以书面方式通知所有购买招标文件的潜在投标人。该解答的内容为招标文件的组成部分。

第三十四条 招标人可根据项目特点决定是否编制标底。编制标底的,标底编制过程和标底在开标前必须保密。

招标项目编制标底的,应根据批准的初步设计、投资概算,依据有关计价办法,参照有关工程定额,结合市场供求状况,综合考虑投资、工期和质量等方面的因素合理确定。

标底由招标人自行编制或委托中介机构编制。一个工程只能编制一个标底。

任何单位和个人不得强制招标人编制或报审标底,或干预其确定标底。

招标项目可以不设标底,进行无标底招标。

招标人设有最高投标限价的,应当在招标文件中明确最高投标限价或者最高投标限价的计算方法。招标人不得规定最低投标限价。

第三章 投　标

第三十五条 投标人是响应招标、参加投标竞争的法人或者其他组织。招标人的任何不具独立法人资格的附属机构(单位),或者为招标项目的前期准备或者监理工作提供设计、咨询服务的任何法人及其任何附属机构(单位),都无资格参加该招标项目的投标。

第三十六条 投标人应当按照招标文件的要求编制投标文件。投标文件应当对招标文件提出的实质性要求和条件作出响应。

投标文件一般包括下列内容：

(一)投标函；

(二)投标报价；

(三)施工组织设计；

(四)商务和技术偏差表。

投标人根据招标文件载明的项目实际情况，拟在中标后将中标项目的部分非主体、非关键性工作进行分包的，应当在投标文件中载明。

第三十七条　招标人可以在招标文件中要求投标人提交投标保证金。投标保证金除现金外，可以是银行出具的银行保函、保兑支票、银行汇票或现金支票。

投标保证金不得超过项目估算价的百分之二，但最高不得超过八十万元人民币。投标保证金有效期应当与投标有效期一致。

投标人应当按照招标文件要求的方式和金额，将投标保证金随投标文件提交给招标人或其委托的招标代理机构。

依法必须进行施工招标的项目的境内投标单位，以现金或者支票形式提交的投标保证金应当从其基本账户转出。

第三十八条　投标人应当在招标文件要求提交投标文件的截止时间前，将投标文件密封送达投标地点。招标人收到投标文件后，应当向投标人出具标明签收人和签收时间的凭证，在开标前任何单位和个人不得开启投标文件。

在招标文件要求提交投标文件的截止时间后送达的投标文件，招标人应当拒收。

依法必须进行施工招标的项目提交投标文件的投标人少于三个的，招标人在分析招标失败的原因并采取相应措施后，应当依法重新招标。重新招标后投标人仍少于三个的，属于必须审批、核准的工程建设项目，报经原审批、核准部门审批、核准后可以不再进行招标；其他工程建设项目，招标人可自行决定不再进行招标。

第三十九条　投标人在招标文件要求提交投标文件的截止时间前，可以补充、修改、替代或者撤回已提交的投标文件，并书面通知招标人。补充、修改的内容为投标文件的组成部分。

第四十条　在提交投标文件截止时间后到招标文件规定的投标有效期终止之前，投标人不得撤销其投标文件，否则招标人可以不退还其投标保证金。

第四十一条　在开标前，招标人应妥善保管好已接收的投标文件、修改或撤回通知、备选投标方案等投标资料。

第四十二条　两个以上法人或者其他组织可以组成一个联合体，以一个投标人的身份共同投标。

联合体各方签订共同投标协议后,不得再以自己名义单独投标,也不得组成新的联合体或参加其他联合体在同一项目中投标。

第四十三条 招标人接受联合体投标并进行资格预审的,联合体应当在提交资格预审申请文件前组成。资格预审后联合体增减、更换成员的,其投标无效。

第四十四条 联合体各方应当指定牵头人,授权其代表所有联合体成员负责投标和合同实施阶段的主办、协调工作,并应当向招标人提交由所有联合体成员法定代表人签署的授权书。

第四十五条 联合体投标的,应当以联合体各方或者联合体中牵头人的名义提交投标保证金。以联合体中牵头人名义提交的投标保证金,对联合体各成员具有约束力。

第四十六条 下列行为均属投标人串通投标报价:

(一)投标人之间相互约定抬高或压低投标报价;

(二)投标人之间相互约定,在招标项目中分别以高、中、低价位报价;

(三)投标人之间先进行内部竞价,内定中标人,然后再参加投标;

(四)投标人之间其他串通投标报价的行为。

第四十七条 下列行为均属招标人与投标人串通投标:

(一)招标人在开标前开启投标文件并将有关信息泄露给其他投标人,或者授意投标人撤换、修改投标文件;

(二)招标人向投标人泄露标底、评标委员会成员等信息;

(三)招标人明示或者暗示投标人压低或抬高投标报价;

(四)招标人明示或者暗示投标人为特定投标人中标提供方便;

(五)招标人与投标人为谋求特定中标人中标而采取的其他串通行为。

第四十八条 投标人不得以他人名义投标。

前款所称以他人名义投标,指投标人挂靠其他施工单位,或从其他单位通过受让或租借的方式获取资格或资质证书,或者由其他单位及其法定代表人在自己编制的投标文件上加盖印章和签字等行为。

第四章 开标、评标和定标

第四十九条 开标应当在招标文件确定的提交投标文件截止时间的同一时间公开进行;开标地点应当为招标文件中确定的地点。

投标人对开标有异议的,应当在开标现场提出,招标人应当当场作出答复,并制作记录。

第五十条　投标文件有下列情形之一的，招标人应当拒收：

（一）逾期送达；

（二）未按招标文件要求密封。

有下列情形之一的，评标委员会应当否决其投标：

（一）投标文件未经投标单位盖章和单位负责人签字；

（二）投标联合体没有提交共同投标协议；

（三）投标人不符合国家或者招标文件规定的资格条件；

（四）同一投标人提交两个以上不同的投标文件或者投标报价，但招标文件要求提交备选投标的除外；

（五）投标报价低于成本或者高于招标文件设定的最高投标限价；

（六）投标文件没有对招标文件的实质性要求和条件作出响应；

（七）投标人有串通投标、弄虚作假、行贿等违法行为。

第五十一条　评标委员会可以书面方式要求投标人对投标文件中含义不明确、对同类问题表述不一致或者有明显文字和计算错误的内容作必要的澄清、说明或补正。评标委员会不得向投标人提出带有暗示性或诱导性的问题，或向其明确投标文件中的遗漏和错误。

第五十二条　投标文件不响应招标文件的实质性要求和条件的，评标委员会不得允许投标人通过修正或撤销其不符合要求的差异或保留，使之成为具有响应性的投标。

第五十三条　评标委员会在对实质上响应招标文件要求的投标进行报价评估时，除招标文件另有约定外，应当按下述原则进行修正：

（一）用数字表示的数额与用文字表示的数额不一致时，以文字数额为准；

（二）单价与工程量的乘积与总价之间不一致时，以单价为准。若单价有明显的小数点错位，应以总价为准，并修改单价。

按前款规定调整后的报价经投标人确认后产生约束力。

投标文件中没有列入的价格和优惠条件在评标时不予考虑。

第五十四条　对于投标人提交的优越于招标文件中技术标准的备选投标方案所产生的附加收益，不得考虑进评标价中。符合招标文件的基本技术要求且评标价最低或综合评分最高的投标人，其所提交的备选方案方可予以考虑。

第五十五条　招标人设有标底的，标底在评标中应当作为参考，但不得作为评标的唯一依据。

第五十六条　评标委员会完成评标后，应向招标人提出书面评标报告。评标报告由评标委员会全体成员签字。

依法必须进行招标的项目,招标人应当自收到评标报告之日起三日内公示中标候选人,公示期不得少于三日。

中标通知书由招标人发出。

第五十七条 评标委员会推荐的中标候选人应当限定在一至三人,并标明排列顺序。招标人应当接受评标委员会推荐的中标候选人,不得在评标委员会推荐的中标候选人之外确定中标人。

第五十八条 国有资金占控股或者主导地位的依法必须进行招标的项目,招标人应当确定排名第一的中标候选人为中标人。排名第一的中标候选人放弃中标、因不可抗力提出不能履行合同、不按照招标文件的要求提交履约保证金,或者被查实存在影响中标结果的违法行为等情形,不符合中标条件的,招标人可以按照评标委员会提出的中标候选人名单排序依次确定其他中标候选人为中标人。依次确定其他中标候选人与招标人预期差距较大,或者对招标人明显不利的,招标人可以重新招标。

招标人可以授权评标委员会直接确定中标人。

国务院对中标人的确定另有规定的,从其规定。

第五十九条 招标人不得向中标人提出压低报价、增加工作量、缩短工期或其他违背中标人意愿的要求,以此作为发出中标通知书和签订合同的条件。

第六十条 中标通知书对招标人和中标人具有法律效力。中标通知书发出后,招标人改变中标结果的,或者中标人放弃中标项目的,应当依法承担法律责任。

第六十一条 招标人全部或者部分使用非中标单位投标文件中的技术成果或技术方案时,需征得其书面同意,并给予一定的经济补偿。

第六十二条 招标人和中标人应当在投标有效期内并在自中标通知书发出之日起三十日内,按照招标文件和中标人的投标文件订立书面合同。招标人和中标人不得再行订立背离合同实质性内容的其他协议。

招标人要求中标人提供履约保证金或其他形式履约担保的,招标人应当同时向中标人提供工程款支付担保。

招标人不得擅自提高履约保证金,不得强制要求中标人垫付中标项目建设资金。

第六十三条 招标人最迟应当在与中标人签订合同后五日内,向中标人和未中标的投标人退还投标保证金及银行同期存款利息。

第六十四条 合同中确定的建设规模、建设标准、建设内容、合同价格应当控制在批准的初步设计及概算文件范围内;确需超出规定范围的,应当在中标合同签订前,报原项目审批部门审查同意。凡应报经审查而未报的,在初步设计及概算调整时,原项目审批部门一律不予承认。

第六十五条 依法必须进行施工招标的项目,招标人应当自发出中标通知书之日起十五日内,向有关行政监督部门提交招标投标情况的书面报告。

前款所称书面报告至少应包括下列内容:

(一)招标范围;

(二)招标方式和发布招标公告的媒介;

(三)招标文件中投标人须知、技术条款、评标标准和方法、合同主要条款等内容;

(四)评标委员会的组成和评标报告;

(五)中标结果。

第六十六条 招标人不得直接指定分包人。

第六十七条 对于不具备分包条件或者不符合分包规定的,招标人有权在签订合同或者中标人提出分包要求时予以拒绝。发现中标人转包或违法分包时,可要求其改正;拒不改正的,可终止合同,并报请有关行政监督部门查处。

监理人员和有关行政部门发现中标人违反合同约定进行转包或违法分包的,应当要求中标人改正,或者告知招标人要求其改正;对于拒不改正的,应当报请有关行政监督部门查处。

第五章 法律责任

第六十八条 依法必须进行招标的项目而不招标的,将必须进行招标的项目化整为零或者以其他任何方式规避招标的,有关行政监督部门责令限期改正,可以处项目合同金额千分之五以上千分之十以下的罚款;对全部或者部分使用国有资金的项目,项目审批部门可以暂停项目执行或者暂停资金拨付;对单位直接负责的主管人员和其他直接责任人员依法给予处分。

第六十九条 招标代理机构违法泄露应当保密的与招标投标活动有关的情况和资料的,或者与招标人、投标人串通损害国家利益、社会公共利益或者他人合法权益的,由有关行政监督部门处五万元以上二十五万元以下罚款,对单位直接负责的主管人员和其他直接责任人员处单位罚款数额百分之五以上百分之十以下罚款;有违法所得的,并处没收违法所得;情节严重的,有关行政监督部门可停止其一定时期内参与相关领域的招标代理业务,资格认定部门可暂停直至取消招标代理资格;构成犯罪的,由司法部门依法追究刑事责任。给他人造成损失的,依法承担赔偿责任。

前款所列行为影响中标结果,并且中标人为前款所列行为的受益人的,中标无效。

第七十条 招标人以不合理的条件限制或者排斥潜在投标人的,对潜在投标人实行歧视待遇的,强制要求投标人组成联合体共同投标的,或者限制投标人之间竞争的,有关行政监督部门责令改正,可处一万元以上五万元以下罚款。

第七十一条 依法必须进行招标项目的招标人向他人透露已获取招标文件的潜在投标人的名称、数量或者可能影响公平竞争的有关招标投标的其他情况的,或者泄露标底的,有关行政监督部门给予警告,可以并处一万元以上十万元以下的罚款;对单位直接负责的主管人员和其他直接责任人员依法给予处分;构成犯罪的,依法追究刑事责任。

前款所列行为影响中标结果的,中标无效。

第七十二条 招标人在发布招标公告、发出投标邀请书或者售出招标文件或资格预审文件后终止招标的,应当及时退还所收取的资格预审文件、招标文件的费用,以及所收取的投标保证金及银行同期存款利息。给潜在投标人或者投标人造成损失的,应当赔偿损失。

第七十三条 招标人有下列限制或者排斥潜在投标人行为之一的,由有关行政监督部门依照招标投标法第五十一条的规定处罚;其中,构成依法必须进行施工招标的项目的招标人规避招标的,依照招标投标法第四十九条的规定处罚:

(一)依法应当公开招标的项目不按照规定在指定媒介发布资格预审公告或者招标公告;

(二)在不同媒介发布的同一招标项目的资格预审公告或者招标公告的内容不一致,影响潜在投标人申请资格预审或者投标。

招标人有下列情形之一的,由有关行政监督部门责令改正,可以处 10 万元以下的罚款:

(一)依法应当公开招标而采用邀请招标;

(二)招标文件、资格预审文件的发售、澄清、修改的时限,或者确定的提交资格预审申请文件、投标文件的时限不符合招标投标法和招标投标法实施条例规定;

(三)接受未通过资格预审的单位或者个人参加投标;

(四)接受应当拒收的投标文件。

招标人有前款第一项、第三项、第四项所列行为之一的,对单位直接负责的主管人员和其他直接责任人员依法给予处分。

第七十四条 投标人相互串通投标或者与招标人串通投标的,投标人以向招标人或者评标委员会成员行贿的手段谋取中标的,中标无效,由有关行政监督部门处中标项目金额千分之五以上千分之十以下的罚款,对单位直接负责的主管人员和其他直接责任人员处单位罚款数额百分之五以上百分之十以下的罚款；有违法所得的，并处没收违法所得；情节严重的，取消其一至二年的投标资格，并予以公告，直至由工商行政管理机关吊销营业执照；构成犯罪的，依法追究刑事责任。给他人造成损失的，依法承担赔偿责任。投标人未中标的，对单位的罚款金额按照招标项目合同金额依照招标投标法规定的比例计算。

第七十五条　投标人以他人名义投标或者以其他方式弄虚作假，骗取中标的，中标无效，给招标人造成损失的，依法承担赔偿责任；构成犯罪的，依法追究刑事责任。

依法必须进行招标项目的投标人有前款所列行为尚未构成犯罪的，有关行政监督部门处中标项目金额千分之五以上千分之十以下的罚款，对单位直接负责的主管人员和其他直接责任人员处单位罚款数额百分之五以上百分之十以下的罚款；有违法所得的，并处没收违法所得；情节严重的，取消其一至三年投标资格，并予以公告，直至由工商行政管理机关吊销营业执照。投标人未中标的，对单位的罚款金额按照招标项目合同金额依照招标投标法规定的比例计算。

第七十六条　依法必须进行招标的项目，招标人违法与投标人就投标价格、投标方案等实质性内容进行谈判的，有关行政监督部门给予警告，对单位直接负责的主管人员和其他直接责任人员依法给予处分。

前款所列行为影响中标结果的，中标无效。

第七十七条　评标委员会成员收受投标人的财物或者其他好处的，没收收受的财物，可以并处三千元以上五万元以下的罚款，取消担任评标委员会成员的资格并予以公告，不得再参加依法必须进行招标的项目的评标；构成犯罪的，依法追究刑事责任。

第七十八条　评标委员会成员应当回避而不回避，擅离职守，不按照招标文件规定的评标标准和方法评标，私下接触投标人，向招标人征询确定中标人的意向或者接受任何单位或者个人明示或者暗示提出的倾向或者排斥特定投标人的要求，对依法应当否决的投标不提出否决意见，暗示或者诱导投标人作出澄清、说明或者接受投标人主动提出的澄清、说明，或者有其他不能客观公正地履行职责行为的，有关行政监督部门责令改正；情节严重的，禁止其在一定期限内参加依法必须进行招标的项目的评标；情节特别严重的，取消其担任评标委员会成员的资格。

第七十九条　依法必须进行招标的项目的招标人不按照规定组建评标委员会，或者确定、更换评标委员会成员违反招标投标法和招标投标法实施条例规定的，由有关行政监督部门责令改正，可以处10万元以下的罚款，对单位直接负责的主管人员和其他直接责任人员依法给予处分；违法确定或者更换的评标委员会成员作出的评审决定无效,依法重新进行评审。

第八十条 依法必须进行招标的项目的招标人有下列情形之一的,由有关行政监督部门责令改正,可以处中标项目金额千分之十以下的罚款;给他人造成损失的,依法承担赔偿责任;对单位直接负责的主管人员和其他直接责任人员依法给予处分:

(一)无正当理由不发出中标通知书;

(二)不按照规定确定中标人;

(三)中标通知书发出后无正当理由改变中标结果;

(四)无正当理由不与中标人订立合同;

(五)在订立合同时向中标人提出附加条件。

第八十一条 中标通知书发出后,中标人放弃中标项目的,无正当理由不与招标人签订合同的,在签订合同时向招标人提出附加条件或者更改合同实质性内容的,或者拒不提交所要求的履约保证金的,取消其中标资格,投标保证金不予退还;给招标人的损失超过投标保证金数额的,中标人应当对超过部分予以赔偿;没有提交投标保证金的,应当对招标人的损失承担赔偿责任。对依法必须进行施工招标的项目的中标人,由有关行政监督部门责令改正,可以处中标金额千分之十以下罚款。

第八十二条 中标人将中标项目转让给他人的,将中标项目肢解后分别转让给他人的,违法将中标项目的部分主体、关键性工作分包给他人的,或者分包人再次分包的,转让、分包无效,有关行政监督部门处转让、分包项目金额千分之五以上千分之十以下的罚款;有违法所得的,并处没收违法所得;可以责令停业整顿;情节严重的,由工商行政管理机关吊销营业执照。

第八十三条 招标人与中标人不按照招标文件和中标人的投标文件订立合同的,合同的主要条款与招标文件、中标人的投标文件的内容不一致,或者招标人、中标人订立背离合同实质性内容的协议的,有关行政监督部门责令改正;可以处中标项目金额千分之五以上千分之十以下的罚款。

第八十四条 中标人不履行与招标人订立的合同的,履约保证金不予退还,给招标人造成的损失超过履约保证金数额的,还应当对超过部分予以赔偿;没有提交履约保证金的,应当对招标人的损失承担赔偿责任。

中标人不按照与招标人订立的合同履行义务,情节严重的,有关行政监督部门取消其二至五年参加招标项目的投标资格并予以公告,直至由工商行政管理机关吊销营业执照。

因不可抗力不能履行合同的,不适用前两款规定。

第八十五条　招标人不履行与中标人订立的合同的,应当返还中标人的履约保证金,并承担相应的赔偿责任;没有提交履约保证金的,应当对中标人的损失承担赔偿责任。

因不可抗力不能履行合同的,不适用前款规定。

第八十六条　依法必须进行施工招标的项目违反法律规定,中标无效的,应当依照法律规定的中标条件从其余投标人中重新确定中标人或者依法重新进行招标。

中标无效的,发出的中标通知书和签订的合同自始没有法律约束力,但不影响合同中独立存在的有关解决争议方法的条款的效力。

第八十七条　任何单位违法限制或者排斥本地区、本系统以外的法人或者其他组织参加投标的,为招标人指定招标代理机构的,强制招标人委托招标代理机构办理招标事宜的,或者以其他方式干涉招标投标活动的,有关行政监督部门责令改正;对单位直接负责的主管人员和其他直接责任人员依法给予警告、记过、记大过的处分,情节较重的,依法给予降级、撤职、开除的处分。

个人利用职权进行前款违法行为的,依照前款规定追究责任。

第八十八条　对招标投标活动依法负有行政监督职责的国家机关工作人员徇私舞弊、滥用职权或者玩忽职守,构成犯罪的,依法追究刑事责任;不构成犯罪的,依法给予行政处分。

第八十九条　投标人或者其他利害关系人认为工程建设项目施工招标投标活动不符合国家规定的,可以自知道或者应当知道之日起10日内向有关行政监督部门投诉。投诉应当有明确的请求和必要的证明材料。

第六章　附　　则

第九十条　使用国际组织或者外国政府贷款、援助资金的项目进行招标,贷款方、资金提供方对工程施工招标投标活动的条件和程序有不同规定的,可以适用其规定,但违背中华人民共和国社会公共利益的除外。

第九十一条　本办法由国家发展改革委会同有关部门负责解释。

第九十二条　本办法自2003年5月1日起施行。

工程建设项目货物招标投标办法

(2005 年 1 月 18 日国家发展和改革委员会、建设部、铁道部、交通部、信息产业部、水利部、中国民用航空总局令第 27 号公布　根据 2013 年 3 月 11 日国家发展和改革委员会、工业和信息化部、财政部、住房和城乡建设部、交通运输部、铁道部、水利部、国家广播电影电视总局、中国民用航空局令第 23 号《关于废止和修改部分招标投标规章和规范性文件的决定》修订)

第一章　总　　则

第一条　为规范工程建设项目的货物招标投标活动,保护国家利益、社会公共利益和招标投标活动当事人的合法权益,保证工程质量,提高投资效益,根据《中华人民共和国招标投标法》、《中华人民共和国招标投标法实施条例》和国务院有关部门的职责分工,制定本办法。

第二条　本办法适用于在中华人民共和国境内工程建设项目货物招标投标活动。

第三条　工程建设项目符合《工程建设项目招标范围和规模标准规定》(原国家计委令第 3 号)规定的范围和标准的,必须通过招标选择货物供应单位。

任何单位和个人不得将依法必须进行招标的项目化整为零或者以其他任何方式规避招标。

第四条　工程建设项目货物招标投标活动应当遵循公开、公平、公正和诚实信用的原则。货物招标投标活动不受地区或者部门的限制。

第五条　工程建设项目货物招标投标活动,依法由招标人负责。

工程建设项目招标人对项目实行总承包招标时,未包括在总承包范围内的货物属于依法必须进行招标的项目范围且达到国家规定规模标准的,应当由工程建设项目招标人依法组织招标。

工程建设项目实行总承包招标时,以暂估价形式包括在总承包范围内的货物属于依法必须进行招标的项目范围且达到国家规定规模标准的,应当依法组织招标。

第六条　各级发展改革、工业和信息化、住房城乡建设、交通运输、铁道、水利、民航等部门依照国务院和地方各级人民政府关于工程建设项目行政监督的职责分工,对工程建设项目中所包括的货物招标投标活动实施监督,依法查处货物招标投标活动中的违法行为。

第二章　招　　标

第七条　工程建设项目招标人是依法提出招标项目、进行招标的法人或者其他组织。本办法第五条总承包中标人单独或者共同招标时,也为招标人。

第八条　依法必须招标的工程建设项目,应当具备下列条件才能进行货物招标:

(一)招标人已经依法成立;

(二)按照国家有关规定应当履行项目审批、核准或者备案手续的,已经审批、核准或者备案;

(三)有相应资金或者资金来源已经落实;

(四)能够提出货物的使用与技术要求。

第九条　依法必须进行招标的工程建设项目,按国家有关规定需要履行审批、核准手续的,招标人应当在报送的可行性研究报告、资金申请报告或者项目申请报告中将货物招标范围、招标方式(公开招标或邀请招标)、招标组织形式(自行招标或委托招标)等有关招标内容报项目审批、核准部门审批、核准。项目审批、核准部门应当将审批、核准的招标内容通报有关行政监督部门。

第十条　货物招标分为公开招标和邀请招标。

第十一条　依法应当公开招标的项目,有下列情形之一的,可以邀请招标:

(一)技术复杂、有特殊要求或者受自然环境限制,只有少量潜在投标人可供选择;

(二)采用公开招标方式的费用占项目合同金额的比例过大;

(三)涉及国家安全、国家秘密或者抢险救灾,适宜招标但不宜公开招标。

有前款第二项所列情形,属于按照国家有关规定需要履行项目审批、核准手续的依法必须进行招标的项目,由项目审批、核准部门认定;其他项目由招标人申请有关行政监督部门作出认定。

第十二条　采用公开招标方式的,招标人应当发布资格预审公告或者招标公告。依法必须进行货物招标的资格预审公告或者招标公告,应当在国家指定的报刊或者信息网络上发布。

采用邀请招标方式的,招标人应当向三家以上具备货物供应的能力、资信良好的特定的法人或者其他组织发出投标邀请书。

第十三条　招标公告或者投标邀请书应当载明下列内容:

(一)招标人的名称和地址;

(二)招标货物的名称、数量、技术规格、资金来源;

(三)交货的地点和时间;

(四)获取招标文件或者资格预审文件的地点和时间;

(五)对招标文件或者资格预审文件收取的费用;

(六)提交资格预审申请书或者投标文件的地点和截止日期;

(七)对投标人的资格要求。

第十四条 招标人应当按照资格预审公告、招标公告或者投标邀请书规定的时间、地点发售招标文件或者资格预审文件。自招标文件或者资格预审文件发售之日起至停止发售之日止,最短不得少于五日。

招标人可以通过信息网络或者其他媒介发布招标文件,通过信息网络或者其他媒介发布的招标文件与书面招标文件具有同等法律效力,出现不一致时以书面招标文件为准,但国家另有规定的除外。

对招标文件或者资格预审文件的收费应当限于补偿印刷、邮寄的成本支出,不得以营利为目的。

除不可抗力原因外,招标文件或者资格预审文件发出后,不予退还;招标人在发布招标公告、发出投标邀请书后或者发出招标文件或资格预审文件后不得终止招标。招标人终止招标的,应当及时发布公告,或者以书面形式通知被邀请的或者已经获取资格预审文件、招标文件的潜在投标人。已经发售资格预审文件、招标文件或者已经收取投标保证金的,招标人应当及时退还所收取的资格预审文件、招标文件的费用,以及所收取的投标保证金及银行同期存款利息。

第十五条 招标人可以根据招标货物的特点和需要,对潜在投标人或者投标人进行资格审查;国家对潜在投标人或者投标人的资格条件有规定的,依照其规定。

第十六条 资格审查分为资格预审和资格后审。

资格预审,是指招标人出售招标文件或者发出投标邀请书前对潜在投标人进行的资格审查。资格预审一般适用于潜在投标人较多或者大型、技术复杂货物的招标。

资格后审,是指在开标后对投标人进行的资格审查。资格后审一般在评标过程中的初步评审开始时进行。

第十七条 采取资格预审的,招标人应当发布资格预审公告。资格预审公告适用本办法第十二条、第十三条有关招标公告的规定。

第十八条 资格预审文件一般包括下列内容:

(一)资格预审公告;

(二)申请人须知;

（三）资格要求；

（四）其他业绩要求；

（五）资格审查标准和方法；

（六）资格预审结果的通知方式。

第十九条　采取资格预审的，招标人应当在资格预审文件中详细规定资格审查的标准和方法；采取资格后审的，招标人应当在招标文件中详细规定资格审查的标准和方法。

招标人在进行资格审查时，不得改变或补充载明的资格审查标准和方法或者以没有载明的资格审查标准和方法对潜在投标人或者投标人进行资格审查。

第二十条　经资格预审后，招标人应当向资格预审合格的潜在投标人发出资格预审合格通知书，告知获取招标文件的时间、地点和方法，并同时向资格预审不合格的潜在投标人告知资格预审结果。依法必须招标的项目通过资格预审的申请人不足三个的，招标人在分析招标失败的原因并采取相应措施后，应当重新招标。

对资格后审不合格的投标人，评标委员会应当否决其投标。

第二十一条　招标文件一般包括下列内容：

（一）招标公告或者投标邀请书；

（二）投标人须知；

（三）投标文件格式；

（四）技术规格、参数及其他要求；

（五）评标标准和方法；

（六）合同主要条款。

招标人应当在招标文件中规定实质性要求和条件，说明不满足其中任何一项实质性要求和条件的投标将被拒绝，并用醒目的方式标明；没有标明的要求和条件在评标时不得作为实质性要求和条件。对于非实质性要求和条件，应规定允许偏差的最大范围、最高项数，以及对这些偏差进行调整的方法。

国家对招标货物的技术、标准、质量等有规定的，招标人应当按照其规定在招标文件中提出相应要求。

第二十二条　招标货物需要划分标包的，招标人应合理划分标包，确定各标包的交货期，并在招标文件中如实载明。

招标人不得以不合理的标包限制或者排斥潜在投标人或者投标人。依法必须进行招标的项目的招标人不得利用标包划分规避招标。

第二十三条　招标人允许中标人对非主体货物进行分包的，应当在招标文件中载明。主要设备、材料或者供货合同的主要部分不得要求或者允许分包。

除招标文件要求不得改变标准货物的供应商外,中标人经招标人同意改变标准货物的供应商的,不应视为转包和违法分包。

第二十四条 招标人可以要求投标人在提交符合招标文件规定要求的投标文件外,提交备选投标方案,但应当在招标文件中作出说明。不符合中标条件的投标人的备选投标方案不予考虑。

第二十五条 招标文件规定的各项技术规格应当符合国家技术法规的规定。

招标文件中规定的各项技术规格均不得要求或标明某一特定的专利技术、商标、名称、设计、原产地或供应者等,不得含有倾向或者排斥潜在投标人的其他内容。如果必须引用某一供应者的技术规格才能准确或清楚地说明拟招标货物的技术规格时,则应当在参照后面加上"或相当于"的字样。

第二十六条 招标文件应当明确规定评标时包含价格在内的所有评标因素,以及据此进行评估的方法。

在评标过程中,不得改变招标文件中规定的评标标准、方法和中标条件。

第二十七条 招标人可以在招标文件中要求投标人以自己的名义提交投标保证金。投标保证金除现金外,可以是银行出具的银行保函、保兑支票、银行汇票或现金支票,也可以是招标人认可的其他合法担保形式。依法必须进行招标的项目的境内投标单位,以现金或者支票形式提交的投标保证金应当从其基本账户转出。

投标保证金不得超过项目估算价的百分之二,但最高不得超过八十万元人民币。投标保证金有效期应当与投标有效期一致。

投标人应当按照招标文件要求的方式和金额,在提交投标文件截止时间前将投标保证金提交给招标人或其委托的招标代理机构。

第二十八条 招标文件应当规定一个适当的投标有效期,以保证招标人有足够的时间完成评标和与中标人签订合同。投标有效期从招标文件规定的提交投标文件截止之日起计算。

在原投标有效期结束前,出现特殊情况的,招标人可以书面形式要求所有投标人延长投标有效期。投标人同意延长的,不得要求或被允许修改其投标文件的实质性内容,但应当相应延长其投标保证金的有效期;投标人拒绝延长的,其投标失效,但投标人有权收回其投标保证金及银行同期存款利息。

依法必须进行招标的项目同意延长投标有效期的投标人少于三个的,招标人在分析招标失败的原因并采取相应措施后,应当重新招标。

第二十九条 对于潜在投标人在阅读招标文件中提出的疑问,招标人应当以书面形式、投标预备会方式或者通过电子网络解答,但需同时将解答以书面方式通知所有购买招标文件的潜在投标人。该解答的内容为招标文件的组成部分。

除招标文件明确要求外，出席投标预备会不是强制性的，由潜在投标人自行决定，并自行承担由此可能产生的风险。

第三十条　招标人应当确定投标人编制投标文件所需的合理时间。依法必须进行招标的货物，自招标文件开始发出之日起至投标人提交投标文件截止之日止，最短不得少于二十日。

第三十一条　对无法精确拟定其技术规格的货物，招标人可以采用两阶段招标程序。

在第一阶段，招标人可以首先要求潜在投标人提交技术建议，详细阐明货物的技术规格、质量和其它特性。招标人可以与投标人就其建议的内容进行协商和讨论，达成一个统一的技术规格后编制招标文件。

在第二阶段，招标人应当向第一阶段提交了技术建议的投标人提供包含统一技术规格的正式招标文件，投标人根据正式招标文件的要求提交包括价格在内的最后投标文件。

招标人要求投标人提交投标保证金的，应当在第二阶段提出。

第三章　投　　标

第三十二条　投标人是响应招标、参加投标竞争的法人或者其他组织。

法定代表人为同一个人的两个及两个以上法人，母公司、全资子公司及其控股公司，都不得在同一货物招标中同时投标。

一个制造商对同一品牌同一型号的货物，仅能委托一个代理商参加投标。

违反前两款规定的，相关投标均无效。

第三十三条　投标人应当按照招标文件的要求编制投标文件。投标文件应当对招标文件提出的实质性要求和条件作出响应。

投标文件一般包括下列内容：

（一）投标函；

（二）投标一览表；

（三）技术性能参数的详细描述；

（四）商务和技术偏差表；

（五）投标保证金；

（六）有关资格证明文件；

（七）招标文件要求的其他内容。

投标人根据招标文件载明的货物实际情况，拟在中标后将供货合同中的非主要部分进行分包的，应当在投标文件中载明。

第三十四条 投标人应当在招标文件要求提交投标文件的截止时间前,将投标文件密封送达招标文件中规定的地点。招标人收到投标文件后,应当向投标人出具标明签收人和签收时间的凭证,在开标前任何单位和个人不得开启投标文件。

在招标文件要求提交投标文件的截止时间后送达的投标文件,招标人应当拒收。

依法必须进行招标的项目,提交投标文件的投标人少于三个的,招标人在分析招标失败的原因并采取相应措施后,应当重新招标。重新招标后投标人仍少于三个,按国家有关规定需要履行审批、核准手续的依法必须进行招标的项目,报项目审批、核准部门审批、核准后可以不再进行招标。

第三十五条 投标人在招标文件要求提交投标文件的截止时间前,可以补充、修改、替代或者撤回已提交的投标文件,并书面通知招标人。补充、修改的内容为投标文件的组成部分。

第三十六条 在提交投标文件截止时间后,投标人不得撤销其投标文件,否则招标人可以不退还其投标保证金。

第三十七条 招标人应妥善保管好已接收的投标文件、修改或撤回通知、备选投标方案等投标资料,并严格保密。

第三十八条 两个以上法人或者其他组织可以组成一个联合体,以一个投标人的身份共同投标。

联合体各方签订共同投标协议后,不得再以自己名义单独投标,也不得组成或参加其他联合体在同一项目中投标;否则相关投标均无效。

联合体中标的,应当指定牵头人或代表,授权其代表所有联合体成员与招标人签订合同,负责整个合同实施阶段的协调工作。但是,需要向招标人提交由所有联合体成员法定代表人签署的授权委托书。

第三十九条 招标人接受联合体投标并进行资格预审的,联合体应当在提交资格预审申请文件前组成。资格预审后联合体增减、更换成员的,其投标无效。

招标人不得强制资格预审合格的投标人组成联合体。

第四章 开标、评标和定标

第四十条 开标应当在招标文件确定的提交投标文件截止时间的同一时间公开进行;开标地点应当为招标文件中确定的地点。

投标人或其授权代表有权出席开标会,也可以自主决定不参加开标会。

投标人对开标有异议的,应当在开标现场提出,招标人应当当场作出答复,并制作记录。

第四十一条　投标文件有下列情形之一的，招标人应当拒收：

（一）逾期送达；

（二）未按招标文件要求密封。

有下列情形之一的，评标委员会应当否决其投标：

（一）投标文件未经投标单位盖章和单位负责人签字；

（二）投标联合体没有提交共同投标协议；

（三）投标人不符合国家或者招标文件规定的资格条件；

（四）同一投标人提交两个以上不同的投标文件或者投标报价，但招标文件要求提交备选投标的除外；

（五）投标标价低于成本或者高于招标文件设定的最高投标限价；

（六）投标文件没有对招标文件的实质性要求和条件作出响应；

（七）投标人有串通投标、弄虚作假、行贿等违法行为。

依法必须招标的项目评标委员会否决所有投标的，或者评标委员会否决一部分投标后其他有效投标不足三个使得投标明显缺乏竞争，决定否决全部投标的，招标人在分析招标失败的原因并采取相应措施后，应当重新招标。

第四十二条　评标委员会可以书面方式要求投标人对投标文件中含义不明确、对同类问题表述不一致或者有明显文字和计算错误的内容作必要的澄清、说明或补正。评标委员会不得向投标人提出带有暗示性或诱导性的问题，或向其明确投标文件中的遗漏和错误。

第四十三条　投标文件不响应招标文件的实质性要求和条件的，评标委员会不得允许投标人通过修正或撤销其不符合要求的差异或保留，使之成为具有响应性的投标。

第四十四条　技术简单或技术规格、性能、制作工艺要求统一的货物，一般采用经评审的最低投标价法进行评标。技术复杂或技术规格、性能、制作工艺要求难以统一的货物，一般采用综合评估法进行评标。

第四十五条　符合招标文件要求且评标价最低或综合评分最高而被推荐为中标候选人的投标人，其所提交的备选投标方案方可予以考虑。

第四十六条　评标委员会完成评标后，应向招标人提出书面评标报告。评标报告由评标委员会全体成员签字。

第四十七条　评标委员会在书面评标报告中推荐的中标候选人应当限定在一至三人，并标明排列顺序。招标人应当接受评标委员会推荐的中标候选人，不得在评标委员会推荐的中标候选人之外确定中标人。

依法必须进行招标的项目，招标人应当自收到评标报告之日起三日内公示中标候选人,公示期不得少于三日。

第四十八条 国有资金占控股或者主导地位的依法必须进行招标的项目,招标人应当确定排名第一的中标候选人为中标人。排名第一的中标候选人放弃中标、因不可抗力提出不能履行合同、不按照招标文件要求提交履约保证金,或者被查实存在影响中标结果的违法行为等情形,不符合中标条件的,招标人可以按照评标委员会提出的中标候选人名单排序依次确定其他中标候选人为中标人。依次确定其他中标候选人与招标人预期差距较大,或者对招标人明显不利的,招标人可以重新招标。

招标人可以授权评标委员会直接确定中标人。

国务院对中标人的确定另有规定的,从其规定。

第四十九条 招标人不得向中标人提出压低报价、增加配件或者售后服务量以及其他超出招标文件规定的违背中标人意愿的要求,以此作为发出中标通知书和签订合同的条件。

第五十条 中标通知书对招标人和中标人具有法律效力。中标通知书发出后,招标人改变中标结果的,或者中标人放弃中标项目的,应当依法承担法律责任。

中标通知书由招标人发出,也可以委托其招标代理机构发出。

第五十一条 招标人和中标人应当在投标有效期内并在自中标通知书发出之日起三十日内,按照招标文件和中标人的投标文件订立书面合同。招标人和中标人不得再行订立背离合同实质性内容的其他协议。

招标文件要求中标人提交履约保证金或者其他形式履约担保的,中标人应当提交;拒绝提交的,视为放弃中标项目。招标人要求中标人提供履约保证金或其他形式履约担保的,招标人应当同时向中标人提供货物款支付担保。

履约保证金不得超过中标合同金额的10%。

第五十二条 招标人最迟应当在书面合同签订后五日内,向中标人和未中标的投标人一次性退还投标保证金及银行同期存款利息。

第五十三条 必须审批的工程建设项目,货物合同价格应当控制在批准的概算投资范围内;确需超出范围的,应当在中标合同签订前,报原项目审批部门审查同意。项目审批部门应当根据招标的实际情况,及时作出批准或者不予批准的决定;项目审批部门不予批准的,招标人应当自行平衡超出的概算。

第五十四条 依法必须进行货物招标的项目,招标人应当自确定中标人之日起十五日内,向有关行政监督部门提交招标投标情况的书面报告。

前款所称书面报告至少应包括下列内容:

(一)招标货物基本情况;

（二）招标方式和发布招标公告或者资格预审公告的媒介；

（三）招标文件中投标人须知、技术条款、评标标准和方法、合同主要条款等内容；

（四）评标委员会的组成和评标报告；

（五）中标结果。

第五章　罚　　则

第五十五条　招标人有下列限制或者排斥潜在投标行为之一的，由有关行政监督部门依照招标投标法第五十一条的规定处罚；其中，构成依法必须进行招标的项目的招标人规避招标的，依照招标投标法第四十九条的规定处罚：

（一）依法应当公开招标的项目不按照规定在指定媒介发布资格预审公告或者招标公告；

（二）在不同媒介发布的同一招标项目的资格预审公告或者招标公告内容不一致，影响潜在投标人申请资格预审或者投标。

第五十六条　招标人有下列情形之一的，由有关行政监督部门责令改正，可以处 10 万元以下的罚款：

（一）依法应当公开招标而采用邀请招标；

（二）招标文件、资格预审文件的发售、澄清、修改的时限，或者确定的提交资格预审申请文件、投标文件的时限不符合招标投标法和招标投标法实施条例规定；

（三）接受未通过资格预审的单位或者个人参加投标；

（四）接受应当拒收的投标文件。

招标人有前款第一项、第三项、第四项所列行为之一的，对单位直接负责的主管人员和其他直接责任人员依法给予处分。

第五十七条　评标委员会成员有下列行为之一的，由有关行政监督部门责令改正；情节严重的，禁止其在一定期限内参加依法必须进行招标的项目的评标；情节特别严重的，取消其担任评标委员会成员的资格：

（一）应当回避而不回避；

（二）擅离职守；

（三）不按照招标文件规定的评标标准和方法评标；

（四）私下接触投标人；

（五）向招标人征询确定中标人的意向或者接受任何单位或者个人明示或者暗示提出的倾向或者排斥特定投标人的要求；

（六）对依法应当否决的投标不提出否决意见；

(七)暗示或者诱导投标人作出澄清、说明或者接受投标人主动提出的澄清、说明;

(八)其他不客观、不公正履行职务的行为。

第五十八条 依法必须进行招标的项目的招标人有下列情形之一的,由有关行政监督部门责令改正,可以处中标项目金额千分之十以下的罚款;给他人造成损失的,依法承担赔偿责任;对单位直接负责的主管人员和其他直接责任人员依法给予处分:

(一)无正当理由不发出中标通知书;

(二)不按照规定确定中标人;

(三)中标通知书发出后无正当理由改变中标结果;

(四)无正当理由不与中标人订立合同;

(五)在订立合同时向中标人提出附加条件。

中标通知书发出后,中标人放弃中标项目的,无正当理由不与招标人签订合同的,在签订合同时向招标人提出附加条件或者更改合同实质性内容的,或者拒不提交所要求的履约保证金的,取消其中标资格,投标保证金不予退还;给招标人的损失超过投标保证金数额的,中标人应当对超过部分予以赔偿;没有提交投标保证金的,应当对招标人的损失承担赔偿责任。对依法必须进行招标的项目的中标人,由有关行政监督部门责令改正,可以处中标金额千分之十以下罚款。

第五十九条 招标人不履行与中标人订立的合同的,应当返还中标人的履约保证金,并承担相应的赔偿责任;没有提交履约保证金的,应当对中标人的损失承担赔偿责任。

因不可抗力不能履行合同的,不适用前款规定。

第六十条 中标无效的,发出的中标通知书和签订的合同自始没有法律约束力,但不影响合同中独立存在的有关解决争议方法的条款的效力。

第六章 附 则

第六十一条 不属于工程建设项目,但属于固定资产投资的货物招标投标活动,参照本办法执行。

第六十二条 使用国际组织或者外国政府贷款、援助资金的项目进行招标,贷款方、资金提供方对货物招标投标活动的条件和程序有不同规定的,可以适用其规定,但违背中华人民共和国社会公共利益的除外。

第六十三条 本办法由国家发展和改革委员会会同有关部门负责解释。

第六十四条 本办法自 2005 年 3 月 1 日起施行。

工程建设项目勘察设计招标投标办法

（2003年6月12日国家发展和改革委员会、建设部、铁道部、交通部、信息产业部、水利部、中国民用航空总局、国家广播电影电视总局令第2号公布　根据2013年3月11日国家发展和改革委员会、工业和信息化部、财政部、住房和城乡建设部、交通运输部、铁道部、水利部、国家广播电影电视总局、中国民用航空局令第23号《关于废止和修改部分招标投标规章和规范性文件的决定》修订）

第一章　总　　则

第一条　为规范工程建设项目勘察设计招标投标活动，提高投资效益，保证工程质量，根据《中华人民共和国招标投标法》、《中华人民共和国招标投标法实施条例》制定本办法。

第二条　在中华人民共和国境内进行工程建设项目勘察设计招标投标活动，适用本办法。

第三条　工程建设项目符合《工程建设项目招标范围和规模标准规定》（国家计委令第3号）规定的范围和标准的，必须依据本办法进行招标。

任何单位和个人不得将依法必须进行招标的项目化整为零或者以其他任何方式规避招标。

第四条　按照国家规定需要履行项目审批、核准手续的依法必须进行招标的项目，有下列情形之一的，经项目审批、核准部门审批、核准，项目的勘察设计可以不进行招标：

（一）涉及国家安全、国家秘密、抢险救灾或者属于利用扶贫资金实行以工代赈、需要使用农民工等特殊情况，不适宜进行招标；

（二）主要工艺、技术采用不可替代的专利或者专有技术，或者其建筑艺术造型有特殊要求；

（三）采购人依法能够自行勘察、设计；

（四）已通过招标方式选定的特许经营项目投资人依法能够自行勘察、设计；

（五）技术复杂或专业性强，能够满足条件的勘察设计单位少于三家，不能形成有效竞争；

（六）已建成项目需要改、扩建或者技术改造，由其他单位进行设计影响项目功能配套性；

(七)国家规定其他特殊情形。

第五条 勘察设计招标工作由招标人负责。任何单位和个人不得以任何方式非法干涉招标投标活动。

第六条 各级发展改革、工业和信息化、住房城乡建设、交通运输、铁道、水利、商务、广电、民航等部门依照《国务院办公厅印发国务院有关部门实施招标投标活动行政监督的职责分工意见的通知》(国办发〔2000〕34号)和各地规定的职责分工,对工程建设项目勘察设计招标投标活动实施监督,依法查处招标投标活动中的违法行为。

第二章 招 标

第七条 招标人可以依据工程建设项目的不同特点,实行勘察设计一次性总体招标;也可以在保证项目完整性、连续性的前提下,按照技术要求实行分段或分项招标。

招标人不得利用前款规定限制或者排斥潜在投标人或者投标。依法必须进行招标的项目的招标人不得利用前款规定规避招标。

第八条 依法必须招标的工程建设项目,招标人可以对项目的勘察、设计、施工以及与工程建设有关的重要设备、材料的采购,实行总承包招标。

第九条 依法必须进行勘察设计招标的工程建设项目,在招标时应当具备下列条件:

(一)招标人已经依法成立;

(二)按照国家有关规定需要履行项目审批、核准或者备案手续的,已经审批、核准或者备案;

(三)勘察设计有相应资金或者资金来源已经落实;

(四)所必需的勘察设计基础资料已经收集完成;

(五)法律法规规定的其他条件。

第十条 工程建设项目勘察设计招标分为公开招标和邀请招标。

国有资金投资占控股或者主导地位的工程建设项目,以及国务院发展和改革部门确定的国家重点项目和省、自治区、直辖市人民政府确定的地方重点项目,除符合本办法第十一条规定条件并依法获得批准外,应当公开招标。

第十一条 依法必须进行公开招标的项目,在下列情况下可以进行邀请招标:

(一)技术复杂、有特殊要求或者受自然环境限制,只有少量潜在投标人可供选择;

(二)采用公开招标方式的费用占项目合同金额的比例过大。

有前款第二项所列情形，属于按照国家有关规定需要履行项目审批、核准手续的项目，由项目审批、核准部门在审批、核准项目时作出认定；其他项目由招标人申请有关行政监督部门作出认定。

招标人采用邀请招标方式的，应保证有三个以上具备承担招标项目勘察设计的能力，并具有相应资质的特定法人或者其他组织参加投标。

第十二条　招标人应当按照资格预审公告、招标公告或者投标邀请书规定的时间、地点出售招标文件或者资格预审文件。自招标文件或者资格预审文件出售之日起至停止出售之日止，最短不得少于五日。

第十三条　进行资格预审的，招标人只向资格预审合格的潜在投标人发售招标文件，并同时向资格预审不合格的潜在投标人告知资格预审结果。

第十四条　凡是资格预审合格的潜在投标人都应被允许参加投标。

招标人不得以抽签、摇号等不合理条件限制或者排斥资格预审合格的潜在投标人参加投标。

第十五条　招标人应当根据招标项目的特点和需要编制招标文件。

勘察设计招标文件应当包括下列内容：

（一）投标须知；

（二）投标文件格式及主要合同条款；

（三）项目说明书，包括资金来源情况；

（四）勘察设计范围，对勘察设计进度、阶段和深度要求；

（五）勘察设计基础资料；

（六）勘察设计费用支付方式，对未中标人是否给予补偿及补偿标准；

（七）投标报价要求；

（八）对投标人资格审查的标准；

（九）评标标准和方法；

（十）投标有效期。

投标有效期，从提交投标文件截止日起计算。

对招标文件的收费应仅限于补偿印刷、邮寄的成本支出，招标人不得通过出售招标文件谋取利益。

第十六条　招标人负责提供与招标项目有关的基础资料，并保证所提供资料的真实性、完整性。涉及国家秘密的除外。

第十七条　对于潜在投标人在阅读招标文件和现场踏勘中提出的疑问，招标人可以书面形式或召开投标预备会的方式解答，但需同时将解答以书面方式通知所有招标文件收受人。该解答的内容为招标文件的组成部分。

第十八条 招标人可以要求投标人在提交符合招标文件规定要求的投标文件外，提交备选投标文件，但应当在招标文件中做出说明，并提出相应的评审和比较办法。

第十九条 招标人应当确定潜在投标人编制投标文件所需要的合理时间。

依法必须进行勘察设计招标的项目，自招标文件开始发出之日起至投标人提交投标文件截止之日止，最短不得少于二十日。

第二十条 除不可抗力原因外，招标人在发布招标公告或者发出投标邀请书后不得终止招标，也不得在出售招标文件后终止招标。

第三章 投 标

第二十一条 投标人是响应招标、参加投标竞争的法人或者其他组织。

在其本国注册登记，从事建筑、工程服务的国外设计企业参加投标的，必须符合中华人民共和国缔结或者参加的国际条约、协定中所作的市场准入承诺以及有关勘察设计市场准入的管理规定。

投标人应当符合国家规定的资质条件。

第二十二条 投标人应当按照招标文件或者投标邀请书的要求编制投标文件。投标文件中的勘察设计收费报价，应当符合国务院价格主管部门制定的工程勘察设计收费标准。

第二十三条 投标人在投标文件有关技术方案和要求中不得指定与工程建设项目有关的重要设备、材料的生产供应者，或者含有倾向或者排斥特定生产供应者的内容。

第二十四条 招标文件要求投标人提交投标保证金的，保证金数额不得超过勘察设计估算费用的百分之二，最多不超过十万元人民币。

依法必须进行招标的项目的境内投标单位，以现金或者支票形式提交的投标保证金应当从其基本账户转出。

第二十五条 在提交投标文件截止时间后到招标文件规定的投标有效期终止之前，投标人不得撤销其投标文件，否则招标人可以不退还投标保证金。

第二十六条 投标人在投标截止时间前提交的投标文件，补充、修改或撤回投标文件的通知，备选投标文件等，都必须加盖所在单位公章，并且由其法定代表人或授权代表签字，但招标文件另有规定的除外。

招标人在接收上述材料时，应检查其密封或签章是否完好，并向投标人出具标明签收人和签收时间的回执。

第二十七条 以联合体形式投标的，联合体各方应签订共同投标协议，连同投标文件一并提交招标人。

联合体各方不得再单独以自己名义，或者参加另外的联合体投同一个标。

招标人接受联合体投标并进行资格预审的，联合体应当在提交资格预审申请文件前组成。资格预审后联合体增减、更换成员的，其投标无效。

第二十八条　联合体中标的，应指定牵头人或代表，授权其代表所有联合体成员与招标人签订合同，负责整个合同实施阶段的协调工作。但是，需要向招标人提交由所有联合体成员法定代表人签署的授权委托书。

第二十九条　投标人不得以他人名义投标，也不得利用伪造、转让、无效或者租借的资质证书参加投标，或者以任何方式请其他单位在自己编制的投标文件代为签字盖章，损害国家利益、社会公共利益和招标人的合法权益。

第三十条　投标人不得通过故意压低投资额、降低施工技术要求、减少占地面积，或者缩短工期等手段弄虚作假，骗取中标。

第四章　开标、评标和中标

第三十一条　开标应当在招标文件确定的提交投标文件截止时间的同一时间公开进行；除不可抗力原因外，招标人不得以任何理由拖延开标，或者拒绝开标。

投标人对开标有异议的，应当在开标现场提出，招标人应当当场作出答复，并制作记录。

第三十二条　评标工作由评标委员会负责。评标委员会的组成方式及要求，按《中华人民共和国招标投标法》、《中华人民共和国招标投标法实施条例》及《评标委员会和评标方法暂行规定》（国家计委等七部委联合令第 12 号）的有关规定执行。

第三十三条　勘察设计评标一般采取综合评估法进行。评标委员会应当按照招标文件确定的评标标准和方法，结合经批准的项目建议书、可行性研究报告或者上阶段设计批复文件，对投标人的业绩、信誉和勘察设计人员的能力以及勘察设计方案的优劣进行综合评定。

招标文件中没有规定的标准和方法，不得作为评标的依据。

第三十四条　评标委员会可以要求投标人对其技术文件进行必要的说明或介绍，但不得提出带有暗示性或诱导性的问题，也不得明确指出其投标文件中的遗漏和错误。

第三十五条　根据招标文件的规定，允许投标人投备选标的，评标委员会可以对中标人所提交的备选标进行评审，以决定是否采纳备选标。不符合中标条件的投标人的备选标不予考虑。

第三十六条 投标文件有下列情况之一的,评标委员会应当否决其投标:

(一)未经投标单位盖章和单位负责人签字;

(二)投标报价不符合国家颁布的勘察设计取费标准,或者低于成本,或者高于招标文件设定的最高投标限价;

(三)未响应招标文件的实质性要求和条件。

第三十七条 投标人有下列情况之一的,评标委员会应当否决其投标:

(一)不符合国家或者招标文件规定的资格条件;

(二)与其他投标人或者与招标人串通投标;

(三)以他人名义投标,或者以其他方式弄虚作假;

(四)以向招标人或者评标委员会成员行贿的手段谋取中标;

(五)以联合体形式投标,未提交共同投标协议;

(六)提交两个以上不同的投标文件或者投标报价,但招标文件要求提交备选投标的除外。

第三十八条 评标委员会完成评标后,应当向招标人提出书面评标报告,推荐合格的中标候选人。

评标报告的内容应当符合《评标委员会和评标方法暂行规定》第四十二条的规定。但是,评标委员会决定否决所有投标的,应在评标报告中详细说明理由。

第三十九条 评标委员会推荐的中标候选人应当限定在一至三人,并标明排列顺序。

能够最大限度地满足招标文件中规定的各项综合评价标准的投标人,应当推荐为中标候选人。

第四十条 国有资金占控股或者主导地位的依法必须招标的项目,招标人应当确定排名第一的中标候选人为中标人。

排名第一的中标候选人放弃中标、因不可抗力提出不能履行合同,不按照招标文件要求提交履约保证金,或者被查实存在影响中标结果的违法行为等情形,不符合中标条件的,招标人可以按照评标委员会提出的中标候选人名单排序依次确定其他中标候选人为中标人。依次确定其他中标候选人与招标人预期差距较大,或者对招标人明显不利的,招标人可以重新招标。

招标人可以授权评标委员会直接确定中标人。

国务院对中标人的确定另有规定的,从其规定。

第四十一条 招标人应在接到评标委员会的书面评标报告之日起三日内公示中标候选人,公示期不少于三日。

第四十二条 招标人和中标人应当在投标有效期内并在自中标通知书发出之

日起三十日内,按照招标文件和中标人的投标文件订立书面合同。

中标人履行合同应当遵守《合同法》以及《建设工程勘察设计管理条例》中勘察设计文件编制实施的有关规定。

第四十三条　招标人不得以压低勘察设计费、增加工作量、缩短勘察设计周期等作为发出中标通知书的条件,也不得与中标人再行订立背离合同实质性内容的其他协议。

第四十四条　招标人与中标人签订合同后五日内,应当向中标人和未中标人一次性退还投标保证金及银行同期存款利息。招标文件中规定给予未中标人经济补偿的,也应在此期限内一并给付。

招标文件要求中标人提交履约保证金的,中标人应当提交;经中标人同意,可将其投标保证金抵作履约保证金。

第四十五条　招标人或者中标人采用其他未中标人投标文件中技术方案的,应当征得未中标人的书面同意,并支付合理的使用费。

第四十六条　评标定标工作应当在投标有效期内完成,不能如期完成的,招标人应当通知所有投标人延长投标有效期。

同意延长投标有效期的投标人应当相应延长其投标担保的有效期,但不得修改投标文件的实质性内容。

拒绝延长投标有效期的投标人有权收回投标保证金。招标文件中规定给予未中标人补偿的,拒绝延长的投标人有权获得补偿。

第四十七条　依法必须进行勘察设计招标的项目,招标人应当在确定中标人之日起十五日内,向有关行政监督部门提交招标投标情况的书面报告。

书面报告一般应包括以下内容:

(一)招标项目基本情况;

(二)投标人情况;

(三)评标委员会成员名单;

(四)开标情况;

(五)评标标准和方法;

(六)否决投标情况;

(七)评标委员会推荐的经排序的中标候选人名单;

(八)中标结果;

(九)未确定排名第一的中标候选人为中标人的原因;

(十)其他需说明的问题。

第四十八条　在下列情况下,依法必须招标项目的招标人在分析招标失败的

原因并采取相应措施后,应当依照本办法重新招标:

(一)资格预审合格的潜在投标人不足三个的;

(二)在投标截止时间前提交投标文件的投标人少于三个的;

(三)所有投标均被否决的;

(四)评标委员会否决不合格投标后,因有效投标不足三个使得投标明显缺乏竞争,评标委员会决定否决全部投标的;

(五)根据第四十六条规定,同意延长投标有效期的投标人少于三个的。

第四十九条 招标人重新招标后,发生本办法第四十八条情形之一的,属于按照国家规定需要政府审批、核准的项目,报经原项目审批、核准部门审批、核准后可以不再进行招标;其他工程建设项目,招标人可自行决定不再进行招标。

第五章 罚 则

第五十条 招标人有下列限制或者排斥潜在投标人行为之一的,由有关行政监督部门依照招标投标法第五十一条的规定处罚;其中,构成依法必须进行勘察设计招标的项目的招标人规避招标的,依照招标投标法第四十九条的规定处罚:

(一)依法必须公开招标的项目不按照规定在指定媒介发布资格预审公告或者招标公告;

(二)在不同媒介发布的同一招标项目的资格预审公告或者招标公告的内容不一致,影响潜在投标人申请资格预审或者投标。

第五十一条 招标人有下列情形之一的,由有关行政监督部门责令改正,可以处10万元以下的罚款:

(一)依法应当公开招标而采用邀请招标;

(二)招标文件、资格预审文件的发售、澄清、修改的时限,或者确定的提交资格预审申请文件、投标文件的时限不符合招标投标法和招标投标法实施条例规定;

(三)接受未通过资格预审的单位或者个人参加投标;

(四)接受应当拒收的投标文件。

招标人有前款第一项、第三项、第四项所列行为之一的,对单位直接负责的主管人员和其他直接责任人员依法给予处分。

第五十二条 依法必须进行招标的项目的投标人以他人名义投标,利用伪造、转让、租借、无效的资质证书参加投标,或者请其他单位在自己编制的投标文件上代为签字盖章,弄虚作假,骗取中标的,中标无效。尚未构成犯罪的,处中标项目金额千分之五以上千分之十以下的罚款,对单位直接负责的主管人员和其他直接责任人员处单位罚款数额百分之五以上百分之十以下的罚款;有违法所得的,并处没收违法所得;情节严重的,取消其一年至三年内参加依法必须进行招标的项目的投标资格并予以公告,直至由工商行政管理机关吊销营业执照。

第五十三条　招标人以抽签、摇号等不合理的条件限制或者排斥资格预审合格的潜在投标人参加投标,对潜在投标人实行歧视待遇的,强制要求投标人组成联合体共同投标的,或者限制投标人之间竞争的,责令改正,可以处一万元以上五万元以下的罚款。

依法必须进行招标的项目的招标人不按照规定组建评标委员会,或者确定、更换评标委员会成员违反招标投标法和招标投标法实施条例规定的,由有关行政监督部门责令改正,可以处10万元以下的罚款,对单位直接负责的主管人员和其他直接责任人员依法给予处分;违法确定或者更换的评标委员会成员作出的评审结论无效,依法重新进行评审。

第五十四条　评标委员会成员有下列行为之一的,由有关行政监督部门责令改正;情节严重的,禁止其在一定期限内参加依法必须进行招标的项目的评标;情节特别严重的,取消其担任评标委员会成员的资格:

(一)不按照招标文件规定的评标标准和方法评标;

(二)应当回避而不回避;

(三)擅离职守;

(四)私下接触投标人;

(五)向招标人征询确定中标人的意向或者接受任何单位或者个人明示或者暗示提出的倾向或者排斥特定投标人的要求;

(六)对依法应当否决的投标不提出否决意见;

(七)暗示或者诱导投标人作出澄清、说明或者接受投标人主动提出的澄清、说明;

(八)其他不客观、不公正履行职务的行为。

第五十五条　招标人与中标人不按照招标文件和中标人的投标文件订立合同,责令改正,可以处中标项目金额千分之五以上千分之十以下的罚款。

第五十六条　本办法对违法行为及其处罚措施未做规定的,依据《中华人民共和国招标投标法》、《中华人民共和国招标投标法实施条例》和有关法律、行政法规的规定执行。

第六章　附　　则

第五十七条　使用国际组织或者外国政府贷款、援助资金的项目进行招标,贷款方、资金提供方对工程勘察设计招标投标的条件和程序另有规定的,可以适用其规定,但违背中华人民共和国社会公共利益的除外。

第五十八条 本办法发布之前有关勘察设计招标投标的规定与本办法不一致的,以本办法为准。法律或者行政法规另有规定的,从其规定。

第五十九条 本办法由国家发展和改革委员会会同有关部门负责解释。

第六十条 本办法自2003年8月1日起施行。

评标委员会和评标方法暂行规定

(2001年7月5日国家发展计划委员会、国家经济贸易委员会、建设部、铁道部、交通部、信息产业部、水利部令第12号公布 根据2013年3月11日国家发展和改革委员会、工业和信息化部、财政部、住房和城乡建设部、交通运输部、铁道部、水利部、国家广播电影电视总局、中国民用航空局令第23号《关于废止和修改部分招标投标规章和规范性文件的决定》修订)

第一章 总 则

第一条 为了规范评标活动,保证评标的公平、公正,维护招标投标活动当事人的合法权益,依照《中华人民共和国招标投标法》、《中华人民共和国招标投标法实施条例》,制定本规定。

第二条 本规定适用于依法必须招标项目的评标活动。

第三条 评标活动遵循公平、公正、科学、择优的原则。

第四条 评标活动依法进行,任何单位和个人不得非法干预或者影响评标过程和结果。

第五条 招标人应当采取必要措施,保证评标活动在严格保密的情况下进行。

第六条 评标活动及其当事人应当接受依法实施的监督。

有关行政监督部门依照国务院或者地方政府的职责分工,对评标活动实施监督,依法查处评标活动中的违法行为。

第二章 评标委员会

第七条 评标委员会依法组建,负责评标活动,向招标人推荐中标候选人或者根据招标人的授权直接确定中标人。

第八条 评标委员会由招标人负责组建。

评标委员会成员名单一般应于开标前确定。评标委员会成员名单在中标结果确定前应当保密。

第九条　评标委员会由招标人或其委托的招标代理机构熟悉相关业务的代表,以及有关技术、经济等方面的专家组成,成员人数为五人以上单数,其中技术、经济等方面的专家不得少于成员总数的三分之二。

评标委员会设负责人的,评标委员会负责人由评标委员会成员推举产生或者由招标人确定。评标委员会负责人与评标委员会的其他成员有同等的表决权。

第十条　评标委员会的专家成员应当从依法组建的专家库内的相关专家名单中确定。

按前款规定确定评标专家,可以采取随机抽取或者直接确定的方式。一般项目,可以采取随机抽取的方式;技术复杂、专业性强或者国家有特殊要求的招标项目,采取随机抽取方式确定的专家难以保证胜任的,可以由招标人直接确定。

第十一条　评标专家应符合下列条件:

(一)从事相关专业领域工作满八年并具有高级职称或者同等专业水平;

(二)熟悉有关招标投标的法律法规,并具有与招标项目相关的实践经验;

(三)能够认真、公正、诚实、廉洁地履行职责。

第十二条　有下列情形之一的,不得担任评标委员会成员:

(一)投标人或者投标人主要负责人的近亲属;

(二)项目主管部门或者行政监督部门的人员;

(三)与投标人有经济利益关系,可能影响对投标公正评审的;

(四)曾因在招标、评标以及其他与招标投标有关活动中从事违法行为而受过行政处罚或刑事处罚的。

评标委员会成员有前款规定情形之一的,应当主动提出回避。

第十三条　评标委员会成员应当客观、公正地履行职责,遵守职业道德,对所提出的评审意见承担个人责任。

评标委员会成员不得与任何投标人或者与招标结果有利害关系的人进行私下接触,不得收受投标人、中介人、其他利害关系人的财物或者其他好处,不得向招标人征询其确定中标人的意向,不得接受任何单位或者个人明示或者暗示提出的倾向或者排斥特定投标人的要求,不得有其他不客观、不公正履行职务的行为。

第十四条　评标委员会成员和与评标活动有关的工作人员不得透露对投标文件的评审和比较、中标候选人的推荐情况以及与评标有关的其他情况。

前款所称与评标活动有关的工作人员,是指评标委员会成员以外的因参与评标监督工作或者事务性工作而知悉有关评标情况的所有人员。

第三章　评标的准备与初步评审

第十五条　评标委员会成员应当编制供评标使用的相应表格,认真研究招标文件，至少应了解和熟悉以下内容：

（一）招标的目标；

（二）招标项目的范围和性质；

（三）招标文件中规定的主要技术要求、标准和商务条款；

（四）招标文件规定的评标标准、评标方法和在评标过程中考虑的相关因素。

第十六条 招标人或者其委托的招标代理机构应当向评标委员会提供评标所需的重要信息和数据，但不得带有明示或者暗示倾向或者排斥特定投标人的信息。

招标人设有标底的，标底在开标前应当保密，并在评标时作为参考。

第十七条 评标委员会应当根据招标文件规定的评标标准和方法，对投标文件进行系统地评审和比较。招标文件中没有规定的标准和方法不得作为评标的依据。

招标文件中规定的评标标准和评标方法应当合理，不得含有倾向或者排斥潜在投标人的内容，不得妨碍或者限制投标人之间的竞争。

第十八条 评标委员会应当按照投标报价的高低或者招标文件规定的其他方法对投标文件排序。以多种货币报价的，应当按照中国银行在开标日公布的汇率中间价换算成人民币。

招标文件应当对汇率标准和汇率风险作出规定。未作规定的，汇率风险由投标人承担。

第十九条 评标委员会可以书面方式要求投标人对投标文件中含义不明确、对同类问题表述不一致或者有明显文字和计算错误的内容作必要的澄清、说明或者补正。澄清、说明或者补正应以书面方式进行并不得超出投标文件的范围或者改变投标文件的实质性内容。

投标文件中的大写金额和小写金额不一致的，以大写金额为准；总价金额与单价金额不一致的，以单价金额为准，但单价金额小数点有明显错误的除外；对不同文字文本投标文件的解释发生异议的，以中文文本为准。

第二十条 在评标过程中，评标委员会发现投标人以他人的名义投标、串通投标、以行贿手段谋取中标或者以其他弄虚作假方式投标的，应当否决该投标人的投标。

第二十一条 在评标过程中，评标委员会发现投标人的报价明显低于其他投标报价或者在设有标底时明显低于标底，使得其投标报价可能低于其个别成本的，应当要求该投标人作出书面说明并提供相关证明材料。投标人不能合理说明或者不能提供相关证明材料的，由评标委员会认定该投标人以低于成本报价竞标，应当否决其投标。

第二十二条　投标人资格条件不符合国家有关规定和招标文件要求的,或者拒不按照要求对投标文件进行澄清、说明或者补正的,评标委员会可以否决其投标。

第二十三条　评标委员会应当审查每一投标文件是否对招标文件提出的所有实质性要求和条件作出响应。未能在实质上响应的投标,应当予以否决。

第二十四条　评标委员会应当根据招标文件,审查并逐项列出投标文件的全部投标偏差。

投标偏差分为重大偏差和细微偏差。

第二十五条　下列情况属于重大偏差:

(一)没有按照招标文件要求提供投标担保或者所提供的投标担保有瑕疵;

(二)投标文件没有投标人授权代表签字和加盖公章;

(三)投标文件载明的招标项目完成期限超过招标文件规定的期限;

(四)明显不符合技术规格、技术标准的要求;

(五)投标文件载明的货物包装方式、检验标准和方法等不符合招标文件的要求;

(六)投标文件附有招标人不能接受的条件;

(七)不符合招标文件中规定的其他实质性要求。

投标文件有上述情形之一的,为未能对招标文件作出实质性响应,并按本规定第二十三条规定作否决投标处理。招标文件对重大偏差另有规定的,从其规定。

第二十六条　细微偏差是指投标文件在实质上响应招标文件要求,但在个别地方存在漏项或者提供了不完整的技术信息和数据等情况,并且补正这些遗漏或者不完整不会对其他投标人造成不公平的结果。细微偏差不影响投标文件的有效性。

评标委员会应当书面要求存在细微偏差的投标人在评标结束前予以补正。拒不补正的,在详细评审时可以对细微偏差作不利于该投标人的量化,量化标准应当在招标文件中规定。

第二十七条　评标委员会根据本规定第二十条、第二十一条、第二十二条、第二十三条、第二十五条的规定否决不合格投标后,因有效投标不足三个使得投标明显缺乏竞争的,评标委员会可以否决全部投标。

投标人少于三个或者所有投标被否决的,招标人在分析招标失败的原因并采取相应措施后,应当依法重新招标。

第四章　详 细 评 审

第二十八条　经初步评审合格的投标文件,评标委员会应当根据招标文件确定的评标标准和方法,对其技术部分和商务部分作进一步评审、比较。

第二十九条 评标方法包括经评审的最低投标价法、综合评估法或者法律、行政法规允许的其他评标方法。

第三十条 经评审的最低投标价法一般适用于具有通用技术、性能标准或者招标人对其技术、性能没有特殊要求的招标项目。

第三十一条 根据经评审的最低投标价法,能够满足招标文件的实质性要求,并且经评审的最低投标价的投标,应当推荐为中标候选人。

第三十二条 采用经评审的最低投标价法的,评标委员会应当根据招标文件中规定的评标价格调整方法,对所有投标人的投标报价以及投标文件的商务部分作必要的价格调整。

采用经评审的最低投标价法的,中标人的投标应当符合招标文件规定的技术要求和标准,但评标委员会无需对投标文件的技术部分进行价格折算。

第三十三条 根据经评审的最低投标价法完成详细评审后,评标委员会应当拟定一份"标价比较表",连同书面评标报告提交招标人。"标价比较表"应当载明投标人的投标报价、对商务偏差的价格调整和说明以及经评审的最终投标价。

第三十四条 不宜采用经评审的最低投标价法的招标项目,一般应当采取综合评估法进行评审。

第三十五条 根据综合评估法,最大限度地满足招标文件中规定的各项综合评价标准的投标,应当推荐为中标候选人。

衡量投标文件是否最大限度地满足招标文件中规定的各项评价标准,可以采取折算为货币的方法、打分的方法或者其他方法。需量化的因素及其权重应当在招标文件中明确规定。

第三十六条 评标委员会对各个评审因素进行量化时,应当将量化指标建立在同一基础或者同一标准上,使各投标文件具有可比性。

对技术部分和商务部分进行量化后,评标委员会应当对这两部分的量化结果进行加权,计算出每一投标的综合评估价或者综合评估分。

第三十七条 根据综合评估法完成评标后,评标委员会应当拟定一份"综合评估比较表",连同书面评标报告提交招标人。"综合评估比较表"应当载明投标人的投标报价、所作的任何修正、对商务偏差的调整、对技术偏差的调整、对各评审因素的评估以及对每一投标的最终评审结果。

第三十八条 根据招标文件的规定,允许投标人投备选标的,评标委员会可以对中标人所投的备选标进行评审,以决定是否采纳备选标。不符合中标条件的投标人的备选标不予考虑。

第三十九条　对于划分有多个单项合同的招标项目,招标文件允许投标人为获得整个项目合同而提出优惠的,评标委员会可以对投标人提出的优惠进行审查,以决定是否将招标项目作为一个整体合同授予中标人。将招标项目作为一个整体合同授予的,整体合同中标人的投标应当最有利于招标人。

第四十条　评标和定标应当在投标有效期内完成。不能在投标有效期内完成评标和定标的,招标人应当通知所有投标人延长投标有效期。拒绝延长投标有效期的投标人有权收回投标保证金。同意延长投标有效期的投标人应当相应延长其投标担保的有效期,但不得修改投标文件的实质性内容。因延长投标有效期造成投标人损失的,招标人应当给予补偿,但因不可抗力需延长投标有效期的除外。

招标文件应当载明投标有效期。投标有效期从提交投标文件截止日起计算。

第五章　推荐中标候选人与定标

第四十一条　评标委员会在评标过程中发现的问题,应当及时作出处理或者向招标人提出处理建议,并作书面记录。

第四十二条　评标委员会完成评标后,应当向招标人提出书面评标报告,并抄送有关行政监督部门。评标报告应当如实记载以下内容:

(一)基本情况和数据表;

(二)评标委员会成员名单;

(三)开标记录;

(四)符合要求的投标一览表;

(五)否决投标的情况说明;

(六)评标标准、评标方法或者评标因素一览表;

(七)经评审的价格或者评分比较一览表;

(八)经评审的投标人排序;

(九)推荐的中标候选人名单与签订合同前要处理的事宜;

(十)澄清、说明、补正事项纪要。

第四十三条　评标报告由评标委员会全体成员签字。对评标结论持有异议的评标委员会成员可以书面方式阐述其不同意见和理由。评标委员会成员拒绝在评标报告上签字且不陈述其不同意见和理由的,视为同意评标结论。评标委员会应当对此作出书面说明并记录在案。

第四十四条　向招标人提交书面评标报告后,评标委员会应将评标过程中使用的文件、表格以及其他资料应当即时归还招标人。

第四十五条　评标委员会推荐的中标候选人应当限定在一至三人,并标明排列顺序。

第四十六条 中标人的投标应当符合下列条件之一：

(一)能够最大限度满足招标文件中规定的各项综合评价标准；

(二)能够满足招标文件的实质性要求，并且经评审的投标价格最低；但是投标价格低于成本的除外。

第四十七条 招标人不得与投标人就投标价格、投标方案等实质性内容进行谈判。

第四十八条 国有资金占控股或者主导地位的项目，招标人应当确定排名第一的中标候选人为中标人。排名第一的中标候选人放弃中标、因不可抗力提出不能履行合同，或者招标文件规定应当提交履约保证金而在规定的期限内未能提交，或者被查实存在影响中标结果的违法行为等情形，不符合中标条件的，招标人可以按照评标委员会提出的中标候选人名单排序依次确定其他中标候选人为中标人。依次确定其他中标候选人与招标人预期差距较大，或者对招标人明显不利的，招标人可以重新招标。

招标人可以授权评标委员会直接确定中标人。

国务院对中标人的确定另有规定的，从其规定。

第四十九条 中标人确定后，招标人应当向中标人发出中标通知书，同时通知未中标人，并与中标人在投标有效期内以及中标通知书发出之日起 30 日之内签订合同。

第五十条 中标通知书对招标人和中标人具有法律约束力。中标通知书发出后，招标人改变中标结果或者中标人放弃中标的，应当承担法律责任。

第五十一条 招标人应当与中标人按照招标文件和中标人的投标文件订立书面合同。招标人与中标人不得再行订立背离合同实质性内容的其他协议。

第五十二条 招标人与中标人签订合同后 5 日内，应当向中标人和未中标的投标人退还投标保证金。

第六章 罚 则

第五十三条 评标委员会成员有下列行为之一的，由有关行政监督部门责令改正；情节严重的，禁止其在一定期限内参加依法必须进行招标的项目的评标；情节特别严重的，取消其担任评标委员会成员的资格：

(一)应当回避而不回避；

(二)擅离职守；

(三)不按照招标文件规定的评标标准和方法评标；

（四）私下接触投标人；

（五）向招标人征询确定中标人的意向或者接受任何单位或者个人明示或者暗示提出的倾向或者排斥特定投标人的要求；

（六）对依法应当否决的投标不提出否决意见；

（七）暗示或者诱导投标人作出澄清、说明或者接受投标人主动提出的澄清、说明；

（八）其他不客观、不公正履行职务的行为。

第五十四条　评标委员会成员收受投标人的财物或者其他好处的，评标委员会成员或者与评标活动有关的工作人员向他人透露对投标文件的评审和比较、中标候选人的推荐以及与评标有关的其他情况的，给予警告，没收收受的财物，可以并处三千元以上五万元以下的罚款；对有所列违法行为的评标委员会成员取消担任评标委员会成员的资格，不得再参加任何依法必须进行招标项目的评标；构成犯罪的，依法追究刑事责任。

第五十五条　招标人有下列情形之一的，责令改正，可以处中标项目金额千分之十以下的罚款；给他人造成损失的，依法承担赔偿责任；对单位直接负责的主管人员和其他直接责任人员依法给予处分：

（一）无正当理由不发出中标通知书；

（二）不按照规定确定中标人；

（三）中标通知书发出后无正当理由改变中标结果；

（四）无正当理由不与中标人订立合同；

（五）在订立合同时向中标人提出附加条件。

第五十六条　招标人与中标人不按照招标文件和中标人的投标文件订立合同的，合同的主要条款与招标文件、中标人的投标文件的内容不一致，或者招标人、中标人订立背离合同实质性内容的协议的，由有关行政监督部门责令改正，可以处中标项目金额千分之五以上千分之十以下的罚款。

第五十七条　中标人无正当理由不与招标人订立合同，在签订合同时向招标人提出附加条件，或者不按照招标文件要求提交履约保证金的，取消其中标资格，投标保证金不予退还。对依法必须进行招标的项目的中标人，由有关行政监督部门责令改正，可以处中标项目金额10‰以下的罚款。

第七章　附　　则

第五十八条　依法必须招标项目以外的评标活动，参照本规定执行。

第五十九条　使用国际组织或者外国政府贷款、援助资金的招标项目的评标活动，贷款方、资金提供方对评标委员会与评标方法另有规定的，适用其规定，但违背中华人民共和国的社会公共利益的除外。

第六十条 本规定颁布前有关评标机构和评标方法的规定与本规定不一致的，以本规定为准。法律或者行政法规另有规定的，从其规定。

第六十一条 本规定由国家发展改革委会同有关部门负责解释。

第六十二条 本规定自发布之日起施行。

招标公告和公示信息发布管理办法

（2017 年 11 月 23 日国家发展和改革委员会令第 10 号公布
自 2018 年 1 月 1 日起施行）

第一条 为规范招标公告和公示信息发布活动，保证各类市场主体和社会公众平等、便捷、准确地获取招标信息，根据《中华人民共和国招标投标法》《中华人民共和国招标投标法实施条例》等有关法律法规规定，制定本办法。

第二条 本办法所称招标公告和公示信息，是指招标项目的资格预审公告、招标公告、中标候选人公示、中标结果公示等信息。

第三条 依法必须招标项目的招标公告和公示信息，除依法需要保密或者涉及商业秘密的内容外，应当按照公益服务、公开透明、高效便捷、集中共享的原则，依法向社会公开。

第四条 国家发展改革委根据招标投标法律法规规定，对依法必须招标项目招标公告和公示信息发布媒介的信息发布活动进行监督管理。

省级发展改革部门对本行政区域内招标公告和公示信息发布活动依法进行监督管理。省级人民政府另有规定的，从其规定。

第五条 依法必须招标项目的资格预审公告和招标公告，应当载明以下内容：

（一）招标项目名称、内容、范围、规模、资金来源；

（二）投标资格能力要求，以及是否接受联合体投标；

（三）获取资格预审文件或招标文件的时间、方式；

（四）递交资格预审文件或投标文件的截止时间、方式；

（五）招标人及其招标代理机构的名称、地址、联系人及联系方式；

（六）采用电子招标投标方式的，潜在投标人访问电子招标投标交易平台的网址和方法；

（七）其他依法应当载明的内容。

第六条　依法必须招标项目的中标候选人公示应当载明以下内容：

（一）中标候选人排序、名称、投标报价、质量、工期（交货期），以及评标情况；

（二）中标候选人按照招标文件要求承诺的项目负责人姓名及其相关证书名称和编号；

（三）中标候选人响应招标文件要求的资格能力条件；

（四）提出异议的渠道和方式；

（五）招标文件规定公示的其他内容。

依法必须招标项目的中标结果公示应当载明中标人名称。

第七条　依法必须招标项目的招标公告和公示信息应当根据招标投标法律法规，以及国家发展改革委会同有关部门制定的标准文件编制，实现标准化、格式化。

第八条　依法必须招标项目的招标公告和公示信息应当在"中国招标投标公共服务平台"或者项目所在地省级电子招标投标公共服务平台（以下统一简称"发布媒介"）发布。

第九条　省级电子招标投标公共服务平台应当与"中国招标投标公共服务平台"对接，按规定同步交互招标公告和公示信息。对依法必须招标项目的招标公告和公示信息，发布媒介应当与相应的公共资源交易平台实现信息共享。

"中国招标投标公共服务平台"应当汇总公开全国招标公告和公示信息，以及本办法第八条规定的发布媒介名称、网址、办公场所、联系方式等基本信息，及时维护更新，与全国公共资源交易平台共享，并归集至全国信用信息共享平台，按规定通过"信用中国"网站向社会公开。

第十条　拟发布的招标公告和公示信息文本应当由招标人或其招标代理机构盖章，并由主要负责人或其授权的项目负责人签名。采用数据电文形式的，应当按规定进行电子签名。

招标人或其招标代理机构发布招标公告和公示信息，应当遵守招标投标法律法规关于时限的规定。

第十一条　依法必须招标项目的招标公告和公示信息鼓励通过电子招标投标交易平台录入后交互至发布媒介核验发布，也可以直接通过发布媒介录入并核验发布。

按照电子招标投标有关数据规范要求交互招标公告和公示信息文本的，发布媒介应当自收到起12小时内发布。采用电子邮件、电子介质、传真、纸质文本等其他形式提交或者直接录入招标公告和公示信息文本的，发布媒介应当自核验确认起1个工作日内发布。核验确认最长不得超过3个工作日。

招标人或其招标代理机构应当对其提供的招标公告和公示信息的真实性、准确性、合法性负责。发布媒介和电子招标投标交易平台应当对所发布的招标公告和公示信息的及时性、完整性负责。

发布媒介应当按照规定采取有效措施，确保发布招标公告和公示信息的数据电文不被篡改、不遗漏和至少 10 年内可追溯。

第十二条 发布媒介应当免费提供依法必须招标项目的招标公告和公示信息发布服务，并允许社会公众和市场主体免费、及时查阅前述招标公告和公示的完整信息。

第十三条 发布媒介应当通过专门栏目发布招标公告和公示信息，并免费提供信息归类和检索服务，对新发布的招标公告和公示信息作醒目标识，方便市场主体和社会公众查阅。

发布媒介应当设置专门栏目，方便市场主体和社会公众就其招标公告和公示信息发布工作反映情况、提出意见，并及时反馈。

第十四条 发布媒介应当实时统计本媒介招标公告和公示信息发布情况，及时向社会公布，并定期报送相应的省级以上发展改革部门或省级以上人民政府规定的其他部门。

第十五条 依法必须招标项目的招标公告和公示信息除在发布媒介发布外，招标人或其招标代理机构也可以同步在其他媒介公开，并确保内容一致。

其他媒介可以依法全文转载依法必须招标项目的招标公告和公示信息，但不得改变其内容，同时必须注明信息来源。

第十六条 依法必须招标项目的招标公告和公示信息有下列情形之一的，潜在投标人或者投标人可以要求招标人或其招标代理机构予以澄清、改正、补充或调整：

（一）资格预审公告、招标公告载明的事项不符合本办法第五条规定，中标候选人公示载明的事项不符合本办法第六条规定；

（二）在两家以上媒介发布的同一招标项目的招标公告和公示信息内容不一致；

（三）招标公告和公示信息内容不符合法律法规规定。

招标人或其招标代理机构应当认真核查，及时处理，并将处理结果告知提出意见的潜在投标人或者投标人。

第十七条 任何单位和个人认为招标人或其招标代理机构在招标公告和公示信息发布活动中存在违法违规行为的，可以依法向有关行政监督部门投诉、举报；认为发布媒介在招标公告和公示信息发布活动中存在违法违规行为的，根据有关规定可以向相应的省级以上发展改革部门或其他有关部门投诉、举报。

第十八条　招标人或其招标代理机构有下列行为之一的,由有关行政监督部门责令改正,并视情形依照《中华人民共和国招标投标法》第四十九条、第五十一条及有关规定处罚:

(一)依法必须公开招标的项目不按照规定在发布媒介发布招标公告和公示信息;

(二)在不同媒介发布的同一招标项目的资格预审公告或者招标公告的内容不一致,影响潜在投标人申请资格预审或者投标;

(三)资格预审公告或者招标公告中有关获取资格预审文件或者招标文件的时限不符合招标投标法律法规规定;

(四)资格预审公告或者招标公告中以不合理的条件限制或者排斥潜在投标人。

第十九条　发布媒介在发布依法必须招标项目的招标公告和公示信息活动中有下列情形之一的,由相应的省级以上发展改革部门或其他有关部门根据有关法律法规规定,责令改正;情节严重的,可以处 1 万元以下罚款:

(一)违法收取费用;

(二)无正当理由拒绝发布或者拒不按规定交互信息;

(三)无正当理由延误发布时间;

(四)因故意或重大过失导致发布的招标公告和公示信息发生遗漏、错误;

(五)违反本办法的其他行为。

其他媒介违规发布或转载依法必须招标项目的招标公告和公示信息的,由相应的省级以上发展改革部门或其他有关部门根据有关法律法规规定,责令改正;情节严重的,可以处 1 万元以下罚款。

第二十条　对依法必须招标项目的招标公告和公示信息进行澄清、修改,或者暂停、终止招标活动,采取公告形式向社会公布的,参照本办法执行。

第二十一条　使用国际组织或者外国政府贷款、援助资金的招标项目,贷款方、资金提供方对招标公告和公示信息的发布另有规定的,适用其规定。

第二十二条　本办法所称以上、以下包含本级或本数。

第二十三条　本办法由国家发展改革委负责解释。

第二十四条　本办法自 2018 年 1 月 1 日起施行。《招标公告发布暂行办法》(国家发展计划委第 4 号令)和《国家计委关于指定发布依法必须招标项目招标公告的媒介的通知》(计政策〔2000〕868 号)同时废止。

工程建设项目招标投标活动投诉处理办法

(2004年6月21日国家发展和改革委员会、建设部、铁道部、交通部、信息产业部、水利部、中国民用航空总局令第11号公布　根据2013年3月11日国家发展和改革委员会、工业和信息化部、财政部、住房和城乡建设部、交通运输部、铁道部、水利部、国家广播电影电视总局、中国民用航空局令第23号《关于废止和修改部分招标投标规章和规范性文件的决定》修订)

第一条　为保护国家利益、社会公共利益和招标投标当事人的合法权益,建立公平、高效的工程建设项目招标投标活动投诉处理机制,根据《中华人民共和国招标投标法》、《中华人民共和国招标投标法实施条例》,制定本办法。

第二条　本办法适用于工程建设项目招标投标活动的投诉及其处理活动。

前款所称招标投标活动,包括招标、投标、开标、评标、中标以及签订合同等各阶段。

第三条　投标人或者其他利害关系人认为招标投标活动不符合法律、法规和规章规定的,有权依法向有关行政监督部门投诉。

前款所称其他利害关系人是指投标人以外的,与招标项目或者招标活动有直接和间接利益关系的法人、其他组织和自然人。

第四条　各级发展改革、工业和信息化、住房城乡建设、水利、交通运输、铁道、商务、民航等招标投标活动行政监督部门,依照《国务院办公厅印发国务院有关部门实施招标投标活动行政监督的职责分工的意见的通知》(国办发〔2000〕34号)和地方各级人民政府规定的职责分工,受理投诉并依法做出处理决定。

对国家重大建设项目(含工业项目)招标投标活动的投诉,由国家发展改革委受理并依法做出处理决定。对国家重大建设项目招标投标活动的投诉,有关行业行政监督部门已经收到的,应当通报国家发展改革委,国家发展改革委不再受理。

第五条　行政监督部门处理投诉时,应当坚持公平、公正、高效原则,维持国家利益、社会公共利益和招标投标当事人的合法权益。

第六条　行政监督部门应当确定本部门内部负责受理投诉的机构及其电话、传真、电子信箱和通讯地址,并向社会公布。

第七条　投诉人投诉时,应当提交投诉书。投诉书应当包括下列内容:

(一)投诉人的名称、地址及有效联系方式;

(二)被投诉人的名称、地址及有效联系方式;

（三）投诉事项的基本事实；

（四）相关请求及主张；

（五）有效线索和相关证明材料。

对招标投标法实施条例规定应先提出异议的事项进行投诉的，应当附提出异议的证明文件。已向有关行政监督部门投诉的，应当一并说明。

投诉人是法人的，投诉书必须由其法定代表人或者授权代表签字并盖章；其他组织或者自然人投诉的，投诉书必须由其主要负责人或者投诉人本人签字，并附有效身份证明复印件。

投诉书有关材料是外文的，投诉人应当同时提供其中文译本。

第八条　投诉人不得以投诉为名排挤竞争对手，不得进行虚假、恶意投诉，阻碍招标投标活动的正常进行。

第九条　投诉人认为招标投标活动不符合法律行政法规规定的，可以在知道或者应当知道之日起十日内提出书面投诉。依照有关行政法规提出异议的，异议答复期间不计算在内。

第十条　投诉人可以自己直接投诉，也可以委托代理人办理投诉事务。代理人办理投诉事务时，应将授权委托书连同投诉书一并提交给行政监督部门。授权委托书应当明确有关委托代理权限和事项。

第十一条　行政监督部门收到投诉书后，应当在三个工作日内进行审查，视情况分别做出以下处理决定。

（一）不符合投诉处理条件的，决定不予受理，并将不予受理的理由书面告知投诉人；

（二）对符合投诉处理条件，但不属于本部门受理的投诉，书面告知投诉人向其他行政监督部门提出投诉。

对于符合投诉处理条件并决定受理的，收到投诉书之日即为正式受理。

第十二条　有下列情形之一的投诉，不予受理：

（一）投诉人不是所投诉招标投标活动的参与者，或者与投诉项目无任何利害关系；

（二）投诉事项不具体，且未提供有效线索，难以查证的；

（三）投诉书未署具投诉人真实姓名、签字和有效联系方式的；以法人名义投诉的，投诉书未经法定代表人签字并加盖公章的；

（四）超过投诉时效的；

（五）已经作出处理决定，并且投诉人没有提出新的证据；

（六）投诉事项应先提出异议没有提出异议、已进入行政复议或行政诉讼程序的。

第十三条 行政监督部门负责投诉处理的工作人员,有下列情形之一的,应当主动回避:

(一)近亲属是被投诉人、投诉人,或者是被投诉人、投诉人的主要负责人;

(二)在近三年内本人曾经在被投诉人单位担任高级管理职务;

(三)与被投诉人、投诉人有其他利害关系,可能影响对投诉事项公正处理的。

第十四条 行政监督部门受理投诉后,应当调取、查阅有关文件,调查、核实有关情况。

对情况复杂、涉及面广的重大投诉事项,有权受理投诉的行政监督部门可以会同其他有关的行政监督部门进行联合调查,共同研究后由受理部门做出处理决定。

第十五条 行政监督部门调查取证时,应当由两名以上行政执法人员进行,并做笔录,交被调查人签字确认。

第十六条 在投诉处理过程中,行政监督部门应当听取被投诉人的陈述和申辩,必要时可通知投诉人和被投诉人进行质证。

第十七条 行政监督部门负责处理投诉的人员应当严格遵守保密规定,对于在投诉处理过程中所接触到的国家秘密、商业秘密应当予以保密,也不得将投诉事项透露给与投诉无关的其他单位和个人。

第十八条 行政监督部门处理投诉,有权查阅、复制有关文件、资料,调查有关情况,相关单位和人员应当予以配合。必要时,行政监督部门可以责令暂停招标投标活动。

对行政监督部门依法进行的调查,投诉人、被投诉人以及评标委员会成员等与投诉事项有关的当事人应当予以配合,如实提供有关资料及情况,不得拒绝、隐匿或者伪报。

第十九条 投诉处理决定做出前,投诉人要求撤回投诉的,应当以书面形式提出并说明理由,由行政监督部门视以下情况,决定是否准予撤回:

(一)已经查实有明显违法行为的,应当不准撤回,并继续调查直至做出处理决定;

(二)撤回投诉不损害国家利益、社会公共利益或者其他当事人合法权益的,应当准予撤回,投诉处理过程终止。投诉人不得以同一事实和理由再提出投诉。

第二十条 行政监督部门应当根据调查和取证情况,对投诉事项进行审查,按照下列规定做出处理决定:

(一)投诉缺乏事实根据或者法律依据的,或者投诉人捏造事实、伪造材料或者以非法手段取得证明材料进行投诉的,驳回投诉;

（二）投诉情况属实，招标投标活动确实存在违法行为的，依据《中华人民共和国招标投标法》、《中华人民共和国招标投标法实施条例》及其他有关法规、规章做出处罚。

第二十一条　负责受理投诉的行政监督部门应当自受理投诉之日起三十个工作日内，对投诉事项做出处理决定，并以书面形式通知投诉人、被投诉人和其他与投诉处理结果有关的当事人。需要检验、检测、鉴定、专家评审的，所需时间不计算在内。

第二十二条　投诉处理决定应当包括下列主要内容：

（一）投诉人和被投诉人的名称、住址；

（二）投诉人的投诉事项及主张；

（三）被投诉人的答辩及请求；

（四）调查认定的基本事实；

（五）行政监督部门的处理意见及依据。

第二十三条　行政监督部门应当建立投诉处理档案，并做好保存和管理工作，接受有关方面的监督检查。

第二十四条　行政监督部门在处理投诉过程中，发现被投诉人单位直接负责的主管人员和其他直接责任人员有违法、违规或者违纪行为的，应当建议其行政主管机关、纪检监察部门给予处分；情节严重构成犯罪的，移送司法机关处理。

对招标代理机构有违法行为，且情节严重的，依法暂停直至取消招标代理资格。

第二十五条　当事人对行政监督部门的投诉处理决定不服或者行政监督部门逾期未做处理的，可以依法申请行政复议或者向人民法院提起行政诉讼。

第二十六条　投诉人故意捏造事实、伪造证明材料或者以非法手段取得证明材料进行投诉，给他人造成损失的，依法承担赔偿责任。

第二十七条　行政监督部门工作人员在处理投诉过程中徇私舞弊、滥用职权或者玩忽职守，对投诉人打击报复的，依法给予行政处分；构成犯罪的，依法追究刑事责任。

第二十八条　行政监督部门在处理投诉过程中，不得向投诉人和被投诉人收取任何费用。

第二十九条　对于性质恶劣、情节严重的投诉事项，行政监督部门可以将投诉处理结果在有关媒体上公布，接受舆论和公众监督。

第三十条　本办法由国家发展改革委会同国务院有关部门解释。

第三十一条　本办法自 2004 年 8 月 1 日起施行。

后　记

为适应我国招投标法律体系的变化和发展，随着《必须招标的工程项目规定》《必须招标的基础设施和公用事业项目范围规定》《招标投标法实施条例》《国家发展改革委办公厅关于进一步做好〈必须招标的工程项目规定〉和〈必须招标的基础设施和公用事业项目范围规定〉实施工作的通知》等一系列政策法规的修改或颁布，在本书再版印刷之际，我们组织有多年招标投标法律服务经验的专业律师于2022年年初完成了修订工作。比较遗憾的是，修订完成交稿时，《招标投标法》的修订尚在进行之中，虽然我们很早就关注、学习了《招标投标法（修订草案公开征求意见稿）》的内容，并且结合我们工作中形成的一致见解，向相关部门提交了修改意见，但在正式修法之前，书中的法律依据只能根据现行法律进行解读。在《招标投标法》修订颁布之后，本书将视情况再次修改。

本书从出版、修订到本次第三次修订，历经问题筛选、书稿起草、整理校对等细致烦琐的工作，律师事务所项目投资与建设团队多位律师（包括已离职律师）在繁忙的业务工作之余投入了大量的时间，如果能对读者（尤其是从事招标采购的工作人员）的工作提供些许帮助，从而促进企业管理水平的提高，我们将不胜欣慰。同时感谢本所品牌市场部总监潘卫群协助联系落实出版事宜，感谢陈臻律师对本书出版工作的关心和支持。

为了保证出版质量，本书修订过程中几易其稿，但囿于作者经验水平，本书仍难免有不足和失误之处，在此恳请读者批评指正。如有任何建议和意见请联系pwq@ sunshinelaw. com. cn。